中東の予防外交

中東の予防外交

吉川 元・中村 覚 編

総合叢書 12

信 山 社

目　次

◆ 序　章 ◆ ……………………………………………………… 中村　　覚…3
　一　本書による中東の安全保障研究の方法（5）／二　中東の三層分析と予防外交（9）／三　中東における予防外交論に特有の問題（13）／四　中東の範囲とオリエンタリズム問題（17）／五　政策的意義（20）／六　本書の構成（22）

◆ 第1部 ◆　中東の安全保障と予防外交論

◆ 第1章 ◆ ─────────────────────────

予防外交論
　　──中東の紛争予防に向けての試論

　　　………………………………………………………… 吉川　　元…33
　　はじめに（33）
　　Ⅰ　武力紛争の発生構造（35）
　　Ⅱ　紛争の国際要因（41）
　　Ⅲ　紛争の予防とは（49）
　　Ⅳ　試される予防外交論（55）

◆ 第2章 ◆ ─────────────────────────

OSCEと中東移植論

　　　………………………………………………………… 齋藤　嘉臣…61
　　はじめに（61）
　　Ⅰ　予防外交レジームとしてのOSCE（62）
　　Ⅱ　OSCEの危機と予防外交（65）
　　Ⅲ　中東における予防外交レジーム構想（71）

v

◆目　次

　　Ⅳ　OSCEと中東諸国との協力枠組み　(74)
　　結　語　(76)

◆第3章◆────────────────────

米国主導の中東民主化構想
　　……………………………………………………泉　　　淳…81
　　は じ め に　(81)
　　Ⅰ　米国の中東関与の形態　(82)
　　Ⅱ　中東民主化政策　(86)
　　Ⅲ　予防外交と中東民主化政策の限界　(91)
　　ま と め　(96)

◆第4章◆────────────────────

経済政策・援助外交による紛争予防に関する一考察
　　……………………………………………………細井　　長…101
　　は じ め に　(101)
　　Ⅰ　紛争予防と経済──中東湾岸産油国を中心として　(102)
　　Ⅱ　紛争予防と「外資」　(110)
　　Ⅲ　地域経済統合は紛争予防の一助となり得るか　(114)
　　む す び　(119)

◆第2部◆　中東における予防外交的な取り組み

◆第5章◆────────────────────

イスラエル・パレスチナ和平プロセスの蹉跌
　　──非対称な関係における安全保障部門改革(SSR)とスポイラーの問題
　　……………………………………………………立山良司…125

はじめに （125）
Ⅰ　暴力への回帰　（126）
Ⅱ　西岸、ガザをめぐる状況の変化とハマースの台頭　（129）
Ⅲ　パレスチナ自治政府のSSRとハマース　（134）
おわりに （139）

◆ 第6章 ◆

リビアによる大量破壊兵器開発計画の廃棄

……………………………………………木村 修三…143

はじめに （143）
Ⅰ　特異なイデオロギーに基づく体制と政策　（145）
Ⅱ　米欧との関係悪化とテロへの関わり　（148）
Ⅲ　リビアによる大量破壊兵器の開発と廃棄　（152）
Ⅳ　リビアの政策転換――その理由と経過　（157）
むすび （165）

◆ 第7章 ◆

9.11後のイランの安全保障政策・中東地域外交と内政のニュアンス

……………………………………………中西 久枝…175

はじめに （175）
Ⅰ　イランの権力構造の変化とガバナンス　（177）
Ⅱ　イランの対アフガニスタン政策・戦略　（181）
Ⅲ　イランの対イラク政策　（185）
Ⅳ　核開発問題をめぐるイランの対応　（188）
おわりに （191）

◆目　次

◆第8章◆

テロ対策に有効なイスラーム的概念の社会化に関する一考察
　——サウディアラビアを事例に

………………………………………………………中村　覚…193

は じ め に　(193)
Ⅰ　5.12事件発生後のテロ対策の限界　(194)
Ⅱ　テロ対策に関わる概念の社会化　(201)
お わ り に　(209)

◆第9章◆

『恐怖の均衡』がもたらす安定と不安定
　——国際政治とレバノン・イスラエル紛争

………………………………………………………末近浩太…215

は じ め に——アラブ最後の熱い戦線　(215)
Ⅰ　紛争の基本構図　(216)
Ⅱ　「新しい戦争」としての2006年「レバノン紛争」　(222)
Ⅲ　もうひとつの「新しい戦争」としての2006年「レバノン紛争」?　(226)
Ⅳ　「恐怖の均衡」が生み出す安定と不安定　(232)

◆第10章◆

クルド問題をめぐるトルコの外交
　——紛争制御から包括的予防へ

………………………………………………………澤江史子…241

は じ め に　(241)
Ⅰ　KRG地域をめぐるトルコの関与　(243)
Ⅱ　トルコの紛争制御政策　(246)
Ⅲ　紛争制御から民政的予防の模索へ

──外交的野心とクルド政策の転換　(251)
　おわりに　(256)

◆第3部◆　中東における国際社会による予防外交的な取り組み

◆第11章◆

アラブ連盟の安全保障分野における機能と改革
　　　　　　　　　………………………………………北澤義之…263
　はじめに　(263)
　Ⅰ　アラブ連盟の組織的特徴と問題点　(264)
　Ⅱ　アラブ連盟の諸問題への対応　(269)
　Ⅲ　アラブ連盟の変化の兆候　(274)
　結びにかえて　(281)

◆第12章◆

国際社会におけるイスラーム機関の役割及び予防外交の可能性
　　──イスラーム世界連盟とイスラーム諸国会議機構を事例として
　　　　　　　　　………………………………………森　伸生…285
　はじめに　(285)
　Ⅰ　イスラーム世界連盟(ラービタ)の活動とその影響力　(285)
　Ⅱ　イスラーム諸国会議機構(OIC)の活動と政治的役割　(293)
　結語　(302)

◆第13章◆

NATOの対中東アウトリーチ
　　──中東における予防外交レジーム構築に関する一考察
　　　　　　　　　………………………………………小林正英…305

ix

◆目次

はじめに（305）
Ⅰ　NATOとそのパートナーシップの変容（306）
Ⅱ　NATO・中東関係（315）
結論（321）

◆第4部◆　日本による対中東・予防外交への示唆

◆第14章◆

アフガニスタン
　　——"Reconciliation & Reintegration"（和解と社会再統合）の行方
　　　　　　　　　　　　　　　　　　　　　　　　　　　　伊勢崎賢治…329

はじめに（329）
Ⅰ　セカンド・トラックに向けたロビー活動（329）
Ⅱ　11.23東京会議での合意の意味は何か（334）
Ⅲ　ポスト11.23東京会議（340）

◆終章◆

ノルウェーの中東関与
　　　　　　　　　　　　　　　　　　　　　　　　　　　　高橋和夫…343

はじめに——「ノルウェーの森」（343）
Ⅰ　バグダード経由オスロ着（344）
Ⅱ　親イスラエル国家ノルウェー（349）
Ⅲ　「北の道」の教訓（353）

あとがき……………………………………………………中村　覚…361

〈転写・表記〉

　アラビア語、ペルシャ語、トルコ語などの現地語から日本語への転写に関しては、『イスラーム辞典』(岩波書店)や『新イスラム事典』(平凡社)などを参考にしながら本書としての統一を図る方針とした。この際、判断が難しい人名や地名があったが、個別に随時、判断することとした。

　新聞などで頻繁に用いられる表記は日本語に転写されたものが多いが、本書で現地語からの転写法を使用することにしたものを、以下に例示しておく。

　　例　新聞などでの表記　→　本書の表記
　　　　アラファト　　　　→　アラファート
　　　　イスラム　　　　　→　イスラーム
　　　　カダフィー　　　　→　カッザーフィー
　　　　サウジアラビア　　→　サウディアラビア
　　　　カーン博士　　　　→　ハーン博士
　　　　ハマス　　　　　　→　ハマース
　　　　ヒズボラ　　　　　→　ヒズブッラー
　　　　メッカ　　　　　　→　マッカ

― 〈執筆者紹介〉 ―

吉川　元（きっかわ　げん）〈編者〉……………第 1 章
　上智大学外国語学部教授

中村　覚（なかむら　さとる）〈編者〉…序章、第 8 章、あとがき
　神戸大学大学院国際文化学研究科准教授

齋藤　嘉臣（さいとう　よしおみ）………………第 2 章
　金沢大学人間社会研究域法学系准教授

泉　　淳（いずみ　あつし）…………………第 3 章
　東京国際大学経済学部准教授

細井　長（ほそい　たける）…………………第 4 章
　國學院大學経済学部准教授

立山　良司（たてやま　りょうじ）………………第 5 章
　防衛大学校国際関係学科教授

木村　修三（きむら　しゅうぞう）………………第 6 章
　神戸大学名誉教授

中西　久枝（なかにし　ひさえ）…………………第 7 章
　同志社大学大学院グローバル・スタディーズ研究科教授

末近　浩太（すえちか　こうた）…………………第 9 章
　立命館大学国際関係学部准教授

澤江　史子（さわえ　ふみこ）……………………第 10 章
　東北大学大学院国際文化研究科准教授

北澤　義之（きたざわ　よしゆき）…………………第 11 章
　京都産業大学外国語学部教授

森　　伸生（もり　のぶお）………………………第 12 章
　拓殖大学イスラーム研究所教授

小林　正英（こばやし　まさひで）………………第 13 章
　尚美学園大学総合政策学部准教授

伊勢崎　賢治（いせざき　けんじ）…………………第 14 章
　東京外国語大学大学院総合国際学研究科教授

高橋　和夫（たかはし　かずお）……………………終　章
　放送大学教養学部教授

中東の予防外交

序　章

中村　覚

　9.11事件とアフガニスタン戦争、2003年のイラク戦争、2011年の中東民主化の波を経て、中東の域内関係は劇的な変動に直面しており、中東における武力紛争を予防する政策が緊要であることは、世界の共通認識となっている。中東における国家間戦争、内戦、テロリズム、大量破壊兵器の拡散、破綻国家の増加を予防し、地域に安定をもたらす安全保障制度の構築が渇望されている。だが、近年の中東では、アラブ民族主義の終焉、イスラーム政治運動の行方の不透明さ、米国による中東での単独行動主義による軍事介入の行き詰まりのため、中東の将来に関するグランドデザインは不鮮明となってきた。

　中東の行方は、中東の人々の目線でも、国際社会の目線でも、見通し難いと感じられている。2011年に欧米や日本で「アラブの春」と呼ばれるようになった一連の中東での革命・民主化運動では、チュニジアとエジプトで大統領辞任という電撃的な成功が見られた後、リビアやイエメンで内戦が勃発し、さらにシリア政府による民主化運動に対する弾圧が長期化していることなどにより、民主化移行が短期間で達成されるという楽観的な予測は影を潜めるようになってきた。

　「アラブの春」は、安全保障の観点から言えば、少なくとも短期的には、中東でこれまで未解決のままとなってきた諸紛争の構造を解決するような波及効果を期待できるものではない。「アラブの春」以後も、イスラエル・パレスチナ紛争やクルド問題は、解決の道筋は見えないままである。むしろ、2011年には、イランの核濃縮問題、イラクやソマリアでのアル゠カーイダのテロ活動の活発化、イエメンの破綻国家化のなどのために安全保障上の不確実性が高まったと言える。

　9.11事件以後、中東の国家・非国家アクターは、テロや紛争による衝撃とその拡散への対応を模索しながら、中東安全保障政策を転換してきた。新たな戦略を模索し始めたのは、アラブ連盟、イスラーム諸国会議（OIC）、NATOなどの地域・国際機構も同様であった。それらは、テロ対策や紛争解決のための新たな戦略を立案し、パートナーシップの模索と強化を促す作用を及ぼした。2011年にアラブ連盟がリビアやシリアの国内弾圧に積極的な関与を開始し、NATOコンタクトグループがリビア介入に参加したが、これらの変化は、9.11事件やイラク戦争後に生じた変化の流れに跡づけられるものであろう。

◆序　章◆

　本書は、中東の安全保障研究に、予防外交（Preventive Diplomacy）の有用性に関する検討という新しい視点を導入することを目指すものである。予防外交論は、中東の安全保障研究のための視座となり、多くの示唆を与えてくれると確信している。予防外交概念の嚆矢は、D. ハマーショルド（D. Hammarskjöld）国連事務総長が史上初めて予防外交という概念を用いて積極的な紛争予防政策の展開を提唱した1960年代であった。これは、地域紛争の危機が高まった際の予防・管理政策であったが、以後、国連の予防外交能力は、H. デクエヤル、B. ブトロス＝ガリ、K. アナンといった歴代の国連事務総長によって強化されてきた。

　また1990年代には、地域機構の設置による予防外交の制度化が進展した。欧州においては、欧州安全保障協力会議（CSCE）は、機能強化のための機構改革が実施され、1995年には欧州安全保障協力機構（OSCE）と改称された。アフリカでは1993年にアフリカ統一機構（OAU）により紛争予防のメカニズムが制度化され、OAUは2002年にアフリカ連合（AU）に改組・発展した際に危機対応の仕組みを制度化した。またアジアでは1994年に、信頼醸成のための対話フォーラムとしてASEAN地域フォーラム（ARF）が結成された。だが中東においては、予防外交機能を専門とする地域機構は設置されていないままであり、予防外交という概念は国際安全保障の専門家以外にはほとんど知られていないのが実態である。

　予防外交は、国家間紛争と国内紛争の両方に関する予防を提唱する概念である。また、紛争予防に関する短期的な取り組みと長期的な取り組みに区分される。短期的な取り組みは、紛争が発生する予兆の高まった際の早期警報、仲介、調停、交渉などの対処である。また中長期的な取り組みは、対立や紛争のもととなるような政治・社会的な不安定を解消するための軍事的・政治的信頼醸成（CBM:Confidence Building Measures）や人間的領域（民主化、人権保護、マイノリティーの権利保護）の改革などが中心である［吉川, 2000:10］。予防外交は、安全保障部門改革（Security Sector Reform:以下、本書ではSSRと略する）への支援、テロ・密輸対策、国境警備などの国際安全保障分野と、国内政治改革の両分野を政策対象の領域として包摂する包括的アプローチである。

　中東では、中東域内の国家・非国家アクターや中東域外国が実施した先制攻撃が引き金となり、武力紛争が繰り返されてきたが、予防外交は、紛争の予防や解決のために有用な指針となるのではないだろうか。予防外交の短期的取り組みに関しては、広義の定義と狭義の定義がされていると言えるが、予防外交の特長を明確にする定義は、狭義の予防外交である。対して、広義の予防外交は、危機管理を含む紛

◆　序　　章　◆

争予防という概念とほぼ等しいものであるが、狭義の予防外交は、紛争が発生する前の段階で危機の拡大を予防するために、紛争当事者間の合意や国際社会による外交活動を重視しながら、武力行使以外の方法により、紛争を予防する政策である。また予防外交は、大規模な武力紛争が発生する予兆が見えている高度な危機時の強制措置や武力の行使を選択肢に含むが、予防戦争や予防攻撃などの先制攻撃論と対置される概念である。予防外交が提唱する長期政策である民主化支援政策は、民主的価値の普及、選挙監視団の派遣、選挙制度やメディア改革の提言などであり、ブッシュ政権が2003年のイラク侵攻で実施しようとしたような強制的民主化措置とは一線を画するものである。

　本書は、予防外交の観点に基づいて中東に安全保障の現状や今後の制度構築の可能性に関して検討する論文集である。各章では、予防外交研究の視点に基づいて、中東の国家や非国家アクター、中東に関与する国際機構や超大国などに関する分析が展開される。各執筆者は、それぞれの専門の観点から自由に議論したのではあるが、予防外交によって中東が安定するのだろうか、という視点を共有している。ただし編者が研究を各執筆者に委託した時点では、中東に欧州型の予防外交が短期間で移植できると前提したわけではなく、中東式の予防外交の発展がありえるかという問いも考察対象としてもらうこととなった。このこともあり、予防外交とは何か、また予防外交のどの側面に関して各章で重点的に論ずるのかは各執筆者に委ねられた。各章では、「アラブの春」が始まる前に最初の草稿が出来上がっていたことから、それぞれのテーマとの関連の文脈において一定の見解を示すことができる準備が整った場合には追加的に「アラブの春」に言及することとした。

　近年、中東の紛争や危機は深刻さを増しているが、中東の国家・非国家アクター、域内機構、米国をはじめとする域外国が、危機感を深刻に共有するようになったときこそ、安全保障政策を見直すための機運が高まっている点で実は好機でもあり、中東地域研究や国際安全保障専門家は、中東の安全保障問題への取り組みを活性化することが望まれると考えられる。

一　本書による中東の安全保障研究の方法

　紛争や危機が解決されないままとなってきた中東の安全保障問題に関する研究では、新たな政策的な含意が必要とされていると考えられたことから、本書は中東の安全保障研究のために二つの方法を導入することとした。

　一つ目は、国際安全保障専門家と中東地域研究者による共同研究を組織化したこ

◆序　章◆

とである。これまでにも、国際安全保障専門家と中東地域研究者による共同研究は、［吉川, 2000］や［吉川, 2004］による先駆的試みがあり、これらはマイノリティ保護の問題やウェストファリア体制の行方を中東政治研究に接続する試みとしての意義があった。だが中東の安全保障問題に関する研究状況を鑑みると、より本格的に中東を研究対象として特化する研究企画が求められていると考えられた。本書は、国際安全保障専門家と中東地域研究者の協力関係による中東の安全保障研究という新しい研究方法の確立を狙いとしたこととなる。また、二つ目の方法は、中東の安全保障を研究する際に、予防外交の視点を導入することとしたことである。予防外交は、武力行使によらず紛争を予防し、解決するための包括的外交政策を工夫しようとする観点を醸成するために適する概念である。

　日本における中東の安全保障・平和研究に関する先行研究を振り返ると、国際政治史、国際機構論、国際安全保障学を専門とする研究者によって、多くの研究がされてきた経緯がある。本小論では、大きな流れを概観するために以下のように研究史をまとめるが、関連する全ての著者をあげることができず、また数多くの論文・書籍名をリストできなかったことを予めお詫び申し上げたい。

　1960年代から、国連による中東・北アフリカにおける調停・平和維持活動の展開に関する研究は、数多く取り組まれてきたテーマである［香西, 1960;1961;1977;1978;1985;1991;中山, 1989;村上, 2003;横田, 2005;井上, 2007;酒井, 2008］。また、イラン・イラク戦争［加藤, 1985;1986;鳥井, 1990］、湾岸戦争［松井, 1993］などに関する紛争論が展開されてきた。英国や米国の中東政策に関する論考には［佐々木, 1997;加藤, 1987;1988;吉崎, 2009］などがあるが、近年では、実務経験のある研究者による視点［川端, 2002;2007］の他、帝国/覇権論［山本, 2006］、SSR［吉崎, 2007］、民軍関係［上杉, 2008］、武力行使の形態論［多湖, 2010］、NATO［小林, 2009］、EU［坂井, 2010］、エネルギー安全保障［白鳥, 2011］、災害対策［鶴岡, 2010］、国際法［松山, 2008;二村, 2009］などの多様なアプローチによる研究が現れてきた。

　酒井啓子は、日本では中東地域研究者が国際安全保障を研究テーマとし始めたのは、1980年代末ではないかと指摘している［酒井 2009:119-120］。戦前から中東の政治動向に関しては、主に歴史学的手法によって日本でも研究が蓄積されてきたが、国際安全保障学との接続を図る研究は新しい傾向であるとの指摘と言えるだろう。安全保障研究と国際関係論に関する研究の明確な境界設定は難しいところもあるが、日本における中東の安全保障研究がまだ初期段階にあると言えるので、その区別をここでは緩やかに考えたいのだが、中東の安全保障問題に関する「地域研

究」とは、中東の国家アクターや非国家アクターに着眼するアプローチであると定義するなら、以下があげられるだろう。中東の核不拡散問題［木村, 1995;2009;池田, 2000;立山, 2007a］、パレスチナ問題［立山, 1992;江崎, 2010a］、中東政治史［中岡, 1998;泉, 2001;佐藤, 2011］、イラン政治［中西, 2001;2009;佐藤, 2009;松永, 2012］、シリア政治［末近, 2005］、トルコ政治［岩坂, 2005;新井, 2009］、クウェート政治［近藤, 2009］、イスラエル政治［池田, 1990;木村, 1991;浜中, 2011］、テロ対策［中村, 2009;江崎, 2010b］、地域主義［立山, 2007b］などである。また、政治組織化されない民族主義運動やイスラーム主義運動が大衆の期待を惹き付け、中東地域再編の可能性を持つことから、トランスナショナルなアクターやネットワークに着眼する視点の重要性が提起されてきた［酒井, 2005;酒井 2009:130-3;小杉 2009:154-5］。

　国際安全保障論のアプローチと地域研究のアプローチには、両者の組み合わせとも言える研究も現れていることから明確な区別は難しい部分があるし、他にもリストするべき研究があるかとも考えられるが、両者の間には、関心やアプローチにある程度の独立性が認められ、少なからぬ相違が存在してきたと指摘できると考えられる。

　国際安全保障学の核となる観点は、完成度の高い安全保障政策を立案するために、先進国が開発した高度技術や最新兵器の活用方法、また欧米における政治的・軍事的な組織や制度に関する研究を中核的な枠組みとする。他方、中東地域研究者は、国際安全保障専門家に対しては、武力紛争が最も頻発する地域となっている中東に関して、適切な情報や知見を活用してもらいたいという観点をもっている。中東地域研究者の目には、国際安全保障専門家は、ディシプリン（discipline）に基づいて世界の諸地域を横断する分析や議論を展開していると映るが、ディシプリンの論法を中東に即した議論として、応用したり、組み替えたりするために研究協力で貢献できると考えられる。

　これらのことから、中東の安全保障や平和に関する有効な政策とは何かを考察対象とするために、国際安全保障専門家と地域研究者による共同の安全保障研究が有用であると考えられた。国際安全保障学専門家と中東地域研究者による協力は、中東の国家・非国家アクターと、中東域外国や国連などの国際機関の間の相互作用に関する分析を可能とする。国際安全保障研究は、グローバルな視点を重視せざるを得ないが、一方では、世界では武力紛争のほとんどが発展途上地域で勃発することから、グローバルな観点と地域的な安全保障構造に即した観点の調整が常に求められる。発展途上地域の安全保障問題の実態に関する地域研究は、国際社会全体の安

◆序　章◆

定のために緊要な課題であるが、中東の安全保障研究でも、グローバルな観点と地域政治の観点の調整が重要である。

　本書は、予防外交の視点に基づく中東の安全保障研究を提唱するためには、欧州モデルの中東での適用可能性を検討することになるが、この問いは、国際安全研究専門家と地域研究者の協力によって検討を深めることが可能となった。欧州は、国際社会の中で最も武力紛争の発生頻度が低下した地域であるが、欧州の安定は、予防外交機能を比較優位として備えるOSCEの役割によるところが大きいとしても、CSCE/OSCEは、単独で成果をあげてきたのではなく、複数の地域・国際機構が多角的に協力する仕組みによって成立したと指摘されてきた。欧州の予防外交では、EC/EUによる経済的支援、NATOによる集団的安全保障や危機対応の機能、さらにIMFや世銀、欧州復興銀行との分業が成立する中で、予防外交機能に特化したCSCE/OSCEが成果をあげてきた［吉川, 2000:17］。またOSCEの紛争予防・危機管理メカニズムの発展過程においては、紛争の平和的解決（PSD:Peaceful Solution of Disputes）を支持したスイスやフランス、少数民族高等弁務官（HCNM:High Commissioner on National Minorities）を支持したオランダなどの小国グループ、信頼醸成措置の創設を主張したフランスのように、米ソ超大国以外の加盟国が重要な役割をはたしてきた［西村, 2000:7-8］。予防外交に関する安全保障上の対話や交渉といったプロセスでは、共同安全保障のあり方に関して大国、小国、国際・地域機構が共同して変革する可能性が内包されることから、本書では、分析対象とするアクターを多彩とし、視野を広げておく視座が研究上の有用性を生み出すと考えることとなった。

　予防外交は、民主主義、法の支配、人権、マイノリティの保護といった人間的領域における規範の共有を重視する。欧州の予防外交は、CSCEとしてはヘルシンキ宣言を通じて人権や民主主義といった価値の伝播を促進し、OSCEに改編されてからは、民主主義、人権保護、マイノリティの保護に関する国際的支援に関する専門機関を制度化してきた。中東政治研究の観点では、予防外交論は、人間的領域の改革に関連しては、民主主義、人権保護、マイノリティの保護に関する正当性を提供する点に第一の意義がある。これは、2011年に非暴力闘争が開始されたアラブ諸国に関する論評の中には、権威主義政権の正当性を擁護する論調が数多く見られてきたことを思い起こせば、強調しても過当ではない。また、人間的領域を改革するOSCEのような国際的制度が不備である中東で、民主主義、人権保護、マイノリティの権利保護の三つは、どのように達成していけるのか、という問いが生ずるこ

ととなる。つまり、中東民主化における改革や支援の主体、方法、速度、政策の組み合わせ方などが課題だと言える。1年で超えるシリアでの長い民主化闘争の過程では、非暴力闘争運動が一度開始されて運動が持続したのなら、国際社会やアラブ諸国は、権威主義政権による市民運動への弾圧を座視することはできなくなったという変化が定着したと確認できると言えようが、言い換えると、「アラブの春」は、中東政治研究に、無批判に権威主義政権の利得を語ることを不可能とし、困難に満ちることが必須である民主化移行のために最適の方法を模索することが当然となる新しい時代をもたらした。

二 中東の三層分析と予防外交

　予防外交は、CSCE/OSCEとして欧州で最も成果をあげてきた安全保障制度のモデルである。だが欧州起源の概念であるがゆえに、地域研究の観点としては、予防外交の概念や制度は中東に適用することが可能なのであろうか、という問題を看過することはできない（第2章）。世界各地の地域機構を予防外交の多様な発展形態として位置づけると、欧州ではCSCE/OSCEとして制度化されてきたが、アフリカでは予防外交機能に強制措置を組み合わせたAU/ECOWAS型として制度化され、アジアでは信頼醸成措置を中心とするARFが設置されたように、地域によって予防外交の制度や機能のタイプは異なっている。このように予防外交が欧州、アフリカ、アジアで異なる形態に制度化されたのは、それぞれの地域の脅威認識の構造やパワーの分布構造に適する選択が行われた結果である［山本2008: Ch.10］。だとすると中東の場合には、中東の脅威やパワーの構造に適する予防外交の形態があるのかという問いが検討事項となる。

　ただし本書は、中東の安全保障を考察する上で予防外交の観点を取り入れた最初の試みとなったことから、予防外交を分析的観点と規範的観点の両方として用いることとなった。つまり、まず、本書が中東の予防外交の有用性に着眼するという全く新しい観点に基づくタイプの研究を構想したことから、現状の中東の安全保障は、どの程度、また、どの点で予防外交的な戦略や政策が実施されていると言えるのかを探る分析的な観点での考察が必要とされた。次に、中東の安全保障の中で予防外交的な政策が実施されたり、予防外交が制度化されたりすることは、紛争の予防や解決のために有用なのか、さらに中東において予防外交の実現は可能なのだろうかという規範的な含意に基づく考察が展開された。分析的観点と規範的観点の組み合わせや論じ方は、各章のスタイルに任されることとなった。

◆ 序　　章 ◆

　このような課題を遂行するための全体的な見取り図として、本書では中東の安全保障に三層分析から接近することとした。その三層は、グローバルな超大国である米国の中東政策から構成される第一層、中東域内の国家・非国家アクターから構成される第二層、アラブ連盟、OIC、OSCE、NATO、さらにトランスナショナルNGOから構成される第三層とする。

　第一層は、冷戦後、世界で唯一のグローバル・パワーである米国による中東安全保障政策である。ここには、米国による中東諸国との同盟及びに戦略的な関係、さらに敵対関係が含まれることとなる。米国と同盟国・友好国は冷戦中から長期に及ぶハブ・スポーク関係を形成しており、この関係網に加わったイスラエル、サウディアラビア、ヨルダン、エジプトなどの中東諸国は、リスクを抱えつつも安定性を享受してきた[1]。ただし、「スポーク」を構成するそれらの国家間には、有意な安全保障関係は見い出しにくい。アラブ・イスラエル関係は終息せず、また湾岸戦争後のヨルダン・サウディアラビア関係のように、アラブ同士でも敵対的な関係が繰り広げられてきた。

　また米国主導のイスラエル政策やイラン政策は、東地中海沿岸や湾岸（the Gulf）[2]で紛争構造を固定化する副作用を伴ってきた。米国によるアラブ・イスラエル紛争の調停には限界が伴ってきたし、米国による湾岸政策は、1970年代のイラン・サウディアラビア二本柱政策、1980年代のイラン・イラク戦争時のイラク依存政策、1990年代のイラン・イラク二重封じ込め政策のいずれによっても湾岸に深刻な不安定要因を残したままとなった。さらに米国は、ソマリアでのPKF参加（UNOSOMII、1992年）、イラク侵攻と以後の駐留（2003〜2011年）、アフガニスタン侵攻（2001年〜）などで軍事的に苦杯を喫し、それらの地域に安定をもたらすこともなかったように、米国の中東安全保障戦略は、中東安定化の柱とはいえ、全幅の信頼を置くにはリスクを伴うと言える。

　本書では米国による中東での予防外交に関しては、第3章の中東民主化政策の他、第4章で米国の経済的ポテンシャルに関して論じられる。また米国の中東外交は、多機能的であるが、成功と限界の両面が見られてきた。リビアのカッザーフィー政権に大量破壊兵器の開発計画を放棄させる交渉では成果を収めた（第6

---

(1)　米国との提携関係の開始年は、それぞれイスラエル1962年、ヨルダン1957年、サウディアラビア1967年、エジプト1975年である。
(2)　従来、イランはペルシャ湾、アラブはアラビア湾と呼称する対立の構図が知られているが、近年、サウディアラビアでは、米国などの方式を追随して「湾岸（the Gulf）」と呼んでいる。

章）が、パレスチナやレバノンのSSR（第5章、第9章）、イランとの相互利益の模索（第7章）、トルコによるイラク領クルドへの越境攻撃の制止（第10章）では、限界がみられている。米軍は高い軍事技術力を誇るが、米国はそれを中東に予防外交を設置するための外交力に転化できていない。

　第二層では、中東の各国政府や非国家アクターは、それぞれが欧米には見られない地域独特の安全保障政策を遂行している。中東の各国政府は、主権国家としての存続や体制の生存を第一の行動目的としている。また中東では、パレスチナのように独立を達成していない国がある他、破綻国家や紛争下の国家が増加してきた。破綻国家や紛争下の国家では、非国家アクターの安全保障戦略が及ぼすインパクトは大きいものとなりやすい。非国家アクターは、ハマースやヒズブッラーのように、特定の国家のクライエントになっている一方で、自己の組織原理に基づいた固有の安全保障戦略を保持している場合がある。中東の国家アクターや非国家アクターは、単独で安全保障政策を実施するのではなく、イシュー毎に形成された多国間協力やアドホックな関係を特徴とする政策調整を繰り返しながら、生存を図っている。各アクターは、独特の安全保障戦略や行動を展開しているが、本書では、それらの中に見出せる予防外交的な行動に着目することとなる。

　中東各国の予防外交的な取り組みで鍵となる観点は、現実的な取り組みであろう。中東各国政府は、欧米的な価値基準では、政治的自由化、民主化、人権保護、地域的な安全保障制度などの観点で見劣りするかもしれないが、欧米の安全保障観からは着想しにくい工夫を凝らして安全保障政策を遂行している。そして、東地中海でも湾岸でも、緊張の合間には「奇妙な」安定を保ってきた。冷戦後、特に9.11事件以後に、新たな勢力均衡の模索、大量破壊兵器の不拡散政策、テロ対策、SSR、セカンドトラック外交などの紛争予防に関わる安全保障政策が戦略的課題として浮上してきた。本書では、それらのイシューに関する各アクターによる取り組みについて検討される。

　第三層は、地域機構、国際機構、およびトランスナショナルNGOによる安全保障メカニズムの層である。中東における地域主義は、これまで失敗や限界に関して語られてきたが、冷戦終結、9.11事件、さらにイラク戦争を経て、アラブ連盟、OIC、GCC、NATO、EUといった地域・国際機構は、中東における地域的取り組みを強化してきた。この背景は、中東の武力紛争がアラブ・イスラエル紛争やカシュミール紛争の解決のみではなく、ペルシア湾岸、ソマリア、アフガニスタンなどに拡散しているほか、テロリズムの過激化、大量破壊兵器の拡散、海賊対策など

◆ 序　　章 ◆

への対応を迫られてきたからである。アラブ連盟とOICは、それぞれ1990年代と9.11事件後にテロリズムの脅威に対する対応を本格化し始めた。NATOもまた9.11事件を契機として、中東とのパートナーシップ強化に踏み出してきた。2011年には、リビアの飛行禁止区域設定に際して、アラブ連盟とNATOの取り組みは劇的に変化した。また2011年、OICは、人権保護を監視するための専門機関の設置に関して検討を開始した。アラブ連盟、NATO、OICのどれもが、国境を越えて民主化運動への有効な支援を提供できるのか、という視点を持つこととなったのである。また中東の安全保障におけるNGOの役割に関する研究はまだ新しい段階であるが、本書ではイスラーム世界連盟がとりあげられた（第12章）。

　以上の三層は、あるアクターが他のアクターに対して影響力の行使を図り、優位に立とうとする競争の場であるが、イシュー毎に一定の協力関係が構築されている。また中東の安全保障における三層では、国家・非国家アクターの総合的パワーには、超大国の米国からバハレーンのような小国まで、著しい偏差が構造化している。また各アクターの脅威認識は一様ではない。各アクター間の競争、非対称的パワーの分布、共通の脅威認識の欠如、これらのために、中東全体に及ぶ安全保障上の協力の構築は遅々としており、地域安全保障システムの構築は難しいものとなってきた。

　このような中東の安全保障における三層には、欧州型の予防外交に類似する制度や機能の存在をどの程度、確認できるだろうか。

　中東諸国の全てを加盟国とするような単一の地域安全保障機構の設置は、もしも実現できるとするならば意義高いと考えられるが、短期間では達成させる見通しが立たないとも指摘されてきた（第2章、第11章）。これまでに「中東」の全ての国家を包摂するような地域機構は存在せず、アラブ諸国、イラン、イスラエル、トルコが共有できるような地域主義は存在していない。1980年代に結成されたGCCやAMUはサブ地域主義の形成で一定の成果をあげてきたものの、中東和平交渉の停滞や湾岸戦争以後のGCCによる安全保障協力は膠着し、またAMUによるマグレブ内の経済協力の推進には力強さが欠けてきた。

　そこで本書は、「中東」に新たな単一の地域機構を設置する案の可能性に関して予防外交の観点から検討を行うと共に、研究対象とするアクターを多彩にすることを狙いとした。予防外交に関与するアクターを多様に設定する分析枠組みは、国家間紛争の予防に関する検討［平井, 2000］やアフリカの予防外交論でも試みられている［横田, 2001］。現代中東政治研究においては、中東における国際機構・地域機

構の展開や中東各国政府による安全保障行動がまだ本格的な研究対象とされてこなかったことから、それ自体に意義がある。

　本書では、中東における予防外交は、もし実現に向かうとするのであれば、中東独自の安全保障の三層が漸進的に変革されながら、現実化する過程を経るのではないかという作業仮説に立つこととした。そしてこの過程では、あらゆるアクターが予防外交の共働と分業の中で一定の役割を分担し、固有の役割を遂行できる可能性があると考えられる。もしも一定の共働と分業が成立したのなら、その次の段階で地域機構の構築に関する検討が可能になると仮定する。またもしも中東域内で、地域機構、国家や企業の間に経済協力が推進されるなら、予防外交推進のインセンティブとなりえることから、その可能性が検討されることとなる（第4章）。このような仮定は、暫定的ではあるが、欧州の予防外交が多元的なアクターによって支えられてきたことから着想されたものである。

　中東の安全保障に関する研究は、外交政策決定過程と地域政治の両面で制度化が進んでいる欧米や国際機関に関する研究とは異なり、特有の難しさを帯びている。中東の各アクターによる行動は、全く何の動きがないかのように見えたと思うと、水面下での小さな行動が積み重なった後、突然で劇的な行動を取り始める。そこで中東のアクターによる行動は、しばしば変化が速く、アドホックであるように映ることがある。また、各アクターが戦略を体系的には明示せず、連絡や提携行動がインフォーマルな形態を選好することから、アクターの行動原則や意図が不明確になりがちである。さらに各アクター間の関係は、メディアでは報道されにくい小さな程度の繋がりによって成立していることから、変化やニュアンスが気付きにくいものである。これらの特徴は中東の安全保障の三層のどれを分析する際にも直面する問題であり、中東政治研究が難解となってきた理由である。この点において、中東に関して習熟した地域研究者と、国際安全保障問題に習熟した専門家が研究協力を実施する意義を確認できると言えよう。

三　中東における予防外交論に特有の問題

　本書で取り上げる事例からは、複数の事例に共通した中東の安全保障問題での特有の課題が浮かび上がるが、その中から、前節までの議論を補完する問題として、ここではごく簡潔にではあるが、SSR、イスラーム、安全保障対話の三点を取り上げておきたい。これらはいずれもまだ本書では議論として一定の結論を導いた論点ではないが、本書の取り組みの中から浮かび上がってくる副次的な成果の一部であ

◆序　章◆

り、地域研究者と国際安全保障専門家による研究協力の有用性を示していると考えられる。

(1) SSR

SSR の目的を三つに要約するとすれば、1つ目には、警察、国軍、司法部門などから構成される安全保障部門を再建することにより、国内に安全を提供すること、また2つ目には、安全保障部門が、法の支配、人権、民主主義、文民統制などの規範を遵守する制度を確立すること、そして3つ目は、安全保障部門は、効率性の向上、説明責任の遵守、汚職や特定の集団との癒着の撲滅などの業務水準を達成することが求められる。SSR は、破綻国家や民主化移行期にある国家に対する政策であることから、ドナーとなる国際的支援が中心となり推進されると考えられてきた。

予防外交論においては、民主化支援政策が長期的な紛争予防政策の一つと位置づけられるが、民主化移行の過程は、弾圧や内戦が発生する犠牲を伴う危険を孕んでいるし、最悪の場合には、破綻国家を発生してしまう危険があることから、SSR の重要性が提起されることとなる（序章）。

SSR の実施計画の策定の際には、SSR のローカルパートナーシップが強調されるが、実際には紛争後の平和構築過程におかれた国家や破綻国家は自身による政策遂行能力を喪失していることから、これまでの事例では、先進国、国際機関、シンクタンク、NGO などから構成されるドナー側が中心となって実施されることとなってきた。だが、中東における SSR は、イラクやアフガニスタンでのように、必ずしもドナーが期待した欧米式の軍や警察の再建が十分には達成されず、法の支配や民主主義的政府の樹立のために十分な成果をあげてきたとも言えない状況がある。本書で取り上げられる事例の中からは、SSR の実施における難しさを示す指摘が重なることとなった。SSR が紛争状況を悪化させてしまったパレスチナ（第5章）、アフガニスタンの元軍閥や元兵士の国民和解プログラム（PTS）におけるモラルハザードの危険（第14章）、レバノンでの SSR のように国際社会が敵と見なすヒズブッラーがレバノン政府との協力を強化したり、レバノンの安定化に寄与したりしている事例が示された（第9章）。

SSR の意義は疑うべくもないが、一方でその実施における難しさは、紛争下の国家や破綻国家における政治・軍事情勢の特殊性に由来する。紛争下の社会や破綻国家においては、政府は強制力の独占状況を喪失しており、多くの非公式軍事組織

が国内に跋扈しているが、実際には政府の中でさえ、軍、警察、諜報機関の組織は多元化し、指揮系統も不明確で複雑なものとなっていることがある。また政府への国内勢力からの信認は低下しており、誰が敵なのかという脅威認識は国内で必ずしも共有されていない。さらに、治安機関が遵守するべき法体系に関しては、まだ国内的合意が調達されていない場合や、ドナーと受益国の間で合意がない場合が見られる［今井，2010］。民主化移行期の場合には、権力の所在は不明確であり、SSRを効率よく実施できる主体が現れるか、不確実である。以上のような情勢にも関わらず、ドナーはますます包括的で大掛かりなSSR計画を受益国に課す傾向が強まっているが、受益国の実施能力を超えた負担となってしまっていることがある。

(2) 安全保障の価値：イスラーム問題

　ムスリム（イスラーム教徒）と非ムスリムは、安全保障上の国際協力を実施できるであろうか。また、どんな価値を防衛するべきものとして共有できるのであろうか。イスラーム諸国は、国際法や国連を中心とする国際社会の秩序を受容している（第13章）。この限りにおいては、ムスリムと非ムスリムによる安全保障上の国際協力には支障がないこととなるが、現在の複雑な安全保障環境は、よりきめ細かくイスラームにおける思考様式を知る必要性を浮き彫りにしている。

　本書は、イスラームにおける紛争と平和に関する概念に関して問題を提起している。国際安全保障研究は、脅威の源泉の一つであるイスラーム過激派に関する情報収集や研究に関心を払ってきた。だが、現実には、ムスリムと非ムスリムは安全保障上での国際協力が強化される必要性に直面していることから、イスラームにおける紛争予防政策に関連した概念に関する研究が求められている。

　本書では、第5章でフドナ（停戦）、第8章でヒラーバ（内乱・テロ）などのイスラームにおける平和や戦争に関わる概念がとりあげられた。また、サウディアラビアのテロ対策では、テロリズムは、「特定の宗教、人種、地域に根ざしたものではな」く、「イスラームと国際安全保障への脅威」であると定義されていた（第8章）。2008年に採択された新OIC憲章では、良き統治、民主主義、人権、基本的自由、法の支配を支持し促進する目標が謳われていた（第12章）。レバノンをめぐる国際的な安全保障論議の事例では、「新しい戦争」や「イスラーム原理主義」などのラベリングが、地域における脅威や勢力均衡に関する認識に誤謬を生じてしまう弊害が指摘された（第9章）。

　以上の事例からは、現代イスラーム政治では、ムスリムによる国際安全保障協力

◆序　　章◆

の強化に資するようなイスラーム的概念の整備が進んでいることが浮き彫りとなってくる。本書が、安全保障に関連するイスラームにおける諸概念の研究を活性化することを期待している。

(3) 安全保障対話

予防外交では、紛争構造の変容を促すために価値の共有が重視される。予防外交のアプローチは、信頼醸成、国境警備、テロ対策、軍備管理、SSRなどの政治・軍事的な措置、経済的な規範の共有やインセンティブの提供、民主化支援や人権保護などの包括的な措置を想定するが、まだ予防外交の専門機構が設置されていない中東では、どのようにして予防外交の成立に近づくことができるのか。特に欧州での紛争予防の経験は、中東のアクターと、いかにして共有が可能となるのか、という問題がある（OSCEのセミナー外交に関しては、第2章）。

紛争構造を変容したり、予防外交の発想を共有したりするための方法の一つとして、セカンドトラック外交をあげることができる。公式な外交交渉（ファーストトラック）に対して、セカンドトラック外交は、解決されるべき問題や対立を抱える国々や対立中の諸集団の考え方を熟知している、研究者、ジャーナリスト、退役した外交官や政治家などの非公式の参加者により、対立点や解決策に関して議論する外交手段である。政府の正式な代表による外交とは異なり、非公式な場で自由な討論が可能であるという長所をもつ。セカンドトラック外交には、フォーラムや学術会議のように情報収集や意見交換を主とした「ソフトな」タイプと、外交交渉の下準備のような「ハード」なタイプがある。ソフトなセカンドトラック外交は、予防外交の規範を中東に伝播するための方法の一つとして有効であろう。武力紛争が長期化したり、解決策や出口戦略が見えなくなったりした状況では、ハードなセカンドトラック外交が期待されることが多くなる。

本書の各章では、以下のような多国間・二国間でのセカンドトラック交渉に関して取り上げられている。1980年頃からアラファートは、イスラエル/パレスチナ紛争の打開のため、ノルウェーにイスラエルとの交渉の仲介役を期待していたが、1993年になって隠れ蓑となる国際研究会を開催することができたことにより、イスラエルとの交渉を開始した（終章）。アフガニスタンの対テロ戦争では、戦局が不透明になり、軍事力では解決できない、勝てないだろうという重い情勢判断が共有されたとき、出口戦略を模索する目的で、アフガニスタン、パキスタン、イラン、サウディアラビア、NATOの代表による会合が開催された（第14章）。セカン

ドトラック外交とは分類されるものではないが、リビアによる大量破壊兵器開発計画の放棄は、機密性の高い「バックチャネル外交」の成果であった（第6章）。イランは、米国に対して地域協力のシグナルを発してきた（第7章）。イスラーム世界連盟によるフォーラム機能は、多国間で制度化されているソフトなセカンドトラック機能を果たしているので、その効果をはっきりと測ることは難しいが、国境を越えてイスラーム世界における中長期的に中道的な世論形成に貢献してきた（第12章）。

　セカンドトラック外交は、公式な交渉窓口やメディア報道の影響を受けやすい脆弱性を孕む一方で、公式な交渉が頓挫してもチャンネルを温存したり、次の対話のチャンス・メーキングの可能性を残したりすることができる手法である。また、参加者の意識改革や国際的なネットワークづくりには確実に一定の成果が認められる。

四　中東の範囲とオリエンタリズム問題

　中東（the Middle East）という概念は、1900年にT・E・ゴードン将軍（General Sir Thomas Edward Gordon）が *The Nineteenth Century* 誌に執筆した記事"The Problem of the Middle East"において初めて使用されたという。コッペスは、ゴードンがその記事の中で「中東」に関して定義しなかったと指摘した［Koppes, 1976］。その後、中東という地域概念が世界で広く着目されるようになったのは、A・T・マハン（Alfred Thayer Mahan）が1902年に *National Review* 誌で中東という概念を使用したことを嚆矢とする。

　中東という領域の範囲に関しては、国際機関や研究者などの間にコンセンサスがなく、今でも統一された使用法はないままである。また中東という地域概念は、研究における分析単位として成立するのか否かに関して議論されてきた。たしかに中東は、国境によって分断されているし、また東地中海、湾岸、北アフリカなどのサブ地域に区分することもできる。

　中東という概念が、外交や軍事政策の立案、地域研究の中などで実際にどのように使用されてきたのかに着眼すると、その範囲は、東アラブやアラビア半島を中心とする「狭義の中東」と、北アフリカ諸国を含める「広義の中東」に大別できる。中東を狭義に定義する者は、「中東と北アフリカ（MENA）」と呼ぶ方法で、広義の中東の範囲を示す。20世紀の初めに初めて中東概念が用いられた際の用法は、ペルシア湾を中心とする狭義の中東の意味であった［佐藤, 2011:143］。狭義の定義と

◆序　章◆

広義の定義には、概念を使用する者によって、中東の境界付近の国を中東に含めるのか否かで、揺らぎが見られる。狭義の定義者たちは、エジプト、キプロス、イスラエルを中東に含めるかで揺らいでいる。広義の定義者は、モーリタニア、アフガニスタン、パキスタン、ジブティ、スーダン、ソマリア、中央アジア諸国などを含めるかで、差がある。日本中東学会の学会員による研究では、広義の定義に依拠する研究が中心となってきた［立山, 2002］。

狭義の中東と、広義の中東の二通りの用法が存在してきたことは、中東の域内関係においても、二通りの濃密性が存在していることに対応している。リビア、チュニジア、アルジェリア、モロッコなどの北アフリカ諸国は、狭義の「中東」諸国との域内関係は相対的に希薄である。また、北アフリカ諸国の国民が狭義の「中東」の国民と共有される「中東」アイデンティティを有しているのかは、確定的ではない。他方、狭義の中東地域の中では、国家や非国家アクターの関係は、より近接性が高く、互いに干渉したり、浸透し合ったりする度合いが高い。

安全保障論の観点からは、特定の地理的範囲の中に、友好的関係と敵対的関係のどちらであっても、関係性やネットワークが確認されるのであれば、研究対象地域として設定することが可能である。中東諸国の民主化に関して検討した松本弘は、中東諸国の政治体制の共通性や類似性の低さを懸念し、比較政治学の観点から中東という枠組みは適切な枠組みなのか吟味した［松本, 2011:536］が、安全保障研究の観点からは、中東各国の政治体制に差異があるとしても、国家や非国家アクターの間には、対立関係であれ、提携関係であれ、無視できない濃密な関係性を確認することができることから、安全保障研究の対象として設定することが可能である。安全保障研究の観点は、パワー間の競争や提携を研究対象として重視する。そこで中東は、歴史的にも地政学的にも、域内の国家・非国家アクターによる政治・安全保障上の関係や相互作用を見出すことができることから、安全保障研究の対象として設定可能である。安全保障分野を研究する際には、中東に地域主義が不在であっても、中東を研究対象の地域として設定すること自体には問題はない。

オリエンタリズム批判は、1980年代以降、日本の中東地域研究では中核となる方法論と位置づけられてきた。オリエンタリズム批判論は、ヨーロッパの安全保障概念が中東に適用できるのかを問う本書としては、看過することのできない問題である。日本における中東の国際関係に関する研究をレビューする論考の中で酒井啓子は、中東という地域概念は、ヨーロッパの鏡像として「オリエント」概念によって他者として差異化された概念であり、国家形成に障害を抱えたものとして位置づ

けられ、さらに植民地化や対テロ戦争の過程を経てその範囲も揺らぎながら、流動的に規定されてきたと指摘した［酒井, 2010:117-9］。オリエンタリズムを批判する観点は中東研究には今後も不可欠であり、オリエンタリズムを批判するための適切な方法に関する論点が中東の安全保障研究でも踏まえられる必要には同意できる。だがここでは、オリエンタリズム批判の核心は、知と権力の癒着の指弾にあること、より的確には権力の意図がオリエントに対する支配、搾取、差別である点を告発しようとする点を確かめておきたい。ここから次に言えることは、オリエンタリズム批判に基づく政策的な観点のためには、権力の意図、研究や報道の目的、知と権力が癒着して達成しようとする目標を支配、搾取、差別とは別のものへ代替することが緊要だということである。

　本書は、欧米やアジアが中東に関与する際には、予防外交を目的とすることにより、オリエンタリズムを克服できると考える立場にたつものである。

　中東をどの範囲に定義するのかをめぐる問題では、批判の対象とされる場合とそうではない場合がある。近年では、ブッシュ政権が拡大中東・北アフリカ（BMENA）構想を表明した際に、アラブの政府や知識人、さらに日本の中東研究者からも強い異議申し立てが表明された。他方、「中東」の中でもアイデンティティの強弱には差が見られているが、アルジェリアのアラブ人の間で中東アイデンティティが希薄であるからといって、中東アイデンティティが強いエジプトなどの他のアラブ人から批判される問題にはならないであろう。また国連の各機関などの国際機関では、中東という概念ばかりではなく、アラブ、西アジアなどの枠組みを用いて当該地域を括る場合があり、さらに「中東（アラブや西アジア）」に含める国のリストが全く異なるが、このような使い分けが日常的には政治化される問題ではないように、中東をどの範囲に定義するのかをめぐる問題の全てが批判対象とされてきたわけではない。

　つまりここで強調したいのは、「中東」という名称や地理的範囲の設定は、支配、搾取、差別といった意図をもつ権力の行使の手段として顕現した際には、オリエンタリズム批判の急所となるということである。現代の中東において、欧米やアジア諸国と、中東諸国の間の安全保障上の国際協力は不可欠となって久しいが、そのための適切な指針がこれまで国際社会には欠けてきた。そこで本書は、中東の安全保障を研究する目的として、予防外交を提唱するのであるが、これはオリエンタリズム批判論への貢献となると考えられる。予防外交論は、先制攻撃論や強制的民主化支援政策に対置される概念であり、紛争予防、民主化、人権保護、マイノリティの

◆序　章◆

権利保護を掲げる安全保障アプローチである。

　本書では、「広義の中東」と「狭義の中東」のどちらがより正しい定義であると同定することは差し控えるが、地域を指し示す際の便宜性が高い点を考慮して、「広義の中東」の定義を使用することとする。広義の中東の範囲を「中東・北アフリカ」と呼んでもよいとは考えるが、一冊の本の中には統一した用法が求められることから、広義の中東概念を採用することとした。このような立場表明はいささか曖昧かもしれないが、たとえ欧米が決定した範囲ではなく、現地の考えに立脚して「中東」を定義したいと考えても、現地のコンセンサスに基づいて中東を定義することは不可能なのである。汎アラブ紙の『中東（al-Sharq al-Awsat）』という名の新聞が発行されて読まれていることからも明らかなように、現地で「中東」概念は現在までに受容されるようになった概念ではあるが、一方では現地の人々の間には「中東」の範囲に関するコンセンサスは見当たらない。アラブ人の間でも北アフリカのアラブ人と東地中海のアラブ人の間では、「中東」アイデンティティの受容の度合いには明白な差がある。またアラブ人、イラン人、トルコ人、イスラエル人などの間では、「中東」概念の範囲をめぐって相違があると言える。このため、「外部」に位置する本書が、「中東」を一義的に定義する行為は、現段階では適切ではないとも考えられる。そこで本書は、研究対象の設定の必要性と便宜性の観点から、「広義の中東」の範囲を研究対象とすると表明するものである。

　本書では、日本で最も多く使用されている用法に準じて、中央アジアを含めない「広義の中東」の定義に基づいて各章の議論が展開されている。すでに論じてきたように、広義の定義を採用することにより、中東の安全保障問題を広い視点から研究の俎上に載せることができる。

五　政策的意義

　予防外交がもしも実現されたのなら、人間の安全保障と低コストの紛争予防という二つが実現されるという政策的な意義が包含されている。

　予防外交論は、武力紛争を発生前に予防し、その手段として非強制的な手段を政策ツールとすることから、この点では、人間の安全保障を達成するために直截に寄与する効果を期待できる。人間の安全保障は、物理的暴力や恐怖からの自由を柱の一つとするが、したがって言うまでもなく、武力紛争や弾圧の予防は、人間の安全保障に貢献できる活動分野である。武力紛争が生起すれば、必ずといってよいほどに文民が巻き添えにされる事態が付随してしまう。特に国内紛争では、死傷者に占

◆　序　　　章　◆

める文民の割合は高くなりやすい。

　紛争中や紛争後に文民の保護を目指す平和構築（peace building）は意義高い政策だが、武力紛争が一旦、勃発し、中期にわたり持続してしまった後では、すでに犠牲者や避難民が発生してしまっているものである。また紛争後や紛争下での開発政策は、軍民協力によって実施が試みられたとしても、武力紛争に巻き込まれたり、妨害されたりする危険に阻まれ、外国投資の誘致も容易ではないことから、高い成果をあげるには障害が多くなってしまう。したがって人間の安全保障を実現するためには、至極当然のことであるが、武力紛争を発生の前に予防することが最も望ましいものであり、予防外交はこの点で意義高い概念であると言えよう。

　中東の人々は、自分たちの生命や安全を直接に脅かす危険としての戦争、紛争、テロが発生する危機を予防し、早期に対応してその発生を予防する概念を求めてきたが、彼らの声を代弁して国際政治のプロセスで発する仲介者を欠いてきた。そして武力紛争の予防が人間の安全保障を実現するために不可欠な環境であるという当然の原理が、中東政治では軽視されてしまう結果となってきた。予防外交はアラビア語では"Diblūmasiyah Wiqā'īyah li-Manaʻ al-Ḥurūb"と概念化できるが、この概念は、中東の研究者から一般の人々までの広い層の人々と中東の安全保障問題に関する議論を可能とする概念であると考えられる。予防外交は、武力紛争の被害を被ってきた中東の人々の観点に立って人間の安全保障を実現するための概念である。

　予防外交は、言い古されたことではあるが、低コストの政策である。武力紛争のコストは、犠牲者、負傷者、避難民などの人的コストがあり、さらに戦費、停戦後の平和構築としての復興費用、金銭に換算できない失われた生活や時間、将来にわたる遺恨、記憶や不和など多岐にわたるものであることを鑑みれば、紛争予防は低コストの戦略である。予防紛争のためにかかる費用は、武力紛争が発生した場合の軍事費の1％以下に抑えられると言われているが、それはおそらく妥当な見方だと言えるだろう。2008年に米国金融危機が発生してから、欧州の債務危機などが重なり、世界的不況が長期化する見通しとなりつつあるが、予防外交が安上がりな政策である点は、強調され過ぎることはない。Ｊ・スティグリッツは、当初は低コストで終結できると見積もられたイラク戦争で米国が負担することとなった本当のコストは、現実的で控えめに見積もった「保守的」シナリオでも、財政負担が2兆6800億ドル、マクロ経済や退役軍人の年金などの社会的コストが4150億ドル、マクロ経済への悪影響が1兆9000億ドルであり、総計で4兆9950億ドルだと試算した［スティグリッツ＆ビルムズ, 2008:166］。この試算の意義は、戦争開始前には「予

◆序　章◆

想外」だったコストの発生や、戦争遂行中に「隠された」コストを明らかにした点にある。ただし、イラク戦争に世界全体が支払ったコストとしてスティグリッツは、英国と日本が被った犠牲やコストを試算した一方で、イラクが被ったコストに関しては、犠牲者は試算したが、経済コストをあえて試算しようとしなかった［スティグリッツ＆ビルムズ、2008:185］点が惜しまれる。ともかく、予防外交は、中東の被戦災国、域外国の双方にとって、人的・財政的なコストや「見えにくい」コストを削減できる政策である。

六　本書の構成

本書は、4部構成で、15章となっている。中東の安全保障における三層は、第一層が第1部、第二層が第2部、第三層が第3部に組み込まれている。

第1部「中東の安全保障と予防外交論」では、中東の安全保障における第一層である米国による中東での予防外交的政策に関して検討した。ただし第1部には、中東政治研究に予防外交論を接続するために、予防外交の理論と制度、その中東での適用に関する論考を配置した。

第2部「中東における予防外交的な取り組み」では、中東の安全保障における第二層となる国家・非国家アクターによる安全保障政策や多国間協力の事例研究を配置した。

第3部「中東における国際社会による予防外交的な取り組み」では、中東の安全保障における第三層として、中東における地域機構やトランスナショナルアクター、中東に活動範囲を拡張しつつある国際機構としてNATOによる展開過程に関する論考を配置した。

第4部「日本による対中東・予防外交への示唆」では、予防外交の観点に立ちながら、日本の中東外交への示唆が提示される。

以下、各章の概要を提示することとしたい。

第1章の吉川論文「予防外交論――中東の紛争予防に向けての試論」では、予防外交における人間的領域の規範形成の有用性に立脚しながら、2011年の中東民主化運動への視座が提起される。20世紀に最も多く見られた武力紛争の形態は内戦であると指摘し、内戦が発生するメカニズムとして、「弱い国」が直面する国家強化ディレンマや、「弱い国」に有利な国際関係秩序があると論ずる。また、内戦を予防するためには、移行期におけるSSRが対策になると議論されている。

第2章の齋藤論文「OSCEと中東移植論」では、予防外交の分野で先駆的な活動

◆序　章◆

に従事している OSCE の制度と限界を考察することにより、中東における予防外交の可能性を探る。また、OSCE の中東での理解のされ方を検討する作業を通じて、OSCE を中東に移植する構想に関して批判的に検討する。中東における予防外交レジームの形成に関して検討する際の基礎となる視角を提供する。

　第 3 章の泉論文「米国主導の中東民主化構想」は、中東での予防外交の実践と可能性に関する米国の役割を検討した。米国の中東政策が大胆な変化を見せたのは、ブッシュ政権であった。9.11 事件の後、米国は、中東諸国の国内体制と国家間関係の変革を明示的に目標に掲げ始めたと指摘され、その政策的効果はどの程度なのか、検証されている。2011 年の中東民主化における米国の役割を考察する上でも基礎的な研究である。

　第 4 章の細井論文「経済政策・援助外交による紛争予防に関する一考察」は、中東経済学を研究する観点に立ちながら、紛争と経済の関係や、中東で予防外交レジームの成立を促す可能性を孕む経済的なインセンティブが成立しているかに関して検討した。域内援助国（ドナー）に属する湾岸産油国、米国主導の「資格産業区域制度」や中東諸国との FTA、クウェート石油上流部門への外資導入、中東地域経済統合などの効果が比較検討される。

　第 2 部「中東における予防外交的な取り組み」では、主に中東の諸国家や非国家アクターによって推進されている、予防外向的な取り組みとして 6 つの事例が取り上げられる。それらは、非対称な関係における SSR とスポイラー問題（イスラエル／パレスチナ問題）、大量破壊兵器の不拡散（リビア）、テロ対策（サウディアラビア）、地域国による安全保障政策（イラン）、地域における武力紛争の抑止（レバノン）、地域国（トルコ）による少数民族政策（対クルド）である。これらの章では、中東における安全保障上の取り組みに関して、成果と限界の両面を取り上げて検討されることになるが、中東の複雑な安全保障情勢に関する地域研究者による確かな記述と分析となっている。

　第 5 章の立山論文「イスラエル・パレスチナ和平プロセスの蹉跌──非対称な関係における安全保障部門改革（SSR）とスポイラーの問題」は、イスラエル・パレスチナ紛争を事例として取り上げつつ、非対称な和平プロセスにおける SSR の政治的側面に関する論考となっている。米国主導のパレスチナ自治政府における SSR は、ファタハとハマースの対立をいっそう激化させてしまったとの見解に関して検証される。

　第 6 章の木村論文「リビアによる大量破壊兵器開発計画の廃棄」は、英国・米

◆ 序　　章 ◆

国・国連などによる外交交渉が、大量破壊兵器開発計画の放棄を促した代表的な成功事例に関してとりあげ、その要因に関して多角的に検証した。テロとの戦いにリビアが協力する姿勢を見せた際に、世界の嫌われ者であるカッザーフィーに対し、米国は彼の体面を傷つけない方法として秘密交渉を貫いた。

　第7章の中西論文「9.11後のイランの安全保障政策・中東地域外交と内政のニュアンス」では、イランの国内政治や、アフガニスタン政策・イラク政策・核開発政策といったニュアンスの難しい問題に関して繊細に扱い、論点を浮き彫りにした。イラン国内のアフマディネジャド大統領とハータミー最高指導者は、対立が指摘されやすいが、実は革命防衛隊の国内政治での役割強化には共通した見解をもつ。また、イランと米国の中東における国益には、実は共通点が多いことが示唆される。

　第8章の中村論文「テロ対策に有効なイスラーム的概念の社会化に関する一考察——サウディアラビアを事例に」では、「ソフトテロ対策」という従来のテロ対策には分類できない特徴をもつ政策に注目した。テロリズムに関連する概念や、テロリストを批判するイスラーム政治上の概念が検討された。また、サウディアラビア政府が、国内の各社会階層に、テロリズムに対して戦うための概念を普及したツールに関して検討された。

　第9章の末近論文「『恐怖の均衡』がもたらす安定と不安定——国際政治とレバノン・イスラエル紛争」では、アラブ最後の熱い戦線の一つ、イスラエルとレバノンの解決が進展しない構図を丁寧に浮き彫りにした。この戦線は、イスラエル国家対ヒズブッラーという非国家主体の戦いになっているが、カルドーの「アイデンティティ・ポリティクス」論や米国主導の「テロとの戦い」といった概念では、戦線が膠着した構図を捉えきれないことから、紛争の基本的な構図を丁寧に解きほぐす作業が行われた。

　第10章の澤江論文「クルド問題をめぐるトルコの外交——紛争制御から包括的予防外交へ」は、トルコのクルド政策の劇的な変化について論じている。クルド問題は、トルコのみではなく、イラン、イラク、シリア、米国が関わる複雑な問題であり、その構図は本来、どれか一方の視点に着目する方法では理解できないという方法論上の限界を明確にした上で、トルコ政府が国内民主化問題とクルド問題の脱安全保障化政策をリンクさせ、ドラスティックな政策変更を断行したプロセスを分析した。

　第3部「中東における国際社会による予防外交的な取り組み」では、中東で地域機構と、域外国際機関の双方が、冷戦後、特に9.11以後、安全保障政策を転換し

てきたが、それが予防外交に向かう可能性をもつものなのか、検討される。アラブ連盟は、機構改革に取り組んでいる。イスラーム的国際機関（OIC）とイスラーム的NGOであるイスラーム世界連盟は、安全保障の専門機関ではないが、フォーラム機能を発揮している。また域外の国際機関の事例として、NATOの中東アウトリーチが論じられる。

第11章の北澤論文「アラブ連盟の安全保障分野における機能と改革」は、アラブ連盟の紛争予防機能に関してその設立時点から通史的・制度的にレビューする作業を行った。また、アラブ連盟は、民族主義的統合装置としての役割を終えて、新たな機能的役割の模索が求められると評価された。1990年代にアラブ連盟が取り組んだ独自の国際的テロ対策の枠組み作りは、アラブ連盟改革の契機となる行動成果となったと指摘された。

第12章の森論文「国際社会におけるイスラーム機関の役割及び予防外交の可能性 —— イスラーム世界連盟とイスラーム諸国会議機構を事例として」は、国際社会におけるイスラーム機関の役割及び予防外交の可能性を考察するため、イスラーム世界における最大の民間組織であるイスラーム世界連盟と、政府間組織の事例としてイスラーム諸国会議機構（OIC）の二つを取り上げ、検討した。イスラーム世界連盟やOICが、ムスリム地域の紛争やテロリズムの解決策を提言したり、文明間対話、政治的中庸、ガバナンス改革などを発案したりするフォーラム機能が示された。

第13章の小林論文「NATOの対中東アウトリーチ —— 中東における予防外交レジーム構築に関する一考察」は、NATOがグローバルな安全保障主体に転換していく中で、中東とパートナーシップを発展させた過程に関して検討した。NATOは、個別パートナーシップ行動計画（IPAP:Individual Partnership Action Plan）や対テロ行動パートナーシップ（PAP-T:Partnership Action Plan against Terrorism）などを通じて域外国との関係を変容させつつ、NATOと中央アジアとのパートナーシップ、さらに東地中海諸国の「地中海対話」や、湾岸諸国との「イスタンブール・イニシアティブ」を可能としていった。

第4部「日本による対中東・予防外交への示唆」では、予防外交の観点に立ちながら、日本の取り組みに対する示唆が提示される。中東に関わる日本外交の官民双方の取り組みに対して、アフガニスタンの和解のための対話外交の現場からの視点で今後の取り組みのために有用な事例が提示される。また、小国ながら、中東において独自の存在感を発揮しているノルウェーの中東関与から多くの教訓が示唆され

◆序　章◆

る。

　第14章の伊勢崎論文「アフガニスタン ── "Reconciliation & Reintegration"（和解と社会再統合）の行方」は、混迷するアフガニスタンでの対テロ戦争を脱するヒントを得るために、アフガニスタン政府国家安全保障委員会、パキスタン、イラン、サウディアラビア、NATO の司令官を参集する多国間セカンドトラック外交会議「アフガニスタンの和解と平和に関する円卓会議」（2009年11月23～25日、於東京）の開催を発案し、コーディネーターを務めた伊勢崎本人の論考である。日本政府には、中立的なイメージという戦略的な資産を活用し、和解交渉というソフト面で力を発揮するよう提言された。

　終章の高橋論文「ノルウェーの中東関与」は、ノルウェーのような小国がいかにして中東和平の仲介という大役を果たすことになったのかに関する考察となっている。ノルウェーによる中東政策は、1993年の中東和平の仲介だけが突出したものではなく、ノルウェーの右派と左派の双方による中東関与の実績の延長にあるものであり、日本の中東との関わり方にとって多くの可能性を示している。

◆ 引用文献

〈欧文文献〉
Koppes. Clayton R. 1976. "Captain Mahan, General Gordon, and the Origin of the Term 'Middle East'." *Middle Eastern Studies* vol.12, no.1.

〈和文文献〉
新井春美．2009．「トルコの安全保障政策の考察 ── トルコ＝パキスタン条約の事例」『国際開発学研究』8巻2号。
池田明史．1990．「焦点 ── 米ソ新協調体制と地域紛争：現代イスラエル外交とイデオロギー ── リクードの『プラグマティズム』をめぐって」アジア経済研究所『中東レビュー1990年版　米ソ協調体制下の中東 ── 1989年の中東動向』。
池田明史．2000．「中東における大量破壊兵器の拡散状況と不拡散努力」納家政嗣・梅本哲也『大量破壊兵器不拡散の国際政治学』有信堂高文社。
泉淳．2001．『アイゼンハワー政権の中東政策』国際書院。
井上実佳．2007．「ソマリア紛争における国連の紛争対応の「教訓」（PKOの史的検証）」『軍事史学』42巻3・4号。
今井千尋．2010．「抗争と実施の格差：アフガニスタンにおけるSSRの変遷」上杉勇司・長谷川晋編『平和構築と治安部門改革（SSR）：開発と安全保障の視点から』IPSHU報告45号。
岩坂将充．2005．「トルコにおける政軍関係の再検討：1960年クーデタにおける将校団の『団体としての利益』」『日本中東学会年報』20巻2号。

上杉勇司．2008．「平和構築における民軍関係の指針 ── アフガニスタン DDR に見る PRT の役割」『国際政治』152 号．
江崎智絵．2010a．「イスラエル・パレスチナ和平交渉における安全保障問題」『中東研究』2010・11 年 2 号．
江崎智絵．2010b．「アラブ連盟・イスラーム諸国会議機構」広瀬佳一・宮坂直史編『対テロ国際協力の構図』ミネルヴァ書房．
加藤朗．1985．「イラン・イラク戦争 ── 開戦の要件とその経緯」『新防衛論集』13 巻 2 号．
加藤朗．1986．「イラン・イラク戦争 ── 終結の問題点」『新防衛論集』13 巻 4 号．
加藤朗．1987．「レーガンの中東政策 ── 和平か安保か，混乱する目標」『国防』36 巻 2 号．
加藤朗．1988．「アフガン和平協定の背景と意義 ── 第 3 世界での米ソ共存関係の始まり」『国防』37 巻 6 号．
加藤朗．2000．「サウディアラビアの軍事能力」日本国際問題研究所『サウディアラビアの総合的研究』．
川端清隆．2002．『アフガニスタン ── 国連和平活動と地域紛争』みすず書房．
川端清隆．2007．『イラク危機はなぜ防げなかったのか ── 国連外交の六百日』岩波書店．
吉川元．2000．『予防外交』三嶺書房．
吉川元・加藤普章編．2000．『国際政治の行方：グローバル化とウェストファリア体制の変容』ナカニシヤ出版．
吉川元・加藤普章編．2004．『マイノリティの国際政治学』有信堂高文社．
吉川元．2012．「分断される OSCE 安全保障共同体」『国連研究』12 号．
香西茂．1960．「休戦の法的性質 ── パレスチナ，朝鮮，インドシナの休戦協定を中心として」『法学論叢』67 巻 2 号．
香西茂．1961．「国連軍をめぐる『関係国の同意』の問題 ── スエズとコンゴの場合」『法学論叢』68 巻 5・6 号．
香西茂．1977．『第四次中東戦争と国連の平和維持活動-1-』『法学論叢』100 巻 5・6 号．
香西茂．1978．『第四次中東戦争と国連の平和維持活動-2・完-』『法学論叢』103 巻 1 号．
香西茂．1985．「レバノン紛争と国連の平和維持活動 ── 国連暫定軍と多国籍軍」『法学論叢』116 巻 1〜6 号．
香西茂．1991．『国連の平和維持活動』有斐閣．
木村修三．1991．『中東和平とイスラエル』有斐閣．
木村修三．1995．「中東の核不拡散問題とイスラエルの核」『国際問題』425 号．
木村修三．2009．「リビアによる大量破壊兵器開発計画の完全放棄」『国際安全保障』37 巻 2 号．
小杉泰．2009．「国際政治の中のイスラームと宗教」国分良成・酒井啓子・遠藤貢編『地域から見た国際政治』有斐閣．
小林正英．2009．「NATO パートナーシップによる対中東アウトリーチ」『国際安全保障』37 巻 2 号．
近藤重人．2010．「第一次石油危機時のアラブ諸国間外交 ── アラブの石油政策形成に果たしたクウェートの役割 ── 一九七三年一月〜十一月」『慶応義塾大学大学院法学研究

◆ 序　　章 ◆

　　科論文集』50号。
坂井一成．2010．「EUの対中東予防外交 ── 東地中海地域を中心に」『日本EU学会年報』30号。
酒井啓子．2005．「イラク戦争による政権転覆」『国際政治』141号。
酒井啓子．2009．「中東の国際政治 ── 他者に規定される地域の紛争」国分良成・酒井啓子・遠藤貢編『地域から見た国際政治』有斐閣。
酒井啓亘．2008．「スーダン南北和平と国連平和維持活動 ── 国連スーダンミッション (UNMIS) の意義」『法学論叢』162巻1‐6号。
佐々木雄太．1997．『イギリス帝国とスエズ戦争：植民地・ナショナリズム・冷戦』名古屋大学出版会。
佐藤尚平．2011．「ペルシャ湾保護国とイギリス帝国 ── 脱植民地化の再検討」『国際政治』164号。
佐藤秀信．2009．「イスラーム革命防衛隊とは何か」『中東研究』2009年10(2)号。
白鳥潤一郎．2011．「エネルギー安全保障政策の胎動 ── 石油市場の構造変動と「対外石油政策」の形成、1967-1973」『国際安全保障』38巻4号。
末近浩太．2005．「シリアの外交戦略と対米関係」『国際政治』141号。
スティグリッツ、ジョセフ・E．＆ビルムズ、リンダ．2008．『世界を不幸にするアメリカの戦争経済：イラク戦費3兆ドルの衝撃』（楡井浩一訳）徳間書店。
多湖淳．2010．『武力行使の政治学 ── 単独と多角をめぐる国際政治とアメリカ国内政治』千倉書房。
立山良司．1992．「パレスチナ難民と中東和平プロセス」『国際問題』385号。
立山良司．2002．『中東』第三版．自由国民社。
立山良司．2007a．「中東における核拡散の現状と問題点」『アジア研究』53巻3号。
立山良司．2007b．「中東における地域主義の試みとその限界」村井友秀・真山全編『現代の国際安全保障』明石書店。
立山良司．2009．「イスラエル／パレスチナ和平プロセスの蹉跌 ── 非対称な関係における治安部門改革 (SSR) とスポイラーの関係」『国際安全保障』37巻2号。
鶴岡路人．2006．「NATO変革の中の災害救援 ── パキスタン地震救援活動と同盟変革の方向性（拡大するヨーロッパ安全保障の射程）」『国際安全保障』34巻3号。
鳥井順．1990．『イラン・イラク戦争』第三書館。
中岡三益．1998．『アメリカと中東 ── 冷戦期の中東国際政治史』中東調査会。
中西久枝．2001．「ハタミ政権下のイラン：米国との関係は変わるか」『海外事情』49号。
中西久枝．2009．「イランの安全保障政策：中東地域外交と内政のニュアンス」『国際安全保障』37巻2号。
中村覚．2009．「テロ対策に有効なイスラーム的概念に関する一考察：サウディアラビアの事例から」『国際安全保障』37巻2号。
中山雅司．1989．「イラン・イラク戦争における国連の平和維持機能：事務総長の調停機能を中心として」『創価大学比較文化研究』6号。
浜中新吾．2011．「中東地域政治システムとイスラエル：国際システム理論によるイラン問題へのアプローチ」『山形大学紀要．社会科学』42巻1号。

平井照美．1996．「予防外交の概念と意義」森本敏・横田洋三編『予防外交』国際書院。
広瀬佳一・小笠原高雪・上杉勇司編．2008．『ユーラシアの紛争と平和』明石書店。
二村まどか．2009．「国際刑事裁判の発展と安保理の働き：レバノン特別法廷の設立に関する一考察：安全保障の変質と法」『国際安全保障』37巻3号。
松永泰行．2012．「イランの戦略文化と覇権問題」『国際政治』167号。
松山健二．2008．『武力紛争法とイスラエル・パレスチナ紛争：第2次インティファーダにおけるテロと国家テロ』大学教育出版。
松井芳郎．1993．『湾岸戦争と国際連合』日本評論社。
松本弘．2011．「『アラブ政変』と民主化」松本弘編『中東・イスラーム諸国民主化ハンドブック』明石書店。
村上友章．2003．「岸内閣と国連外交——PKO原体験としてのレバノン危機」『国際協力論集』11巻1号。
山浦公美子．2000．「中東和平と日本：外交青書をめぐる考察」『日本中東学会年報』15号。
山本吉宣．2006．『「帝国」の国際政治学——冷戦後の国際システムとアメリカ』東信堂。
山本吉宣．2008．『国際レジームとガバナンス』有斐閣。
横田実．2005．「インド・パキスタン戦争と国連の平和維持活動」『日本大学大学院総合社会情報研究科紀要』5号。
横田洋三編．2001．『アフリカの国内紛争と予防外交』国際書院。
吉崎知典．2007．「米国と平和構築——イラクの国軍再建をめぐって」『ディフェンス』26巻1号。
吉崎知典．2009．「現代の紛争と平和構築——アフガニスタンにおける安定化作戦をめぐって」『海外事情』57巻5号。

第 1 部
中東の安全保障と予防外交論

第1章

予防外交論 —— 中東の紛争予防に向けての試論

吉川 元

◆ はじめに

　民主化の波は中東には及ばないと考えられていた。ところが2010年12月にチュニジアで始まった民主化運動を契機に、エジプト、リビア、シリア、その他中東各地で民主化を求める市民の反乱が起こり、民主化移行期につきものの政府対反政府勢力の武力衝突が発生している。しかも、2011年3月、英仏米軍はリビアに対して空爆を開始した。この武力行使は国連安全保障理事会決議のお墨付きを得て行われたもので、その決議には「市民および市民が居住する地域を守るために必要なあらゆる方策をとる」とある（S/RES/1973 (2011)）。市民の安全を守るために国連は武力行使を容認したのである。それは、藩基文・国連事務総長によれば、カッザーフィー政権が軍を使って国民を殺害し、もはや「統治の正当性」を失っているのであるから、多国籍軍の軍事介入は国際社会による「市民を保護する責任」の実践である[1]。国連の「保護する責任」の実践の動きは、人権と民主主義のグローバル化にあいまって、今後、人道的干渉という戦争の増加の予兆であろうか。というのも独裁体制が崩壊し民主化へ移行する際には政府側と反政府勢力との間で武力衝突が発生する傾向があるからである。中東をはじめ世界各地の独裁国家の今後の体制崩壊とそれに続く民主化移行過程をいかに統制し制御するかが、紛争予防に向けて国際社会の重要な課題となろう。

　「予防外交（preventive diplomacy）」という用語は、1960年にハマーショルド国連事務総長（当時）によって初めて使用されている。それは超大国間の戦争に波及しかねないような地域紛争の予防という意味で使用されたものである［吉川, 2000 a: 5］。今日的な用法は、ガリ国連事務総長（当時）の報告書『平和への課題』（1992年6月）における用法に由来する。同報告書において国連が対応すべき紛争の局面を、紛争前の予防外交、武力紛争さなかの平和強制、和平協定成立後の平和維持、そして武力紛争後の平和構築の4局面に分類し、予防外交を「対立が発生するのを

---

[1] 『朝日新聞』による国連事務総長の藩基文の単独インタビュー記事。『朝日新聞』2011年3月21日朝刊。

予防し、現に発生している対立が紛争へ発展するのを防ぎ、そして紛争が発生した場合にその拡大波及を防止するための行動」と定義している[2]。その後、予防外交は紛争予防の同義語として使用されるようになり、国連とOSCE（欧州安全保障協力機構）で予防外交体制が整えられていく。

振り返るに「戦争の世紀」と約言された20世紀は、無差別戦争観に始まり、第一次世界大戦後に国際連盟のもとで紛争の平和的解決が求められるようになり、第二次世界大戦後に武力行使の禁止が国際規範となり、そして世紀末に至ってついに紛争の芽を断つことを意味する予防外交の次元に到達しようとしている。もっとも、予防外交なる概念が存在しない時代にも戦争を予防しようとする試みがあり、それは平和論として論じられてきた。そうした試みは集団安全保障体制にせよ、戦争の違法化にせよ、軍縮・軍備管理にせよ、アナキーな国際政治場裏での国際関係を規制することによって戦争を予防しようとする試みとして知られる。しかしながら、予防外交という新たな概念が登場する背景には冷戦の終焉に伴う次の二つの国際政治上の動きがあった。第一に、社会主義諸国の一党独裁体制が崩壊した結果、人権尊重、民主主義、法の支配といった西欧に由来する統治システムを普及させることで冷戦の再発防止が可能であるとみなす新しい平和論の芽生である。そして第二に、ソ連・ユーゴスラヴィアの崩壊過程で民族紛争が発生し、しかもその民族紛争は拡大する兆しがあったことから、民族紛争の予防と民主化支援が喫緊の課題として国際政治の俎上に載せる動きである。それも国内秩序の変革によって紛争を予防しようとするのであり、また国内に宿る民族対立の芽を早期に摘むことで紛争を予防しようとするのであるから、予防外交なる概念の誕生は、平和論が新たな段階に入ったことを意味しよう。

欧州における予防外交体制の構築から20年経過した今日、予防外交が奏功して欧州における民族紛争の拡大は阻止され、また新たな紛争が発生する見込みはない。ところが、こと中東に関する限り、この地域は今もアフリカと並ぶ世界有数の紛争地帯である。中東には典型的な権力政治が展開される舞台がある。この地域には、中東紛争、イラン・イラク戦争、湾岸戦争といった国際戦争に加え、パレスチナ紛争にみられるエスニック紛争、そして本章を執筆中に発生したリビアのカッザーフィー政権と反政府勢力との内戦、及びNATOの対リビア人道的干渉など、ありとあらゆる形態の武力紛争が発生する。しかも、今後、中東には民主化移行期

---

[2] *An Agenda for Peace : Preventive Diplomacy, Peacemaking and Peace-keeping*, A/47/277-S/24111（1992）, para.20.

特有の内戦が各地で発生する恐れが多分にある。

　本章は、中東の武力紛争の予防に向けた予防外交の試論である。先述の『平和への課題』が発表されて以来、予防外交が論じられるようになっておよそ20年が経過した。しかしながら中東では地域的な予防外交体制の構築の取り組みは見られないし、それ故に中東予防外交に関する研究は途上の段階にある。そもそも予防外交で予防しようとする紛争とはいったいどのような紛争であり、いったい誰がその予防外交の担い手になるというのであろうか。今後、中東で発生が予想される武力紛争とはどのようなものであろうか。以下において20世紀後半の武力紛争の特徴を概観し、武力紛争発生の国内原因、および紛争の国際要因を明らかにし、それを踏まえて紛争の予防に向けた効果的な対処法を探る。予防外交論が中東での紛争予防に資するのであろうか、有用であろうか。予防外交の理論と視座を明らかにすることで、本稿が中東の紛争予防の試論となることを期待する。

I　武力紛争の発生構造

（1）大規模武力紛争の類型

　予防外交の目的は、武力紛争の発生原因を早期に発見し、その原因を除去することにある。そこでまず武力紛争の形態、および武力紛争の発生原因を明らかにした上で、武力紛争の防止に向けた有効策を検討することにする。

　これまでどのような武力紛争が発生してきたのであろうか。武力紛争とは、紛争の当事者の一方が国（政府）軍であり、武力紛争の発生から死者が年間1,000人を超えるものを「大規模武力紛争」と呼ぶことにする。大規模武力紛争は、紛争の争点に着目すると、政府の独立を脅かす統治紛争と、領域（領土）に関して争われる領域紛争とに分類できる。また紛争当事者に着目すると、大規模武力紛争の形態は、①国家間の戦争（国際戦争）、②国内の武力紛争（内戦）、③国際干渉戦争、④国家と社会の戦争に分類できよう。

　戦争とは伝統的に二ヵ国またはそれ以上の複数国の政府軍の間で一定期間、戦われる国家間の武力紛争を意味してきた。20世紀の戦争の多くが、領土拡張や国外の権益保護を目的とする侵略戦争であった。20世紀後半になると国家間の戦争は減少傾向にある。1945年から95年の間に発生した164件の大規模武力紛争のうち、国家間戦争は30件（18％）にすぎず（これには国際干渉戦争は含まれない）、

77％が内戦である［Holsti, 1996:21］。一方、人道的危機の救済を目的とする戦争は人道的干渉と呼ばれてきた。近年、NATOの対ユーゴスラヴィア戦争、NATOの対リビア空爆のような人道的干渉が復活している。

　国内で発生する武力紛争は伝統的に内戦と呼ばれてきた。内戦は統治紛争と領域紛争に分類される。統治紛争とは国家の統治権をめぐって政府と反政府勢力との戦いである。20世紀後半の冷戦期にはアジア、アフリカ、および中南米の途上国で、共産主義勢力と反共産主義勢力との間に統治紛争としての内戦が発生する。一方、領域紛争は特定の民族集団間でそれぞれ自民族の統治・支配領域を拡張しようとしたり、特定の民族マイノリティが分離独立を求めて中央政府または他の民族集団に挑戦したりすることで発生する。領域紛争の当事者たる集団は事実上、民族（エスニック）集団である場合が大半である。それ故に、内戦としての領域紛争の多くが民族（エスニック）紛争である。領域紛争は冷戦の終結を境に急増する。1990年代の前半、ユーゴスラヴィア各地および旧ソ連のコーカサスで発生した武力紛争がそうした例である。

　特定国の内戦に対して外国が武力干渉するのが国際干渉戦争である。冷戦期にはアメリカのヴェトナム戦争、ソ連のアフガニスタン戦争のように米ソを中心とする東西両陣営による国際干渉戦争が発生した。しかし、冷戦の終結に伴い、外国からの軍事支援は激減し、特にそれまでソ連が支援していた各地の大規模武力紛争は激減した［Byman, et al., 2001:17］。

　独裁国家または権威主義国家において一般市民や人民に対する政府の一方的な暴力は「国家と社会の戦争」と呼ぶことにする。一般市民に対する政府の暴力の行使は、ジェノサイド（genocide）、政治的殺戮（politicide）、あるいは民衆殺戮（democide）と呼ばれてきた。政治的殺戮または民衆殺戮とは、政府が政治的意図をもって行う直接的または間接的な人民の殺戮を意味する［Rummel, 1994:36-37］。特に途上国や共産党一党独裁国家で政治的殺戮や民衆殺戮が発生し、また独裁体制の崩壊時には内戦の前触れとなる政治的殺戮が発生する。20世紀を通して国家と社会の戦争の犠牲者数は1億7000万人にも及び、その数は戦争および内戦の犠牲者数をはるかに凌ぐ［Rummel, 1994:1-28］。

（2）　武力紛争の発生原因
（a）　構造要因ときっかけ要因
　何の前触れもなしに武力紛争が突如、発生することはない。国家間の戦争であれ

I　武力紛争の発生構造

国内の戦争であれ、まず先に当事者間に対立があり、それがやがて抜き差しならぬ紛争へ発展し、ついには武力紛争へ発展するというのが通例である。予防外交の目的は武力紛争に発展すると予測されるような紛争の芽を早期に発見し、解決することで武力紛争の発生を防ぐことにある。

　予防外交（紛争予防）という用語が近年に流通するようになるが、戦争の予防への取り組みの歴史は今に始まったことではない。産業革命後に戦争の機械化が進む19世紀末から「(恒久)平和」が希求されるようになり、戦争の予防策が考案され、試されてきた。政治指導者は勝機があるから戦争に訴えると考えると勢力不均衡の制度的な枠組みとしての集団安全保障体制が考案され、武器があるから戦争になるとの考えが軍縮・軍備管理による平和創造の取り組みにつながった。近年では偶発戦争の予防策に信頼安全醸成措置（CSBMs）が考案され、OSCE地域に導入されている。戦争が合法であるから戦争が行われるとの考えが戦争の違法化への取り組みにつながり、国連体制下で武力行使の禁止原則に結実した。国力の増長を図り、国外の権益保護または天然資源の確保の目的で侵略戦争が発生するとの考えが経済的相互依存の平和創造の試みにつながった。さらに人種偏見、民族憎悪が人間をして殺戮行為にはしらせるとの考えが知的協力、友好・信頼関係の平和創造につながり、それがUNESCOの平和活動の根拠になった［入江, 1986］。これらの戦争の予防策は、国家間の戦争の予防に限定されており、それも国際関係の規制による戦争予防の試みであった。しかし今日では大規模武力紛争の形態が主として内戦に移ったことから、国家統治システムの在り方そのものに紛争の原因が求められるようになり、ここに今日的な用法としての予防外交概念が胚胎する。

　それでは内戦はなぜ発生するのか。なぜ内戦は増加傾向にあるのか。領域紛争、とりわけ民族紛争が発生する背景には民族マイノリティをして政治的自治を要求したり、分離独立に向かわせたりするような社会的、政治的、経済的な構造要因があるはずである。包括的な紛争研究として知られるブラウン編著『国内紛争の国際的側面』には、国内紛争の発生原因として、①エスニック対立の構造、②政治参加の不平等など政治要因、③貧富の格差など社会・経済的要因、④国民の一体化を阻む文化認識要因、そして⑤周辺国が関与する国際要因、の5つの要因が指摘されている［Brown, 1996:13-26］。今では一般的に通用するこうした紛争原因論であるが、本章では紛争原因を、紛争発生の構造要因（上述の①から④の要因）、外部から紛争の発生を促したり紛争を支え長引かせたりする紛争の外部支援要因（上述の⑤）、そしてこれらの要因に加えて武力紛争の発生の引き金となるきっかけ要因、の3つ

の要因に大別する。紛争の構造要因、きっかけ要因、そして外部支援要因を特定することで紛争発生のメカニズムが明らかになり、よってその紛争が武力紛争へ発展する紛争発展の動態への対応策の検討が可能になり、予防外交の展望が開けると考えられるからである。

(b) 国家強化ディレンマ

まずは内戦を発生させる構造要因を国家体制の安定度と国民統合の進展度に求め、検討してみよう。イギリスの国際政治学者B・ブザンによれば、国家というものは、第一に、人口、領土など物理的基盤、第二に、どのような国家を建設するかという国家理念、そして第三に、国家を支える諸制度から成る統治システムの3要素から構成される。長期にわたる国家建設の歴史過程で成熟した国では、国家理念が広く受容され、統治システムが安定し、しかも国民統合が進んでいるので社会的結合度あるいは領土的一体性が高い「強い国（strong state）」である。他方、国家の歴史が浅い多くの途上国は、国家理念への支持基盤が弱く、国民的一体感も未形成な「弱い国（weak state）」である［Buzan, 1991:57-107］。正当性を軸に換言すると、国民統合が進み国民の間に社会的分断がなく社会の結合度が高ければ、「水平正当性」（領域正当性）が高いといえる。一方、統治者も被治者も国家理念、政府、および統治システムを自発的に支持し受容している場合、国家体制は安定し、「垂直正当性」（統治正当性）が高いといえる［Holsti, 1996:82-98］。

内戦が発生するのは弱い国においてである。弱い国の政治の最大の特徴は、争点が政策課題の優先順位をめぐるというものではなく、国家理念、国家の統治システム、民族自治問題など国家の垂直正当性や水平正当性にかかわる根本問題をめぐって対立し、それ故に過激な政治に向かう傾向にある。対立する集団間または地域間に明らかな経済格差が存在する場合、垂直正当性も水平正当性も極度に弱まることになる。フィリピンのマルコス政権、チュニジアのベン・アリー政権のように権力者が私腹を肥やし政治指導者と民衆との間に大きな貧富の格差がある場合、それが紛争の構造要因となる。垂直正当性に難のある非民主的な国家では、反体制運動が顕在的であれ潜在的であれ、存在する。冷戦期、東側陣営の共産党一党支配体制下では反体制勢力は人権の国際化時代を反映し、人権運動の装いをまといつつ外部支援に支えられ、組織的な「ヘルシンキ人権運動」を展開した。その結果、ゴルバチョフ政権の自由化とあいまって人権運動がソ連圏の民主主義革命に貢献したことは記憶に新しい［宮脇, 2003；吉川, 1994:255-289］。中東の独裁体制または王制にとっ

てはイスラーム復興主義が反体制勢力となりうる。1970年代に勃興するイスラーム運動は、イラクのバース党政権に対抗したシーア派ゲリラ、80年代から90年代にかけてエジプトで武力闘争を展開したイスラーム・ジハード、シリアで武装蜂起したムスリム同胞団、その他、アフガニスタン、イエメン、ソマリアにかけて80年代からジハード主義運動が反体制勢力となった。一方、水平正当性に難のある国では抵抗勢力として民族マイノリティが取りうる選択肢は、弾圧を逃れ国外逃亡を企てるか、さもなければ民族自治を要求し、さらには分離・独立運動に訴えることになる。ブルガリアの同化政策を逃れるためのブルガリア・トルコ系住民の集団脱走、イスラーム化に抵抗する南部スーダンの分離独立の事例に象徴されるように同化政策を強行すれば、それが社会を分断させ、国民的一体感、さらには領土的一体性を弱めることになる。パキスタンからのバングラディシュの分離独立、グルジアからのアブハジアの分離独立、あるいはクロアチアをはじめユーゴスラヴィア各地の民族の分離独立の際に凄惨な武力衝突を伴ったように、民族対立はそれを抑え込もうとする政府との間で武力衝突に発展することがしばしばある。

　紛争の構造要因を内部に秘めている弱い国は、垂直正当性または水平正当性が挑戦を受けるとあって独自の安全保障政策（戦略）を必要とし、その安全保障戦略の帰結が国家と社会の戦争である。そもそも国際政治における安全保障とは、国家の安寧を揺るがすような脅威を取り除くことを意味する。国家の安全が脅威にさらされていると国家の指導者が認識するのは、そうした脅威に対する脆弱性が存在するからである。脅威が存在する以上、国家の安全保障強化策として国家安全保障戦略と国際安全保障戦略の二つの安全保障戦略が考えられよう。国家が単独で自国の脆弱性を低減させる方法を国家安全保障戦略と呼ぶことにする。軍事的脅威に対しては軍事力の強化で対抗し、経済的脅威に対しては資源の供給源を分散し、可能な限り自給自足体制を整えることで対応する。特に弱い国では、外部脅威に加えて先に述べたように内部脅威、すなわち統治正当性に挑戦する反体制派（運動）、および領域正当性に挑戦する分離主義（運動）のいずれか、またはいずれもが存在する。こうした内部脅威を抱える国家の安全は、大国との同盟関係によって保障されるようなものではない。それは表現の自由、言論の自由、集会の自由、結社の自由といった政治的自由を規制し、日常生活において国家治安機関（秘密警察）によって反体制運動を取り締まり、メディアに対する徹底した統制を行い、分離主義運動に対する徹底した弾圧を行うなど内部脅威を強権的な手法で除去することによって達成されると考えられる傾向にある［Buzan, 1991:57-111, 331-333］。

◆ 第1章　予防外交論

しかしながら、そうした国家の安全保障強化の試みは、政府の意に反して国民の多くを反体制派へと追いやることになり、かえって国家を弱体化させることになりかねない。その結果、国家の垂直正当性または水平正当性の弱さが構造的かつ恒久的なものになり、そして弱い国は「国家強化ディレンマ」に陥ることになる［Holsti, 1996:99-122］。国家強化ディレンマに陥っている国では、きっかけさえあれば武力紛争へ発展する。エスニック対立が紛争へ、さらには武力紛争へ発展する紛争の発展のメカニズムについて紛争研究者 T. ガーの次のような解析は、予防外交を構想する上で有用である。すなわち、紛争の発生には、第一に、顕著なエスノ文化、エスニック・アイデンティティ（帰属意識）の形成が所与の前提である。日常的に接する者の間にエスニック集団間の文化的差異が大きければ大きいほど、そして互いに優劣意識の認識格差が大きければ大きいほど、それぞれの民族（エスニック）集団への帰属意識が強化されることになる。第二に、エスニック政治に向かわざるを得ないような政治的誘因の存在である。集団間に差別意識や不平等感が強ければ、あるいは失われたかつての民族自治の復活願望が強ければ、容赦ない政府の弾圧を契機にこうしたマイノリティ集団は共通目標の実現を求めるようになり、エスニック対立はエスニック政治の段階へ移り、スト、デモ、反乱が続くと争点は自治要求の紛争へと発展する。第三に、エスニック政治の展開能力の大きさである。集団の組織化、集団の団結力、そして政治指導者の集団動員力が大きいほど、エスニック政治の展開は日常的かつ持続的なものとなる。そして第4に、紛争が武力紛争へと発展するには直接的なきっかけがなければならない。エスニック集団間に政治同盟が結成され反体制勢力が増強したとか、経済状況が急速に悪化し貧困に拍車がかかったとか、政権内部の指導部の交代や政府の突如の政策変更に伴い特定エスニック集団への弾圧が始まったとか、そうした出来事が武力紛争へ発展するきっかけとなりうる［Gurr, 2000a:69-95］。

これまでアジア・アフリカの一部の非民主的な国で、ジェノサイド、政治的殺害、民衆殺戮といった、著しい人権侵害という表現では到底言い尽くせないほどの人道的危機が生じたが、それは実のところ国家強化ディレンマに陥った弱い国の国家安全保障戦略に基づく内部脅威への強権的な対応の帰結、すなわち国家と社会の戦争の帰結に他ならない。20世紀に発生した民衆殺戮のうち共産党一党独裁体制下の民衆殺戮は、組織的かつ大規模であった。ソ連および中国では1000万人規模の民衆殺戮が発生し、その他、カンボジア、北朝鮮、ヴェトナム、旧ユーゴスラヴィアの独裁体制下でいずれも100万人規模の民衆殺戮が生じた［Rummel, 1994］。

クルトワとヴェルトの共著『共産主義黒書』によれば、世界各地の共産党の統治下の民衆殺戮の犠牲者数は、中国で6500万人、ソ連で2000万人、北朝鮮で200万人、カンボジアで200万人、東欧諸国で100万人、その他合計すると1億人に上った［クルトワ＝ヴェルト, 2001：9-40］。それにしても今日では人道的危機として国際干渉戦争が発生してもよさそうな深刻な事態に国際社会は沈黙せざるを得ない訳があったのであろう。

II　紛争の国際要因

（1）　統治システムと国際関係秩序
（a）　紛争地帯の統治システム

　統治紛争にせよ領域紛争にせよ、紛争の発生には構造要因があると先に述べた。しかしながら、紛争の予防のためにこうした構造要因を除去しようにも国家強化ディレンマに陥っている政府にそうしたことを期待すべくもない。それに国家強化ディレンマに陥っている国は特定地域に集中し、しかも地域を挙げて弱い国を守ろうとしているのであるから、外部アクターの関与による紛争の予防への取り組みは容易なことではない。

　第二次世界大戦後から1995年までに発生した大規模武力紛争は、地域別には中東、アフリカ、ついでアジアで多発し、欧州と南米では武力紛争の発生件数は少ない。アフリカの大規模武力紛争はその圧倒的多数が統治紛争である。中東とアジアでは統治紛争と領域紛争がともに発生し、その割合は領域紛争が統治紛争を上回る。南米ではアメリカの経済支配に対する反米ナショナリズムが反体制派の挑戦する統治紛争の背景にあり、大規模武力紛争は統治紛争に限られている。欧州で発生した大規模武力紛争は、コーカサスおよびバルカン地方に集中して発生し、しかもその形態は領域紛争に限定されており、今日では終息しつつある[3]。

　大規模武力紛争がなぜ中東、アフリカ、アジアに集中するのであろうか。地域特有の国際関係秩序とその地域特有の国家統治システムとの間に関連性があるのであろうか。この点に関してホルスティによる「平和地帯」「戦争地帯」「戦争のない地

---

[3]　大規模武力紛争の地域別推移は、SIPRI Yearbook毎号に掲載されている。2010年度最新版（2009年度統計）では、欧州では大規模武力紛争は前年度に続き、発生していない。アフリカで統治紛争が4件、アメリカ（中南米）で統治紛争が3件、アジアで統治紛争が3件、領域紛争が4件、中東で統治紛争が1件、領域紛争が2件記録されている［SIPRI, 2010］。

◆ 第1章　予防外交論

帯」の概念区分が有効な分析視座を提供してくれる［Holsti, 1996:141-149］。西欧、北欧、北アメリカの平和地帯では軍事力は同地帯内の特定国に対しては向けられず、同地帯で戦争が発生することはない。平和地帯は、政治的に安定した民主国家から構成されており、同地帯内には国際機構が重層的に存在し、国際社会として共通規範および国際社会の慣行が存在している。一方、アフリカ、コーカサス、南アジア、旧ユーゴスラヴィア、および中東は戦争地帯である。同地帯では国際関係が慢性的に緊張しており、国際紛争も国内紛争も頻発する。この地帯は弱い国から構成されており、地域一帯において文化的共通性が希薄で、相互依存関係が弱く、地域主義の形成の動きが鈍く、それ故に地域国際機構の存在が数少ない。平和地帯と戦争地帯の間に位置するのが戦争のない地帯で、東南アジアおよび東アジア、そしてかつての南米がこの戦争のない地帯に属する。戦争のない地帯では同盟による軍事関係と軍拡競争がその基調にあり、しかも軍事力が地帯内の特定国に向けられているために軍事的な緊張関係が根を張り、国際紛争は発生するものの武力紛争へ発展することはまれである。同地帯内の各国の国内にあっては政変、著しい人権侵害、国家と社会の戦争など弱い国特有の対立と紛争が多々存在する。

　ここで戦争地帯と位置付けられる中東の地域的特色について見てみよう。武力衝突に発展する可能性を秘めた「潜在的紛争」、武力衝突の発生寸前の緊張関係にある「危機」、散発的な武力衝突が発生している「深刻な危機」、そして「国家間の戦争」の4次元において、中東はアフリカと並んで世界有数の紛争多発地帯である[4]。そのことは中東が軍事色の強い非民主的な国で占められていることと関連している。中東各国はイスラエルを除き非民主的国家である。「アラブの春」と呼ばれる一連の民主化の波以前の時点で、政党活動が禁止されているリビア、湾岸協力会議（GCC）諸国はいうに及ばず、政党活動が認められている国でも、どの国も民主化評価は低い［松本, 2005］。エジプト、リビア、チュニジア、スーダン、イエメン、シリア、イラクの7ヵ国は、一定期間、軍事クーデターで政権をとった軍事政権の統治下にあった。またシリアのように一貫して軍事政権の統治下にある国もあれば、モロッコ、オマーン、ヨルダンのように国王が軍最高司令官を兼任している国もある。このように中東諸国はレバノンを例外にいずれも統治において軍と治安

---

[4]　1945年から1995年の間に発生した104の戦争を分析し、中東・北アフリカは紛争の4次元においてもっとも危険な地域（戦争28、その他を合計すると167件の紛争）であり、サブサハラ・アフリカ（28の戦争、その他、合計145の紛争）、アジア太平洋（28の戦争、紛争合計144）である［Pfetsch and Rohloff, 2000:25-33, 62-155, 102-105］。

機関に依存する非民主国家である［Halliday, 2005:170-171］。

　中東諸国は1970年代から分離主義やイスラーム復興主義の影響でますます弱い国となり、かつての社会主義諸国と同様に体制維持のために軍と治安機関が重要な役割を担うようになる。治安・秘密警察の協力網が社会の隅々まで張り巡らされ、体制維持のためにシリアの共和国防衛隊、サウディアラビアの祖国警備隊、イランの革命防衛隊など、国軍とは別の軍が編成されている。その結果、国家予算に占める軍事費の割合が他の地域に比べ圧倒的に高く[5]、2001年時点で、オマーン、サウディアラビア、シリア、およびクウェートは国防費が対GDP比で10％を上回るほどである[6]。中東のアラブ諸国では、軍・治安警察を含め安全保障部門の文民統制は実現せず、軍事予算を含め安全保障部門は議会にはタブー視されている領域である［Sayigh, 2007:15-20］。つまり中東のアラブ諸国は、事実上、軍・治安機関に支配され、国政には軍事・治安機関の利益が優先され、国家の統治において軍と治安機関の統治様式が支配する軍事国家であるといえよう。なかでも王制または首長制の国から成る湾岸協力会議（GCC）諸国は内部脅威にも外部脅威にもさらされている弱い国であることから、国民の間には反米感情が強いにもかかわらず、米国と2国間条約を結び、国家の安全保障をアメリカに依存している[7]。このように中東諸国は弱い国に典型的にみられる紛争の構造要因を内包し、国家強化ディレンマに陥っているといえる。

(b)　紛争地帯の国際関係秩序

　紛争の構造要因を抱えた弱い国が人権侵害はおろか人道的危機まで生じさせつつも冷戦期を生き延びることができたのは、弱い国に有利な国際関係秩序、それに弱い国を支える大国からの戦略的援助があったからである。中東、アジア、アフリカのような戦争地帯または国内に紛争を抱える戦争のない地帯（以下、両地帯を「紛

---

[5]　2001年時点での地域別軍事支出（対GDP比）を比較すると、中東が7.7％である。これは、ロシアの4.5％、中央アジア・南アジアの2.8％、サブサハラ・アフリカの2.7％、NATO諸国の2.6％、NATO非加盟国の欧州1.7％に比べ抜きんでた数値である［The International Institute for Strategic Studies (IISS), 2003:340］。

[6]　2001年時点で、中東の対GDP比軍事支出の平均7.7％を超える国は、オマーン（14.4％）、サウディアラビア（14.1％）、シリア（10.9％）、クウェート（10.2％）、カタール（9.4％）、イスラエル（9.2％）、ヨルダン（8.9％）、イエメン（8.1％）である［IISS, 2003:336］。

[7]　加盟国6ヵ国中、5ヵ国はアメリカ軍に軍事基地を提供し、実際にサウディアラビアの基地は湾岸戦争の際にアメリカに使用を許し、またクウェートとカタールの基地は2003年のイラク戦争の際に使用されている［Karns and Mingst, 2010:212-213］。

争地帯」と呼ぶ）の国際関係秩序は、平和地帯とは異なる独自の国際関係秩序を形成し、内政不干渉、人民の自決、それに領土保全といった国際関係原則が国際規範化するのが通例である。紛争地帯では各国とも反政府勢力、分離主義運動など深刻な国内脅威を抱えていることから、各国とも国家強化が国家安全保障上、重要な課題である。例えば、ASEAN 諸国の国際関係原則を定めた東南アジア友好協力条約（1976 年）では、加盟国の国際関係原則に、独立、主権、平等、領土保全とともに「国家の一体性」の相互尊重（第 2 条 a）を掲げ、各国とも外部からの干渉、転覆または強制されずに存在する権利（第 2 条 b）、相互に内政不干渉（第 2 条 c）、締約国は「国家としての一体性」を保持するために「外部からの干渉および内部の破壊活動」を受けずに各国の「理念」に基づいて政治、経済、社会文化および安全保障の各分野の「国家の強靱性」を強化することに努める（11 条）など、紛争地帯ならではの独特の国際関係原則を確立している。アフリカ連合（AU）の前身アフリカ統一機構（OAU）では、加盟国の国際関係原則として、主権尊重、内政不干渉、領土保全といった国際関係原則に加えて、「あらゆる形態の政治的暗殺」および「近隣諸国または他のすべての国に対する破壊活動」を無条件に非難する（OAU 憲章 3 条 5 項）といった国際関係原則に掲げている［吉川, 2004］。国家強化を互いに認め支えあうことを許す国際関係原則が規範化すると、例えば、ビアフラ内戦へ国際干渉がなされることもなく 200 万人の人民が見殺しにされてしまい、そこでは人道的干渉などの外部からの救援活動は期待できない。領土保全原則と内政不干渉原則が徹底され、それに人民の自決権が順守されれば、人道的危機を看過せざる得ない国際関係秩序が確立されることになる［吉川, 2010:96-99］。

　弱い国に有利な国際関係秩序という点では中東も例外ではない。中東には国家体制の安全保障を目的とする地域国際機構がある。アラブ 22 ヵ国が加盟するアラブ連盟である。アラブ連盟規約において加盟国は「他の加盟国に樹立された統治システム」を尊重し、かつ「加盟国に確立された統治システムを加盟国の排他的管轄事項」として認め、そして「その統治システムを変更するいかなる試みも慎む」（第 8 条）とある。設立当初より主権尊重と国家体制の安全保障がアラブ連盟の重要な目的であった。アラブ諸国にとって国家の独立を維持することはもとより、当時は、西欧的な文明基準を満たすことが国家の存続の要件であった時代であっただけに、アラブ的な統治システムを堅持することがアラブ連盟創設の主要目的の一つであったのも道理である。アラブ連盟も、先述のアジアやアフリカの地域機構と同様に国家の主権が制限されることを懸念する政治指導者の意を反映して、機構の制度

化は緩やかであり、共同体としての共通規範は確立されず、紛争解決にも紛争の仲裁にも、そして紛争予防にも不向きな機構である［Karns and Mingst, 2010:212］。

　中東にはもう一つ、国家体制の安全保障を目的とする下位地域の地域機構がある。王制または首長制をとるアラブ首長国連邦（UAE）、バハレーン、クウェート、オマーン、カタール、サウディアラビアの湾岸6ヵ国が創設した湾岸協力会議（GCC）である。GCC憲章には「特別の関係の絆、共通の特徴、そして（参加国を束ねる）イスラームの教義に基づく同質の統治システム」を十分に意識した上で（GCC憲章前文）、加盟国の統一を図るためにあらゆる分野の調整、統合、そして連携を目指す（GCC憲章第4条）と記されている。GCC加盟国の国家体制は王制で共通する。同機構は、イラン革命、ソ連のアフガニスタン侵攻、それにイラン・イラク戦争を契機に王制打倒の脅威にさらされた湾岸諸国が結束して設立した国際機構である。特に、クウェート、サウディアラビア、バハレーン、およびUAEは国内に相当数のシーア派を擁しており、そこには王制に対する反体制運動の土壌があり、シーア派対スンナ派という宗派（エスニック）間対立構図が現実味を帯びてきたことがGCC設立の背景にあった。GCCは弱い国から構成される紛争地帯特有の国際機構である。

（2）外部支援
（a）戦略的援助外交

　紛争地帯における反体制運動や分離主義運動に対する政治的弾圧を、さらにはそれに伴って引き起こされる人道的危機を国際社会が看過せざるを得なかったのは、冷戦期特有の国際関係秩序が弱い国の国家安全保障戦略に有利に作用したからである。それに加えて独裁体制であろうと権威主義体制であろうと、そうした非民主的な国を友好国として繋ぎ止めるために、食糧援助、軍事援助、あるいは経済援助によって支えていく戦略的援助外交が展開されたことも弱い国の国家安全保障戦略に有利に働いた。途上国が国際社会の半数以上を占めるようになり、さらに武力行使が禁止され領土拡張の帝国主義ゲームが終わりを告げると、勢力拡張の術は侵略戦争に代わって友好国造りの戦略的援助外交が有力な術となる。そうした国際政治の場においては、人権問題あるいは民主化問題といった国家統治の有り様に関する諸問題などは友好関係を維持する上で妨げとなるので国際問題にはならなかった［吉川, 2010］。一方、敵対陣営、あるいは非友好国の反政府武装集団に対しては、両陣営ともこれまた戦略的援助の論理に基づき軍事援助、経済援助を行い、外部から紛

争を支援した。アメリカはニカラグアの反政府ゲリラ（コントラ）、アフガニスタンのムジャーヒディーン、チベットの仏教徒武装集団への支援に見られるように共産主義の封じ込め政策の一環に反政府武装集団への援助を行い、またソ連と中国は、アンゴラ、ギリシャ、南アフリカ、ヴェトナム、その他の共産主義ゲリラを支援したのであった。

友好国造りの戦略的援助外交は、石油資源の圧倒的埋蔵量を誇る中東のアラブ諸国に対して典型的に展開されたことに注目したい。冷戦期にはシリア、イラクなどアラブの民族主義者はソ連に傾斜し、一方、ヨルダン、サウディアラビア、イラン、トルコ、やがてエジプトが西側陣営に与する。自由と民主主義を旗印に冷戦を戦った西側も、また自由と平等、民族の解放を旗印に戦った東側も、およそそうした大義に反して独裁体制であろうと王制であろうと、友好国でありさえすればその国を支援したのである。非友好国の反体制派や分離主義運動に対してもこれまた戦略的援助の論理で支えた。1960年代から70年代にかけてイラクのクルド人はイランから、クルド労働者党（PKK）はシリアおよびイランから支援を受け、そして中東各地のイスラーム主義者は90年代初頭までサウディアラビアから支援を受けてきたのである［Halliday, 2005:172-173］。

しかしながら、ソ連が崩壊し冷戦が終結したことから戦略的援助外交の必要性は激減する。共産主義ゲリラへの支援は急減し、ソ連の後ろ盾をなくした大規模武力紛争は終息していった。一方、欧米諸国は東中欧諸国への民主化支援に取り組み、またアフリカやアジアへは戦略的援助外交に代わって自由化、民主化の条件付きの援助外交が始まる。興味深いことに欧米諸国の戦略的援助外交が民主化支援外交へと大きく舵を切った時ですら、なぜか中東は例外であった。欧米の対中東諸国への戦略的援助外交は続けられ中東の民主化は国際政治の俎上には上らなかった。共産主義に代わってイスラーム復興主義が冷戦後世界の数少ない革命的な反体制イデオロギーになったものの、欧米諸国はこの反体制勢力を支援することはなかった。欧米諸国には中東諸国の独裁体制が1990年代に台頭が著しいイスラーム復興主義の反体制運動に対する防波堤となれば、それでよかったのである。エジプト、サウディアラビア、ヨルダンのような親米的な国家はいうに及ばず、シリア、リビア、イラクなど中東の非友好国ですらイスラーム国家になるよりはましだと考えられていたからでもある［Brown and Hawthorne, 2010］。

それにこれまで国家体制の安全保障強化に腐心してきた中東諸国の側も、冷戦の終結を境に勢い付く人権と民主主義のグローバル化傾向を警戒し、政治改革を拒ん

だ。グローバル化というものは「帝国主義的」プロジェクトであり、「西欧の侵略」に他ならないとの理由からである［Halliday, 2005:316-317］。中東諸国ではイスラーム復興主義が内部脅威と認識され、「独裁（政権）かイスラーム過激派か」という二者択一論を根拠に政権側は民主化を拒み、そして欧米諸国は独裁体制を支えてきたのである［立山, 2011:78］。こうして中東諸国は、2001年に発生する9.11国際テロ事件までは紛争の構造要因を国内に内包しつつも民主化を求められることもなく、人権侵害を問われることもなかった。しかし、9.11国際テロ事件後には状況は一変する。アメリカは、テロの温床をつぶすためにグッドガヴァナンス、説明責任、法の支配を求め、民主化支援に乗り出すようになる。独裁体制そのものが民衆の不満の根源であり、経済的収奪の根源であり、そして貧富の格差が国民の不満の温床であると見なされるようになったからである［Youngs, 2005:30］。

（b）ディアスポラ支援

冷戦の終結に伴いモスクワからの戦略的援助外交が途絶えた地域では大規模武力紛争は終息する。戦略的援助はもはや重要な外部支援ではなくなり、それに代わって台頭するのが国外のディアスポラからの援助である［Byman, et al., 2001:41-42］。もともとカシミール紛争、アイルランド紛争、パレスチナ紛争など領域紛争には海外ディアスポラからの支援があり、それが紛争の長期化の一要因になっていた。しかしながら冷戦の終結とともに、それまで抑えられていたディアスポラが政治的に活性化し、国際政治の新たなアクターに加わる［Sheffer, 2003;Shain, 2003］。なかでもソ連とユーゴスラヴィア両国の崩壊後に新たに分離独立した国は民族主義化の傾向を強め、それと同時に民族マイノリティやディアスポラがにわかに誕生する。しかも民族マイノリティ権利の復活、人の移動・接触の自由化、それに電子マネー、インターネットの普及で時空が短縮されたことによってエスニック・ネットワーク構築の自由化が進み、ディアスポラ政治の展開が容易になった［吉川, 2009:183-185］。

ディアスポラ政治の活性化は国家の水平正当性、とりわけ領域的一体性を脅かす紛争の構造要因となった。民族主義化する国家、民族同胞本国との結びつきを強める民族マイノリティおよびディアスポラ、そしてその民族マイノリティやディアスポラが存在する国との間の三者関係がこじれて、それがしばしば民族対立に起因する国際紛争の原因になるのが冷戦後民族紛争の新傾向である［Brubaker, 1995］。そして民族対立が民族アイデンティティをめぐる民族紛争へ発展し、その戦争資金お

よび政治的、軍事的支援が国境を越えてディアスポラ・ネットワークを通じて行われる近年の戦争は、国際戦争でもなければ純然たる内戦でもない「新しい戦争」である［Kaldor, 2001］。

　先述の戦略的援助外交に代って「新しい戦争」へはディアスポラからの援助が外部支援の中心をなす。ディアスポラからの援助は資金援助が中心であり、しかも支援対象である民族同胞の民族主義運動に対して口を挟むことはない。それに先述の通り戦略的援助が援助国の事情で突如取りやめになる場合があるのに比べ、ディアスポラ援助には継続性があるので被支援者には頼りがいのある援助である［Byman, et al., 2001:2-3］。その結果、ディアスポラからの紛争支援は、その紛争の長期化と再発、紛争規模の拡大、そして紛争の国際化に寄与している。しかも、ディアスポラからの資金援助は、アメリカに最大のディアスポラが存在する場合とそうでない場合とでは和平協定調印から5年後に紛争再発の可能性が約6倍も高いという。アメリカのディアスポラの経済力が民族紛争を支えているからである［Collier and Hoeffler, 2001］。

　ディアスポラ援助が拡大するなかでイスラーム復興主義の中央アジアへの浸透は中央アジア諸国および中国にとっては国家安全保障上の新たな脅威となった。タジキスタンでは分離独立後、早々に旧共産党系勢力とイスラーム勢力とが対立し内戦に陥ったが、そのタジキスタンのイスラーム勢力はイランとアフガニスタンの民族同胞からの支援をもとにエスニック紛争を展開した勢力である。その後、中央アジアにはエスニック・ネットワークがいくつも誕生する。旧ソ連圏から中国におよぶユーラシア大陸の一帯にかけて新たにイスラーム復興主義を志向する政治勢力が台頭し、それが反体制勢力を形成するとともに地域によっては分離主義運動に発展している。例えばイスラーム国家の樹立を目指すウズベキスタン・イスラーム運動（IMU）、それに中国の新疆ウイグルから中央アジア一帯にかけて勢力を持つ東トルキスタン・イスラーム運動は、コーカサスから中央アジア一帯にかけて国境を越えて連携するウイグル人の分離独立を目指す分離主義運動である［堀江, 2010:150；エルタザロフ, 2010:217-221］。ウイグル人の分離主義運動はウイグル人が定住する中央アジア諸国には深刻な内部脅威となったことはいうまでもない。こうした動きにロシアと中央アジア諸国は、さっそく国内に同様の脅威を抱える中国と共同して上海協力機構（SCO）を設立して脅威に備えた。上海協力機構は国民統合や領土保全の妨げとなる分離主義、また国家統治の正当性の確立の妨げとなるイスラーム運動や反体制運動を国家安全保障上の脅威と見立てて、こうした政治運動を封じ込める

ための国際安全保障機構となったのである［湯浅, 2010:134-139；毛里, 2010:269-272］。

　このように欧州を除くユーラシア大陸のほぼ全域から中東にかけてアラブ連盟と上海協力機構を中心に紛争地帯に特有の国際関係秩序が形成されている。紛争地帯へ地域安全保障機構が重なると、そこでは国際社会としての共通規範が確立されることはない。それは国家体制の安全保障を目的とする国際安全保障機構というものが非民主的な国家体制の存続維持を目的とする機構であり、弱い国の構造的な国家安全保障戦略を反映するものであるからである。

III　紛争の予防とは

（1）短期予防と長期予防

　これまで国内紛争の発生構造要因を中心に紛争原因を検討してきた。紛争原因が明らかになれば紛争の発生を予防できるとの算段からである。これまでの議論から、紛争予防には紛争の構造要因を除去することから取り組まねばならないということは自明であろう。それではいったい誰がその構造にメスを入れる予防外交の担い手になりうるのか。そもそも予防外交とは国際社会が協調して武力紛争に発展しかねない国際紛争および国内紛争の構造を改革したり除去したりする外交上の取り組みをいう。予防外交というものは大国であれ国際機構であれ、外部アクターが中心となって取り組むべきものであり、その取り組みに国際安全保障戦略の採用が不可欠である。その国際安全保障戦略とは、先述の国家安全保障戦略とは異なり、脅威の存在を許す国家統治の仕組みや制度および国際関係の仕組みを変革することによって国家が互いにより安心できより安全であると認識できるようにする安全保障戦略を意味する。国際安全保障戦略を選択する場合、国際安全保障共同体を構築するという総意を前提に共通の国際規範を確立し、政治・外交的手法によって各国の内部脅威の低減と除去に取り組むことになる。そして国際安全保障戦略に則り首尾よく事が進めば紛争を予防することが可能であろう。

　紛争の予防の取り組みにはおよそ二つの段階があるといえる。短期予防と長期予防である。冒頭に引用したガリ国連事務総長の報告書『平和への課題』において構想された予防外交の対象となる紛争とは、事実上、民族紛争の予防であり、伝統的な国際戦争の予防ではない。そのことは同報告書がボスニア戦争の勃発直後に作成された経緯から容易に想像できようが、国内の武力紛争が危機的な局面に達してお

49

◆第1章　予防外交論

り、その解決が緊急を要し、しかも危機への対応次第では武力紛争の防止が短期的に見込まれるような国内紛争の予防を想定していたのである。例えば、憎悪と差別用語の応酬がみられる民族対立はそれが放置されれば早晩、民族間の武力紛争に発展する可能性を秘めているだけに、国際社会の調停によって当事者を和解させ危機を乗り越えることが可能であろう。民族紛争の発生というものは、その紛争の兆候も紛争の原因も経験則から容易に特定できるだけに、対応策次第では短期的かつ効果的に紛争を予防すること可能であろう。こうした紛争予防への取り組みを短期予防外交と呼ぶことにしよう。

　一方、中長期的な視点に立って潜在的な紛争原因を除去することで将来、予測される武力紛争を予防することも可能であろう。国内の武力紛争の発生の背景には、先述の通り、非民主的な国家統治システム、強制的な同化政策、あるいは地域間または集団間の経済格差など政治的、社会的、そして経済的な構造要因がある。加えて国内紛争の構造を内在させる弱い国を支える国際関係秩序、それに戦略的援助外交のような外部支援があり、他方では国内紛争を支えるディアスポラ支援がある。とすれば長期的な紛争予防の視野に立てば社会・政治・経済の構造の改革、そうした改革を支援することを認める国際規範の確立、さらには地域機構を中心にした国際関係秩序の改革に取り組むことによって中長期的に武力紛争の予防が可能であろう。こうした長期的視野に立つ紛争予防の試みを長期予防外交と呼ぶことにする〔吉川, 2000 a:10-13〕。

　もっとも、国家強化ディレンマに陥っている国の政府が自ら改革に取り組むことは期待できない。それに紛争の構造要因を内在させる弱い国から構成される紛争地帯では、非民主的な国家体制を守ろうとする政治・軍事協調関係が維持され、主権平等、人民の自決、領土保全、それに内政不干渉を基調とする国際秩序が確立されているのであるから、構造改革を促す外部干渉には限界がある。まずは非民主的な弱い国に対する外からの戦略的援助外交を止め、当該政府および地域機構の自主的改革への取り組みを促すように、地域機構と域外国際社会との協調行動を求めることから取り組まねばなるまい。興味深いことに、冷戦終結後に加速されたグローバル化の動きの中で、欧州安全保障協力会議（CSCE）は欧州安全保障協力機構（OSCE）へ、アフリカ統一機構（OAU）はアフリカ連合（AU）へと機構化し予防外交への取り組みを始めており、ASEANも段階的に予防外交へ踏み出している。残るはアラブ連盟と上海協力機構の行方である。

（2） 民主主義による平和

　長期予防外交策の要は民主制度の導入にあると一般に考えられるようになった。民主制度には紛争の平和的解決を志向する政治文化、および決定過程が透明であり平和志向の世論の統制の下にあるという民主制特有の政治制度の二つの要因から民主国家間の不戦の論理を説いたのが「民主主義による平和」論である［Russet, 1993］。自由で民主的な国家から構成されている平和地帯では相互依存関係が進み、機能主義的な国際機構が発達し、そして国際規範の創造と利害調整のための安全保障機構が重層的に発達し、こうした条件整備が平和を維持すると考えられる［Russet, Oneal and Davis, 1998;Russet, 1998］。それに加えて、自由で民主的な国家は、互いに戦わず、それ故に国際平和の維持に貢献するのみならず、国家と社会の戦争を予防し、また武力紛争後の紛争再発の防止にも寄与するとあって、民主制は長期予防外交に不可欠な統治システムである。

　自由で民主的な統治システムが国際紛争の予防のみならず国内紛争の予防にも有効であると欧米では考えられるようになった。統治紛争の場合、反体制派が統治権を奪取することを目的としている以上、現政権の側に妥協の余地はない。統治紛争を予防するには政権交代を保障するような定期的かつ自由秘密選挙制度を導入することが最善の策であると考えられよう。人民を弾圧する軍・治安警察の文民統制も不可欠である。領域紛争の予防には民主制度、とりわけ民族自治や権力分掌制度の導入が有効であると考えられよう。民族集団に政治的権利を認め集団の政治参加の枠組みを保障することで民族紛争を「普通の（政党）政治」へと変えていくことができるであろう。そうすることで民族の反乱はなくなり、せいぜい抗議レベルの対立にとどまるからである。自治要求や分離主義の動きが強い場合、政権側からすれば中央政府で権力を分有するくらいならば自治を与えればよい。それによって中央の議会で若干の議席を与えることで紛争が収束するからである［Gurr, 2000 a:151-197］。

　しかしながら、これまで発生した分離独立をめぐる領域紛争の原因を探ると、民族自治の保障が中長期的には必ずしも紛争の予防に資するわけではなく、それどころか領域紛争の構造要因になりかねない事実も明らかになった。民族単位の自治制度の存在がなぜ武力紛争の構造要因になりうるのかというと、それは民族自治体には民族単位のアイデンティティ政治に向けて住民を動員することを可能にするような様々な仕掛けが織り込み済みであるからである。自治体の境界線は集団アイデンティティの維持に寄与し、自治体そのものが民族自治体の地位格上げに向けて力を

発揮し、また自治体のおかげで民族主義運動の指導者を育てることができる。自治体の統制下にあるマスメディアの存在は、民族主義を称揚する装置となり、自治体は外部支援の受け皿にもなりうる［Cornell, 2002］。しかしながら自治の保障が紛争の構造要因になりうるとしても、きっかけがなければ紛争に発展することはない。統治の正当性が確立されている民主国家のカナダ、スイス、ベルギーなどでは、現に民族単位の連邦制国家は平和に存続している。民族自治が武力紛争に発展するには、その自治体が非民主的な統治システムのもとにあることに加えて、紛争発生の引き金となる直接的なきっかけがある。例えば、一連のユーゴスラヴィア紛争は、旧体制の民族自治制度を基盤に民族アイデンティティ政治の延長の民族戦争であったし、グルジア領内のアブハジア紛争、アゼルバイジャン領内のナゴルノカラバフ紛争は、自治の拡大要求が武力紛争へ発展した事例である。コソヴォ紛争、エリトリア紛争は、中央政府による自治の取り消しがきっかけとなり分離独立に走らせた例である。このように1990年代に発生した旧ユーゴスラヴィアと旧ソ連での領域紛争は、いずれも民主化移行期に発生している。そのことは民主化移行過程それ自体が紛争発生のきっかけ要因ともなりうると考えられよう。

（3） 移行期をいかに制御するか

長期予防外交として紛争地帯を民主化し、平和地帯を拡大していかねばならない。しかしながら民主制の導入や安全保障部門の改革が紛争予防に欠かせないとはわかっていても、だからといって独裁体制や権威主義体制が自ら構造改革に取り組むことなど到底、期待できない。何らかのきっかけで自由化、民主化の機運が高まり、体制が崩壊したとしても、民主化移行過程で武力紛争が発生することがこれまで明らかにされている。

それではなぜ民主化移行期に武力紛争が発生しやすい状況が生まれるのであろうか。それは、民主化移行期には紛争の発生原因となる「改革の落とし穴」が仕組まれているからである［Byman, 1998:36］。民主化運動に直面すると、政治指導者が権力を手放すのを拒みつつも民主化要求に応えようとする。すると民主化勢力の勢いが強まり、政府側と反体制側との間で政治的危機が発生する。こうした危機には治安警察、さらには軍が動員され、反体制側を弾圧することから内戦に発展する。「改革の落し穴」にはまったのである。これ以外にも民主化移行期特有の紛争発生のきっかけ要因が浮上する。早期の市場経済の導入は、一部の経済エリートを誕生させ、彼らの手に富と資源を集中させることを許し、そして日増に拡大する貧富の

格差が紛争のきっかけ要因となる。民主化移行期にはエスニシティが活性化し、自由選挙を早期に実施すれば、排他的なエスニック政党の誕生をもたらし、政党政治はエスニック政治の場となる［Paris, 2004:179-211］。民主化移行期にエスニック政治が展開されると多数派エスニック集団が政治権力を掌握するのを懸念する民族マイノリティの反乱が始まるであろうし、自由化、民主化の動きは民族マイノリティの分離主義の動きを加速させることになる。それに民主化移行期には大統領職や首相の選出プロセスの透明性が増し、また政治参加が拡大されるにつれ、政治指導者は大衆支持を取り付けるために民族主義、それも好戦的民族主義を高揚させる傾向にある。その結果、周辺国との関係が緊張し、武力紛争に発展しやすい状況が作られていく［Mansfield and Snyder, 1995］。エスニシティを統制できないことにこそ民主化移行過程における最大の危機が宿るという、ルペンシゲの指摘は正鵠を得ている［ルペシンゲ＝黒田, 1994:18］。

　長期予防外交策として、将来、再び移行期の「改革の落とし穴」にはまらないようにするためには、民主化移行期に旧体制指導者の権力の継承を阻止し、軍や治安機関など安全保障部門の文民統制をいかに早期に実現するかが民主化移行の成否、ひいては長期予防外交の成否のカギを握る。それには浄化（lustration）と安全保障部門の改革（SSR）が必要条件である。浄化とは、かつての圧政と弾圧に責任のある政治エリートを裁いたり、公職から追放したりすることをいう。安全保障部門の改革とは、軍および治安警察の文民統制の確立、司法制度改革などを意味する。コーカサス、中央アジアといった旧ソ連地域の紛争地帯では、浄化を実施することなく旧体制の政治エリートがそのまま権力を継承し、それに人民を抑圧した治安機関のKGB（国家保安委員会）はロシアでは連邦保安庁（FSB）に衣替えして存続している［Stan, 2009:227-246;Bunce and Stoner-Weiss, 2010］。その結果、安全保障部門の文民統制が全く実現されていない［Petovar, 2005:137］。ロシアの権力は、事実上、KGBの後継機関である連邦保安庁（FSB）およびその下部組織に握られており、しかも旧KGB要員は旧ソ連各地で活動を展開し、反体制派の弾圧と取り締まりに暗躍している。特にモルドヴァ、グルジア、中央アジアの紛争地帯では、FSBは旧KGBの出身者やFSBの情報・人的ネットワークを通して武力紛争に深くかかわっている［Stan, 2009:224-227;大野, 2009:7-11］。武力紛争の後には中央政府が弱体化し、様々な武装集団が存在するとともに、それらが治安維持にまた平和維持に深くかかわることになるために安全保障部門の文民統制が紛争の再発防止に向けた重要な課題となる。

◆第1章　予防外交論

（4）　欧州予防外交体制の実験

　すでに論じたように武力紛争の予防には、国際機構を中心に多国間主義の協調的取り組みを必要とする。短期予防外交は言うに及ばず長期予防外交を展開するためにも、外部アクターの関与を正当化する国際関係原則の確立、模範的な国家統治システムに関する共通規範、さらには社会・政治の構造（制度）改革を求める根拠となる国際干渉を認める共通規範が必要とされるからである。その点で、国際政治史上、初となる欧州での予防外交への地域的な取組みは紛争地帯での予防外交を展望する上で省察に値するであろう。

　東欧諸国の民主化革命直後から北米および旧ソ連諸国を含むOSCE地域で始まったOSCE安全保障共同体創造の試みは、共通・包括安全保障概念に基づくものである［Adler, Emanuel, 1998；吉川, 2000b］。OSCE地域の共通の安全の保障対象領域を、政治・軍事的領域（politico-military dimension）、経済的領域（economic dimension）、そして「人間的（人的）領域（human dimension）」の三領域（側面）に拡大し、これら三領域の諸問題へ包括的に対処することで地域共通の安全を保障しようとしている。人間的領域では、人権の尊重、マイノリティ権利の尊重、法の支配、および民主主義といった国家統治システムに関する共通規範が確立されている[8]。国家統治システムに関する国際規範が形成されると、自ずと主権尊重、領土保全、主権平等、人民の自決権および内政不干渉といった国家体制安全保障を優先する弱い国に有利な国際関係秩序を支えてきた国際規範が退潮せざるを得ない。こうして国際安全保障戦略を展開できる国際秩序が整備されたことで、民主化支援、予防外交、あるいは欧米的な政治・経済システムを移植することを目的とする紛争後平和構築といった、一昔ならば国際干渉にあたる行為が国際安全保障活動として展開することが可能になったのである。

　しかしながら、OSCE安全保障共同体創造の試みは、万事首尾よく民主化移行期を乗り切った訳ではない。バルト三国をのぞく旧ソ連のCIS諸国では、欧州国際社会の表象たる欧州連合、NATOといった国際機構への加盟が許されないことも

---

[8]　安全保障の「人間的（人的）領域（human dimension）」が初めて定義を得たのは、CSCEウィーン再検討会議の最終合意文書においてである。その後、CSCEパリ憲章その他の一連のCSCE合意において安全保障の人間的領域は伸張された。人間的領域に関する定義および取り決めの出典については、OSCE専門機関である民主制度人権事務所（ODIHR）が刊行している次の資料集に収録されている。*Documents on the Human Dimension of the OSCE* (Collection prepared by Dr. Dominic McGoldrick, Warsaw, 1995)．OSCE安全保障部門の共通規範については、以下参照［Ghebali, 2005；Ghebali, 2008］。

あり、先述の通り浄化も安全保障部門の改革も行われず、民主化移行は滞り揺り戻し現象を見ている。そして権威主義国家に後戻りしたこれらの国では、統治戦争または領域戦争の構造要因を内含したまま、人民の抑圧を行っている［吉川, 2011］。民主化移行過程での取り組むべき安全保障部門の改革の重要性を考える上で教訓とすべき現象である。

IV　試される予防外交論

　さてこれから中東でどのような武力紛争の発生が予想されるであろうか。また、武力紛争の発生を予防することができるのであろうか。これまで論じたように中東は紛争地帯であり、各国とも国内紛争の発生の構造要因を内包しており、しかも中東には紛争予防を目的とする地域安全保障機構が存在しない。中東を取り巻くこれまでの安全保障環境が変わり戦略的援助外交が断たれたとき、この地域で民主化の連鎖が始まるのは必至であろう。そこでは体制崩壊の際に民主化移行期特有の「改革の落とし穴」が待ち受けている。この落とし穴にはまると、改革派と旧体制政治権力との統治をめぐる紛争やエスニック紛争が発生し、さらには人道的危機が発生し、そして国際社会は「保護する責任」の実践として人道的干渉の戦争を始めるかもしれない。

　リビアへの人道的干渉に続くさらなる人道的干渉の発生も十分予測される。たとえ人道的干渉を首尾よく回避できたとしても、民主化移行の段階に入ると移行期特有の統治紛争または領域紛争が待ち受けている。新しい政権が移行期を乗り切るには、民主制度を導入し、自由権的人権を保障することに加え、エスニシティの活性化を制御し国民的一体感を確立せねばなるまい。というのも中東各国とも垂直正当性と水平正当性に難のあることで共通するので、それまでは反体制運動や分離主義運動がみられなかった国でも、民主化移行期に入ったとたんに紛争が発生する可能性があるからである。この地域でエスニック政治に移行する可能性が高い活動的な民族（エスニック）マイノリティとして、トルコ、イラク、イランにまたがるクルド人、ガザと西岸地区のパレスチナ人、バハレーン、シリア、イエメン、そしてイラクおよびレバノンのシーア派がある。これらのマイノリティは活動的なエスニック集団としての実績があるだけに、民主化移行期にエスニック政治を活発に展開する可能性が大きい。活動的なマイノリティではなくとも、かつてボスニア戦争の例を引くまでもなく、民主化移行過程ではエスニック・アイデンティティが呼びさま

され、そしてエスニック紛争に入る傾向がある。歴史的に民主制度を経験していない国であるだけに、民主化移行期に入ると早期に自由選挙が実施されれば、民族アイデンティティまたは宗教アイデンティティが動員され、エスニック政治はエスニック紛争へと駆り立てられるかも知れない。このことは中東の新しい政権にとって、今後、民主化移行期においてエスニシティをいかに制御できるかが重要な課題となろう。

内戦が発生した後に人道的危機の救済のために国際社会が行う軍事的干渉の多くが成功していない。内戦がいったん和平協定で終息したとしても和平協定成立から5年以内にその44％が紛争の再発をみている [Collier, et al. 2003:82-83]。このことは武力紛争の発生前に予防外交を成功させるかが国際社会にとって重要な課題であることをあらためて裏付けるものであろう。アフガニスタン、イラク、それにリビアで手詰まりの状況に陥っている国際社会にとって、戦略的に重要な中東で発生する人道的危機を看過することもできないであろうし、さりとて第二の人道的干渉を行う余裕はなかろう。中東の行方は、国際社会にも重要な課題を投げかけている。

最後に、今後、アラブ・中東諸国が民主化移行期を平和裏に乗り切るには、そして将来、揺り戻しを防ぎ長期予防外交に取り組むには、二つの課題があると考えられる。一つは、過去と向き合い治安関係者および軍関係者の浄化を行い、そして安全保障部門の改革、なかでも安全保障部門の文民統制を早期に実現することが民主化の揺り戻しの防止の視点から喫緊の課題であろう。二つは、アラブ連盟を中心に民主主義モデルに関する共通規範を確立し、地域国際機構を中心にした予防外交体制を早期に確立することであろう。

◆ 引用文献

〈欧文文献〉

Adler, Emanuel. 1998. "Seeds of Peaceful Change: The OSCE's Security Community Building Model." in Emanuel Adler and Michael Barnett, eds., *Security Communities*, Cambridge: Cambridge University Press.

Barnett, Michael and Solingen, Etel. 2007. "Designed to Fail or Failure of Design ? The Orgins and Legacy of the Arab League." in Acharya, Amitav and Alastair Iain Johnston, eds. *Crafting Cooperation : Regional International Institution in Comparative Perspective*. Cambridge : Cambridge University Press.

Brown, Michael E. ed. 1996. *The International Dimensions of Internal Conflicts* Cambridge, Massachusetts: The MIT Press.

Brown, Nathan J. and Hawthorne, Amy. 2010. "New Wine in Old Bottles? American Efforts to Promote Democracy in the Arab World." in Brown, Nathan J. and Emad El-din Shahin, eds. *The Struggle over Democracy in the Middle East: Regional Politics and External Policies*. London: Routledge.

Brubaker, Rogers. 1995. "National Minorities, Nationalizing States, and External National Homelands in the New Europe." *Daedalus* vol. 124, no. 2.

Bunce, V., MacFaul, M. and Stoner-Weiss K. eds. 2010. *Democracy and Authoritarianism in the Postcommunist World*. Cambridge: Cambridge University Press.

Buzan, Barry. 1991. *People, States and Fear: An Agenda for International Security Studies in Post-cold War Era*. Brighton: Wheatsheaf.

Byman, Daniel and Van Evera, Stephan. 1998. "Why They Fight: Hypotheses on the Causes of Contemporary Deadly Conflict." *Security Studies*, vol.7, no.3.

Byman, Daniel, Peter Chalk, Bruce Hoffman, William Rosenau, David Brannan eds. 2001. *Trends in Outside Support for Insurgent Movements*. Santa Monica: RAND.

Collier, Paul et al. 2003. *Breaking the Conflict Trap: Civil War and Development Policy*, (New York: Oxford University Press and World Bank.

Collier, Paul and Hoeffler, Anke. 2001. "Greed and Grievance in Civil War." Policy Research Working Paper 2355. Washington D.C.: World Bank.

Cornell, Svante E., 2002. "Autonomy as a Source of Conflict: Caucasian Conflicts in Theoretical Perspective." *World Politics* 54.

Ghebali, Victor-Yves and Alexander Lambert eds. 2005. *The OSCE Code of Conduct on Politico-Military Aspects of Security*, Martinus Nijhoff Publishers.

Ghebali, Victor-Yves. 2008. "The OSCE Norms and Activities Related to the Security Sector Reform: An Incomplete Puzzle. " *Helsinki Monitor*, vol.19, no.4.

Gurr, Ted Robert. 2000a. *Peoples versus States: Minorities at Risk in the New Century*. Washington: United States Institute of Peace.

Gurr, Ted Robert. 2000b. "Ethnic Warfare on the Wane." *Foreign Affairs*, vol. 79, no.3.

Halliday, Fred. 2005. *The Middle East in International Relations: Power, Politics and Ideology*, Cambridge. Cambridge University Press.

Holsti, Kalevi J.. 1996. *The State, War. and the State of War*. Cambridge: Cambridge University Press.

Kaldor, Mary. 2006. *New and Old Wars: Organized Violence in a Global Era*. Cambridge: Polity Press.

Karns, Margaret P. and Mingst, Karen A. eds. 2010. *International Organizations: The Politics and Process of Global Governance*. Colorado: Lynne Rienner Publishers.

Mansfield, Edward D. and Snyder, Jack. 1995. "Democratization and War." *Foreign Affairs*, vol.74, no.3.

Maoz, Z., Landau, E. B. and Malz T. eds. 2004. *Building Regional Security in the Middle East- International, Regional and Domestic Influences*. London: Frank Cass.

Paris, Roland. 2004. *At War's End: Building Peace after Civil Conflict*. Cambridge: Cambridge University Press.

Petovar, Tanja. 2005. "Security Sector Reform in the Baltics, the Commonwealth of Independent

States, and Southeast Europe." *Annex* 4. A4 in *Security Sector Reform and Governance: A DAC Reference Document*. DAC Guidelines and Reference Series OECD DAC.

Pfetsch, Frank R. and Rohloff, Christoph. 2000. *National and International Conflicts, 1945-1995*. London: Rutledge.

Rummel, Rudolph J.. 1994. *Death by Government*. New Jersey: Transaction Publishers.

Russet, Bruce. 1998. "A Neo-Kantian Perspective: Democracy, Interdependence, and International Organizations in Building Security Communities." Emanuel Adler and Michael Barnett, eds., *Security Communities*. Cambridge: Cambridge University Press.

Russet, B., Oneal, J. R. and Davis, D. R.. 1998. "The Third Leg of the Kantian Tripod for Peace: International Organizations and Militarized Disputes, 1950−85." *International Organization*, vol. 52, no.3.

Russet, Bruce. 1993. *Grasping the Democratic Peace: Principles for a Post-Cold World*. Princeton University Press.（ブルース・ラセット（鴨武彦訳）『パクス・デモクラティア』東京大学出版会、1996年。）

Sayigh, Yezid. 2007. "Security Sector Reform in the Arab Region: Challenges to Developing an Indigenous Agenda." *Arab Reform Initiative*. Thematic Papers, December 2007. 〈http://www.arab-reform.net/IMG/pdf/Thematic_Study_SSR_Yezid_Sayigh.pdf.〉（2011年7月1日アクセス）

Shain, Yossi and Barth, Aharon. 2003. "Diasporas and International Relations Theory." *International Organization*, vol. 57, no.3.

Sheffer, Gabriel. 2003. *Diaspora Politics: At Home Abroad*. New York: Cambridge University Press.

SIPRI Yearbook 2010: Armaments, Disarmament and International Security, Oxford University Press, 2010.

Stan, Lavinia. 2009. "The Former Soviet Union." Lavinia Stan, ed. *Transitional Justice in Eastern Europe and the Former Soviet Union: Reckoning with the Communist Past*. London: Routledge.

The International Institute for Strategic Studies（IISS）ed. 2003. *The Military Balance 2003-2004*. London: Oxford University Press.

Youngs, Richard. 2005. "Democracy and Security in the Middle East." in Brown, Nathan J. and Emad El-din Shahin eds. *The Struggle over Democracy in the Middle East: Regional Politics and External Policies*. London: Routledge.

〈和文文献〉

入江昭．1986．『二十世紀の戦争と平和』東京大学出版会．

臼杵陽．2009．『イスラームはなぜ敵とされたのか』青土社．

江崎智絵．2010．「アラブ連盟・イスラーム諸国会議」広瀬佳一・宮坂直史編『対テロ国際協力の構図――多国間連携の成果と課題』ミネルヴァ書房．

大野正美．2009．『グルジア戦争とは何だったのか』東洋書店．

クルトワ，ステファヌ＝ヴェルト，ニコラ（外川継男訳）．2001．『共産主義黒書――犯罪・テロル・抑圧（ソ連編）』恵雅堂出版．

吉川元．1994．『ヨーロッパ安全保障協力会議CSCE――人権の国際化から民主化支援

の発展過程の考察』三嶺書房.
吉川元編. 2000a.『予防外交』三嶺書房.
吉川元. 2000b.「OSCE の安全保障共同体創造と予防外交」『国際法外交雑誌』, 98 巻 6 号.
吉川元. 2004.「国内統治を問う国際規範の形成過程」『社会科学研究』55 巻 5・6 合併号.
吉川元. 2007.『国際安全保障論 ── 戦争と平和, そして人間の安全保障の軌跡』有斐閣.
吉川元. 2009.『民族自決の果てに』有信堂高文社.
吉川元. 2010.「人間の安全保障と国際安全保障の相克 ── 冷戦期国家安全保障を支えた国際政治の論理」『國際法外交雑誌』108 巻 4 号.
吉川元. 2011.「分断される欧州安全保障共同体 ── 安全保障戦略をめぐる対立と相克の軌跡」, 日本国連学会編.『国連研究』12 号.
エルタザロフ, ジョリボイ (小松格・吉村大樹訳). 2010.『ソヴィエト後の中央アジア』大阪大学出版会.
立山良司. 2011.「ドミノ革命は『新しい中東』を生み出すか」『外交』7 巻.
中西俊裕. 2006.『中東和平 歴史との葛藤 ── 混沌の現場から』日本経済新聞社.
広瀬佳一・宮坂直史編. 2010.『対テロ国際協力の構図』ミネルヴァ書房.
堀江則雄. 2010.『ユーラシア胎動』岩波書店.
松本弘. 2005.「アラブ諸国の政党制」『国際政治』141 巻.
宮脇昇. 2003.『CSCE 人権レジームの研究 ──「ヘルシンキ宣言」は冷戦を終わらせた』国際書院.
毛里和子. 2010.「中国のアジア地域外交」渡邉昭夫編『アジア太平洋と新しい地域主義の展開』千倉書房.
湯浅剛. 2010.「上海協力機構 (SCO) ── 地域安全保障に向けた可能性と限界」廣瀬佳一・宮坂直史編『対テロ国際協力の構図 ── 多国間連携の成果と課題』ミネルヴァ書房.
ルペシンゲ, クマール=黒田順子共編 (吉田康彦訳). 1994.『地域紛争解決のシナリオ』スリーエー・ネットワーク.

第 2 章

OSCE と中東移植論

齋藤 嘉臣

◆ はじめに

　本章の目的は二点ある。第一は、予防外交に関する先駆的な活動に従事している欧州安全保障協力機構（the Organization for Security and Cooperation in Europe; OSCE）の制度と限界を考察し、中東地域での予防外交に対する含意を探ることである。第二は、OSCE 域内で実施されている予防外交に対する中東地域での捉えられ方、OSCE を中東に「移植」させる構想の具体性について批判的に検討することである。

　冷戦終結以後、世界各地で頻発する国内紛争に国際社会は対応を迫られ、たとえ停戦が実現したとしても、停戦監視や平和構築に多大な人員と費用を要することを学んだ。各国が紛争の対処に費やすことのできる人的・財政的余裕は限られているのが実情であり、より低いコストで紛争へ事前に対応するメカニズムを構築する必要性が高まった。それが、暴力的な紛争が勃発する以前に国際社会が関与して、紛争を未然に防ぐことを目的とする予防外交である。

　しかし、紛争の勃発前に国際社会を関与させる政治的意思をいかに取り付けるかという問題や、予防の意義は認めつつも個別的事例では内政不干渉原則に固執する国家へどう対応するかといった問題は、予防外交の実践時に避けて通ることができない。効果的な予防外交のためには、特定の争点が加盟国の正当な関心事項と規定され、内政不干渉原則を克服する規範の存在が重要となる。そのような価値体系を「予防の文化」と呼ぶならば、本章の考察対象である OSCE は、人権や民主主義等の政治的価値を国際管轄事項とする合意を基盤に活動しており、よって「予防の文化」を最も実践してきた地域機構である。

　現在、OSCE は中東地域のいくつかの諸国と協力関係を構築している。その背景にあるのは、OSCE を支える包括的安全保障概念に対する大きな評価と、「予防の文化」を中東地域にも応用すべきであるとの強い期待である。中東地域に予防外交レジームを構築する提案は既に 1990 年代より見られ、その際に参照事例として言及されたのが、OSCE であった。2000 年代になると、特に民主化支援や人権規範

◆ 第 2 章　OSCE と中東移植論

の普及に従事する OSCE の経験を中東地域にも拡大適用すべきとの主張が、さらに高まった。2003 年 11 月の OSCE 米国代表の発言を引用してみよう。「OSCE は、包括的安全保障のための巨大な機構を構築したという、他地域と共有すべき実に多くの経験を持っている。その概念は特に、暴力的紛争が政治的言説を支配し、よって市民社会と経済の発展を阻害している中東において求められているものである」[Minikes, 2003]。

　以上を念頭に、本章は以下の手順に従って、OSCE の予防外交の実態を明らかにし、OSCE と中東との関わりについて論じる。第一に、冷戦後の欧州の予防外交を支えた OSCE の制度と原則を明らかにする。第二に、OSCE が直面する危機について概観し、その要因を探る。第三に、予防外交レジームとしての OSCE の原則や活動を中東に「移植」する構想を、中東版 OSCE 構想である地中海／中東安全保障協力会議（a Conference on Security and Cooperation in the Mediterranean/Middle East, CSCM/CSCME）構想を中心に検討する。第四に、OSCE と中東地域の関わりの経緯と実態について考察することで、OSCE の「移植」とは別の様式により、中東地域に「予防の文化」を根付かせることが可能か検討したい。

I　予防外交レジームとしての OSCE

（1）　OSCE の包括的安全保障概念

　OSCE は、北米から中央アジアまでの広範な地域をカバーする地域機構である。その前身は、東西間の協力フォーラムとして冷戦終結に大きな役割を果たした、欧州安全保障協力会議（the Conference on Security and Cooperation in Europe, CSCE）である。CSCE が開催された 1975 年、参加各国の首脳が署名したのがヘルシンキ最終議定書であったが、署名に至る約 3 年の交渉過程では、東西の両陣営から提起された広範な議題が、三つの「バスケット（問題群）」に分類され、政治・軍事（安全保障）分野、経済・環境分野、文化交流（人道問題を含む）分野毎に、外交的駆け引きが行われた。

　第一の政治・軍事分野では、国家間の関係に適用されるべき諸原則が討議され、「国境の不可侵性」や「武力不行使」、「自決権」、「人権」、「内政不干渉」等の各諸原則が合意された。また、信頼醸成措置により各国が軍事分野での交流を促進するとともに、軍事情報を提供することで軍事的透明性を高めることも合意された。第二の経済分野では、経済協力体制の整備、環境分野での協力促進が合意された。第

三の文化交流分野では、文化交流の制度化等が討議され、より重要なことに、人・情報・思想を東西間で自由に移動させるために協力を進めることが合意された。冷戦終結を祝い開催された CSCE パリ首脳会議（1990 年）ではパリ憲章が採択され、このヘルシンキ最終議定書の諸原則が、「不確かな将来に向けて我々を導くであろう」と明記された［CSCE, 1990］。

　CSCE が 1995 年に OSCE へと常設機構化してからも、その活動理念はヘルシンキ最終議定書に求められる。OSCE の安全保障政策は、政治・軍事的側面、経済的側面、人的側面の三つの領域から構成されている。政治的・軍事的側面は、軍縮や信頼醸成措置等にかかわる領域である。近年は、平和維持活動やテロ対策、SSR についても同側面で取り扱われる。経済的側面では、経済協力を促進させ環境問題等について対策を検討することが課題となる。人的側面では、人権や民主主義に関連する事項が扱われ、少数民族の権利侵害や法の支配、その他民主化に伴う諸問題が検討される。

　CSCE/OSCE の活動は、安全保障における軍事的側面と非軍事的側面を包括的な手段として用いる、包括的安全保障の概念に基礎をおく。冷戦終結後に国内紛争が頻発し、権威主義体制の存在や人権弾圧といった非軍事的要因が紛争を促すものと理解され、国内の民主的統治や少数民族の保護のような非軍事的要因が地域的安全保障を支えるとの合意ができたためである。よって、紛争の国内的要因を摘むため、OSCE には行動原理として、人権や民主主義に関する事項は加盟国の国内専決事項とは認めず、加盟国共通の関心事項であるとする旨の共通了解がある。

　この内政不干渉原則の適用除外こそは、OSCE の予防外交を支える中心要素であった。1990 年代を通して、OSCE が東欧・バルト諸国の民主化を支援し、バルカン半島で平和構築の一環として選挙監視に従事し、法の支配の確立を支援することを可能にした最大の理由は、人権保障や民主主義の確立が国際管轄事項であるとする共通了解があったためである。1991 年の CSCE 人的側面会議で採択されたモスクワ文書では、「加盟国は、人権、基本的自由、民主主義、法の支配に関連する問題は国際的な関心事項であることを強調する。それら権利と自由の尊重が、国際秩序の基盤の一つだからである。加盟国は明確に確信を持って宣言する。CSCE の人的側面分野で取り決められる事項は加盟国に直接関連する正当な関心事項であり、関係国の国内問題に排他的に属するものではない」ことが明記されている［CSCE, 1991］。加盟国は人的側面に関する限り、ヘルシンキ最終議定書に規定された内政不干渉原則をもって抗弁することはできないのである。

◆ 第2章　OSCEと中東移植論

（2）　OSCEにおける予防外交

　1990年代初頭、当時のCSCEは予防外交を実施する特段の手段を保持していなかった。それは、ユーゴスラヴィアの解体に伴う紛争の激化を受け、1992年のヘルシンキ首脳会議以降に徐々に整備されたものである。1994年のブダペスト首脳会議では、「CSCEは地域における早期警戒、紛争予防、危機管理の主要な手段となるだろう」とする声明が出され、CSCEと後のOSCEの役割が明確に自己規定された［CSCE, 1992］。

　実は、OSCEは機構として予防外交の定義を行っていない。公式文書では「紛争予防（conflict prevention）」、「危機管理（crisis management）」「紛争の平和的解決（peaceful settlement of disputes）」といった文言が用いられているが、実際はそれほど明確に区別されて用いられているわけではない。その理由の一つは、OSCEが国連やEUと異なり巨大な官僚機構を持たず、フィールド活動を中心とするオペレーショナルな機構だからである。予算上も実際の活動実態の上でも、OSCEは各種ミッションの派遣を中心とする現場活動の割合が極めて高く、紛争予防や危機管理、停戦監視等の任務を重層的に持つミッションが展開されている。以下、OSCE内で予防外交に従事する制度として、長期ミッション、少数民族高等弁務官（the High Commissioner on National Minorities, HCNM）、民主制度人権事務所（Office for Democratic Institution and Human Rights, ODIHR）の活動を概観する。

　長期ミッションは、受入国の同意を得て展開されるミッションであり、紛争予防や停戦監視、平和構築等の任務を重層的に保持している。各ミッションの人員規模や予算は必要任務によって全て異なっており、その都度決定される。通常、長期ミッションは、早期警戒、仲介、専門的支援の三つの大きな機能を果たすことで紛争の予防を図ることが予定されている。早期警戒は、事実調査や現地情報の収集と並行して行われる。仲介は、当事者間の信頼醸成を図り、問題の解決を図ることを目的とする。受入国政府との信頼を構築した後は、問題解決に向けて受入国を支援するため、各種法的、技術的な知識を提供する。長期ミッションは対象国に滞在する期間が長いため（6ヵ月以上）、対象国の国内政治問題に深く関与することになる。また、活動範囲は対象国の全領域にわたる。通常、事務所は首都におかれるが、情報収集や地方情勢の監視、関係者や住民との接触を行うべく、広範囲で活動する。

　長期ミッションは1990年代に20以上の地域に展開されたが、このうち予防外交を明確な目的とするものは、コソヴォ・サンジャク・ヴォイヴォディナ、マケドニ

ア、エストニア、ラトビア、ウクライナで展開された五つである。これらのうち、コソヴォ・サンジャク・ヴォイヴォディナについては、民族間対話の促進や人権状況に関する情報収集を目的としたが、紛争激化とともに撤退した。マケドニアについては、セルビアとの国境監視により、旧ユーゴスラヴィア紛争が拡大する兆候に対して早期警戒を発することが目的であった。エストニアとラトビアについては、ロシア系住民の市民権問題の解決を主な任務として、HCNMやODIHRと並行して派遣されたものである。ウクライナには、クリミアの分離主義運動に関する問題の解決にあたるため、HCNMとともに派遣された。

一方、1992年にヘルシンキ首脳会議で創設されたHCNMの目的は、少数民族問題が紛争に転化するのを予防することにある。また、人的側面に関わる事項が活動の大半を占めていることから、その機能は人権保護を通した紛争予防とみなされる。通常その活動は、現地情報の収集、当事者への（非公式）勧告、法的・技術的支援の三つの領域においてなされる。HCNMは早期警戒を出す権限を持っており、これまで活動が行われた地域として、エストニア、ラトビア、マケドニア、スロバキア、ルーマニア、ウクライナが挙げられる。多くの場合、活動は長期ミッションの展開と同時に行われた［Ghébali, 2005d］。

その他、紛争予防活動に従事するOSCE内の主要組織として、旧共産圏諸国が民主化を進めるに当たり選挙監視を実施するODIHRがある。1992年のプラハ閣僚理事会で設置されたODIHRが行う活動は広範であり、選挙監視の他にも、民主化支援、人権保護の促進、ジェンダー平等・寛容と反差別等の問題に関する各種専門知識の提供等である。加盟国は、国会選挙については選挙監視のためODIHRのミッションを受け入れることが期待されている。人権や民主主義に関連する事項が加盟国全体の共通関心事項であるとする規範が存在するためである。ODIHRが行う諸活動は、中長期的な視野を持つ予防外交に含めることができる。

II　OSCEの危機と予防外交

（1）　ロシア・中央アジア諸国のOSCE批判

1990年代にOSCEの予防外交は大きな成果を上げた。しかし、グルジアにおける「凍結された紛争（frozen conflict）」の再発や、ナゴルノカラバフ問題等の未解決事案の存在が示すように、必ずしもOSCEの活動は万能ではない。東欧・バルト諸国での民主化支援の成功も、近年の中央アジア諸国では必ずしも見出せない。

◆第2章　OSCEと中東移植論

　OSCEが中央アジア諸国に対して、紛争予防を一つの目的とする長期ミッションの展開を開始したのは1990年代後半である。ただし、これらは1990年代前半に東欧・バルト諸国に展開された長期ミッションとは異なった性質を持っている。後者の場合、ロシア系住民の市民権の問題や、クリミア半島の独立問題等、明白な紛争要因が存在していたのに対して、前者はOSCEの諸原理を受入国政府に履行させて民主化を促進することや、地方当局・大学・NGOとの接触を維持することを主要目的としており、必ずしも明確な紛争の存在を前提としない地域への展開である。よって、中央アジアではOSCE「ミッション」ではなく、OSCE「センター」（ウズベキスタン、カザフスタン、キルギスタン、トルクメニスタン）や「オフィス」（タジキスタン）として展開されている。

　近年重視されるのが、脱国家的脅威への対応である。例えばウズベキスタンでの活動には、テロ、暴力的原理主義、違法麻薬取引、他の脱国家的脅威への対処と政府支援が含まれている。他にもタジキスタンにおけるOSCEオフィスの任務には、紛争予防と危機管理措置への貢献、特に警察関連活動、国境管理、人身売買等に関する分野で、タジキスタン政府と協力して統治能力の強化を支援することが規定されている。

　しかし、OSCEには必ずしも包括的な中央アジア戦略が存在する訳ではなく、派遣される「センター」や「オフィス」の規模は小さい。1990年代に東欧・バルト諸国の民主化を支援した経験を中央アジアへ「移植」する試みが成功していない背景として指摘できるのが、「OSCEの危機」であり、端的に言えば、プーチン政権後のロシアを筆頭とするCIS諸国によるOSCE批判である［Ghébali, 2005a; Ghébali, 2005b; Ghébali, 2006; Zellner, 2005c; 中野, 2005］。

　かつてエリツィン政権下のロシアは、CSCE/OSCEに高い期待を持っていた。メンバーシップの包括的なCSCE/OSCEを通して欧州安全保障に関する発言権を確保すること、NATOが東方拡大するのを抑える手段としてCSCE/OSCEを利用すること等の戦略的な理由の他にも、エストニア、ラトビアのロシア系住民の権利保護のためにOSCEの関与が必要であるという直接的な利益をもっていたことが理由であった。しかし、ロシア政府の対OSCE政策は、ロシアがOSCEを通して獲得・維持してきた利益が失われたと捉えられると変化した。ロシアが警戒したNATO拡大はOSCEの相対的な重要性を低下させ、エストニア、ラトビアにおけるOSCEミッションは、ロシアの抵抗にもかかわらず2001年に延長合意が得られず撤退を余儀なくされた。決定的であったのは、1999年のコソヴォ空爆であった。

コソヴォ空爆直前、OSCE議長国（デンマーク）議長がコソヴォに展開するミッション人員1,400名を、安全確保を理由として撤退させた。ロシアには、このOSCEミッションの撤退が、国連安保理の決議がなくロシアの強く抵抗するNATOのコソヴォ空爆を導くものと映った。コソボ危機への対応から完全に排除された結果、ロシアのOSCEに対する信頼感は著しく低下し、OSCE政策の見直しを図らせることになったのである［Zellner, 2005c］。

直後のOSCEイスタンブール首脳会議では、米欧諸国とコソヴォ問題をめぐり軍事力の使用や国際機関の役割といった点で合意ができず、一方で旧共産圏諸国とは、特にロシア軍撤退問題をめぐりグルジア、モルドバとの関係を悪化させた。ロシアを擁護するのは、非民主的として米欧諸国からの強い批判を受けるベラルーシのみであった。コソヴォ空爆に並行して草稿作成の交渉が継続され、首脳会議で採択された「欧州安全保障憲章」も、ロシア政府の求めるような具体的なOSCEの改革内容を伴ったものとはならなかった［OSCE, 1999］。エリツィン政権を継いだプーチン大統領は、OSCEがロシアの求めるような改革を実行しない（できない）と判断し、それまでの協調的な姿勢を根本から転換させることになった［Danilov, 2005］。

プーチン政権の誕生後、ロシアはOSCE閣僚理事会の最終宣言案の承認を度々拒否し、モルドバやグルジアにおける「凍結された紛争」に関して共通合意の取り付けを阻害する等の行動を始めた。2000年11月のウィーン閣僚理事会では、イワノフ露外相が「OSCE内で過去に例を見ないほどに強硬で偏見を持った圧力に晒されている」としてベラルーシを擁護する発言を行う一方で、OSCEが人的側面に不均衡な焦点を当てつつあると批判した［Dunay, 2005:69］。

プーチン政権のOSCE批判には、以下のようなものが含まれている［Ghébali, 2005b:13］。第一に、OSCEの活動に二重基準が用いられ、地理的不均衡が存在し、人的側面に偏重しているという批判である。ウィーンの東西でODIHRの選挙監視基準が異なっており、特にCIS諸国、バルカン諸国に対する監視の扱いが不当であるとの不満は、CIS諸国にも根強い［Balian, 2005］。活動の地理的配分に関しては、OSCEが民主主義や人権を重視する以上、民主化途上にある地域に活動が集中し、その結果OSCEから派遣されるミッションが「ウィーンの東」、特にCIS諸国に多いのが実情である。政治・軍事、経済、人的側面に分類される三つの分野の活動が極めて不均衡であり、人的側面におけるOSCEの活動に比して、政治・軍事的側面、経済的側面に関する活動が相対的に少ないのも事実であろう[1]。

◆ 第 2 章　OSCE と中東移植論

　プーチン政権は 2004 年 7 月、モスクワで非公式首脳会議を開催し、CIS 諸国 9 カ国とともに、OSCE に関する宣言を発した [CIS, 2004; Bloed and Schlager, 2004]。宣言は、ヘルシンキ最終議定書やパリ憲章に規定される内政不干渉原則や主権尊重の原則を OSCE が軽視していると非難するとともに、「安全保障の三つの側面における明確な不均衡」の存在により、OSCE が実効的に活動できていないと訴えるものであった。特に ODIHR と OSCE ミッションの活動の「政治性」や「非効率性」が非難された。9 月にも、CIS 諸国 8 ヵ国が発したアスタナ宣言が、1999 年に合意された適合ヨーロッパ通常戦力（ACFE）条約の発効の必要性や自由貿易における OSCE の役割を強調するとともに、人的側面に関しては ODIHR による評価基準の不偏化・客観化や選挙監視ミッションを OSCE 全域で活動させることを主張した。当時のラフロフ露外相も、『フィナンシャル・タイムズ』紙上で OSCE の制度改革を訴え、「OSCE は当初の目的を奪われ、徐々に比較優位を失いつつある。三つの側面の間の均衡は失われた」と批判し、「ウィーンの東」に偏る人的側面の活動の地理的不均衡と二重基準を非難した。OSCE 加盟国が全ての点において理想的な「教師」と全ての点において誤っている「生徒」に分けられた結果、OSCE の信頼性が弱まっており、「まさに OSCE の存続そのもの」が危機に瀕していると訴えるラフロフの主張は、OSCE の危機を強く印象付けるものであった [Lavrov, 2004]。

　プーチン政権が OSCE を批判する第二の理由は、米欧諸国が自らの政治的意思を押し付ける道具として、OSCE を利用しているとの理解があるからである。OSCE の活動が明確な統一基準に即して行われていないことで、意思決定がしばしば透明性を欠き、しかも決定機関による厳格な指揮管理下にない活動の展開により、CIS 諸国で行われる選挙評価が不当に歪んだものとなり、その結果伝統的にロシアの影響力の強い CIS 域内に米欧諸国の介入を許す結果となっているとの不満

---

(1) ロシアの不満を象徴するように、2003 年 12 月のロシア国家院下院選挙の ODIHR による評価は極めて批判的であった。選挙では大統領支持政党である「統一ロシア」が全議席の 68% を得て大勝し、共産党や右派勢力同盟等の野党は軒並み惨敗する結果であった。選挙が民主的な基準に違反するものであったとの評価を ODIHR が下したことにアレクセイエフ駐 OSCE 露大使は反発し、「伝統的な」西欧の民主主義国では違反が生じても問題にされないとして OSCE 内部で二重基準が用いられていると批判した。2004 年 3 月にはロシア大統領選挙が行われ、プーチン大統領が 71% の得票率を得て再選されたが、大統領選挙に関しても ODIHR は、国営メディアによる候補者の扱いや秘密投票等の観点から「健全な民主的選挙の必要基準を適切に反映していない」と評価し、政治対話、多元主義の不在を指摘して批判した [OSCE, 2004; ODIHR, 2004]。

が、ロシアに根強い。それを如実に感じさせたのが、「カラー革命」への米欧諸国の「介入」であり、特にウクライナの「オレンジ革命」であった［Fawn, 2006: 1139-41］。OSCE が米欧諸国による一方的な「介入」の道具として位置づけられることで、ロシアおよび CIS 諸国の OSCE に対する「帰属意識」は低下した。人的側面をめぐる対立は、OSCE 予算の承認の遅れや削減を通して、現地活動の規模にも影響を及ぼしている［Weitz, 2006］。

欧米諸国からの民主化圧力への反発により、中央アジア諸国は表向き選挙の実施を行う等の制度的な民主化を進めつつも、内実は個人崇拝が進展し汚職も蔓延する等、OSCE の民主化政策は効果を上げていない。ODIHR 報告書によれば、中央アジアで実施されたカザフスタン・キルギスタン議会選挙（1999 年以降）、タジキスタン議会、大統領選挙（2000 年以降）、ウズベキスタン議会選挙（1999 年、2004 年）、トルクメニスタン大統領選挙（2007 年）の全てが、OSCE の基準を満たしていない。1990 年代に OSCE が東欧・バルト諸国での民主化に貢献したという自負から、中央アジアでの民主化に対する OSCE への期待は高かったが、近年はなぜ OSCE が「失敗」したのかに焦点を当てる研究や、政治改革を通した紛争予防という思想自体が中央アジアに適用できないことを指摘する研究が増えている［Berg and Kreikemeyer, 2006］。これらは、共産主義体制の崩壊後の中央アジア諸国が直線的に民主化の道を歩むことを想定していた、従来の認識に修正を図ることが必要であることを示唆している［Kreikemeyer and Zellner, 2007］。

（2） OSCE の予防外交の制約要因

以上の事例から、予防外交の障害となる要因が看取できる。一般に、「アメ」の誘因か「ムチ」の恐怖がある場合には、国際機関の介入は受け入れられ易く、効果的な予防外交が行われる素地が生まれるが、OSCE の場合「ムチ」は無いに等しく、EU が持つような大きな「アメ」も持ち合わせていない。

1990 年代の OSCE は、EU の「アメ」を利用しながら予防外交を実践する環境にあった。EU は東方拡大する際、加盟を希望する移行期の東欧・バルト諸国にコペンハーゲン基準を課し、国内システムの変更を求めた。それは、法の支配・民主主義・基本的人権と少数民族の権利尊重、市場経済・EU 加盟後の競争力確保、EU の法体系の受容であった。コペンハーゲン基準は、OSCE の安全保障原則と事実上リンクしていたため、OSCE の予防外交は事実上 EU の存在によって支援されていたのである。しかし、東欧・バルト諸国の多くが EU 加盟を果たしたいま、

◆第2章 OSCEと中東移植論

OSCEの活動が地理的に不均衡であり、かつ人的側面に偏重しているとするロシア・中央アジア諸国の不満をやわらげるような、OSCEによる具体的な利益提供は小さいのが実情である。

この点で、EUは2004年以降、EU域外国との協力を進めるためにヨーロッパ近隣政策（European Neighbourhood Policy, ENP）を展開している［Batt, 2003］。ENPは、東方拡大後のEUの対外政策であるが、加盟希望国に対してEU加盟を保証しないままでコペンハーゲン基準を事実上適用させることができる手段でもある［Warkotsch, 2006］。民主主義、人権、法の支配、市場経済原理といった共通価値を普及させることにより、近隣諸国とEUの価値基準を近づけることが狙いで、具体的には各国毎に策定されるENP行動計画について、EUは履行を資金的、技術的に援助する。各行動計画には政治改革や人権に関する詳細な項目が設けられている[2]。政治改革のための経済的な基盤を持つ点では、ENPを展開するEUはOSCEよりも実効的な内政干渉を行っている。

ただし、経済的手段を用いて東欧諸国の東方へ影響力の拡大を図るEUが、OSCEと競合する必要はない。EU加盟国はOSCEの加盟国である以上、経済的手段を「アメ」として利用し（EU加盟が当面望めない国家ほどその効果は弱まるであろうが）、OSCEの安全保障原則に準拠した政治改革を促すことは中長期的に可能であるはずである。実際の改革履行状況の検証等、現場レベルの専門知識についてはOSCEに蓄積があり、OSCEもEUも限られた資源を効果的に利用するために相互依存が必要となる。

一方、ロシアに対しては、チェチェンやグルジアでの紛争が象徴するように、大国の利害関係が大きな問題についてOSCEの予防外交は常に困難に直面してきた。エリツィン時代のOSCE政策を念頭におけば、ロシアに対するOSCEの関与を可能にする具体的な利益を示す必要があるが、ロシアにとってのNATO・EUの戦略的な重要性が増しているのに比して、OSCEの戦略的な重要性が増す要因は依然として少ない。例えば、近年のロシア外交においては、経済協力、安全保障協力分野で上海協力機構（Shanghai Cooperation Organization, SCO）や集団安全保障条約機

---

(2) EUは2008年より、ENPの部分的イニシアティヴとして東方パートナーシップ（Eastern Partnership, EaP）を開始し、黒海沿岸の6ヵ国（ベラルーシ、ウクライナ、モルドバ、グルジア、アルメニア、アゼルバイジャン）との間にパートナー関係を構築した。EaPは、人権や法の支配、市場経済、グッド・ガバナンスの普及促進を図ることを目的としており、2010年度からの4年間に6億ユーロの予算を組んでいる。また、南コーカサスや中央アジア担当の地域代表も設置し、関与拡大を図っている［Lynch, 2009:140］。

構（Collective Security Treaty Organization, CSTO）の重要性が増しつつある。ロシアにとって、SCO はアジアにおける経済成長が著しい国家との関係深化、中国・中央アジア諸国との国境管理面での協力、CSTO はテロ対策や麻薬対策に関する協力関係の構築といった実利的な意義がある。OSCE のように、人権や民主主義の履行を迫る加盟国はない［Merlingen and Ostrauskaité, 2004；Saari, 2004；Flockhart, 2005］。テロ対策における各国の政策調整や、国境管理の強化を通した脱国家的な脅威への取り組みを活性化させることで、ロシアにとっての OSCE の実利性を高めることが、当面の OSCE 改革の課題となるだろう。

III　中東における予防外交レジーム構想

(1)　地中海／中東安全保障協力機構(CSCME/CSCM)構想

　OSCE の予防外交は上記のような限界を抱えるが、それでも OSCE の経験を他地域に適用すべきだとの主張は広く聞かれる。他地域と比較しても、OSCE が行った精力的な活動の結果、（特に 1990 年代に）紛争の抑制と民主化支援に一定の成果を上げてきたことは明白なためであり、中東においても OSCE 型（あるいは前身の CSCE 型）の制度を構築すべしとする政治家や研究者の主張はかねてよりなされてきた。例えば、1994 年に締結されたヨルダンとイスラエルとの間の平和条約には、安全保障に関して、両国が CSCE をモデルにした CSCM を構築すること、信頼醸成措置をもって古めかしい抑止概念にとってかえ、紛争を予防し協力を促進する相互信頼を構築するとする条文がある。また、1995 年にはヨルダンのハッサン皇太子が、OSCE の実践力を高く評価して、地中海地域を包摂する CSCME の創設を提唱し、中東の将来は CSCME にかかっていると演説している。CSCME がアラブ・イスラエル間の永続的平和を保障し、他の国内、国際紛争の解決にも貢献できると主張する彼は、貿易の促進に加えて政治システムにおける自由化、多元主義、説明責任、人権の尊重等を重要課題として掲げている。

　歴史的に見れば、CSCE/OSCE と中東とのかかわりは、1975 年のヘルシンキ最終議定書にまで遡ることができる。最終議定書は、CSCE 参加国が中東（正確には地中海諸国）と共通の利益を持ち、CSCE 参加国が中東における平和、安全保障、正義の構築に貢献すると宣言している［CSCE, 1975］。しかしながら、当該地域に対する関心と、CSCE の果たすべき役割について論議が高まるのは、冷戦終結の時期からである。1990 年にスペインの地中海沖で CSCE 会合が開催されたが、これ

は地中海地域における諸問題、特に経済、社会、環境問題について討議するもので、CSCMの構築が提唱された。会合ではヘルシンキ最終議定書の条項を中東にも拡大するよう主張する声が聞かれ、これには幾つかのCSCE参加国の反対があったものの、特にフランスは積極的であった。提唱されたCSCMは、20ヵ国程度の地中海諸国から構成され、アラブ・イスラエル紛争やレバノン問題、キプロス問題等の解決を検討することをめざす野心的構想であった［Bloed, 1993:87-8］。その後、ローマでもCSCMに関する共同宣言（スペイン、ポルトガル、フランス、イタリアとモーリタニア、モロッコ、アルジェリア、チュニジア、リビアによる）が出された［Ismael and Ismael, 1994:125-6］。

　湾岸戦争後には、EC委員会に対し「中東と地中海における安全保障と協力：湾岸戦争後の共同体と他の加盟国の行動」と題する報告書が提出されている。湾岸戦争直後であったため、当時は当該地域における軍拡競争や軍事的不均衡の発生を阻止することが、大きな課題となっていた。よって、同時期の構想では、軍拡競争や軍事的不均衡の抑制に加え、軍事力に依存しない制度を構築することが重視された。ただし長期的な目的としては、CSCM/CSCMEの構築による中東地域での相互理解の促進や人権の保護に加え、諸国家間に適用される原理原則を定めることが検討されており、同構想は当初から、CSCE/OSCE型の包括的安全保障概念を深く組み入れたものであったということができる。また、参加候補国については、地中海地域に限定するものや黒海地域、湾岸地域まで含むものまで多くの見解があり、パレスチナ、米国、EUの参加に関しても多様な提案があった。

　近年でも、第二次インティファーダおよびキャンプ・デービッド直後にドイツのキンケル元外相が、暴力の連鎖を止めパレスチナ紛争を含む中東全体の紛争を解決するための「外的解決法」として、CSCM構想を提唱し、ヘルシンキ最終議定書と同様に「バスケット」毎の交渉を行うよう主張している［Kinkel, 2002］。彼によれば、中東地域の紛争要因は国家間対立に還元できるものではなく、水や原油をめぐる資源紛争や社会の不安定性に起源を持つもの等、多様であり、よってCSCE/OSCEをモデルにした問題群毎（軍事的問題、経済的問題、人的問題）の取り組みが必要であるという。

（2）　CSCM/CSCME構想の問題点

　CSCM/CSCME構想はこのように数多くなされ、多くの中東諸国からの賛同も得ている。しかし、中東地域へのCSCE/OSCE「移植」論が今日に至るまで依然

III 中東における予防外交レジーム構想

として具体化しないのはなぜだろうか。

　第一に、CSCE が開催された 1970 年代の欧州と、現在の中東地域の歴史的文脈と安全保障環境が、大きく異なっていることを指摘する必要がある。CSCE は表面上、二極構造と相互核抑止を基盤とする国際システムの下で発展し、CSCE が開催された当時、分断された欧州の現状を少なくとも暫定的には維持することが必要との広い合意が（西ドイツを含めて）あった。さらに、「人権」の尊重のような条項を含むヘルシンキ最終議定書に、ソ連をはじめとする共産主義国家が署名したのは、欧州における現状維持を図る手段としての同議定書の意義を重視したからであった。つまり、共産主義国家はヘルシンキ最終議定書の署名によって失われかねない利益よりも、現状維持の承認から得られる利益を重視したのである［Johannsen, 2005］。これと比較して、中東における紛争当事者は、必ずしも全てが現状維持を期待している訳ではなく、地域共通の利益は必ずしも明確ではない。また、紛争に関与する主体は必ずしも国家だけでなく、民族や宗教組織のような非国家主体が与える影響力は、冷戦期欧州と比較して極めて高い。

　第二に、CSCE/OSCE の発展過程に対する単純な理解もある。中東地域における CSCM/CSCME の構築に期待してきたのが米国であるが、米国の拡大中東・北アフリカ（BMENA）構想は、CSCE 開催後のヘルシンキ・プロセスを念頭においている。しかし、これは上述した両地域の相違を無視し、共産主義国家の崩壊を企図する壮大な構想、共産主義に対する勝利の物語として CSCE を描いている。これは不正確で、CSCE は冷戦終結を導くために開催されたわけではなく、少なくとも 1975 年当時から後の東側の民主化が想定されていた訳ではない。民主化を大きな目的とする BMENA 構想の場合、中東諸国がそれに同意する際の代替利益を提示するのは困難である。

　第三に、社会レベルにおいて、戦後欧州に一貫してリベラルな主張や平和主義運動が存在したことが重要である。東側による CSCE の開催提案には、彼らの主張にアピールして自らを平和勢力として映し出すという目的があり、西側が開催に同意したのも、彼らの存在を無視できなかったという側面がある。一方、キャンプ・デービッドやタバにおける交渉の失敗は、相互に向けられた深い敵意の存在を示している。社会レベルで対立感情が煽られやすい状態では、将来の交渉の基盤をまず探るべきで、拙速に CSCM/CSCME を構築するより、構想の検討をそもそも可能にする時期を待つべきであるとする主張もある。それによれば、欧州と中東の歴史環境が異なる中で、CSCE/OSCE の単純な中東への「移植」は問題をより複雑化

するだけとなる［Johannsen, 2005］。

　第四に、この種のレジームを構築する以前に、全ての当事者が少なくとも大きな地域紛争を解決する道を見出す必要性を指摘する声もある。南オセチアやナゴルノカラバフ紛争の存在がOSCE全体の活動を必ずしも阻害していないように、地域紛争の解決自体はCSCM/CSCME構築の必須要件ではない。しかし、地域全体の安全保障環境を左右するような中核的問題が未解決のままでは、CSCM/CSCME構築が困難であるとの主張は依然として多い。戦後欧州における東西冷戦の象徴であった「ドイツ問題」がこれにあたり、中東ではパレスチナ問題ということになる。CSCE開催が可能になったのは、東西ドイツ間の関係が正常化され、分断された欧州と両ドイツに関して暫定的に現状を維持する合意が出来上がったからであるとすれば、パレスチナ問題の解決が近い将来に望めない中では、CSCM/CSCME構想の具体化には障害が多いだろう。1990年代に行われた一連の同構想に対する熱意は、和平プロセスの失敗とともに冷めていった。第三の点と同様に、状況が困難な時には問題解決を拙速に図らないことを求める人々は、CSCM/CSCME構築を可能にするような環境形成が困難である以上、しばらくは現存の問題の解決を図ることではなく「冷却期間」を設けることが必要と主張するのである［Avineri, 2002］[3]。

IV　OSCEと中東諸国との協力枠組み

（1）協力のためのパートナー

　CSCM/CSCME構想が具体化しない中で、OSCEは幾つかの地中海諸国と協力関係を深めてきた。具体的には、アルジェリア、エジプト、イスラエル、モロッコ、チュニジア、ヨルダンとの間に制度的関係を構築しており、これら諸国はパートナーとしての地位を保持している。パートナー諸国は、閣僚理事会へオブザーバーとして代表団を派遣でき、事務総長との会合等の機会も設けられている。また、年一度開催されるOSCEの安全保障履行会議や、人的側面履行会議についても参加が認められる。

　定期的な会議への参加とは別に、現場レベルでも1998年以来、ODIHRにより

---

[3]　一方、これらの紛争の存在を、国内の権威主義的システムを維持するための正当化要因として利用し、国内改革を否定する根拠として用いてきた国家や、権威主義的国家を軍事的に支援する域外大国（特に米国）の存在を非難する声もある［Perthes, 2004］。

IV　OSCEと中東諸国との協力枠組み

派遣される選挙監視ミッションへの参加が、パートナー諸国に呼びかけられている。また、各種フィールド活動（長期ミッション等）に対する自発的参加も、OSCEの経験を「理解」させるという観点から歓迎されている。1999年には、ボスニア・ヘルツェゴヴィナに対するOSCEミッションにパートナー諸国が参加し、選挙や人権、地域安定化に関する講義等が行われ、OSCEの現地活動をパートナー諸国に「理解」させる初めての機会となった［Abela and Wohlfeld, 1999］。2004年には、OSCE議会がアルジェリア大統領選挙に監視団を派遣した。これはOSCEがパートナー諸国において活動する初めての機会となった。同年、OSCEは大統領選挙を支援すべくアフガニスタンへ選挙支援チームを派遣したほか、翌年にはパレスチナ統治機構からの招聘により、1月に行われた選挙のための短期支援チームを派遣した。

（2）　コンタクト・グループの形成

　1994年以降、OSCEは地中海諸国とコンタクト・グループも結成している。これは非公式なグループであり、情報交換を行うとともに、安全保障に関する規範や原則を、グループに「理解」してもらうことが大きな目的となっている。同グループの会合は年に数回行われるが非公式であり、通常は大使クラスが出席する。

　加えて、毎年開催されるOSCE地中海セミナーも、関係地域に関する情報共有手段として重要になっている。セミナーには通常、高官レベルの代表が派遣されるが、国際機構関係者やNGOの出席もある。このセミナーも、参加国へ安全保障問題に関するOSCEの取り組みを「理解」してもらう機会と捉えられており、セミナー題目は国境管理や対テロ活動、警察関連活動等多岐にわたる。2008年を例にとれば、題目は「地域安全保障に対するOSCEのアプローチ：地中海にとってのモデル」となっている［OSCE, 2008］。ここでは、安全保障の包括性が討議されたほか、信頼醸成措置に関しては、軍事分野における透明性の重要性について、対テロ活動については、テロリズムに対する国際法的枠組みや刑事問題に関する法的協力に関して、議論があった。人的側面については、市民社会の貢献や女性の教育権等について討議された。この他、2003年の題目「安全保障への包括的アプローチ：OSCEの経験と地中海地域に対するその意味」等は、まさにOSCEの包括的安全保障概念の中東への拡大適用が、依然として有効であると考えられていることを示している。

　過去のセミナーからは、参加国が最も関心を寄せるテーマとして、対テロ活動に

焦点が当てられていることが分かる。テロリズムに関するデータベースの構築や、組織犯罪、麻薬運搬、テロリスト集団との結びつきを解明する予防的措置の導入等について、これまでに多くの議論がなされている。経済分野では、移民問題、食糧安全保障、環境問題に関する情報共有等の多岐にわたる問題が議論された。人的側面に関しては、信頼醸成措置について議論があった。これは、文化的信頼醸成措置と呼ばれるものであり、宗教を異にする人々の間での相互信頼醸成等が焦点となる。文化的信頼醸成措置は、軍事分野における透明性確保を主眼とした伝統的な信頼醸成措置を、人的側面にも拡大するものである。

　こうした活動が活発な背景には、今日の新しい脅威としての脱国家的な脅威（テロリズムや麻薬・武器密輸、人身売買）に対する当該地域の関心の高さがある。人権と民主化の促進を重視して批判され続けるOSCEが、脱国家的な脅威に対処するためにテロ対策課や戦略的警察問題課といった特別対策グループを構築し、加盟国間の協力を進めているように、中東地域も脱国家的な脅威に対する機能主義的な協力関係を促進させることが求められている［Zellner, 2005a; Zellner, 2005b］。

　これらOSCEとパートナー諸国との関係強化の一方で、湾岸地域を含む他の中東地域との関係構築は、極めて薄弱なのが実情である。これらの地域との関係構築は、テロリズム等の脱国家的脅威への対処を考慮すれば、より一層喫緊の課題となる。2003年のマーストリヒト会議後、OSCEは地中海沿岸諸国以外の中東諸国との関係構築の必要性についてしばしば言及しているが、同年にイスラーム諸国会議機構とアラブ連盟がOSCEを訪問した以外では、目立った成果を上げていない。さらにOSCEが関与すべき域外諸国として、既にパートナー関係を構築しているアフガニスタンを別として、イランやパキスタンについても、中央アジア諸国との国境管理面での協力を高める必要性がある。

　このように、種々のCSCE/CSCME構想が具体化しない中で、欧州の予防外交の経験は、OSCEの域外協力を通して徐々に中東地域に伝わっている。それは小さなインパクトしか及ぼしていないように思われるが、ヘルシンキ・プロセスが欧州の冷戦を中長期的に終結させたように、中東地域にも「予防の文化」を徐々に浸透させるOSCEの既存枠組みに期待するのが、「移植」論よりも現実的かもしれない。

◆ 結　語

　本章は、OSCEの予防外交を支える制度的基盤と原則を明らかにし、その上で

結　語

　OSCEが直面する課題を指摘した。OSCEの予防外交の成果と限界を考察することは、中東地域での予防外交に関しても政策的含意を与えている。

　OSCEは1990年代に東欧・バルト諸国の民主化支援に従事し、マケドニアやウクライナ等での予防外交でも高い評価を受けた。しかし、その後に活動地域を中央アジアへシフトさせるのと並行して、民主化支援への強い批判を受けることとなり、徐々に活動を停滞させた。批判の理由は、OSCEが内政不干渉原則を無視しているというものや、ODIHRの活動が「二重基準」であるといったもの等であった。OSCEが民主化支援を通した予防外交を重視する限り、これらの批判は当面解消しそうにない。OSCEが人的側面に活動を偏重させていることは確かであり、将来的にはロシア等の求めるACFE条約の調印をはじめとする政治・安全保障側面における活動を活発化させること、国境管理に関する協力等を通した脱国家的脅威への取り組みを拡充させること等により、OSCEの活動に均衡を図ることも必要となるだろう。それは、OSCE加盟国がOSCEに対して抱くオーナーシップ感覚を強化する取り組みとなる。

　1990年代のOSCEの予防外交は、OSCEの「介入」を受入れる国家のEU加盟への期待に依存していたことは否定できない。このような「介入」を受入れる論理に着目すれば、OSCEは加盟国の約半数が加盟するEUとの政策調整をさらに進め、EUが実施するENP行動計画とOSCEの安全保障原則をリンクさせることにより、EUが提供する「アメ」を利用しながら活動を継続することが必要となるだろう。

　OSCEの経験を中東地域での予防外交レジームの構築に活かす際、重要な要素となるのは、やはり「アメ」を持つEUとの協調である。EUはこれまで、独自に予防外交の蓄積を行ってきた。EUの欧州・地中海パートナーシップ・プロセス（バルセロナ・プロセス）やENPは、非軍事的な側面を含む広範な領域における政治対話や相互理解を図ることを企図するものであり、OSCEと同様に三つの側面での活動を重視している。EUはその経済的パワーによって、中東地域の自発的な改革を促すことが可能なのである。しかし、民主化支援、選挙監視といった現場レベルの経験に関しては、OSCEが依然として比較優位にある。よって、今後は中東地域においても、両機構間の機構レベルおよび現場レベルでの調整・役割分担が必要となる。

　本章が考察したように、近い将来のCSCM/CSCME構想の実現は困難である。CSCM/CSCMEは、中東地域における紛争を解決する機関というよりは、解決後

◆ 第 2 章　OSCE と中東移植論

の協力関係を促進させる機関として位置づけた方が建設的であろう。CSCE/CSCME の構築に反対し構想の非現実性を指摘する主張が繰り返されてきたことを理解した上で、CSCE/OSCE の「移植」ではなく OSCE を通した既存の域外協力の枠組みを強化・活用することで、中東地域に事実上、「予防の文化」を「移植」することが、現実的だと思われる。OSCE が積み重ねてきた規範を中東諸国が自発的に適用するのを促すような OSCE と EU の協働により、中東地域に欧州の経験を浸透させることが求められている。

◆ 引用文献

〈欧文文献〉

Abela, Elizabeth and Wohlfeld, Monika. eds. 1999. "The Mediterranean Security Dimension: OSCE's Relations with the Mediterranean Partners for Co-operation." *OSCE Yearbook 1998*. Baden: Nomos. pp.435-446

Avineri, Shlomo. 2002. "No 'OSCE' for the Mideast." *International Politik*, vol.3, pp.60-62

Balian, Hrair. 2005. "ODIHR's Election Work: Good Value?" *Helsinki Monitor* no.3, pp.169-175

Batt, Judy, et al.. 2003. *Partners and Neighbors: A CFSP for a Wider Europe*, Chaillot Paper no.64.

Berg, Andrea and Anna Kreikemeyer. eds. 2006. *Realities of Transformation: Democratization Policies in Central Asia Revisited*, Baden: Nomos.

Bloed, Arie. 1993. *The Conference on Security and Co-operation in Europe: analysis and basic documents, 1972-1993*, Leiden: Martinus Nijhoff Publishers.

Bloed, Arie and Schlager, Erika. 2004. "CIS Presidents Attack the Functioning of the OSCE." *Helsinki Monitor*, no.3, pp.220-223

CIS. 2004. *Statement by CIS Member Countries on the State of Affairs in the OSCE*. Moscow (July 3)

CSCE. 1975. *Final Act*. Helsinki. 〈http://www.osce.org/documents/mcs/1975/08/4044_en.pdf,〉（2009 年 9 月 1 日アクセス）

CSCE. 1990. *Charter of Paris for New Europe*. Paris.

CSCE. 1991. *Document of the Moscow Meeting of the Conference on the Human Dimension of the CSCE*. Moscow.

CSCE. 1992. *Budapest Summit, 5-6 December 1994, Towards a Genuine Partnership in a New Era*. Budapest.

Danilov, Dmitry. 2005. "Russia and European Security." in Danilov, Dmitry. ed. *What Russia Sees*. Chaillot Paper no.74.

Dunay, Pal. 2005. "Improve What You Can – Ignore What You Can't: Reform and the Prospects of the OSCE." *OSCE Yearbook 2004*. Baden: Nomos. pp.41-59

Fawn, Rick. 2006. "Battle over the Box: International Election Observation Missions, Political Competition and Retrenchment in the Post-Soviet Space." *International Affairs*, vol 82, no. 6, pp.

1133-53

Flockhart, Trine ed. 2005. *Socializing Democratic Norms: The Role of International Organizations for the Construction of Europe*. Basingstoke: Palgrave Macmillan.

Ghébali, Victor-Yves. 2005a. "Growing Pains at the OSCE: The Rise and Fall of Russia's Pan-European Expectations." *Cambridge Review of International Affairs*, vol.18, no.3, pp.375-388

Ghébali, Victor-Yves. 2005b. "The Russian Factor in OSCE Crisis: A Fair Examination." *Helsinki Monitor*, no.3, pp.184-187

Ghébali, Victor-Yves. 2005c. "The OSCE between Crisis and Reform: Towards a New Lease on Life." Geneva Centre for the Democratic Control of Armed Forces." *Policy Paper*, no.10.

Ghebali, Victor-Yves. 2005d. "The OSCE Long-Term Missions Experience, 1992-2004: A Global Assessment." in Ghebali, Victor-Yves and Warner, Daniel. eds. *The Politico-Military Dimension of the OSCE: Arms Control and Conflict Management Issues*. PSIO Occasional Paper, no.2.

Ghébali, Victor-Yves. 2006. "The Reform of the OSCE: Hurdles and Opportunities for a New Relevance." Ghébali, Victor-Yves ed. *The Reform of the OSCE 15 Years after the Charter of Paris for a New Europe: Problems, Challenges and Risks*. PSIO Occasional Paper, vol.2.

Härkönen, Aleksi. 2006. "The OSCE and Outreach Activities: Prospects for an Enlarged Role?" *OSCE Yearbook 2005*. Baden: Nomos, pp.337-345

International Election Observation Mission. 2004. *Preliminary Statement on the Second Round of the Presidential Election in Ukraine* (November 21, 2004).

Ismael, Tareq Y. and Ismael, Jacqueline S.. eds. 1994. *The Gulf War and the New World Order*. Gainesville: University Press of Florida.

Johannsen, Margret. 2005. "The "Helsinki Coup": A Model for American, Democratization Efforts in the Middle East?" *OSCE Yearbook 2004*. Baden: Nomos, pp.517-532

Kinkel, Klaus. 2002. "An "OSCE" for the Mideast." *International Politik*, vol.3, pp.81-84

Kreikemeyer, Anna and Zellner, Wolfgang. eds. 2007. "The Quandaries of Promoting Democracy in Central Asia: Experiences and Perspectives from Europe and the USA." Report of a Transatlantic Workshop at the Centre for OSCE Research in Hamburg, February 2007, *Working Paper*, no.18.

Lavrov, Sergei. 2004. "Reform Will Enhance the OSCE's Relevance.", in *Financial Times*, November 29.

Lynch, Don. 2009. "ESDP and the OSCE." in Grevi, G., Helly, D. and Keohane, D. (eds.). *European Security and Defence Policy: The First Ten Years* (1999-2009). European Union Institute for Security Studies.

Merlingen, Michael and Ostrauskaité, Rasa. 2004. "The International Socialization of Post-Socialist Countries: The Role of the OSCE and the Council of Europe." Institute for Peace Research and Security Policy at the University of Hamburg, ed. *OSCE Yearbook 2003*, Baden: Nomos, pp. 365-379

Minikes, Stephan M. 2003. "Statement on the OSCE Mediterranean Seminar in Aqaba, Jordan." November 13, 2003.

ODIHR. 2004. *Russian Federation Presidential Election, 14 March 2004, OSCE/ODIHR Election Observation Mission Final Report*.

OSCE. 1999. *Charter for European Security*. Istanbul. November 1999.

OSCE. 2004. *Statement by Mr. Alexander YU. Alekseyev, Permanent Representative of the Russian Federation, at the Meeting of the OSCE Permanent Council January 29, 2004.*

OSCE, 2008. *Chairperson (Greece) of the Contact Group with the OSCE Mediterranean Partners for Co-operation at the OSCE, Report,* MC.GAL/11/08(2 December).

Peters, Ingo. 2004. "The OSCE, NATO and the EU within the 'Network of Interlocking European Security Institutions': Hierarchization, Flexibilization, Marginalization." Institute for Peace Research and Security Policy at the University of Hamburg, ed. *OSCE Yearbook 2003.* Baden: Nomos, pp.381-402

Perthes, Völker. 2004. "America's "Greater Middle East" and Europe: Key Issues for Dialogue." *Middle East Policy*, vol.11, no.3, pp.85-97

Saito, Yoshiomi. 2007. "Losing a Role and Finding a New Raison d'Etre?: Politics of the OSCE Reform." *Kyoto Journal of Law and Politics.* issue 4 no.1, pp.115-140

Saari, Sinikukka. 2004. *Human Rights Cooperation between Russia and European Intergovernmental Organizations: A One-way Transference of Norms or a Mutual Process of Adaptation?,* UPI Working Papers, no.54.

Strategic Foresight Group. 2008. *Inclusive Semi-Permanent Conference for the Middle East.* Strategic Foresight Group.

Warkotsch, Alexander. 2006. "The European Union and Democracy Promotion in Bad Neighbourhoods: The Case of Central Asia." *European Foreign Affairs Review*, vol.11, issue 4, pp. 509-525

Weitz, Richard. 2006. "The OSCE and Political Disputes in Central Asia." *Central Asia - Caucasus Analyst*, vol.8, no.8.

Zellner, Wolfgang. 2005a. "Addressing Transnational Threats and Risks - A Key Challenge for the OSCE." *Helsinki Monitor*, no.3, pp.214-217

Zellner, Wolfgang. 2005b. "Managing Change in Europe - Evaluating the OSCE and Its Future Role: Competencies, Capabilities, and Missions." *Centre for OSCE Research Working Paper*, no.13.

Zellner, Wolfgang. 2005c. "Russia and the OSCE: From High Hopes to Disillusionment." *Cambridge Review of International Affairs*, vol.18, no.3, pp.389-402

〈和文文献〉

中野潤也. 2005.「ロシアの OSCE 政策の変遷とその要因」『外務省調査月報』3号.

◆第3章

米国主導の中東民主化構想

泉　　淳

◆はじめに

　本章の目的は、中東での予防外交の実践と可能性に関して、米国の果たす役割を検討するものである。本章では、中東での予防外交と米国とを結びつける有力な手がかりとして民主化政策を検討対象とする。そのために先ず、予防外交について以下のような概念整理をしておきたい。

　予防外交の概念は多義的であり、国際政治の現場の政策決定者らにおいても、また学問分野での研究者らにおいても、この概念の解釈については幅がある。しかし、そこで共通する本質として、予防外交とは、①武力紛争（armed conflict）に至ることを回避するための様々な手法を指すものであり、さらに、②その手法に関して非軍事的な形態が期待されている、という理解が存在するといえる［Lund, 1996: 31-49;吉川, 2007: 266-268］。

　①に関しては、「広義の予防外交」であり、武力衝突の回避を目的とする紛争予防という広範な概念と等しいものといえる。この型の予防外交は、現実に存在する対立を沈静化させ、顕著な暴力が発生しないような形で秩序あるいは安定を獲得する試みである。この場合、対立の根本的な原因を解決することは必ずしも要求されておらず、事態の沈静化あるいは凍結が図られればよい。これは、問題に対する対症療法的な措置であるともいえ、「消極的平和（negative peace）」の実現という別の表現も可能である。

　また、この考え方は従来からの安全保障論でもあり、国際関係（国際政治）における戦争・紛争回避の伝統的な手法――同盟形成、勢力均衡、（核）抑止戦略、軍備管理、集団安全保障、危機管理など――は、この分類に属するといえる。このように「広義の予防外交」（＝紛争予防）は、積極的な軍事力の行使に依存しないが、軍事力の存在を想定しており、従来からの安全保障あるいは防衛という概念と同義であるともいえ、特別新しい取り組みではない。

　一方、②に関しては、紛争予防という広範な概念から、軍事力の行使（および軍事力の存在による威嚇・強制・抑止）を差し引いたものであり、「狭義の予防外交」

◆第3章　米国主導の中東民主化構想

あるいは「コアな予防外交」と呼ぶことができよう。ここでは非軍事的な手法を前提としている点が重要である。この非軍事的な型の予防外交は、さらに二つに分類できる。一つの分類は、紛争に関わる当該諸国の国家間関係に注目するものであり、地域・国際機構、国家間制度・レジーム、あるいは地域主義などのあり方を問うものである。ヨーロッパにおける予防外交の実践で評価されているOSCE（欧州安全保障協力機構）の取り組みが重要なモデルといえよう。

もう一つの分類は、特定国家の国内問題に積極的に関与し、その国の政治的・経済的・社会的構造や制度を修正、改革ないしは再構築することによって紛争を予防しようとする試みである。これは、いわゆる「民主的平和論（民主主義による平和；democratic peace）」を根拠としている。「民主的平和論」によれば、他国との紛争要因があるとしても、当事者となる国家が民主的な体制であれば暴力的な紛争には至らず、交渉その他の非暴力的な措置によって紛争要因が処理されるものと想定する。また、これは、国家間の戦争・紛争回避や平和を安全保障のみならず「人間の安全保障（human security）」にまで踏み込もうとする試みであり、（構造的）暴力や恐怖から解放された「積極的平和（positive peace）」の構築を意味する。

このような民主的平和論を前提に、「グッド・ガヴァナンス」確立に向けての国内（政治）秩序の再編、すなわち民主化に取り組むことは長期的な予防外交の一つの重要な手法であり、また従来にはない新しい試みである。現状では、「グッド・ガヴァナンス」獲得による平和は、理論的にもまた実践の面においても確立されたアプローチとは言い難く、現在進行形の取り組みである。しかし、新たな課題としての中東における予防外交の可能性という観点からみれば、このような形態の予防外交により大きな関心が払われるべきであろう。

ここにおいて、中東の予防外交と米国の中東政策との接点が見出せる。それは、米国、特にブッシュ政権が推進してきた中東民主化政策に着目することであり、その民主化政策がどの程度中東の予防外交に貢献することができたか、あるいはそこでの問題点は何かを検討することである。

I　米国の中東関与の形態

（1）　冷戦期およびポスト冷戦期 ── 安定志向の中東政策

冷戦の深化と拡大に伴って、米国は1940年代後半から中東地域政治に直接的また間接的に関与してきた。冷戦期米国の中東における第一の関心はソ連との関係で

あり、ソ連による中東地域への直接的(軍事的・領土的)進出と間接的(政治的・経済的)進出を阻止する封じ込め政策にあった。加えて、イスラエルの独立と発展を支持すること、およびペルシア湾岸から西側諸国への石油の安定供給を維持することにも高い優先順位が与えられていた。パレスチナ問題を巡り、米国=イスラエル、ソ連=アラブ諸国(エジプト・シリアなど)というパトロン=クライエント関係が形成されたこと、またペルシア湾岸石油に西側諸国が完全に依存していたことを考えれば、米国のイスラエルと石油への関心は、ソ連封じ込め政策を補完する役割をもっていたといえる。これらの諸目的を達成すべく、米国の歴代政権はあらゆる形態の外交政策手段、すなわち、直接的・間接的な軍事介入、核兵器も含めた軍事力誇示による抑止・威嚇、公式・非公式の同盟関係形成、軍事・経済援助、経済制裁、和平仲介などを駆使してきた [Lenczowski, 1990; Lesch, 1996]。

　米国の中東政策は、域内諸国のすべてが協調的な関係を築き、かつ親米的な政治志向を持つようになることを理想としたが、複雑かつ深刻な域内外の国家間対立(アラブ=イスラエル対立、アラブ諸国内対立、域内諸国と英仏等の域外の旧支配勢力との対立)の存在を考慮すれば、これを実現することはきわめて困難であった。そのために米国は、域内対立の源泉となる国内政治体制やイデオロギーをめぐる問題、または域内での領土問題への深入りは避け、ソ連の関与・介入を導くような事態の回避のみを優先し、地域的安定の維持(主として武力紛争の回避)で満足する保守的な政策にとどまった。

　冷戦終結後では、ソ連要因はなくなったものの、地域的安定に優先順位を置く米国の中東政策は大きく変化しなかった。例えば、湾岸戦争の後、1990年代に試みられた中東和平プロセス(パレスチナ問題解決のための仲介政策)も、地域的安定の観点からとらえることができる。すなわち、米国は1990年代の和平プロセスにおいて、パレスチナ問題の根本的な解決への期待を表明する一方で、実際には、限定された自治と治安維持をパレスチナ人自身に任せながらも、当該地域全般に対するイスラエルの優位を確保し強化することで問題を固定(凍結)させることに終始した。また、湾岸地域に関していえば、反米的なサッダーム・フセイン体制のイラクと急進的イスラーム国家のイランを封じ込めようとしていたこと(「二重封じ込め」)は、問題の解決ではなく問題の固定によって米国にとって有利な地域的安定を得るための方策であった。

　地域的安定あるいは現状(status quo)維持がその中東政策の根底にあったとして、米国にとっての安定とは何を意味するのであろうか。それは第一に、大規模な戦争

あるいは武力紛争がない状態である（消極的平和）。なぜなら、域内での武力紛争の発生は、ソ連の軍事的・政治的介入を招き、イスラエルの安全保障を危うくし、ペルシア湾岸からの石油供給を絶つ可能性が高く、米国の中東政策の重要項目のすべてにとってマイナスに働くからである。具体的には、東地中海地域で戦争や武力衝突がないとすれば、イスラエルは周辺の対立的なアラブ諸国や急進的な武装勢力（パレスチナにおけるハマースやレバノンにおけるヒズブッラーなど）に対して優勢を保つことができる。占領地のパレスチナ人の苦境さえ無視すれば、イスラエル優位による安定確保（特にエジプト・シリアなど親ソ政権の域内での封じ込め）は米国にとって有利な状況であった。また、湾岸地域では革命前イランとサウディアラビアの強化による安定が図られたが（『二本柱』政策）、これによって湾岸地域で戦争や武力衝突がなければ、石油輸出と石油価格の安定は保証され、米国にとっては同様に有利な状況であった。

　特に冷戦期の米国は、ソ連の中東介入を誘発したり、核兵器の使用を含むソ連との直接対決を回避するために、その主たる原因となるアラブ・イスラエル紛争のエスカレートには特別の警戒感を示し、紛争の「危機管理」には積極的であった [George, 1991:299-303]。このような観点から見ると、安定志向の米国の中東政策には、体系的でも制度的なものでもなかったものの、常に紛争予防（＝「広義の予防外交」）という関心は存在していたと言うことができる。そして、その地域の安定を得るために、米国に協調的である限りその国の国内政治体制のあり方を不問にし、しばしば米国は非民主的な権威主義政権をローカル・パートナーとして支援することになる。

　米国は中東での安定を期待していたとはいえ、時に誤算や失策、不可抗力を経験することは避けられなかった。1967年6月のイスラエルによるエジプト・シリア奇襲攻撃（第三次中東戦争）、1973年10月のエジプトによるイスラエル奇襲攻撃（第四次中東戦争）、1980年のイラン・イラク戦争勃発、そして1990年のサッダーム・フセインによるクウェート侵攻などである。これらの事象をみると、米国の紛争予防能力あるいは戦争回避政策はきわめて不十分といえる。しかし、これらの事象の収束過程に注目すれば、米国は戦争前の状況を可及的速やかに回復し、再び以前の安定状態を取り戻すために、軍事・政治・経済のあらゆる側面で関与していることに気付く。このように1990年代までの米国は、中東において地域の秩序と安定を望み、不安定化のリスクを伴う民主化のような国内体制の変革や地域諸国間関係のドラスティックな変更には消極的であった。

（2） ブッシュ政権期 ── 大胆な変化の試み

　ブッシュ（第43代）大統領の中東に対するアプローチは、地域の安定を重視し、特定国家の国内体制の変革や域内のバランス・オブ・パワーの変更を期待しない従来の米政権のアプローチとは大きく異なる性質を持つ。9.11テロ事件を経験した後のブッシュ政権の中東政策は、中東諸国の国内体制と国家間関係の変革を政策目標とし、中東地域に全く新しい環境を創出することを明示的に掲げた。一つの顕著な例は、パレスチナ問題についてである。ブッシュはパレスチナの「自治」ではなく、パレスチナ国家の「独立」を公式に支持した米国史上最初の大統領となり、「二国家併存による解決（two-state solution）」を政策目標に掲げた。

　もう一つの重要な変化が中東民主化政策の打ち上げである。中東民主化政策は、冷戦終結後の1990年代のクリントン政権期にもみられたが、その当時の民主化政策は、USAID（米国国際開発庁）などの下位機関が小規模に取り組むに過ぎず、政権のトップクラスが積極的な関与姿勢をみせるものではなかった［Brown and Hawthorne, 2010:18-20］。

　ブッシュ政権の中東民主化政策は、対テロ戦争と密接に関係する。もとよりブッシュ政権の中東民主化政策は、必ずしも国際社会のコンセンサスを得たとはいえない2003年3月以降の対イラク戦争を正当化するための方策の性格が強い。しかし、9.11テロ事件を経験したブッシュ政権は、軍事力を行使してでも中東において民主主義を確立することで、対米武力闘争を仕掛けるテロ組織の温床を除去し、同時に民主的平和論に基づいたかたちで中東諸国が戦争や暴力行為に訴える可能性を極小化できるとの考えも強く持っていた[1]。

　ブッシュは2003年11月「自由のための前方戦略」と題した演説で、イラクのみならず広範囲の中東諸国（拡大中東・北アフリカ諸国：BMENA）に民主主義を確立することを公式表明した[2]。ブッシュがこの演説の中で、「長期的には、安定（sta-

---

[1]　民主的平和論を掲げて軍事介入しようとする考え方は、イラク戦争開始直前に行われた保守系シンクタンクAmerican Enterprise Instituteでの以下のような文言を含むブッシュの演説に集約されている。
　　「世界は民主的な価値の拡大に明確な関心を持っている。なぜなら、安定した自由な国家は殺戮のイデオロギーを生み出さないからである。安定した自由な国家は、よりよい生活を平和的に求めることを促す。……イラクの新政権は、他の中東諸国にとって印象的で魅力的な自由の手本となるであろう。」
　　"President Discusses the Future of Iraq." February 26, 2003. 〈http://georgewbush-whitehouse.archives.gov/news/releases/2003/02/20030226-11.html〉（以下、本章で引用したウェブサイトは、全て2011年2月1日から2月14日までにアクセスした）

bility）は自由（liberty）を犠牲にして得られるものではない……現状（status quo）を受け入れることは危険な行為である。」と述べているように、ブッシュ政権は従来の米政権の中東政策とは一線を画し、中東諸国の国内政治制度や国家間関係のあり方に積極的に介入して、中東地域の構造的な再編によって平和と安定を獲得しようとする大胆で新たな試みに入った。

　国連やOSCEのような国際（地域）機関にかかわる政策決定者や研究者は、民主主義あるいは市民社会に裏打ちされた「グッド・ガヴァナンス」の構築が、長期的な視点での紛争予防に貢献するであろうという点ではコンセンサスがある。従って、ブッシュ政権が「民主主義の欠落（democracy deficit）」という課題に直面している中東地域において、その民主化政策を宣言した際、軍事力使用の是非は別として、その方向性を批判することはできない。ブッシュの中東民主化政策は、「グッド・ガヴァナンス」獲得による地域の平和構築の試みであり、長期的な予防外交の試みに初めて米国が乗り出したものと解釈することができる。

II　中東民主化政策

(1)　急進的な再建型

　ブッシュ政権の中東民主化政策においては、二つの手法が見いだせる。一つは国家の「再建型（rebuild）」であり、これはアフガニスタンとイラクに対して行われた。この手法は、しばしば「体制変革（regime change）」と称され、民主国家設立のために権威主義国家を軍事力で解体するという急進的な手法である。この手法では、それがもたらす副作用 ── 軍事力行使に伴う死傷者、付随的損害（誤爆など）、インフラ破壊、治安悪化、モラル崩壊など ── や、米国の一国行動主義への強い批判があり、これを民主化政策と呼ぶことには留保が必要となる[3]。

　また、ブッシュ政権による中東民主化の強調の一方で、特に対イラク戦争では反米的なサッダーム・フセイン政権（およびこれが保有するであろう大量破壊兵器）の除去が主要な動機であり、民主化目的は二義的で後付けの理由に過ぎないとする不

---

(2)　"President Bush Discusses Freedom in Iraq and Middle East, Remarks by the President at the 20th Anniversary of the National Endowment for Democracy." November 6, 2003.
〈http://georgewbush-whitehouse.archives.gov/news/releases/2003/11/20031106-2.html〉

(3)　イラクでの手法を「侵略による民主化」、レバノン、パレスチナ自治領での手法を「脅迫による民主化」とし、米国による「非民主的手段による民主化」を批判的にとらえる見方もある［Sadiki, 2009:145-198］。

信感も中東アラブ諸国およびムスリム社会においては根強い［Cole, 2009:118-120; Ottaway, 2005:176-181］。

たしかに、ターリバーン政権やサッダーム・フセイン政権は、国内的には抑圧的な人権侵害を行い、対外的には地域および国際社会の安全に対する脅威となり、毅然とした対処は必要であった。しかし、ここで用いられた手法は、米国への脅威に対する先制攻撃あるいは予防戦争を正当化した「ブッシュ・ドクトリン」[4]の延長にある安全保障上の措置であり、予防的とはいえ、このような軍事介入による民主的政権の新規設置という急進的な手法は、狭義の予防外交の範疇には入らない。

（２） 漸進的な改革型

ブッシュ政権の中東民主化政策のもう一つの手法として、国家の「改革型（reform）」がある。これは国内（政治）体制の漸進的な変革を目指すものであり、急進的な「体制変革」とは対称的である。この民主化政策は、具体的には以下のような制度設計によって試みられた。

（ａ）「中東パートナーシップ・イニシアティヴ」（Middle East Partnership Initiative：MEPI）

2002年末から開始されたMEPIは、9.11テロ事件の発生と密接に関係している。パウエル国務長官は、中東社会での理想と現実との乖離（"hope gap"）を埋め、現地の人々が実生活への幻滅からテロ行為に走るのを食い止め、テロ組織の根絶を図る必要性を強調した[5]。生活の質の向上によるテロの撲滅という観点から見て、MEPIは当初から援助・開発プログラムという性格が強かった。MEPIが打ち上げられた2002年12月は、大量破壊兵器査察をめぐり、ブッシュ政権の対イラク圧力が高まっていた。援助・開発プログラムというソフトな側面を前面に出した国務省主導のMEPIには、この時期のブッシュ政権のアフガニスタン戦争と対イラク強硬姿勢を緩和することも期待されていた［Haas, 2002］。

MEPIは、「政治的民主化」、「経済発展」、「教育促進」、「女性支援」の４つの柱から成っている。援助・開発プログラムとしてみれば、いずれの項目も特に目新し

---

[4] "National Security Strategy of the United States of America." September 17, 2002. 〈http://georgewbush-whitehouse.archives.gov/nsc/nss/2002/index.html〉
[5] "The U.S.-Middle East Partnership Initiative." December 12, 2002. 〈http://www.heritage.org/Research/Lecture/The-US-Middle-East-Partnership-Initiative〉

いものではない。しかしMEPIの重要な要素は、それまで希薄であった米国と中東諸国双方における市民社会組織の連携に力点を置いている点であり、この意味では、MEPIは従来の政府間での経済・財政援助政策ではない。MEPIの試みはリベラルな公共善を求める外交姿勢を示すものであり、「一国行動主義」と批判されるブッシュ政権のマイナス面を補完しようとする国務省の意図がうかがえる。

MEPIに配分された予算は、2002年度2900万ドル、2003年度1億ドル、2004年度8900万ドル、2005年度7400万ドル、その後も毎年度1億ドル弱が投入されている[6]。この予算を使って、上記の4項目を達成するために、MEPIが具体的に意図している手段はNGO（NPO）の活用である。MEPIでは、非政府の各種市民社会組織の企画参加を公募したうえで資金（グラント）を提供し、これら諸組織が中東現地での「パートナー」NGOと共に上記項目に沿った各種プロジェクトを推進していく。したがって、MEPIの基本的な構図は、資金提供者としての米国政府（国務省）と、実働主体となる米国NGO、現地NGOとの連携作業である。

（b）「未来のためのフォーラム」（Forum for the Future：FFF）

MEPIは、あくまで米国とそれぞれの中東諸国との二国間関係を前提としていた。MEPIのアイデアを、米国からG8に拡大して強化しようとする試みがFFFである。FFFは、2004年6月の先進国首脳会談（於ジョージア州シーアイランド）に合わせて声明された。この首脳会談時に、「発展と共通する未来のためのパートナーシップ（Partnership for Progress and a Common Future）」という包括構想が打ち出され、その核がFFFの設置であり、そのほかにも民主化支援対話（Democracy Assistance Dialogue）、国際金融公社（International Finance Corporation）設置による中小ビジネスへの融資、マイクロファイナンスの推進、教育・リテラシー支援などのイニシアティヴが含まれた。

FFFが声明された2004年半ば、イラクでは新設された暫定政権への主権委譲が予定されていたものの、依然として治安は不安定であり、主として駐留米軍を標的とした武装勢力による抵抗が継続していた。米国としては、自身の対イラク政策への米英以外のG8諸国からの協力を必要としていた。イラクに対する軍事行動その

---

[6] "Fact Sheet, Middle East Partnership Initiative: U.S. Support for Freedom and Democracy in the Middle East." July 18, 2005.〈http://www.state.gov/r/pa/scp/2005/49757.htm〉; "Fact Sheet." February 15, 2006.〈http://www.state.gov/r/pa/scp/2006/61302.htm〉 MEPIの予算面からの詳細な分析としては以下を参照。[Wittes and Yerkes, 2006]

ものに対してはG8の賛同は得られにくいものの、対象をイラクから中東と北アフリカ諸国（BMENA）に拡大し、かつイシューも、政治分野に加えて、経済・開発・ファイナンス・雇用・教育などに拡大することで、G8から一定のコミットメントを引き出すことが可能であった［Sayyid, 2007:217-222］。

　中東民主化に向けた新機軸として喧伝されたFFFは、その第1回全体会議（於ラバト）が2004年12月に開かれた。G8および拡大中東の21ヵ国とパレスチナ自治政府（イスラエルとイランは欠席）の代表が出席した。しかし、同会議でアラブ諸国の代表らは、諸改革、特に民主化への圧力を警戒した。アラブ諸国代表は、その最終声明に、民主化に関して「各国の自主性と多様性を尊重する」、「改革は外部から課されるべきものではない」との文言を挿入することに成功し、明示的な民主化要求は封殺された[7]。さらにアラブ諸国は、パレスチナ問題の解決なくしてアラブ諸国の改革なしと訴え、米国のパレスチナ和平交渉への積極的関与を求めた。初の試みとはいえ、政治改革部門に関する政府間の対話は不調に終わり、ファイナンス・起業などのその他の非政治的な分野での支援の枠組のみが合意されるに止まった。

　このような限界は、2005年11月のFFF第2回全体会議（於マナマ）で再度明らかになった。この会議でエジプトは、この構想に基づいて中東諸国内で活動するNGOは現地政府に登録（＝許可）されたものに限定されるという趣旨を最終声明に盛り込むことを主張し、米国などと議論となった。結果的にはこのような文言は採用されなかったが、エジプトなどの権威主義国家が抱くこの構想に対する警戒心を如実に示すであった[8]。

　その後のFFFは、第3回（2006年、於アンマン）、第4回（2007年、サヌア、ただし開催中止）、第5回（2008年、於アブダビ）と続いたが、年々その注目度と内容の後退がみられた。第5回会議では、米国のライス国務長官の出席もキャンセルされるなど、FFFは「未来なきフォーラム（Forum without Future）」とも揶揄され、実際ブッシュ政権の支持率低下と任期終了とともに、その存在意義を失っていった［Carpenter, 2008］。

---

(7)　*Chair Summary*, Forum for the Future, Rabat, December 11, 2004.〈http://www.maec.gov.ma/dad/docs/FfFChairSummaryEN.pdf〉

(8)　"U.S. Goals are Thwarted at Pro-Democracy Forum." *Washington Post*, November 13, 2005； "Meeting of Muslim Nations Ends in Discord," *New York Times*, November 13, 2005.

(c) MEPI および FFF の問題点

　MEPI および FFF はブッシュ政権期を通じて実践され、次期オバマ政権にも引き継がれたが、顕著な成果が見られないばかりか、その活動内容も縮小傾向にある。MEPI および FFF の限界として、第一に、その努力の対象が中東地域の国家（政府）の改革に向かわず社会の改革あるいは市民社会の強化に向いており、このため直接的な政治プロセスの民主化（選挙の実施、複数政党制の導入など、いわゆる政治的多元化の実現）を避けて、市民社会の発展という間接的な政策に終始している点にある。たしかに、民主主義発展と民主化の前提として、市民社会の一定の成熟が期待されており、これらのアプローチが全く間違ったものとはいえない。また、ソ連崩壊後の東欧民主化プロセスとは違い、中東では民主化に敵対的な権威主義体制が残存しており、これらが民主化の阻害要因である以上、政府を迂回して、すなわち社会に直接訴えかけていくのはやむを得ない選択であろう。しかし、政治構造改革をタブー視する一方、雇用促進、マイクロファイナンス、教育充実など市民生活の充足のみに特化した関与のあり方は、むしろ現体制の政治的・経済的パフォーマンスを向上させ、その権威主義体制の延命という逆効果をもたらす恐れがある[9]。

　第二に、MEPI および FFF は、その予算規模に制約がある。たしかに米国の民主化支援のための予算は増大傾向にあり、MEPI および FFF を含めたブッシュ政権下での単年度の民主化支援関連予算は、1991 年度から 2001 年度までの 10 年間の総額（約 2.5 億ドル）を大きく超える。しかし、一方でこれら同じ国々の政府を支援するために行われる軍事援助と比較すると、民主化支援関連予算は軍事援助予算の 5 % 以下となり、その額は著しく低い [McInerney, 2008]。権威主義政権を維持するための予算が、権威主義体制を終了させるための予算を圧倒的に上回っているのが現実である。

　また、鳴り物入りで始まった MEPI ではあるが、MEPI 単体に投入される単年度の予算は、例えば日本の外務省が従来から実施している小規模無償援助である「草の根・人間の安全保障無償」とほぼ同額である[10]。MEPI 予算執行の対象国の広がりを考慮すれば、必ずしも多額の予算を投入しているとはいえない。さらに、米国の援助機関である USAID も従来から民主化支援のプロジェクトを実行してき

---

[9] 経済面では、自由貿易協定（FTA）締結を提示することで国内政治の構造改革あるいは自由化を求める手法もある。しかし、ブッシュ政権による中東自由貿易地域（MEFTA）構想は、ほとんどその成果を上げていない ［Wittes and Yerkes, 2006:6-7］。

ており、その予算の一部が MEPI 等の新規の民主化企画にシフトしている傾向が見られる。この点からすると、MEPI および FFF の企画は、従来からの USAID の民主化企画に、中東民主化政策を掲げるブッシュ政権の「広報外交」を付加したもの（MEPI/FFF = USAID + Public Diplomacy）という実像がみえる。

III 予防外交と中東民主化政策の限界

(1) 民主化政策の後退

　ブッシュ政権の中東民主化政策は、急進的な再建型と漸進的な改革型の両者を合わせて、2006 年半ばまでは積極的な展開を見た。民主化の指標の一つとして自由選挙の実施があるが、アフガニスタンでの大統領選挙（2004 年 10 月）および議会選挙（2005 年 9 月）、イラクでの議会選挙（2005 年 1 月と 12 月）、レバノンでの議会選挙（2005 年 5 ～ 6 月）などは中東民主化の前進であり、米国の民主化政策の成果とされた[11]。

　民主化政策のピークは、2005 年 6 月のライス国務長官による民主主義を主題とするカイロ演説であろう。ライスは、「過去 60 年間、米国は中東において民主主義を犠牲にして安定を追求してきた。そして我々は両者共に得ることが出来なかった。今、我々は新たなやり方をとりつつある」とし、ブッシュ政権の民主化政策をアピールした。そして上記のような中東民主化のトレンドを強調し、同年に予定されたエジプト大統領選挙と議会選挙が自由で公正な形で行われることを要請した[12]。中東における米国の盟友であるエジプトの権威主義的な現政権を、穏健な表現ながらも現地で批判し、エジプト国民に民主化への行動を促すという大胆かつ

---

(10) 同無償援助は、1 案件あたり 1 千万円を上限とする小規模案件への無償資金援助であり、その総予算は、過去約十年の間、毎年度ほぼ 100 億円（≒ 1 億ドル）前後で推移している『ODA 白書 2010 年度版』。〈http://www.mofa.go.jp/mofaj/gaiko/oda/shiryo/hakusyo/10_hakusho/index.html〉。

(11) アフガニスタンやイラクと比較してレバノンに対する米国の関与は希薄であったが、反シリア派のハリーリー首相暗殺事件（2005 年 2 月）と、これに反発した世論に押されてのシリア軍の撤退（4 月）という流れ（"Cider Revolution"と呼ばれる）の中で、この議会選挙は自由で民主的なレバノンの再生として、そして中東民主化のトレンドの証明として米政権によって喧伝された。USAID, *Democracy Rising*, September 2005.〈http://www.usaid.gov/press/frontlines/fl_jan06/democracy.htm〉

(12) "Remarks at the American University in Cairo." Secretary Condoleezza Rice, Cairo, Egypt, June 20, 2005.〈http://merln.ndu.edu/archivepdf/NEA/State/48328.pdf〉

印象的な演説であった。

しかし、そのエジプトでの議会選挙（2005年11月・12月）で、イスラーム主義派のムスリム同胞団系列の候補者が獲得議席数を急伸させた（71議席増の88議席獲得、定数454議席）。危機感を感じたムバーラク政権は、内外からの民主化要請を無視して強権政治を再び強めていった。また、2006年1月のパレスチナ立法評議会選挙では、イスラーム主義派のハマースの獲得議席が既存与党のファタハを上回り（ハマース74議席、ファタハ54議席、定数132議席）、ハマース政権が誕生した。この結果を受け入れられない米国とイスラエルの干渉と制裁によって自治政府内部での武力抗争が発生し、パレスチナでは西岸とガザでの分断統治に至った[13]。

このように米国自身が推進した民主化（選挙の実施）は、米国が望まない（しかし、十分に予想された）政治的イスラーム主義の勢力拡大という結果をもたらした。また、イラクでの戦闘の長期化に伴って、中東世論は米国の介入姿勢に対する反発を強め、米国の中東政策全体の信頼性と説得力は著しく低下した。さらに、イランの核開発計画の積極化、イスラエルとレバノンのヒズブッラーとの戦闘が激化し（2006年7月）、米国にとっては民主化よりも域内の安全保障問題への対処が急務とされた。当然のこととはいえ、当事者である権威主義政権は権力喪失を恐れて、前途のFFF会議で明らかになったように、したたかに民主化に抵抗していた。このような状況を経験し、概ね2006年後半以降ブッシュ政権の民主化の主張は急速にその正統性を弱め、中東民主化政策は後退していった。

（2） 民主化政策の問題点
（a） 政策選択の問題

MEPIおよびFFFに示される米国の漸進的な改革型の民主化政策は、民主化による平和構築という謳い文句とは裏腹に、その成果は明確なものではない。予算面での制約は既に指摘したが、より本質的な問題は、米国の民主化政策においては、対象となるアラブ諸国の国内政治への介入を注意深く回避し、政治構造改革要求を事実上タブーとしている点である。政府間交渉、取引、あるいは外圧による政治改革が現実的でない以上、「市民社会」創設の支援として、結果的には各種NGOの活動成果に期待することしかできなかった。しかも、MEPIの詳細を見ると、具体

---

[13] 中東諸国での民主化と選挙結果の詳細については、「中東・イスラーム諸国の民主化データベース」（NIHUプログラム・イスラーム地域研究）参照。〈http://www.l.u-tokyo.ac.jp/~dbmedm06/me_d13n.html〉

的な活動内容は特定 NGO への「丸投げ」に近く、民主化政策の「民営化」ともいえる状況が発生している。また、NGO による市民レヴェルでの民主化推進活動でさえも、アラブ諸国の権威主義政権との摩擦を容易に生み出し、活動には制約が課せられた。

　一方で米国は、アフガニスタンやイラクでは軍事力行使による「体制変革」というきわめて直接的な手法を適用し、大きな混乱をもたらした。このように米国の中東民主化政策は、一方では MEPI のような NGO の援用と、他方では軍事力の直接行使といった「両極端な」性格を持つことが分かる。政策選択面での両者間のギャップは著しく、その中間に当たるもの、すなわち伝統的な意味での外交、あるいは実質的な外交が欠如している。ここでいう実質的な外交とは、武力行使や威嚇を伴わない政府対政府の交渉であり、例えば、軍事・経済援助の削減やコンディショナリティーの付帯等によって複数政党制、競争的選挙、言論の自由の保障を求める等、一定の圧力を含みつつも双方向の対話重視の政策である。ブッシュ政権は、一方には効き目の乏しい薬、他方には副作用の著しい劇薬をもって中東民主化に乗り出してしまったといえよう。

(b)　信頼性の欠如

　米国の民主化推進政策が不活発な背景には、中東地域全般において、米国の政策に対する不信感や、米国の虚勢や不寛容に対する嫌悪感が蔓延している現実がある。ブッシュ政権下の米国の印象について、アラブ諸国の国民の6割以上が「非常に好ましくない」と回答し、また約7割が、米国を「まったく信頼しない」と回答している[14]。この反米的な世論は、長年にわたる米国の親イスラエル的政策、冷戦期から続くアラブ（およびイラン）の権威主義体制の擁護、そして湾岸戦争（1991年）以降の軍事力に対する過度の傾倒姿勢を背景として、ブッシュ政権期の対アフガン・イラク軍事介入が大きく影響している。またエジプトやパレスチナでみられたように、一方では民主化を提唱しながら、他方ではイスラーム主義が台頭した選挙結果を受容しない身勝手な姿勢は、米国の民主化政策への不信感を助長させた。

　このような状況がもたらすマイナス影響は、現地で民主化に取り組む個人や組織、特に米国の MEPI などのプロジェクトに関わる個人や組織が、現地で孤立す

---

(14)　*2008 Annual Arab Public Opinion Poll*, Survey of Anwar Sadat Chair for Peace and Development, University of Maryland with Zogby International.

る危険性である。「裏切り者」、「米国の手先」といった誹謗中傷、さらには民主化圧力を回避したい政権による確信犯的な人権侵害行為の発生も危惧される[15]。

このような環境は、単に「改革型」民主化政策の非効率に起因するものではなく、むしろ「再建型」民主化、すなわち軍事力行使を伴う強引な介入政策への反発に起因するものである。それは米国側における「信頼性の欠如（credibility deficit）」と呼べる状況である。この「信頼性の欠如」によって、米国は「改革型」民主化政策においてもその正統性を損ない、「グッド・ガヴァナンス」という規範を確立することに失敗している。そして米国は、現地で民主化を志向する個人や組織、政策決定者や人権活動家などから敬遠され、もとより脆弱な米国の民主化推進政策はさらに効力を失うという悪循環に陥っている。

（c） 長期的利益と短期的利益の対立

米国の中東民主化政策が不完全である最大の理由は、米国の中東政策自体に内在する、その長期的利益と短期的利益との対立、矛盾、ジレンマにある。これは米国外交の構造的な問題であり、容易に解決する性格のものではない。

既に述べたように、歴代の米国政権は、地域の安定、秩序維持、紛争予防などを実現するために、親米政権（政治体制の性格は問わない）への軍事・経済援助、反米政権に対する核も含めた抑止・強制戦略などの手法をとってきており、民主化による平和構築という手法は公式にとられたことはなかった。むしろ親米的な権威主義政権の存在は、冷戦期・ポスト冷戦期、そして「テロとの戦い」の時期のいずれにおいても米国にとっては重要で使い勝手のよいパートナーであり、これら政権の協力（親米政策）によって、地域の安定、石油の安定供給、さらにはアラブ・イスラエル紛争の凍結（「冷たい平和」による沈静化）を可能としてきた。これらの政策は自由や人権といった規範やモラルを犠牲にして地域の安全保障を優先したものであり、米国にとっての短期的な利益を優先したものである[16]。

---

[15] 冷戦終結後の東欧民主化の過程と比較して、アラブ・イスラーム世界で欧米的、世俗的、そしてリベラルな思想を表明して活動することへの社会の批判的圧力は強い。また権威主義的支配者が欧米（特に米国）と連帯している状況では、リベラル派が支配者（抑圧者）および欧米と共謀しているとして社会的な制裁を受ける可能性もある［Alterman, 2004;Baroudi, 2007;Hawthorne, 2005:74］。

[16] 多くの分析者がこのような長期的利益と短期的利益との対立について言及し、米国の民主化政策の構造的な限界を指摘している［Dalacoura, 2005;Carothers, 2007;Ottaway and Choucair-Vizoso, 2008;Brown and Hawthrone, 2010］。

中東において民主的平和論が現実のものとして展開し、長期的な平和が保たれることは、中東地域のみならず国際社会全体にとっても恩恵をもたらすものであろう。このような「民主主義による地域の安定化」が、米国にとっても利益となることは間違いない。しかし、これを実現するためには、法改正や選挙実施など民主的政治制度の構築やイスラーム主義の受容など、相当の時間と忍耐と政治的なコストが不可避である。したがって、米国の政策決定者たちは常に不安に苛まれ、結局は現実主義政治（realpolitik）に逃避し、権威主義的ではあるが親米的な政権と手を結び、「消極的平和」の達成で満足することを選択する。中東においては、米国の短期的利益は長期的利益を容易に凌駕するのである。

（3） 民主化政策の理想 ── モデルとしてのヘルシンキ・プロセス

全般的に評価の低いブッシュ政権の中東民主化政策であるが、潜在的な可能性として肯定的にとらえるならば、MEPI や FFF の試みが、かつての冷戦時代のいわゆる「ヘルシンキ・プロセス」のような効果をもたらすという期待がある。冷戦下の1970年代当時、人権問題は重要なイシューとみなされず、むしろ「ヘルシンキ宣言」は東西ドイツ分割の承認など、ソ連に譲歩したとの印象も強く、大きな評価は与えられていなかった。しかし今日、人権・自由・民主主義が国際関係を左右する一つの重要な規範となっていることを考えれば、「冷戦期のヘルシンキ・プロセスが、多国間交渉という保護の下で、非政府の民主主義・人権組織の急成長を促したように、『未来のためのフォーラム（FFF）』がアラブの民主派にきわめて重要な機会を提供している」[17]との肯定的評価も可能であろう。

またソ連体制下での人権活動家であり、移民後にイスラエルの政界入りしたＮ・シャランスキーは、「今日の中東でヘルシンキ的なイニシアティヴを実行するためには、自由世界による民主主義への関与がリップサーヴィス以上のものでなければならない……国際社会の監視によって、民主主義を支持するアラブ人は前進への一歩を踏み出す勇気が得られる」とし、外部からの民主化関与を評価する[18]。

実際、MEPI や FFF にみられるような民主化支援の多くは、1990年代の東欧諸国民主化での支援策をモデルとしている。パウエル国務長官も、Polish-American

---

(17) Jackson Diehl, "An Opening For Arab Democrats." *Washington Post*, October 11, 2004.
(18) ［Sharansky, 2004］中東民主化の必要性を強く訴えるシャランスキーの考えとその著書は、ブッシュ個人と米政権の民主化政策形成過程に強い影響を与えていると考えられている［Sharansky and Dermer, 2004; Sharansky, 2005］。

◆ 第3章　米国主導の中東民主化構想

Enterprise Fund：PAEF（1990年5月活動開始）の成功例を引き合いに出し、MEPIのモデルと位置づけている。パウエルは東欧諸国民主化におけるOSCE（CSCE）の役割を評価し、その役割を中東にも拡大し「ヘルシンキ宣言の精神で」イラクの民主化を成功させたいと述べている[19]。また、エジプトで違法な民主化活動に関わったとして逮捕された活動家のS・イブラヒームも、釈放後に米国の下院議会委員会公聴会で、ヘルシンキ宣言が中東の権威主義体制改革のためのモデルとなり得ると述べている[20]。ただし、東欧民主化のプロセスと中東のそれとの単純な比較は難しい。権威主義的な社会主義（共産主義）を経験した東欧諸国では民主主義そのものが希求される代替イデオロギーであったが、前述のエジプトやパレスチナでの選挙結果に見られたように、中東地域においては政治的イスラーム主義が現体制に対する代替（対抗）イデオロギーとして強い求心力を持つ。そして、政治的イスラーム主義は現地の権威主義体制および米国にとって現状では容認不可能である。また、東欧の人々にとって民主主義は解放者側のイデオロギーであり支持できたが、中東の人々の多数にとって、米国ブランドの民主主義と民主化政策は、そのイスラエルとの緊密な関係や覇権主義と重なって見え、容易に受け入れられない。

「ヘルシンキ・プロセス」では、東西両陣営が相互の国家主権を尊重し、政治体制を武力で変更しないことを約束したことの見返りとして人権問題などでの対話が開始された。しかし、中東民主化プロセスでは現行の権威主義体制の変更そのものが目標とされており、体制側としては対話を開始することに利益を見出せない［Wittes, 2004 a］。しかも、ブッシュ政権がイラクで見せたような「体制変革」という急進的手法は、権威主義体制の指導者にとって脅威と映り、控えめなMEPIなどの各種プロジェクトでさえ疑心暗鬼の対象となっており、その活動にも制約が加えられる結果となっている。

◆ まとめ

中東の予防外交と米国の中東政策との接点として、民主的平和論を前提とする米国の民主化政策を検討したが、現状では米国の政策の成果としての民主化が実現しているとはいえず、したがって民主化による予防外交の可能性もきわめて限定的で

---

(19) "Powell Urges Europe to Work with U.S. to Support Democracy." December 8, 2004. ⟨http://www.uspolicy.be/Article.asp?ID=0647F53A-F048-4C48-94C9-07BE5BFF1229⟩
(20) Hearing, Saad al-Din Ibrahim, "Promoting Democracy Through Diplomacy." May 5, 2005 ⟨http://commdocs.house.gov/committees/intlrel/hfa21022.000/hfa21022_0f.htm⟩

まとめ

ある。理論あるいは概念として民主化による紛争予防は推奨されるものの、米国にとって現実問題としては現行政治体制の継続による旧来の地域的安定あるいは地域秩序の優先が図られていると言わざるを得ない。

たしかに、紛争予防という観点では、強力な支配者（strong man）を、それが権威主義的（非民主的）であろうとも、軍事・経済援助で支援して管理する（自国領外には関与させない）方が米国にとって得策であるかもしれない。これはエジプト（権威主義的なムバーラク政権）とイスラエルとの「冷たい平和」の継続状況が一つの論拠である。自由選挙の結果としてのエジプトにおける政治的イスラーム主義の台頭がイスラエルとの摩擦を高めることが予想され、民主化が中東の紛争予防につながるとの確約は、少なくとも短期的には存在しない。この現実を前にすれば、単純に、リスク（あるいはコスト）の問題として、米国が他国のガヴァナンスにまで踏み込んで地域の紛争予防を図るよりは、現状維持・秩序重視策（従来からの米国の中東政策の基本）でやり過ごす、すなわち短期的な利益で満足する方が米国政権にとって無難であろう。ブッシュ政権の中東民主化政策は、従来の米政権には無かった「グッド・ガヴァナンス」獲得による地域の平和構築という構想を提示したものの、現実のハードルは高すぎたといえる。

しかし、米国が重視する中東の地域的安定は、域内諸国の若年人口の増加、国家主導経済の停滞、人権侵害、政治腐敗と官僚主義の蔓延など、権威主義体制が内包する脆弱な基盤の上に成り立っているが現状である。民主化が紛争予防を確約しないのと同様に、今後も続く現状維持が米国の短期的利益を約束する保証もない。この意味では、ブッシュの「自由のための前方戦略」は主張としては「正論」であり、長期的に考えれば、中東（アラブ、あるいはムスリム）諸国の変化は不可避であり、米国は引き続き中東民主化に取り組むべきだとする見方は説得力を持つ[21]。

理想（民主主義による平和）と現実（権威主義体制に依存する安定）とのギャップは大きく、これを簡単に埋め合わせることはできない。米国にとっての実際的な最適解としては、この両者の間に位置する政策を実施することになろう。すなわち、部分的には民主化を要求し、部分的には権威主義体制を容認することで地域の安定を

---

[21] このような困難を承知しつつも民主化政策の継続を重視するものとしては以下を参照。[Wittes, 2004b；Wittes, 2008] なおウィッテス（Tamara C. Wittes）は、2009年11月より国務省NEAのMEPI担当の国務次官補代理に就任し、民主化は米国の長期的利益と合致することを強調している。"Shifting Sands: Political Transitions in the Middle East, Part 2: Testimony before the House Foreign Affairs Committee Middle East and South Asia Subcommittee." May 5, 2011. 〈http://www.state.gov/g/drl/rls/rm/2011/162755.htm〉

◆ 第3章　米国主導の中東民主化構想

維持するという二軌道的あるいは相互補完的な対処である［Young, 2010:36-40］。ただし、これはシリアやイランのような反米国であれば民主化を迫り、エジプトやサウディアラビアのような親米国であれば権威主義を容認するという「二重基準」適用の継続であり、その政策の正統性には疑問が残ることになる。

　これまでの米国の中東政策を前提とすれば、米国が中東の予防外交に、民主化という手段によって貢献できる可能性は今後も限定的となろう。「変革」を期待されて登場したオバマ政権は、「相互尊重」や「対話」の重視、また軍事ではなく外交の復権という姿勢を示し、中東における米国の信頼回復には一定の貢献を果たしたが、その中東政策に構造的な変化をほとんどもたらしていない。

　一方で、2010年末から2011年にかけて発生した中東での民主化要求運動の波は、盤石と見られてきたチュニジアのベン・アリー政権とエジプトのムバーラク政権の権威主義体制を終了させた。バハレーン、イエメン、シリアなどのアラブ諸国では民主化を要求する市民と権威主義体制が対峙し、リビアではNATOの軍事介入による武力闘争にまで発展した。この民主化運動の主体が、ソーシャルメディア（参加型双方向メディア）を駆使した若者達にあることは広く報じられている。これらの民主化運動に、これまでの米国の中東民主化政策がどのように、またどの程度影響したかについては、今後の詳細な分析を必要とする[22]。しかし、「消極的平和」で止まる過去の米国の中東政策の趨勢からみれば、今回の中東での民主化運動は、米国の民主化政策の成果というよりも、むしろその成果を期待できないがゆえに、中東の若者達が、有効ではあるが限られた手段を通じて、自ら奮起してもたらした新たな展開と位置付けた方が妥当であると考えられる。

---

[22] 例えば、FFF第6回全体会議（2009年11月、於マラケシュ）ではオバマ政権のクリントン国務長官が出席し、インターネットを用いた新テクノロジーを基盤とした市民の連帯を促す"Civil Society 2.0 Initiative"という新企画を提示している。これは同年6月のイラン大統領選挙でツイッターなどのソーシャル・ネットワーク・サービス（SNS）が市民政治運動に大きな影響をもたらした経験を取り入れた企画である。しかし、「ウェブサイトの作り方」から始まるこの企画が、中東の市民にどの程度の啓発効果をもたらしたのか判然としない。"Secretary Clinton Announces Civil Society 2.0 Initiative to Build Capacity of Grassroots Organizations." November 3, 2009.〈http://www.state.gov/r/pa/prs/ps/2009/nov/131234.htm〉

まとめ

◆ 引用文献

〈欧文文献〉

Alterman, Jon B. 2004. "The False Promise of Arab Liberals." *Policy Review*, no.125 (June-July).

Baroudi, Sami E. 2007. "Arab Intellectuals and the Bush Administration's Campaign for Democracy: The Case of the Greater Middle East Initiative." *Middle East Journal*, vol. 61, no. 3 (Summer 2007).

Brown, Nathan J. and El-Din Shahim, Emad eds. 2010. *The Struggle over Democracy in the Middle East: Regional Politics and External Policies*, N.Y.: Routledge.

Brown, Nathan J. and Hawthorne, Amy. 2010. "New Wine in Old Bottles? American Efforts to Promote Democracy in the Arab World." in Brown Nathan J. and El-Din Shahim, Emad eds. 2010.

Carothers, Thomas and Ottaway, Mariana eds. 2005. *Uncharted Journey: promoting Democracy in the Middle East,* Washington, D. C.: Carnegie Endowment for International Peace.

Carothers, Thomas. 2007. "The Democracy Crusade Myth." *The National Interest*, (July/August).

Carpenter, J. Scott. 2008. "A Forum Without a Future?" *Policy Watch*, no. 1412, The Washington Institute for Near East Policy.

Cole, Juan. 2009. *Engaging the Muslim World*. N. Y. : Palgrave Macmillan.

Dalacoura, Katerina. 2005. "US Democracy Promotion in the Arab Middle East since 11 September 2001：A Critique." *International Affairs*, vol. 81, no. 5.

Garnham, David and Tessler, Mark. 1995. *Democracy, War & Peace in the Middle East*. Bloomington. Indiana Univ. Press.

George, Alexander L. ed. 1991. *Avoiding War: Problems of Crisis Management*. Boulder, CO: Westview Press.

Haass, Richard N. 2002. "Toward a Greater Democracy in the Muslim World." Transcript, Council on Foreign Relations, December 4, 2002.
〈http://www.cfr.org/publication/5300/toward_a_greater_democracy_in_the_muslim_world.html〉

Hawthorne, Amy. 2005. "The New Reform Ferment." in Carothers, Thomas and Ottaway, Mariana. ed. 2005.

Lenczowski, George. 1990. *American Presidents and the Middle East*. Durham, NC：Duke University Press.

Lesch, David W. ed. 1996. *The Middle East and the United States: A Historical and Political Reassessment*. Boulder, CO: Westview Press.

Lund, Michael S. 1995. *Preventing Violent Conflict: A Strategy for Preventive Diplomacy*. Washington D. C.: U. S. Institute of Peace Press.

McInerney, Stephen. 2008. "The President's Budget Request for Fiscal Year 2009, Democracy, Governance, and Human Rights in the Middle East." POMED (Project on Middle East Democracy).

Ottaway, Mariana. 2005. "The Problem of Credibility." in Carothers, Thomas and Ottaway, Mariana eds. 2005.

Ottaway, Mariana and Choucair-Vizoso, Julia eds. 2008. *Beyond the Façade: Political Reform in the Arab World*. Washington D.C.: Carnegie Endowment for International Peace.

Sadiki, Larbi. 2009. *Rethinking Arab Democratization: Elections without Democracy*. N. Y. : Oxford University Press.

Sayyid, Mustapha K. 2007. "The G8 and External Efforts at Political Reform." in Schlumberger , Oliver ed. *Debating Arab Authoritarianism: Dynamics and Durability in Nondemocratic Regimes*. Stanford, CA: Stanford University Press.

Sharansky, Natan. 2004. 'The Middle East Needs its Helsinki." *International Herald Tribune*, March 30, 2004.

Sharansky, Natan and Dermer, Ron. 2004. *The Case for Democracy: The Power of Freedom to Overcome Tyranny and Terror*. N. Y. : PublicAffairs.

Sharansky, Natan. 2005. "Peace Will Only Come after Freedom and Democracy." *Middle East Quarterly*, vol. 12, no. 1.

Wittes, Tamara C.. 2004a. "Seize the Moment for Arab Reform." Brookings Institution June 17, 2004.〈http://www.brookings.edu/opinions/2004/0617middleeast_wittes.aspx〉

Wittes, Tamara C.. 2004b. "The Promise of Arab Liberalism: America's Role in Middle East Reform." *Policy Review*, no.125.

Wittes Tamara C. and Yerkes, Sarah E.. 2006. "What Price Freedom? Assessing the Bush Administration's Freedom Agenda." *Analysis Paper*, No. 10, WashingtonD.C.: Saban Center for Middle East Policy, Brookings Institution.

Wittes, Tamara C.. 2008. *Freedom's Unsteady March: America's Role in Building Arab Democracy*. Washington, D.C.: Brookings Institution Press.

Youngs, Richard. 2010. "Democracy and Security." in Brown, Nathan J. and El-Din Shahim, Emad eds. 2010.

〈和文文献〉
吉川元編．2000．『予防外交』三嶺書房。
吉川元．2007．『国際安全保障論』有斐閣。

第4章

経済政策・援助外交による紛争予防に関する一考察

細 井　長

◆はじめに

　「紛争」や「戦争」、「予防外交」といった言葉はいうまでもなく政治学の分野である。後述するように従来、経済学は紛争が終わった後の経済復興をどのようにするのかという点に着目してきた。しかしながら、紛争発生の前段階において経済的要因が関与していることも多々存在する。とくに、冷戦終結後に頻発する紛争の多くの当事国が低開発国であり、政治的要因と並んで経済の未発達や混乱、貧困など経済的要因と紛争との関係性もまた指摘されるようになってきた。そうした紛争につながりかねない経済的不安定要因を改善するための経済援助を行っている先進諸国も多い。

　本章では中東湾岸産油国を中心とした紛争予防について経済的な側面から考察を行うものとする。まず、紛争と経済（開発）についてのこれまでの議論をまとめ、湾岸諸国ではいかなる文脈でそれらの議論が解釈できうるのか検討を行う。次に、政治学において「安全保障」分野は国家と国家の関係を分析するものが主であろう。だが、経済分野、とりわけ国際経済関連の分野においては、経済のグローバル化により国際資本移動が容易になっているという背景により、「企業」というアクターの分析を外すことはできない。この「企業」、「外国資本」が紛争予防との関係性を有しているケースが湾岸地域（一部湾岸以外の地域も取り上げるが）にみられる。この「外資」と紛争予防についての考察を行っていきたい。さらに、二国間経済協力関係の推進、とくに自由貿易協定（FTA）を軸とした経済協力関係を構築し、それによって紛争を未然に予防しようとの試みも存在する。具体的にはアメリカの取り組みであるが、その検討も行いたい。最後にこれらの検討を通し、湾岸諸国の紛争予防にいかなる経済的取り組みが可能なのかという試論をまとめるものとする。

◆第 4 章　経済政策・援助外交による紛争予防に関する一考察

I　紛争予防と経済 ── 中東湾岸産油国を中心として

（1）　経済学における紛争のとらえ方

　経済学における「戦争（紛争）」の位置付けはいかなるものであろうか。「紛争予防」とは従来、政治学の概念であった。「戦争」をめぐって国際政治、安全保障などの政治学の分野と経済学の分野ではアプローチが大きく異なっている、という大前提が存在する。その大前提を踏まえたうえで、経済学の各分野における戦争のとらえ方をみてみよう。

　戦争と経済学の直接的な論考はきわめて限定される。しかし、歴史的にみると古くから戦争と経済学の問題がとらえられてきた。経済学の父とされるアダム・スミス（Smith, Adam）は『国富論』の中で重商主義を批判する文脈で以下のように記している。

> 隣国が豊かであれば、戦争と国際政治では確かに危険だが、貿易では明らかに有利である。隣国が豊かであれば、敵対関係にある場合には自国より強力な海軍と陸軍を維持できる恐れがあるが、平和な通商関係にある場合には取引の総額が大きくなり、自国産業の直接の生産物か、その生産物を使って購入した商品の市場としての価値が高くなる。（中略）隣国が豊かであれば、自国が富を獲得するのに有利な要因になり機会になると、国全体が考えるべきである。貿易によって豊かになろうとするのであれば、近隣の各国がすべて豊かで勤勉で商業に熱心であるときに、目標を達成できる可能性がもっとも高くなる。
> ［アダム・スミス（山岡洋一訳）2007:73］

スミスは自由な貿易により貿易を行う双方の国にとって経済的利益がもたらされ、その結果として政治外交的な軍事拡張や植民地獲得競争が低減すると説いている。国際政治学の文脈では世界は無政府状態であって国家のすべてを権力闘争とみる現実主義（リアリズム）の考え方が存在するが、スミスはこの考え方とは正反対である。スミス流の考え方は「経済的リベラリズム」と理解されている。実際問題として、スミスの考え方はそのまま適用できるものではない。しかし、理想的過ぎるかもしれないが、グローバル化が進展し、経済的相互依存関係が高まっている現代の世界経済から考えると、自由貿易によって双方の国の経済的な厚生が増加し、争いが低減するというスミスの考え方は拝聴に値するものではないだろうか。

　このスミス流の経済的リベラリズムの考え方は、世界銀行など国際開発・援助機

〈図表1〉『戦争の経済学』における経済学概念と国防概念対照表

主要なマクロ経済学の概念	国防上の概念
可処分所得	軍縮の経済効果
インフレ	戦争の経済的影響
生産関数	軍拡競争の経済的影響
クラウディング・アウト	軍縮の経済効果
フィリップス曲線	ベトナム戦争の資金調達
債券市場	第二次世界大戦の資金調達
連邦準備制度の機能	第二次世界大戦の資金調達、ベトナム戦争の資金調達、9.11テロ攻撃への対応
失業	戦争の経済的影響
国内総生産（GDP）	戦争の経済的影響
マクロ経済の恒等式（$C+I+G+(X-M)$）	戦争の経済的影響、財政支出によるクラウディング・アウト
限界消費性向	軍縮の経済効果
限界貯蓄性向	軍縮の経済効果

主要なミクロ経済学の概念	国防上の概念
比較優位	徴兵 vs 総志願兵軍、核技術の提供
デッドウェイトロス	国内兵器市場、世界兵器市場
規模の経済	世界兵器市場
効率賃金	民間軍事契約者
貿易の利得	核技術入手のための物々交換
ゲーム理論	軍拡競争、テロ、条約の失敗
割当制や移転支払い（補助金）が需要と供給に与える影響	世界兵器市場
無差別曲線	軍拡競争の経済的影響、自爆テロ
労働需要と労働供給曲線	徴兵 vs 総志願兵軍
限界費用と限界効用分析	軍労働市場、平和維持活動
労働の限界生産性	徴兵 vs 総志願兵軍
独占市場と独占顧客	国内兵器市場
機会費用	軍縮の経済効果、徴兵 vs 総志願軍、貧困と内戦、核技術の提供
プリンシパル・エージェント・モデル	国内兵器市場
生産可能性フロンティア	軍縮の経済効果、軍拡競争の経済的影響
公共財（フリーライダー、公共資源）	民間軍事契約者、平和維持、条約
需要・供給曲線	国内兵器市場、核の闇市場価格の決定要因

（出所）［ポースト, 2007:15］

関が制度構築・能力開発を目的とした援助を実施する際に暗黙の了解としてきたものであり、コンディショナリティ型の援助[1]の多くは長期的な観点からすればこうしたリベラリズムの流れを汲むものであったと指摘されている［大門毅, 2007:35］。だが、このタイプの援助は概して成功することは少ない。なお、世界銀行は2011年版の『世界開

---
[1] 経済援助の際に、貸し手である世銀などの国際機関が制度改革や構造改革などの条件を付して行う援助のことをいう。

発報告』において、「紛争・安全保障、開発」をテーマに掲げ、紛争を防ぐためにガバナンスの強化を主張し、そのための施策を提言している［The World Bank, 2011］。

1990年代に入り、グロスマン［Grossman, 1991］やハーシュライファー［Hirshleifer, 1995］らが経済モデルを利用した紛争の理論化が試みられ、その延長線上で、世界銀行が中心となって紛争の計量的分析が行われている［Collier and Sambanis, 2005］。

紛争と経済学という観点で、ポール・ポーストの著作 *The Economics of War* は異色を放つ存在である［Poast, 2006］。ポーストは図表1のように主要な経済学の概念と国防上の概念を対照させ、国防上の概念を経済学の概念で説明するとどのように説明できるのかという論を展開している。この論考は、経済学理論の立場からみた場合とくに目新しいものはないが、「戦争」と「経済学」との間の新しい視点を提供しているといえよう。経済学における戦争の位置づけとして、図表1の分類からは、マクロ経済学分野においては有効需要の側面や財政的側面に議論が集約し、ミクロ経済学分野においては「選択（その延長上にゲーム理論が存在）」、「資源配分」という概念に議論が集約することになる。

次に開発経済論、途上国経済論の立場では経済学と戦争の関係をどのようにとらえているのであろうか。世界的な開発経済学の標準的なテキストであるマイケル・トダロの *Economic Development*［Todaro and Smith, 2008］において、戦争に関連した記述がみられるのは「軍事支出と経済開発」という途上国の軍事支出は経済成長にマイナスの影響を与えてきたという程度であり、ほとんど触れられていない。日本人によるものであっても標準的な開発経済学のテキスト[2]では経済学と戦争・紛争については触れられていないものが多い。開発経済論の立場からすると「戦後」の経済復興をいかに行うのかという点に力点が置かれている。

このほか産業論のアプローチから軍事産業論などが存在するが、開発経済論が紛争後の経済復興問題を取り上げている以外、伝統的な経済学の範疇では戦争と経済の連関を分析しているものは少ない。

（2） 紛争と経済開発

上述のように、紛争と経済を直接論じている経済学のアプローチは数少ないのであるが、冷戦終結後の地域紛争の多くが途上国で発生している現状を鑑みて、紛争

---

[2] たとえば、［速水, 1995;原, 1996;絵所, 1997;ジェトロ・アジア経済研究所・朽木・野上・山形編, 2004］などのテキストでは戦争・紛争についてはまったく触れられていないか、触れていたとしてもごくわずかである。

I　紛争予防と経済

と開発または紛争と貧困の関連性が指摘されるようになってきた。紛争と経済開発をめぐってさまざまな考えが存在する。低開発は紛争の原因のひとつであることに疑いはないが、必ずしも低開発地域すべてで紛争が起こっているわけではない。また、低開発状態と紛争の関係から発展し、「経済発展は紛争発生を予防する」との考えから途上国に対する経済援助を行い経済発展をもってして紛争発生の可能性を低下させようとの、世界銀行などを中心とした議論も存在し、経済的リベラリズムの考え方として前述したとおりである。

現在のところ、紛争と経済開発をめぐる議論の答えとして稲田十一の以下の指摘がもっとも妥当であろう。

> 多くの分野における多くの研究者が、これまで紛争の原因について様々な研究を行ってきたが、紛争の原因は、経済的、社会的、宗教的な多くの要因が複雑に絡み合っており、また国際政治的な要因や特定の国の政治的野心といった要因も絡んでいる。こうしたさまざまな要因間の因果関係については、種々の議論があり、必ずしもコンセンサスが得られているわけではなく、とくに紛争と開発の因果関係については、明確な議論を構築するに至っていない、といわざるをえない［稲田, 2004:31］。（傍点筆者）

さまざまなケースや議論を分析した結果、紛争と経済開発の因果関係に確たる答えは見いだせないとしながらも稲田は「経済開発が紛争につながらないためには開発

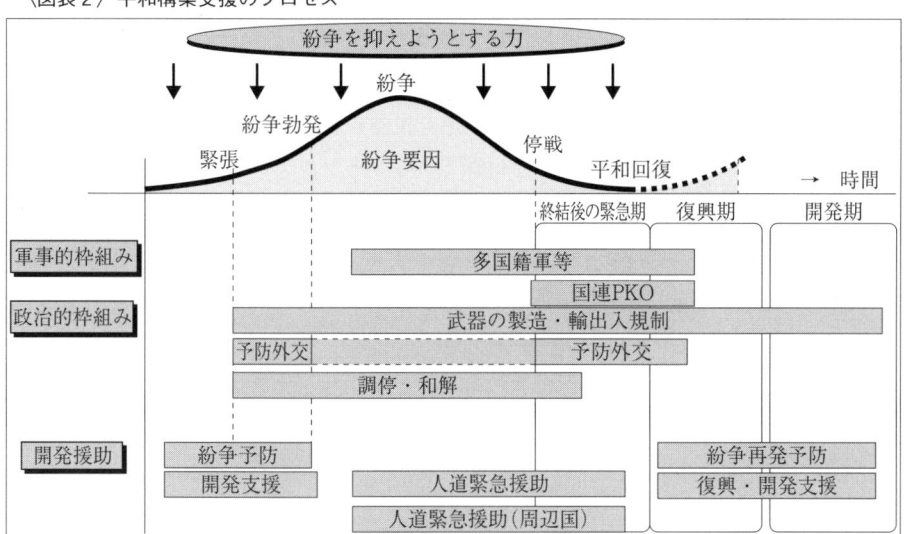

〈図表２〉　平和構築支援のプロセス

（出所）［国際協力事業団国際協力総合研修所, 2001:5］

の『質』が重要［稲田, 2004:34］」であるとの指摘も行っている。

　次に紛争と経済援助の関係についてみてみよう。冷戦終結後における紛争の変化ならびにその対応手段の多様化の提言を受け、経済協力開発機構（OECD）の下部組織である開発援助委員会（DAC）は1995年に「紛争、平和と開発タスクフォース」を設置し、開発援助を通じて平和構築を行う方向性を示した。1996年にはカナダ政府が「平和構築」の概念を発表した。これは紛争が始まる前の段階の紛争予防、紛争和解、そして復興支援までを網羅する全体的なアプローチであり、従来の軍事的、政治的枠組みに加えて、開発援助を行うことにより、トータルな形で対処して和平を達成しようと試みる概念である。この「平和構築」概念を時系列で示したものが図表2である。ここで開発援助（経済分野）ができうる点として、紛争勃発以前であれば通常の開発支援や紛争予防など（具体的には緊張要因緩和のための貧困削減支援やガバナンスの改善等）が挙げられるが、いったん紛争が始まってしまうと、主たる対応は軍事的枠組みや政治的枠区みが中心であり、開発援助ができることは緊急人道援助に限られてしまう。そして紛争後に復興・開発支援を行うことになる[3]。1997年にDACは『紛争、平和および開発協力ガイドライン』［OECD/DAC, 1997］を発表し、開発援助の問題が平和構築の中心的な課題となっていく。さらに2001年にDACは新ガイドラインである『暴力的紛争の予防のために』［OECD/DAC, 2001］を発行し、様々な角度から紛争時の効果的な経済支援のあり方をまとめている。DACはこのように紛争に対する開発援助ガイドラインを提示しているが、援助を行う各国・各機関はそれぞれに特徴ある開発援助を行っている。たとえばEUは「紛争の予防」に力点を置いた開発援助を行っており、イギリスはグローバルな貧困削減と持続的開発の推進を援助の基本姿勢とし、紛争分野への支援もこの2つの基本姿勢の枠内で行われている。また、アメリカは安全保障の一環として援助という手段を用いる傾向が強い。国際的な（DACはEUを含む先進国23カ国の集団であり、「国際的」という言葉はふさわしくないのかもしれないが）紛争に対する援助の枠組みと、各国それぞれの援助のあり方のハーモナイゼーションが今後必要になってくるのかもしれない。

　上述のように冷戦終結以降、紛争のあり方が変化し、それにともなって紛争と開発にかんする議論も多様化している。図表3ではそれらの代表的な議論をまとめている。

---

[3]　「平和構築」については［国際協力事業団国際協力総合研究所, 2001:2-5］を参照した。

I　紛争予防と経済

〈図表3〉 紛争と開発に関する研究の例（年代順に記載）

研究者・研究機関	文　献	紛争研究の内容
スウェーデン・ウプサラ大学 (Uppsala University)	annual publication	「紛争データ分析」のプロジェクトを継続的に行っている。この調査は、必ずしも紛争の原因を特定するものではなく、紛争の規模・範囲・期間などを把握し、時系列・地域別の統計整備を行うものである。同じスウェーデンのSIPRIとも連携して、SIPRI年鑑の元データとしても利用されている。
F. M. Deng and I. W. Zartman	*Conflict Resolution in Africa*, Brookings Institution, 1991.	アフリカの国々の様々な国内紛争要因・外的要因を挙げながら、資源を巡る紛争、自決を求める紛争、イデオロギーに基づく紛争、の3つに分けて説明している。
A. Alesina and R. Perotti	"The Political Economy of Growth: A Critical Survey of the Recent Literature." *World Bank Economic Review*, Vol.8, No.3 1994.	1960年代から80年代後半までの時期における、経済・社会的要因と社会的不安定の関係についてクロス・ナショナルな他因子分析を行い、所得の不平等と社会的な不安定の相関関係がかなり高いことを実証している。
USAID (Creative Associates International)	*Preventing and Mitigating Violent Conflicts: A Guide for Practitioners*, Creative Associates International, 1997.	NGOであるCreative Associates Internationalと協力して、紛争のモデルをつくりさまざまな分析を行っている。そこでは、構造的要因と引き金要因とに分け、紛争に影響を与えるさまざまな要因を列挙している。そして紛争の予防や緩和に資する90の製作ツールをリストアップする一方、制裁措置やコンディショナリティの役割についても言及している。
国際食糧政策研究所 (IFPRI)	*IFPRI 1998 : Essays*, IFPRI, 1998.	食糧供給の不安定さが、紛争の根底にある主要な要因となっていることを示す研究を行っており、いくつかの具体的な事例も紹介している。また、人口圧力や資源の不足といった生態環境的な要因が紛争や生活の崩壊と相関している、とのモデリングや実証研究もなされている。
国連大学 WIDER (J. Klugman)	*Social and Economic Policies to Prevent Complex Humanitarian Emergencies: Lessons from Experience*, United Nations University World Institute for Development Economic Research, 1999.	国内紛争を抱えた国々をとりあげ、その要因分析を行っている。それによれば、紛争の構造的要因と引き金要因とを区別することが重要である、という。引き金要因とは「ある出来事」であり、構造的要因の中の最も重要なものは「水平的な不平等」である、という。また、この研究によれば、経済状況の悪化と紛争との関係は必ずしも明らかではない、とされる。
OECD開発センター (Klugman, Neyapti and Stewart)	*Conflict and Growth in Africa, Vol. 2: Kenya, Tanzania and Uganda*, OECD Development Center, 1999.	いくつかのアフリカの国々をとりあげ、社会的・政治的不安定と経済的要因との関係についての事例研究を行っている。事例研究の結果、いずれの一般化された命題も例外を含んでおり、必ずしもはっきりとした結論が出ているわけではない、と指摘している。
アメリカ平和研究所 (Gurr)	*People Versus States: Minorities at Risk in the New Century*, United States Institute for Peace Press, 2000.	「危機に瀕する少数集団」プロジェクトを行っており、紛争を起こす主体としてのエスニック集団が分析されている。そこでは、それらの集団を、"high risk"、"medium-high risk"、"Medium risk"の集団に分類し、紛争の引き金要因や助長要因の研究を行っている。
カーネギー研究所 (Ottaway and Carothers eds.)	*Funding Virtue: Civil Society Aid and Democracy Promotion*, Carnegie Endowment for International Peace, 2000.	「民主主義と法の支配」プロジェクトの焦点の1つとして、民主的復興プロセスのモデルを研究している。ボスニアやアフガニスタンや東ティモール等の事例をあげて比較し、国際社会の介入で何が達成されたか、何がよいやり方か、より生産的なアプローチは何か、われわれは何をすべきか、といった点について研究している。
世界銀行 (Collier and Hoeffer)	*Greed and Grievance in Civil Development in Crisis Regions*, Zed Books, 2001.	紛争を引き起こす反乱集団に焦点を当てた研究を行っている。いくつかの変数を処理するうえで、あまり重要でない要因とより重要な要因とに分け、紛争との関連を統計的に分析し、いくつかの「常識」とは異なる結論を出している。たとえば、所得の分配と紛争とは明確な関連はみられない。また、多くの異なるエスニック集団を抱える国は少数のエスニック集団を抱える国よりも内戦の可能性が少ない、といったことを示している。

(出所)［稲田, 2004:43-44］

（3） 中東における紛争と経済開発

パレスチナ問題に代表されるように中東もまた紛争を抱えていることは事実である。紛争と経済という観点から中東、とくに湾岸産油国を考慮した場合、以下の2つの点を指摘することができる。

まず第一に、これまでみてきた紛争と経済にかんする議論の多くはアフリカや南アジア、中南米などを対象としたものであり、中東はその議論の対象にほとんどなっていないという点を認識しなければならない。パレスチナ問題に対するEUの経済支援など、一部、政策的な議論は存在するものの、中東地域を念頭に置いた理論的な議論はほとんど存在しない。先に触れたように「紛争と開発にかんする因果関係について明確な議論は構築できていない」現状がある。そのような一般的な理論が存在しないのであれば、個々の事例に応じた議論がなされなければならないのであるが、中東という地域的な特殊性なのだろうか、パレスチナ問題ですらせいぜい援助政策の一環として取り上げられる程度の議論しかなされてこなかった。

第二に、湾岸産油国に該当する点であるが、「援助」という観点から考えた場合、「湾岸諸国は被援助国ではなく、援助を行う側（ドナー）である」ということである。DACでは政府開発援助（ODA）の援助受け取り対象国をその経済発展水準によってリストアップしている。2009年8月現在、湾岸諸国ではイラン、イラク、オマーンがそのリストに掲載されているものの[4]、サウディアラビアやクウェート、UAEなどはその経済水準から被援助国ではない。むしろ紛争に対する援助を行う立場にあるのである。図表4は近年の湾岸産油国の援助実績である。湾岸諸国の中ではサウディアラビアが突出しており、2007年は20億ドルを拠出している。2008年に260億ドルを拠出しているアメリカや139億ドルを拠出しているドイツ、世界第5位の拠出額である日本でさえ93億ドルとDAC諸国の拠出額には及ぶべくもないが、近年は「非DAC諸国のドナー」である「新興ドナー国（Emerging Donors）」としての存在感を増しつつある。2008年にサウディアラビアは2007年の2倍以上の供与を行っているが、これはサウディ開発基金（Saudi Fund for Development）を通じた保健衛生インフラ、道路や農業インフラ分野の贈与や借款にあてられている［OECD/DAC, 2010:136］。また、2009年5月にはクウェートで主要なアラブ援助国（サウディアラビア、クウェート、UAE）とDACとの間で会合がもた

---

[4] 当然のことながら、イエメンは後発開発途上国（LDC）としてリストアップされている。また、2011年に発表予定の援助対象国リストでは、オマーンが高所得に位置付けられ、被援助国から「卒業」する見込みである。

れ、今後2年間にわたってDACとアラブ援助国との間での援助政策交渉や政策協調についての話し合いが行われることが決定している。国際的な援助政策と存在感を増しつつあるアラブ諸国の援助とのハーモナイゼーションが目的である［OECD/DAC, 2010：136］。

〈図表4〉主要湾岸産油国のODA供与実績

（支出純額ベース、単位：百万ドル）

	2004年	2005年	2006年	2007年	2008年
クウェート	161	218	158	110	283
うち二国間	99	218	157	109	282
サウディアラビア	1734	1005	2095	2079	5564
うち二国間	1691	883	2050	2054	5544
UAE	181	141	219	429	88
うち二国間	181	141	219	429	88

（出所）［OECD-DAC, 2010：259］

さて、こうしたドナーとしての湾岸諸国の援助の特徴にはどのようなものがあるのだろうか。次の5つの点が指摘されている［福田, 2007］。まず第一に石油収入によって援助額が増減するが、継続して援助を実施している点である。湾岸産油国は1950年代から援助を開始し、石油危機により石油価格が高騰した1970年代には大幅に援助額が増加している。その後は石油価格の変動に連動する形で増減を繰り返している。ただし、1990・91年の湾岸危機後はクウェート復興支援のために石油価格の変動とは異なる動向を見せている。第二に先進諸国のDACに相当する独自の開発援助体制を構築し、援助政策の一貫性や実務の調和を図っている点である。また、図表4から主要湾岸諸国のODAのほぼすべてが二国間援助であるが、こうした二国間援助はたとえばサウディアラビアはサウディ開発基金、UAE（実質的にはアブダビ首長国）はアブダビ開発基金（Abu Dhabi Fund for Deveeloppment）など開発金融機関が取り扱っている。第三に援助はアンタイドが基本であるという点である。第四点目として借款を重視していることが挙げられる[5]。第五点目は援助供与国としてアジアやアフリカなど中東地域以外にも供与していることである[6]。

以上が、若干の留意点があるにせよ、湾岸産油国の開発援助の特徴である。金額ベースではDAC諸国に比する諸国ではないため関心を集めることは少なかったが、イスラーム世界では一定の評価を得ているものであり、インフラ関連への支出

---

(5) ただし、1986年とかなり古い数値であるが、サウディ政府の文言には「グラント・エレメントは96%」との記述もある。〈http://www.saudinf.com/main/l102.htm〉（2012年6月21日アクセス）
(6) ただし、アジアやアフリカ地域へ供与しているとはいえ、そのほとんどは「イスラーム諸国」であることには注意を要するだろう。

が多いという現状を社会システム開発やガヴァナンス改革関連への支出に使途を改めることができれば、イスラーム世界における紛争予防の一助になる可能性がある。その意味では、こうした援助に長けている欧州諸国がそのノウハウなどを移転する試みがあってもよいだろう。ただし、欧州諸国の援助は本当に援助が必要な貧困層に届かず、支配層にとどまってしまうとの批判もある。そうした援助の腐敗をいかに避けて効率的かつ実効性のある援助を行うのか、湾岸産油国にも検討の余地があろう。残念ながら、日本はインフラ関連の借款ベースという湾岸諸国と似たような援助スタイルであり、ノウハウを共有するよりも自らの改革が先決なのかもしれない。

II　紛争予防と「外資」

（1）「和平」の代償としての QIZ 制度

　1996年、アメリカ議会は「資格産業区域制度（Qualifying Industrial Zones, QIZs）」の創設を認めた。QIZ は The 1996 West Bank and Gaza Strip Free Trade Benefits Act（P.L. 104-234）による制度である。この制度はイスラエルと周辺諸国の経済的関係を深化させるために、イスラエルと和平協定を締結したエジプトとヨルダンに対し、イスラエルとエジプトないしヨルダンの2ヵ国で生産した財をアメリカに対し、無関税で輸出することを認めた輸出優遇措置である。ヨルダンは1997年、エジプトは2005年にアメリカとQIZ制度に関する協定を締結している。QIZ 製の財とみなされるためには、財の付加価値の35％以上がヨルダン、エジプト、イスラエルの QIZ ないしはヨルダン川西岸、ガザ地区、アメリカ国内で生産され、そのうちヨルダンの場合は8％（ハイテク製品の場合は7％）、エジプトの場合は10.5％のイスラエル産品の使用がなされなければならない[7]。さらにこの付加価値35％のうち11.7％はヨルダンないしはエジプト側で生産されなければならない。加えて、イスラエルとヨルダン、イスラエルとエジプトそれぞれで生産コストの20％以上が費やされていることも条件として課せられている[8]。

　この QIZ 制度はヨルダン、エジプトの経済にどのような影響を与えているのであろうか。図表5でヨルダンとエジプト両国の対米輸出額の推移を掲げているが、

---

(7)　ヨルダンは当初、イスラエル側の比率が11.7％であったが、1999年に8％に引き下げられた。同様にエジプトも当初は11.7％であったものが2007年に10.5％に引き下げられている。
(8)　QIZ 制度の仕組みについては［Bolle, Prados and Sharp, 2006］を参照。

〈図表5〉エジプトとヨルダンの対米輸出額の推移

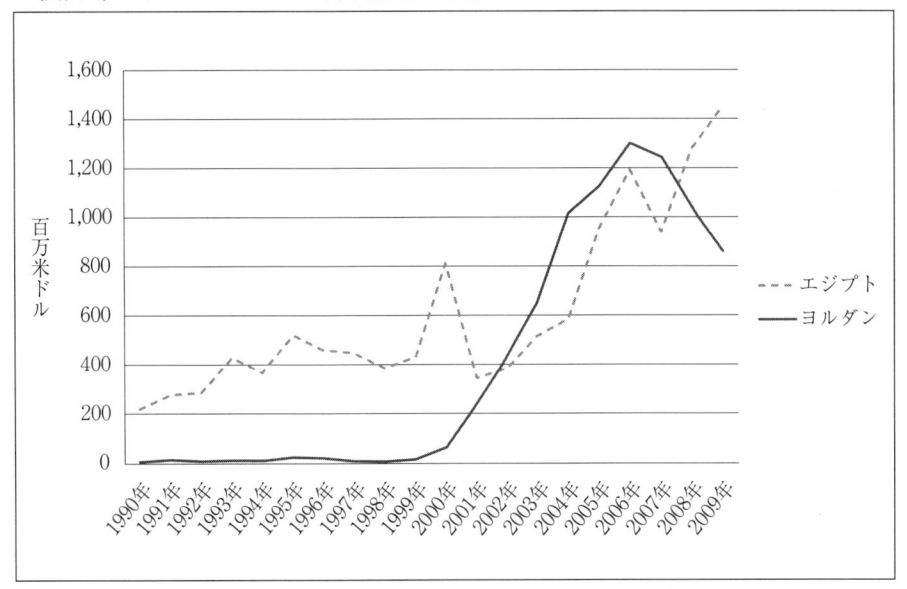

(出所) CEIC. 元出典は *Direction of Trade Statistics Yearbook*, IMF, Various issues.

ここから両国ともにアメリカへの輸出を大幅に増加させていることが分かる。まず、ヨルダンを見てみると1998年に最初のQIZに認定された工業団地であるアル=ハサン工業地区が稼働を開始し、現在まで13ヵ所が認定されている。QIZ以外にヨルダンの対米輸出増加の要因として考えられるのが2001年に発効したアメリカ-ヨルダン自由貿易協定（FTA）である。FTAの寄与はさほど大きくはなくヨルダンの対米輸出増加の75％はQIZ制度を利用したものである［Bolle, Prados and Sharp, 2006］との指摘もあるが、統計上はFTAを締結した2001年以降に対米輸出が急増している。ヨルダンのQIZから輸出される産品としてはほぼ全量が繊維製品である。アメリカ-ヨルダンFTAにおいて繊維製品は2011年まで自由化の対象外となっているのに対し、QIZ制度を用いると関税が課せられないことがその理由として挙げられよう。先進国において繊維製品は輸入規制がきわめて多い産業として知られ、無関税かつ数量制限もなくアメリカ市場に輸出可能なQIZ制度の存在は繊維産業にとって大きなメリットであった。ヨルダンに繊維産業の基盤は存在しないにもかかわらず、このメリットを享受するため中国やパキスタンなどの繊維企業がヨルダンに進出している。中国企業は企業とともに自国労働者を連れてくることも多かったが、ヨルダン国内の雇用増加という影響もみられた[9]。繊維製品は

GATT・WTO体制下で繊維貿易独自のルールが適用され、GATTルールとは異なるルールが適用されていた。ウルグアイ・ラウンドにおいて繊維分野を10年の経過期間をかけて段階的にGATTルールの下に統合する「繊維および繊維製品に関する協定（ACT）」が1995年1月に発効し、10年後の2004年12月、同協定が失効することにより欧米諸国が有していた輸入割当制度が撤廃された。理屈の上では関税障壁さえ乗り越えれば自由に繊維製品の輸出が可能となる。対米繊維輸出の迂回としてQIZを利用していた中国やパキスタンなど外資系企業にとって、そのメリットは格段に低下することになる。事実、図表5において2005年以降のヨルダンの対米輸出額の伸びは以前よりなだらかなものとなっている。世界の繊維輸出に関する最大の当事国は中国であり、中国はアメリカやEUなどと繊維製品輸出が急増しないように、輸出量をコントロールする協定を締結している。そのため中国企業が対米輸出のためにQIZ制度を利用するメリットは依然として残っているが、繊維製品貿易がGATTルール下に置かれた今となっては、将来的にQIZのメリットが消滅する可能性があることは指摘しておかねばならないだろう。議論をヨルダンのQIZ制度に戻すと、ヨルダンにおける繊維産業の発展に貢献したものの、中国など外資系企業が対米輸出を目的としてQIZを活用しているに過ぎず、資本、技術、労働者、市場そのすべてが外国を向いているため、ヨルダン国内産業ならびに経済の発展過程とのつながりは希薄であるとされる［土屋, 2006:34］。

　エジプトのQIZ制度は上述のACTが失効した後に発足しているが、ヨルダンと同様、QIZからの対米輸出は繊維製品がほとんどを占めている。エジプトはヨルダンと異なり棉生産国であり繊維産業が存在していた。さらにヨルダンよりも労働コストは低廉である。そのため、対米輸出ということを考慮するとヨルダンよりは好条件であるが、やはり繊維製品貿易自由化の流れの中で、どのような立ち位置を確保していくのかという問題に直面しよう。

　「制度」そのものに将来的な課題が残されているとはいえ、QIZ制度はヨルダンやエジプト経済に一定の正の成果をもたらしていることは事実であろう。このQIZ制度はイスラエルと和平を締結する見返りとしてアメリカから有利な通称条件を付与されるものである。1978年のキャンプデービット合意も、エジプト経済がもはや戦争を遂行できるだけの力が残っていないとして、イスラエルとの戦争状態を終結させアメリカからの経済援助を受けるため、と当時の大統領サーダートが

---

(9)　ヨルダンのQIZ制度による国内への経済効果については［土屋, 2006］が詳しい。

判断したことも締結理由のひとつである。中東の紛争を終結させる手段としてこうしたアメリカからの経済的な見返り、いわば「和平の代償としてのお土産」が重要な要素であることが理解できよう。こうした経済的な見返りは今後起こりうる紛争を予防する段階においても重要であろう。紛争予防のための外交・安全保障上の制度設計のみならず、経済的な側面からの支援もまた重要であろうことは改めて指摘するまでもない。QIZ 制度はそうした経済的側面からの和平支援・紛争予防のひとつの好例といえるだろう。

（2） 紛争予防と「外資」
──クウェートの石油上流部門外資導入にみる外資の役割

　1990 年代、原油価格は低迷していた。前年のアジア通貨危機などの影響もあり、1998 年には代表的な原油価格指標である WTI が 1 バレル 10 ドルを割り込む水準にまで落ち込んだ。湾岸諸国の国家財政は原油に依存していることは周知の通りであり、原油価格が低迷すれば必然的に国家財政は苦しい状況に置かれることになる。原油輸出が経済の生命線である湾岸諸国にとって、原油価格の低迷は国家財政の緊縮のみならず、財政不足の観点から老朽化した油田修復や新規油田開発などへも影響が及ぶことになる。

　石油上流部門（探鉱、生産）をすべて国営石油会社が担っているクウェートにおいて、1990 年代の原油価格低迷は同国経済に大きな打撃を与えていた。クウェートでは 1997 年にクウェート最高石油評議会が石油上流部門の外資開放を行うとする「プロジェクト・クウェート」の計画を発表した。生産量を維持するための既存油田の改修や新規油田の開発を行う必要があるが、原油価格低迷による財政不足という事態に直面し、不足している開発資金と技術を、主として国際石油資本（いわゆるメジャーズ）に依存しようとしたものである。石油上両部門に外資を導入することは、湾岸諸国の中でもごく限られたプロジェクトのみであり、クウェートとしては初の試みであった[10]。

　この「プロジェクト・クウェート」ではクウェート北部のロウダティン、アブダリ、サブリヤ、バフラ、ラトカの 5 油田を外資に開放する計画が明らかにされた（ラトカ油田については 1999 年に対象が除外されている）。後にクウェート西部のミナギシュとウム・グダイールの 2 油田も同プロジェクトの対象油田として追加され

---

[10] クウェートの石油上流部門に対する外資導入についての詳細は、[細井, 2005] 第 2 章を参照のこと。

た。クウェートの意向としては豊富な資金と技術を有するメジャーズを上流部門に導入し、老朽化しつつある油田の生産量を回復させ、さらにメジャーズの進出によってクウェート人の雇用増をもにらんだ計画であった。さらに欧米メジャーズをクウェート国内において創業させることに同国の安全保障上の狙いもあるとの指摘もなされた。「クウェートが進出を期待するメジャーはアメリカやイギリスの企業であり、開放予定の油田がイラク国境に近いクウェート北部や西部の油田であることから、イラクを強烈に意識している［保坂, 1999:14-15］」との指摘は興味深い。資金や技術といった経済的な観点のみならず、安全保障的な観点も、サッダーム・フセイン体制という不安定要因を抱えていた当時のクウェートにとっては重要なものであった。

　結論から述べると、クウェートの「プロジェクト・クウェート」計画は、同国議会が上流部門への外資導入に反対する姿勢を取っており、現時点ではもはや計画自体が頓挫した状態にある。しかし同計画は、「外資導入」という経済的な要素が安全保障上の要素と結びつけられており、結果論はともかくとして、紛争予防の観点から非常に興味深い示唆を与えている。むろん、「石油」というきわめて重要かつ特殊な財を生産する経済活動であり、その生産を行う企業の母国が「アメリカやイギリス」という世界ないしは中東における安全保障上きわめて重要な国であるという特殊条件がそろっているからこそ可能な議論ともいえようが、こうした企業を通じた経済活動の緊密化は紛争（とりわけ軍事行動）を未然に防止する要素のひとつでもある。逆の見方をすれば、中東諸国は石油や天然ガスといった世界的に重要な天然資源を有しているからこそ、このような外資導入と安全保障をリンケージさせること可能であるともいえよう。そうだとすれば、実施方法はより詳細に検討を行わなければならないであろうが、この考え方を中東における紛争予防のひとつの概念ととらえることもできよう。この概念に残る課題としては非産油国、重要な資源、産業を有しない国には適応ができないということである。

III　地域経済統合は紛争予防の一助となり得るか

　第二次世界大戦後のヨーロッパでは戦火を交えたフランスとドイツが戦争を繰り返さないという考えに基づいて、1951年、欧州石炭鉄鋼共同体を結成しこれが後の欧州統合へとつながっていく。また、アジアにおいても1967年に結成された東南アジア諸国連合（ASEAN）は、当初は反共同盟の性格が強い政治・安全保障的

な統合体であったが、1980年代以降の東南アジア諸国の著しい経済発展を背景として経済統合の試みを深化させている。また、近年では世界貿易機関（WTO）による多国間での多角的通商交渉が行き詰まっており、その代替手段として二国間ないしは少数国間による自由貿易協定（FTA）による貿易自由化を選択する国が増加している。こうした地域経済統合は、経済面での結束を強化することはもちろんのこと、政治・安全保障上の観点からも相互依存関係を強化し、紛争予防の一助となり得ることが期待されている。

さて、中東諸国における地域経済統合の動向を見てみよう。中東・アラブ世界全域を網羅する統合体としてアラブ連盟が挙げられる[11]。1941年2月、イギリス外相イーデンのアラブ連盟構想提唱から様々な過程を経て、1945年5月、イラク、トランス・ヨルダン、レバノン、サウディアラビア、シリア、イエメンの7独立国によるアラブ連盟が発足した。このアラブ連盟と各国との関係であるが、アラブ連盟には各国にアラブ統一のための政策を提示し、各国独自の政策を調整する機能はあるものの、あくまでも各国の政策・方針が尊重され、アラブ連盟の政策は加盟各国に強制力をもたなかった。経済的な問題については、アラブ連盟の設立協定であるアラブ国家連盟条約では貿易や関税、労働力移動、農業、工業、交通、通信などの分野で加盟国間の協力を深化させることを言及しているが、それは各国の政策と両立する限りで適用されるとされている。アラブ連盟の機能と限界を考慮する際には、このアラブ連盟としての政策強制力という点に留意しなければならない。

1953年にアラブ連盟の枠組みで経済協力を進めるため、アラブ経済協力の初の制度的な協定としてアラブ経済評議会が設立され、1959年にはアラブ連盟の独立した機関となった。また、アラブ連盟加盟国で域内貿易を拡大させるための多国間協定として、1953年にアラブ貿易協定とアラブ決済協定が締結されたが、各国の保護貿易政策の方が優先される結果となり、1950年代末にはこれら協定は条件の合った国同士の協定に取って代わられることになった。その後、アラブ連盟は貿易を通じた市場統合という関係深化という軸を中心に様々な経済統合を志向した取り組みを行っていくのだが、ことごとくそれらの取り組みは失敗に終わっている。1990年代に入り、アラブ連盟は再び貿易を軸にした経済関係構築を志す。1998年から10年をかけてアラブ連盟加盟国域内貿易の関税障壁をゼロにして自由貿易地域を成立させることを1995年に決定した。この「アラブ自由貿易地域（Arab Free

---

[11] 経済面におけるアラブ連盟の取り組みについては、[細井, 2008] を参照のこと。

◆ 第4章　経済政策・援助外交による紛争予防に関する一考察

Trade Area；AFTA）」構想は、貿易自由化が財貿易のみに限定されている、また域内貿易がきわめて少ないなどの問題点を抱えたまま、完成年度を早めて2005年1月1日に域内自由化を達成した。先に触れた問題に加え、アラブ連盟の全加盟国が参加しておらず、さらに自由化の例外品目が多くその経済的な実効性には疑問が残っている。

中東の地域経済統合を考える際、1990年代は大きな特徴をもつ[12]。1990年代は経済のグローバル化が急速に進展した時期であり、それに歩調を合わせるかのように中東の地域統合も新たな試みがなされていくことになる。1990年代以降の中東・アラブ地域における地域統合・協力の方向性は大別して以下の4つである。

①中東和平進展によるアメリカ主導のアメリカ──イスラエルを軸とした「中東広域経済圏」構想。
②EUと中東の地中海沿岸諸国との間の「環地中海経済圏」構想。
③アラブ連盟加盟14ヵ国による「アラブ自由貿易地域」。
④サブ・リージョナルな地域統合、代表例として湾岸協力会議（GCC）のより一層の機能強化の動きとより一層高度な統合への取り組み開始。

まず、③アラブ連盟の試みは上述の通りである。①の中東広域経済圏構想については1996年、イスラエルにタカ派のネタニヤフ政権が誕生し中東和平が停滞したことにより、現在はもはや歴史の事柄になっている。②の環地中海経済圏構想は、EU主導で行われているものであり、2010年までにEUと地中海沿岸諸国が自由貿易圏を構築することを目標として、EUからの経済援助、またFTA締結の試みがなされている最中である[13]。

ここで湾岸協力会議（GCC）の経済統合の取り組みについて触れておこう[14]。GCCは1981年5月、湾岸諸国6カ国（サウディアラビア、クウェート、UAE、カタル、バハレーン、オマーン）によって結成された幅広い分野における協力関係構築を

---

(12)　［細井,2008］では中東の地域経済統合は3つの時期区分が可能としている。第1期は第二次世界大戦後から1970年代前半までであり、アラブ連盟の下での地域経済統合が志向された時期である。第2期は1970年代から1990年代前半までの時期である。2度の石油危機を経て莫大なオイル・マネーを手にした産油国とそうではない非産油国との間の経済格差が顕著となり、中東域内で「南北問題」状態が生まれた。この時期には産油国から非産油国へのオイル・マネーの「援助」という形で域内経済関係の深化が図られた。第3期が1990年代以降のグローバル化の基での地域経済統合期であり、以下、本文に詳細を記す。

(13)　中東広域経済圏構想ならびに環地中海経済圏構想の詳細については［細井,2008］の他、［中東経済研究会編,1998］、［土屋,2005］などを参照のこと。

(14)　GCCの経済統合についての詳細は、［細井,2005］第5章および第6章を参照のこと。

Ⅲ　地域経済統合は紛争予防の一助となり得るか

めざす地域統合体であり、イラン革命やソ連のアフガニスタン侵攻、イラン・イラク戦争などの地域の不安定要因を背景に、結成当初は政治・安全保障面での協力関係構築が主であった。しかし、安全保障面における協力関係は、1990～1991年にかけての湾岸危機・湾岸戦争においてまったくと言ってよいほど機能せず、GCCが構築してきた安全保障体制は崩れ去ってしまい、現在にいたっている。経済統合については、GCC結成の1981年に統一経済協定を締結し、それに基づいて1983年には加盟6ヵ国で自由貿易地域を実現している。湾岸戦争後、GCCの安全保障面での協力関係が崩れた後は、経済統合、協力関係の深化に力を入れ、2003年末には関税同盟化を達成し、また、2010年をめざして通貨統合の試みも検討されていたが、オマーンならびにUAEが通貨統合からの離脱を表明し、通貨統合の実現は現実味が失われている。いずれにせよ、結成当初は安全保障面での協力関係構築が主であったGCCは、1990年代以降、EU並の経済統合をめざして経済面での統合の深化に尽力しているが、最近はその足並みも乱れ始めてきている。筆者はこのGCCの経済統合について「シンボルとしての統合」と評している。GCCはEU並の統合をめざすとはいえ、実態として域内貿易量がきわめて限定されている湾岸地域においては、統合の「経済的メリット」は十分に享受できない。貿易面でのメリットがもたらされない以上、市場統合や通貨統合はまったくの無用の長物であり[15]、そうした状態でもなお統合の深化を推し進めるとなれば、それはアラブ統合または湾岸統一という「シンボル」面での効果しか見いだすことはできないのである。これは安全保障の門外漢からの意見であるが、経済面の統合ですらこの程度の実績しか残せないのであり、いわんや安全保障面での協力関係はなおさらのこと実効的なものを構築できはしないであろう。

　さて、現在トレンドとなっている地域経済統合の手段としてFTAが挙げられる。中東諸国でも通商政策の一環としてFTAを選択する国も出始めてきている。その中でとりわけ注目されるべき動向が、アメリカとのFTA締結問題である。アメリカが中東諸国と最初に締結したFTAは、1985年に締結されたイスラエルとのFTAであった。このイスラエルとのFTAはアメリカが締結した初の二国間FTAでもあった。イスラエルが相手国ということからも容易に推測できるように、このFTAは経済的に実利を求めた協定というよりも、きわめて「政治的」な

---

[15] 通貨統合に関連して述べると、GCC諸国の通貨はクウェート以外、米ドルとペッグされており、通貨統合を行わずとも実質的に統合されている状態にある（クウェートのみバスケット制を採用している）。

ものであった。2001年9月に発生した同時多発テロ事件以降、アメリカは「テロとの戦い」を掲げ中東諸国の改革に乗り出した。その一環として打ち出されたのが、アメリカと中東諸国がFTAを締結することによって各国の構造改革を促し、中東諸国とアメリカの自由貿易地域を達成するという「中東自由貿易地域構想」である。この構想は2003年5月、ブッシュ（George W. Bush）大統領が提唱し、「親米」中東諸国とFTAを締結し、その拡大によって10年後の2013年までに中東各国とアメリカとのFTAネットワークを構築し、中東地域の安定を図るというものであった。ブッシュ大統領の提唱以前からFTAを締結していたイスラエル（1985年）とヨルダン（2001年）に加え、モロッコ（2006年）、バハレーン（2006年）、オマーン（2009年）との協定が発効している。

　アメリカにとってこれら諸国とのFTA締結は何を意味するのであろうか。「経済的」な利益を追求していることではない点は明白である。イスラエルは別としても、ヨルダンやモロッコ、バハレーン、オマーンといった諸国との通商関係が仮にまったく存在しなくなったとしても、現状の貿易量・貿易額は微々たるものでありアメリカは何ら困ることはない。これら諸国が親米路線であり、アメリカとの間に大きな政治的・経済的な問題を抱えておらず、交渉が容易であったととらえることができよう。締結しやすい国との間で早期に締結し、中東におけるFTAのモデルケース的な役割を果たし、FTA締結のための大規模な改革が必要な国に対する道筋を示すことにその意義があった。例えて言うなれば、アメリカの意図するように改革すればFTAという果実を与えることに他ならない。それによってアメリカは中東地域の構造改革を促し、安定と繁栄を共有する意図があった。いずれにせよ、アメリカの中東諸国とのFTA戦略は経済的で進められているのではなく、政治的理由がその主眼にあるのである[16]。

　こうした政治的な意図で進められているアメリカの中東諸国とのFTA戦略であるが、オマーンとの交渉がまとまった後、目立った成果が出ていない。アメリカが交渉を行っていないのである。UAEともFTA締結交渉を行っていたが、結局は破談してしまった。2009年には中東諸国とのFTA戦略を推進したブッシュ政権が退陣し、新たに民主党のオバマ政権が誕生している。上述のように「親米の象徴」としてのFTAは今後新たに締結されることはないのかもしれない。しかしながら、FTAという「みやげ」をぶら下げて、構造改革を迫るブッシュ政権の試み

---

(16) 中東諸国の対米FTA締結についての詳細は［細井, 2008］を参照のこと。

は紛争予防の根本的解決にはなり得ないとしても、補助的なものとはいえ一定の成果はあげることができるのではないだろうか。サンプル数が少ない上に発効からの年月もさほど経っていないため、詳細な分析を行うことはできないものの、紛争予防の一助になり得る可能性は多いに秘めている。もちろん、当事国の一方が「アメリカ」であるからこそ可能な政策であるにせよ、そうであるならばより真剣に考慮されてもよいであろう。ただし、中東諸国側にはこうしたアメリカの姿勢に対して反発の声があったことも事実である。なお、EUも中東諸国とのFTA締結に熱心に取り組んでいるが、アメリカほどの政治的な意図をもって交渉を進めていないことを付言しておきたい。

◆ むすび

　本章では主に中東における経済面での紛争予防の可能性を考察している。結論からいえば、QIZ制度にせよ、FTAにせよ、大国──具体的にはアメリカ──の意向に沿うことによる「みやげ」的な要素でなければ具体的な成果として残っていないことになる。中東の地域協力の限界と言ってしまえばそれまでであるが、「中東自らのイニシアチブ」による地域経済協力の試みはあまり成功せず、経済発展による恩恵、さらには紛争予防にもつながらない。経済発展にしても結局は石油頼みであり、域外との関係性がなければ中東経済そのものが成り立たないのが現状であり、経済を軸とした紛争予防の試みもやはり域外大国の関与が必要なのである。域外大国の関与にしても、中東という地は「石油」と「イスラエル」の存在により、どうしてもアメリカの影響力が大きくなる。実効性のある「みやげ」をいかに構築するのかという点が、中東における紛争予防に関する経済的側面からの重要な示唆になろう。最後に、経済的側面での域外大国の関与という点で付言しておかねばならないことがある。それは中国の存在である。中東においても中国の影響力は大きくなっている。経済発展に伴う中国自身のエネルギー確保という観点からも、中東との関係強化に躍起になっている。しかし、中国は資源確保にこだわるあまり、他国との協調関係を無視した行動も目立ち始めている。たとえばスーダンやイランなどへ石油利権を獲得し、中国企業が進出するケースは、国際社会の制裁の隙を突くものであり、批判の声が高まっている。政治外交的なパワーバランスの結果であるともいえるが、中国の「資源外交」は逆に紛争を招きかねない要因にもなってしまう。経済的観点からの紛争予防については中国の動向から目を離すことはできない。

◆ 第4章　経済政策・援助外交による紛争予防に関する一考察

　中東の紛争予防のために経済が果たすべき役割とは何であろうか。経済学は従来、「紛争を予防する」という議論には真正面から取り組んでこなかった。議論があったとすれば紛争が起きた後にどのように復興するのか、という点に視点が集中していた。しかし、紛争からの「復興」よりは紛争そのものを未然に「予防」した方が、コスト的には安くつく。経済学は「効率的な資源配分」を追求している。確かに中東は多くの特殊性を抱える地域であるだろう。しかし、経済学の根本的な目的を追求するため、今後も紛争予防に対する経済学のアプローチのあり方について特殊性を考慮に入れつつ、理論面、政策面などあらゆる視点から真剣に考えていかなくてはならない。

◆ 引用文献

〈欧文文献〉

Bolle, Mary Jane, Prados, Alfred B. and Jeremy M. Sharp. 2006. *Qualifying Industrial Zones in Jordan and Egypt*, CRS Report for Congress, July 5.

Collier, Paul and Sambanis, Nicholas. 2005. *Understanding Civil War : Evidence and Analysis*. The World Bank.

Grossman, Herschel I. 1991. "A General Equilibrium Model of Insurrections." *American Economic Review*, vol.81.

Hirshleifer, Jack. 1995. "Theorizing About Conflict." *Handbook of Defence Economics 1*.

OECD/DAC. 1997. *Conflict, Peace and Development Co-operation on the Threshold of the 21st Century*, OECD.

OECD/DAC. 2001. *Helping Prevent Violent Conflict*, OECD.

OECD/DAC. 2010. *Development Co-operation Report*.

Poast, Paul. 2006. *The Economics of War*. New York: McGraw-Hill.（ポースト，ポール（山形浩生訳）．2007．『戦争の経済学』バジリコ株式会社）

Todaro, Michael P. and Smith, Stephen C. 2008. *Economic Development 10th edition*. Addison-Wesley.（邦訳で最新版は、トダロ，マイケル P.＝スミス，ステファン C.（森杉壽芳監訳、OCDI 開発経済研究会訳）．2010『トダロとスミスの開発経済学 第10版』ピアソン桐原）

The World Bank. 2011. *World Development Report 2011*. The World Bank.

〈和文文献〉

稲田十一．2004．「紛争と開発・援助」稲田十一編『紛争と復興支援』有斐閣．

絵所秀紀．1997．『開発の政治経済学』日本評論社．

国際協力事業団国際協力総合研究所．2001．『事業戦略調査研究報告書　平和構築』国際協力事業団国際協力総合研究所．

ジェトロ・アジア経済研究所・朽木昭文・野上裕生・山形辰史編．2004．『テキストブック

開発経済学〔新版〕』有斐閣。
スミス，アダム（山岡洋一訳）. 2007.『国富論　下』日本経済新聞出版社。
大門毅. 2007.『平和構築論』勁草書房。
中東経済研究会編. 1998.『中東開発 —— 和平の政治経済学』名著出版。
土屋一樹. 2005.「EU・地中海パートナーシップと経済成長 —— シリア、ヨルダン、レバノンの取り組みと経済成長へのインパクト」『現代の中東』38号。
土屋一樹. 2006.「貿易協定と産業発展 —— ヨルダンのQIZ協定」『現代の中東』41号。
速水佑次郎. 1995.『開発経済学：諸国民の富と貧困』創文社。
原洋之介. 1996.『開発経済論』岩波書店。
福田幸正. 2007.「新興ドナーとしての湾岸諸国：関与のあり方と湾岸諸国に期待するもの」『財団法人国際通貨研究所国際金融トピックス』144号（9月27日付）.〈http://www.iima.or.jp/Docs/topics/2007/144.pdf〉（2012年6月21日アクセス）
保坂修司. 1999.「クウェートの石油部門改革と外資導入」『国際資源』1999年3月号。
細井長. 2005.『中東の経済開発戦略』ミネルヴァ書房。
細井長. 2008.「湾岸諸国における自由貿易協定 —— 対米FTAを中心に」『国学院経済学』56巻2号。

第 2 部
中東における予防外交的な取り組み

第5章

イスラエル・パレスチナ和平プロセスの蹉跌
―― 非対称な関係における安全保障部門改革(SSR)と
　　スポイラーの問題

立 山　良 司

◆はじめに

　イスラエルとパレスチナ解放機構（PLO）との間で「歴史的な和解」と呼ばれたオスロ合意（正式名称は「暫定自治に関する諸原則の宣言」）が結ばれた1993年からすでに18年以上が経過したが、パレスチナ問題は未だに解決していない。この間、武力衝突や大規模なテロ事件が繰り返し発生し、2008年末から2009年初めにかけても、ガザ地区へのイスラエルによる激しい軍事攻撃が行われた。他方、パレスチナ側ではPLO主流派のファタハと、イスラーム組織ハマースの対立が拡大し、ファタハ主体のパレスチナ自治政府が支配するヨルダン川西岸とハマースが実効支配するガザとに分裂した状態が続いている。

　和平合意が実現しながらも、暴力に回帰する紛争は実に多い。そのため、和平合意後の平和構築のプロセスでいかに暴力を管理するかは重大な問題となっており、紛争再発を防止するという点で広い意味の予防外交の一環と捉えることができる。イスラエル・パレスチナ間の和平プロセスが崩壊した大きな要因の一つも、やはり暴力への回帰だった。このため2000年代半ば以降、パレスチナ自治政府の改革、特に安全保障部門の改革（SSR）が国際社会の対パレスチナ支援の重要な課題となり、米国を中心に自治政府治安機関を強化するための支援が行われている。この結果、西岸では一定の秩序回復がなされたとの評価もある。しかしその一方で、米主導のSSRはファタハとハマースの対立をいっそう激化させているとの批判も多い。

　では、イスラエル・パレスチナ間のように紛争の構造が非対称である場合に、暴力への回帰を防ぐ、ないし暴力的対立からの脱却を図るために、国際社会は非国家主体の側にどうアプローチすればよいのだろうか。非国家主体の側には当然、複数のアクターが存在し、和平支持・推進派と反対派に分かれている。この場合、二つの問題が発生する。第一にいかなる和平プロセスも一定の正義や公正さを実現しよ

うとする試みだが、国際社会の支援を受けて実現しようとしている正義や公正さが非国家主体の側でどこまで広く共有されているのかという問題である。第二は和平反対派をどのように扱うかの問題である。

パレスチナ問題の現実に即していえば、現在の和平プロセスに反対しているハマースの存在がある。パレスチナ社会の中でハマースが一定の支持を得ている事実は、オスロ合意以降の和平プロセスが実現しようとしている正義や公正さが、必ずしもパレスチナ社会全体で共有されていないことを示している。加えてハマースは2007年以来ガザを実効支配しており、単純にスポイラーとして排除することはできない。にもかかわらずイスラエルはもちろんのこと、国際社会もハマースを排除することを和平達成の重要な鍵とみなしてきた。米国主導のSSRもその延長線上にある。しかし、こうしたアプローチが現実と乖離し、暴力への回帰にも有効に対処できていないことは明らかである。

本章は以上のような視点に基づき、イスラエル・パレスチナ間の和平プロセスで暴力への回帰が起きた背景や、ハマース台頭の理由、さらにSSRを含めた国際社会の対応の問題点などを検討する。

I　暴力への回帰

（1）アル＝アクサー・インティファーダの衝撃

イスラエル・パレスチナ間の和平プロセスがほぼ完全に行き詰まり、「アル＝アクサー・インティファーダ」[1]が2000年9月に始まると、双方の間で暴力的対立が本格化した。この暴力の連鎖は2004年11月に、PLO執行委員会議長でパレスチナ自治政府大統領を兼ねていたヤーセル・アラファートが死去したことを契機にようやく下火となった。しかし双方の犠牲は甚大で、2000年9月末から2004年末までの4年3ヵ月の間の死者はパレスチナ人が約3200人、イスラエル人が約950人に上った。

特にイスラエル側が重大な脅威と感じたのは、ハマースなどによる自爆テロだっ

---

[1] 2000年9月末、エルサレム旧市街地にある聖地「ハラム・シャリーフ」（ユダヤ側の呼称は「神殿の丘」）に、当時野党だったリクードの党首アリエル・シャロンが「視察」と称して訪れたことにパレスチナ人が反発して始まった暴力的対立。「ハラム・シャリーフ」内にあるアクサー・モスク前で始まったことから、この名称がある。1987年末にガザで始まった反占領住民蜂起「第一次インティファーダ」と対比し、第二次インティファーダと呼ぶこともある。

た。イスラエル外務省の資料によれば、自爆テロの件数は2000年9月から2004年9月までに間に138件あり、特に2002年には60件も集中した。この結果、2001年以降、オスロ合意に基づく和平プロセスに対するイスラエル人の支持や期待感は急速に減退した。テルアビブ大学ターミー・シュタインメッツ平和研究所が行っている世論調査「ピース・インデックス」によると、オスロ合意に対する支持は1999年まで不支持を上回っていた。しかし、2000年を境に不支持が支持を上回り、その後も不支持40％前後、支持30％弱という傾向がずっと続いている。

　一方、パレスチナ人の間では暴力を支持する傾向が強まった。イスラエル・パレスチナ間の暴力的対立が最も激化した2002年5月に、パレスチナ政策調査研究センター（PSR）が行った世論調査によると、イスラエル国内で一般のイスラエル市民を攻撃することを52％が支持し、占領地内でイスラエル兵士や入植者を攻撃することに対しては実に92％が支持していた。また、67％が武力闘争はパレスチナ人の権利達成の助けとなっていると回答している。

（2）　関係の非対称性と9.11

　紛争解決のプロセスで暴力への回帰は、多くのケースで起きている。イスラエル・パレスチナ間の和平プロセスでも暴力への回帰が当初から懸念され、暴力の管理を目的とした安全保障レジームの構築にそれなりの努力が傾注された。しかし、国家主体と非国家主体、さらには占領と被占領という相互間の構造的な非対称性が安全保障レジームの構築を妨げ、むしろ暴力を拡大する状況を作り出したのである［立山, 2005；Bar-Siman-Tov, 2007］。

　特に占領と被占領という根本的な立場の相違は、パレスチナ側の暴力を「正当な解放闘争」とみるか、「テロ」とみるかという解釈の問題を内包していた。また、イスラエル側の暴力（軍事力の行使）は常に「自衛権の行使」によって正当化されるが、非国家主体であるパレスチナ側の場合、自衛権が存在しているか否かすら不明瞭な状態に置かれている。加えて国家主体であるイスラエルの場合、国家内に見解や立場の異なる複数のアクターを抱えていても、国内の政策決定プロセスによって一定程度、政策やその履行手段などを一元化できる。他方、非国家主体であるパレスチナ側では、複数のアクターが存在し、正当性や影響力、場合によっては暴力面でも競合している。しかも後述するように、自治政府配下の治安組織も一元化されていない上、暫定自治が始まった1990年代半ば以降、西岸、ガザには相当量の武器が出回った［Lia, 2006：chap.10］。その結果、アル＝アクサー・インティファーダ

◆第5章　イスラエル・パレスチナ和平プロセスの蹉跌

が始まると、パレスチナ側では治安機関を含めたさまざまな武装集団がイスラエルとの暴力的対立に関わり、いっそう状況を悪化させたのである。

　こうしたことに加えイスラエル・パレスチナ間の和平プロセスに関しては、以下の二点も暴力への回帰をもたらした重要な要因として指摘しておく必要がある。

　一つは「限定的武力行使の無限定の行使（the unlimited use of the limited use of force）」とゼエブ・マオズが呼ぶような［Maoz, 2006:chap.7］、イスラエルによる無制限ともいえる軍事力の行使の問題である。マオズによれば、イスラエルは人的資源が少ないなどの理由から、伝統的に限定的な軍事力の行使を主体とする作戦を行ってきた。しかしその一方で、敵からの更なる攻撃を抑止するため、イスラエルは徹底的な攻撃を加えてきた。つまり敵を徹底的にたたくことで、敵の攻撃意欲を挫こうとしてきたのである［Maoz, 2006:15-16］。その根底にあるのは、敵に対し軍事力を「継続的かつ効果的に使用する」ことによって、イスラエルに対する軍事オプションの無意味さを敵に悟らせるという発想である。その結果、イスラエルでは軍事力の継続的な行使や規模の拡大が当然視され正当化されてきたという。他方、国連安全保障理事会などでは、イスラエル軍による「過剰な力の行使（excessive use of force）」がしばしば問題視されてきた。

　もう一つの要因は、2001年9月の9.11同時多発テロ事件の影響である。リクード党首アリエル・シャロンは9.11事件の半年前の2001年3月に首相に就任したが、その時点で早くもパレスチナ側に対する「断固としたテロとの戦い」を宣言していた。さらに9.11事件とその直後にジョージ・ブッシュ米大統領が宣言した「テロとの戦い」は、シャロン政権の力による政策を大いに正当化した。実際、シャロンは9.11事件直後の国会演説で、米国の「テロとの戦い」は「アラファート配下を含むすべてのテロ組織」を対象とすべきであると主張した。ブッシュ米政権もまた、ハマースなどパレスチナ側組織によるテロを防止するためにもっとやるべきことがあるとアラファートを強く批判し、イスラエルの軍事攻撃に一定のお墨付きを与えたのである。

（3）パレスチナ自治政府、特に治安組織の機能不全

　アラファートを「テロとの戦い」の対象としたシャロン政権は2002年春以降、西岸ラーマッラーのパレスチナ自治政府大統領府を軍で完全包囲するなど激しい軍事作戦を展開した。西岸はパレスチナ側が治安権限を含む統治権を持っているA地区、民政事項はパレスチナ側に権限があるが治安権限はイスラエルとパレスチナ

の共管とされているB地区、さらにイスラエルが排他的に管轄しているC地区に分類されており、イスラエル軍はA地区となったラーマッラーなど主要都市からは1990年代後半には撤退していた。しかし、アル＝アクサー・インティファーダの過程で、西岸の主要都市にもイスラエル軍が再侵攻し、パレスチナ側と激しい軍事衝突を展開した。

　この結果、パレスチナ自治政府の警察を含む治安機関は大きな打撃を受けた。イスラエル軍が自治政府の治安機関をハマースや他の武装勢力と同様、イスラエルに対する脅威と捉え、「組織的にパレスチナ側の治安機関のインフラのほとんどを破壊し、治安組織の機能を阻碍した」からである［Hussein, 2008:36］。また、イスラエルによるパレスチナ警察に対する攻撃や治安機関要員の大量拘束、度重なる自治政府支配地域への侵攻は、パレスチナの法執行機能を極端に弱め、自治政府は法廷での審理を仮設法廷で行い、囚人を個人の住居に移送することさえ余儀なくされた［Lia, 2006:356］。

　後述するように、もともと自治政府治安機関は寄せ集め的な性格が強く、指揮・命令系統は不明確で、中立的な法執行機関というよりは、自治政府の中核であるファタハの武装組織という民兵的な性格が強かった。このためイスラエル軍による攻撃で指揮・命令系統が混乱するに従い、全体の統制がまったくとれなくなり機能不全状態に陥った。結果として一部は部族的なつながりから地域の有力者の利益を擁護するための私的活動を行ったり、ファタハ系民兵組織アル＝アクサー殉教者旅団として行動した。また、ハマースの武装勢力と対立する一方で、若手の下部活動家の中にはハマースと共闘するグループも現れるなど、治安機関をめぐる状況はいっそう混乱を極めた。

　そうした中で、国際社会からは効果的な治安組織の再建の必要性が求められ、治安部門改革（SSR）の必要性がパレスチナ内外から指摘されるようになった。しかし、アラファートは、自らの権限維持のため、さまざまな方法で改革への動きを阻害したのである［Sayigh, 2002:12-13］。

II　西岸、ガザをめぐる状況の変化とハマースの台頭

（1）「安全フェンス」とガザからの一方的撤退

　2000年にアル＝アクサー・インティファーダが始まって以降、西岸とガザの状況に大きな変化があった。西岸では2002年から「テロリストの侵入を阻止する」と

の目的で「安全フェンス」(パレスチナ側は「隔離壁」「分断壁」と呼んでいる)の建設が開始された。総延長約800kmが計画されており、2011年6月時点で約62％が完成した。さらに西岸内には検問所など多くの通行障害が設けられている。この結果、西岸内部はいくつもの地域に分断され、経済的、社会的にも重大な支障が生じている。その一方でイスラエル政府は西岸における入植活動を続けており、入植者数は1995年末の約13万人から2009年末には約30万人に膨れ上がっている。

　他方、ガザ地区については、シャロン政権が2005年夏に同地区内の約8,500人の入植者と軍事施設を一方的に撤退させた。シャロンがガザからの撤退を決断した最大の理由は、占領地を確保し続ければ、近い将来、イスラエル支配地域内でパレスチナ人人口がユダヤ人人口を上回り、ユダヤ人は「ユダヤ人国家」内で人口的に少数派に転落してしまうという危惧の念だった。もともと大イスラエル主義を党是としてきたリクード内にはガザからの撤退に強く反対する勢力があった。そのためシャロンはガザ撤退実現後の2005年11月にリクードから離脱し、新党「カディマ」を結成したのである。

　入植者とイスラエル軍の撤退自体は歓迎されることだったが、イスラエルの一方的な撤退後にガザがどのような状態に置かれるかは未知数だった。特にガザと外部との関係がまったく調整されないままの一方的撤退は、ガザと外部との関係を遮断するのではないかとの懸念が当初から強かった。このため2005年11月に人の移動や物資の輸送などに関する合意が結ばれた。しかし、合意はほとんど履行されず、当初の懸念どおりガザは「ガザ・ゲットー」と呼ばれるような孤立状態に置かれてしまったのである。

　このように合意が履行されず、ガザが外部世界からほぼ断絶された状態に置かれた最大の要因は、次に述べる2006年1月のパレスチナ立法評議会(PLC)選挙でハマースが勝利し、同派を主体とする内閣が樹立されたことだった。

（2）　ハマースの台頭

　2006年1月に行われた第2回PLC選挙結果は世界を驚かせた。ハマースが全議席132のうち74議席を獲得し(ハマース系無所属議員2名を加えると76議席)、ファタハの45議席に大差をつけて勝利したからである。確かに各種世論調査結果を見ても、ハマースはアル＝アクサー・インティファーダを境に、それまで10％前後だった支持率を20％前後にほぼ倍増させた。また、2004年12月から2005年12月の間、4回に分けて行われた地方自治体の選挙でも、ハマース(あるいはハマー

Ⅱ　西岸、ガザをめぐる状況の変化とハマースの台頭

スが支持する選挙リスト）は全体で約3分の1の議席を獲得した［Gunning, 2008: 146］。それでも第2回PLC選挙直前に行われた世論調査結果では、ファタハが約20ポイントリードしており、ファタハの勝利は確実と思われていた。その意味で、ハマース関係者にも圧勝は驚きだった。ジャーナリストでハマース政権の元報道官ガージー・ハマドは「ハマース自身、25議席前後しか期待していなかった。むしろそれ以上の議席獲得は望んでおらず、単にPLCで一定の勢力を持った野党になり、政治、行政改革を進めることを考えていた」と述懐している［Hamad, 2008: 109］。

　PLCは1993年のオスロ合意に基づいて樹立されたパレスチナ自治政府の国会に相当する。第1回選挙は1996年に行われ、当初は暫定自治期間が5年とされていたため、PLCの任期に関する規定もなく、第2回選挙も想定されていなかった。しかし、暫定自治期間が長期化するにつれ、再度の選挙実施を求める声が強まった。国際社会もまた、自治政府改革の一環として選挙実施を後押しした。

　原理的にイスラエルの存在を否定しているハマースは、イスラエル・PLO間の和平合意であるオスロ合意を受け入れていない。それ故、ハマースは1996年の第1回選挙をボイコットした。しかし当時からハマース指導部内にも、選挙に参加しない限り政治的発言力を確保できないとの主張はあった。ハマース指導部内のこうした声は、第2回選挙の実施が現実的になるにつれ次第に強まり、2006年選挙への全面参加となったのである。1990年代後半からハマースの政治局長を務めているハーリド・ミシャアルはハマースの選挙参加について、「（自治政府の）腐敗と闘い、自治政府を改革する立場に立つためには、選挙に参加する必要があった」と述べている［McGeough, 2009:317］。

　ハマース自身が驚愕するほど勝利した背景には、三つの要因が考えられる。

　第一は中東和平プロセスの停滞とアル=アクサー・インティファーダによる状況のいっそうの悪化である。すでに見たように、2002年と2003年の調査で60％を超えるパレスチナ人が、武力闘争が自分たちの権利獲得の助力となったと答えているように、オスロ合意に基づく交渉による中東和平プロセスは決して公正な和平をもたらさない、というハマースの主張が一定の正当性を確保したのである。

　第二はパレスチナ住民の自治政府およびその中核組織ファタハへの不信感である。前述したように、イスラエル軍の攻撃によって自治政府は機能不全に陥っていた。この結果、パレスチナ人住民の多くは自治政府とファタハには法と秩序を回復できる能力がないとの不信感を持ち始めたのである。加えてファタハ幹部が腐敗し

ているという認識は当時すでに完全に定着していた。例えばPSRが2005年12月に行った世論調査では、86％が自治政府内に腐敗があると回答し、64％は住民の安全が確保されていないと感じていた。

第三はファタハ内部の対立だった。ファタハ内では暫定自治開始に伴ってチュニスにあったPLO本部などから帰還したベテランのメンバー（オールド・ガード）と、第一次インティファーダ前後から西岸、ガザ内で反イスラエル闘争を担ってきた土着の若い指導者（ヤング・ガード）の対立や反目が続いていたが、それがアラファートの死去により一挙に顕在化した。その結果、ファタハは十分な準備もないまま選挙戦に入ったのである。

（3） 自治政府の分裂と「ガザ戦争」

PLC選挙での勝利後、ハマースは直ちにファタハや他のパレスチナ政治勢力に統一政権樹立を呼びかけたが、ハマースの統治がいずれ行き詰ると読んだファタハは連立への参加を拒否した。この結果、2006年3月にハマース単独政権が成立したが、同政権は発足当初から極めて厳しい状況に置かれていた。

一つはイスラエル政府が代理徴収している関税などの自治政府への移転を停止し、ハマース関係者に対する移動制限の強化などの措置をとったためである。またすでに見たようにイスラエルによるガザ封鎖はまったく緩和されず、住民の生活や経済活動に重大な支障が生じ始めていた。米国、ヨーロッパ連合（EU）、ロシア、国連からなる中東和平カルテットも、新自治政府が①暴力の放棄、②イスラエルの承認、③ロードマップ和平構想を含む従来の和平合意の受け入れ、という3条件を呑まない限り従来からの援助を見直すとの声明を発表した。ハマースは当然、3条件の受け入れを拒否し、米国やEU諸国はハマース政権への支援や接触を停止し、日本などもこれに倣った。

つまりハマース政権はアラブ諸国や一部のイスラーム諸国を除き、国際社会との関係をほとんど断たれ、かつ国際支援やイスラエルからの移転収入も断たれてしまったのである。その一方で国際社会は、自治政府大統領マフムード・アッバスに対する支持を繰り返し表明するとともに、大統領府への援助を拡大した。換言すればファタハを支持し、ハマースを敵視したのである。特にイスラエルと米国が基本的に意図したのは、ハマース政権を孤立させ財政的に枯渇させることで、パレスチナ人住民の反感をハマースに向けさせようとしたのである。またイスラエルは、2006年初頭からイスラーム聖戦によるガザからのロケット攻撃に対抗し、ガザへ

の軍事攻撃を拡大した。特に 2006 年 6 月にイスラエル兵士 1 名がガザに拉致されると、イスラエルは大規模な軍事作戦をガザに対して行い、自治政府閣僚や PLC 議長を含む 30 人以上のハマース議員らの身柄を拘束した。

　一方でファタハとハマースの対立も激化し多数の死者が出た。こうした状況を打開するための仲裁工作がサウディアラビアやエジプトによって続けられ、2007 年 2 月初めには統一政権の樹立などを謳ったマッカ合意が成立した。これに基づいて 3 月にはハマースを主体とし、ファタハや他の勢力も参加した統一政権が作られた。しかし、イスラエルや米国はハマースを主体とする新内閣に対してもボイコットを継続し、国際社会の多くも同様の対応をとった。

　事態打開の兆しが見えない中、2007 年 6 月、ハマースの武装勢力はガザ内のファタハ系武装勢力に攻勢をかけ、ファタハの主要拠点を制圧した。これに対し自治政府のアッバース大統領は同日、3 月に発足したハマース主体の統一内閣の解任を決定し、新内閣を任命した。一方、ハマースは統一内閣の存続を主張した。その結果、西岸を統治するファタハ主体の内閣と、ガザを統治するハマースの内閣が対峙することとなり、自治政府は完全な分裂状態に陥ったのである。

　ハマースがガザ支配を確立したころから、イスラエルに対するガザからのロケットなどによる攻撃が激化した。これに対しイスラエルは 2008 年 12 月末から 23 日間にわたり、ガザのハマースを中心とするパレスチナ武装勢力を激しく攻撃した。この「ガザ戦争」の結果、パレスチナ人の死者はパレスチナ側の発表によれば 1300〜1400 人に達した。これほど激しい軍事攻撃をイスラエルが行った直接的な理由は、ガザからイスラエルへのロケット攻撃を封じることだったが、その背景にはガザ封鎖に象徴される徹底的なハマース敵視策があることはいうまでもない。ガザに対する封鎖はその後も続いており、人や物資の出入りは厳しく制限されている。このためガザでは現在に至るまで復興事業が本格化せず、多くの住民が経済不振や失業にあえいでいる。

　ではガザへの軍事攻撃や 6 年以上に及ぶ封鎖措置は、ハマースに対して大きな打撃となっているのだろうか。世論調査を見る限り、ハマースの支持率はファタハを下回っているものの、ずっと 20% 前後を保っており、ハマースは大きな打撃を受けていない。いずれにしてもイスラエルのガザ攻撃はハマースが主要なアクターであることをむしろ実証してしまった。加えてハマースがガザを実効支配している事実は否定しようもない。またガザの復興は急務だが、それを実現するにもハマースとの関与が不可欠な状態となっている。

III　パレスチナ自治政府のSSRとハマース

（1）　パレスチナ自治政府の治安機関

　パレスチナ自治政府の治安機関は、エリコとガザで暫定自治が開始される直前の1994年5月にイスラエルとPLOの間で結ばれたガザ・エリコ合意（カイロ合意）でその骨格が規定された。それによると統合的な警察機関の下に市民警察、公安、情報、および緊急・救助の4部門が設置され、全体で9000名からなるとされていた。しかし、暫定自治政府発足後に組織された治安機関はガザ・エリコ合意の規定とはかなり異なり、全部で8から10もの機関があった。しかも同一機関でも西岸とガザでは完全に別組織として活動するものもあり、人員も1997年ですでに4万2000名に達していたとの推定もある[2]。

　これほどガザ・エリコ合意と異なる治安機関が次々に作られ、かつ人員が増えた大きな要因の一つは、ファタハを中心とするPLOの傘下にあったさまざまな武装勢力が治安機関の母体となったため、既得権益などから十分な組織の改編・統合ができなかったことがある。加えてアラファートが自らの配下にいくつもの治安機関を設置し、それらを競合状態に置いたため、唯一アラファートだけが全体を統制できる体制が作られた。その結果、多くの治安機関は明確な指揮命令系統がないまま機能が重なり合う状態となった。アラファートが重複するいくつもの治安機関、特に情報関係の機関を設置した理由としては、他のアラブ諸国の指導者同様、自己の権力維持のため「ムハーバラート国家（mukhabarat state、警察国家）」を作ろうとしたとの指摘が多い。また、暫定自治政府であっても外見上、国家としての体裁を整えているとの装いをする必要があったとの指摘もある。さらにパトロン・クライアント関係に基づいた個人への忠誠を支配の基盤とするアラファートの政治スタイルも大きく作用していたといえるだろう。

　こうした議論に対しB・リアは、アラファートの族長的政治スタイルがいくつもの治安機関を作る結果となったことは否定できないが、それ以上に自治政府が非国家主体の状態に置かれていたという現実が、十分な統制がとれない重複した治安機

---

[2]　自治政府の治安機関としては市民警察、予防治安部隊、国家安全保障部隊、海軍、軍情報部、軍警察、大統領警護隊（フォース17）、総合情報部などがある［Lia, 2006:310, 435-437; Friedrich and Luethold, 2008:131-134］。人員に関しては2001年時点で35,000〜45,000名との推定もある。

関体制を作り出したと論じている［Lia, 2006:308-309］。確かに自治政府が樹立されたものの、西岸、ガザは依然としてイスラエルの占領下にあり、治安機関もまた「武力解放闘争」のシンボルとしての役割を担っていた。さらにイスラエルの情報機関や軍の協力者（スパイ）が西岸、ガザに多数存在していることも周知の事実であり、それに対する防諜・摘発の必要性もあった。また、自治開始以降、一般住民の間にも相当数の銃が密輸入され、西岸、ガザが「銃社会」の側面を強めたという問題もあった［Boutwell, 1999:41-44］。

また、国際社会はオスロ合意以降、積極的に対パレスチナ支援を行ったが、治安機関のあり方にはほとんど関心を示さなかった。こうした内的、外的さまざまな要因が自治政府の脆弱な治安機関体制を作り出したといえるだろう。

（2） SSRへの取り組み

前節で考察したようにアル゠アクサー・インティファーダを契機に、治安機関を中心に自治政府全体が機能不全状態に陥っていった。このため、対パレスチナ支援を行っている欧米諸国や日本は、アラファートら自治政府指導部に対し各種の改革を迫り始めた。また、自治政府内でもPLCを中心に改革要求が強まった。その結果、2002年5月にアラファートが治安・行政機関の改革に取り組むとの意向を表明し、治安機関の改革や裁判所の判決の実行など法執行面での改革が取り上げられていた。

しかし、一連の改革問題、特に治安部門の改革（SSR）への取り組みが実際化したのは、アラファートが死去し、後継のアッバース体制が発足した2005年以降のことだった。米国は2005年3月に治安担当調整官事務所（Office of the U.S. Security Coordinator: USSC）を設置した。同年末から2010年秋までにUSSCの責任者を務めたキース・デイトンによれば、USSCの目的は自治政府の法執行および説明責任能力を高めるため、治安部門を適正なサイズに改編し、訓練を提供することだった［Dayton, 2009］。ただ当初、米国はそれほどSSR支援に前向きではなく、USSCには予算もついていなかった。しかし、ハマースがガザを制圧した直後の2007年7月、8600万ドルの予算がつき、その後2009会計年度までの3年間に2億9540万ドルの援助がなされている［Zanotti, 2010:15］。USSCのプログラムで訓練を受けた部隊はすでに西岸の主要都市に展開しており、秩序維持や法執行面で一定の成果をあげているとされる。

では、USSCが主導するSSRは真の意味で、パレスチナ国家樹立を機軸とする

◆第5章　イスラエル・パレスチナ和平プロセスの蹉跌

パレスチナ問題の解決のための包括的な環境作りに貢献しているのだろうか。和平合意後の平和構築の視点からSSRの研究を行っているA・シュナベルとH・アールハルトが指摘するように、平和構築の過程におけるSSRを含む軍事活動の主目的は排他的に敵を負かし壊滅するということではなく、紛争後の包括的な政治的・社会的秩序を構築するための環境作りにある［Schnabel and Ehrhart, 2005:5］。この場合の「包括的」という意味は、対象とする社会全体を平和構築の過程に取り込んでいく必要があるということである。このように考えるならば、USSC主導のSSRは決して包括的とはいえず、むしろパレスチナ社会の亀裂を拡大する方向に作用しているのではないだろうか。

　ファタハとハマースは「ガザ戦争」直後から断続的に和解協議を行っているが、合意には至っていない。大統領やPLC選挙のあり方、過去の和平合意をどう位置づけるか、および治安機関のあり方の3点を中核に両派が対立を続けているからである。特に問題となっているのは、治安機関に対する権限を誰が掌握するかだ。

　このように両派が激しく対立する中で、USSC主導のSSRはその大前提として、ファタハを中心とする西岸の自治政府を正当な存在とする一方、ハマースを「テロ組織」と位置づけている。だからこそ、USSCはハマースが政権を握っても指揮権が及ばない自治政府大統領直轄の大統領警護隊の充実に最も力を入れてきたのである。その結果、西岸では2009年春以降、大統領警護隊を中心とする治安部隊が武装集団を急襲・摘発したり、多額の現金を押収するケースが増えている。自治政府や治安機関は摘発や押収の理由として、「自治政府転覆を企てていた」と説明している。

　しかし、自治政府治安機関といっても、実態はファタハの武装勢力である。それだけに現在、西岸で起こっていることはファタハとハマースの武力対立の側面が強い。そのためハマース政治局長のミシャアルは、デイトンがしていることはパレスチナ人の和解協議にとって重大な障害になっていると述べ、USSC主導のSSRに反発している。これに対しデイトンはパレスチナ紙『アル=アッヤーム』とのインタビューで、USSCが扱っているのは法と秩序、パレスチナ人住民の安全に関わる問題であり、ファタハとハマースの対立といったパレスチナ内部の政治問題に介入する考えはないと答えている。

　だが紛争解決のプロセスにおいて法や秩序、安全の問題は、デイトンが主張するように単純に非政治的な問題として片づけることはできない。特に占領からの脱却と独立を目指すパレスチナのような非国家主体の場合、和平のあり方や将来の国家

構想をめぐり異なる思想や目標を持った組織や運動体が和平プロセスに参加あるいは妨害することは当然である。だからこそシュナベルらが指摘するように、反対派を含めた包括的な和平プロセスを可能とする環境をSSRが作り出すことができるかが問題となる。

その意味で米国のパレスチナ自治政府治安部門に対する支援は、1990年代に和平プロセスが始まった当初から決して包括的ではなく、むしろ一方的・排他的だった。Y・サーイグによれば、1990年代から米国は自治政府の治安機関強化を支援してきた。その主たる目的はテロ対策の強化であり、イスラエルの安全確保だった。そのため米国は1990年代には、ハマースや他のオスロ合意に反対する勢力を抑え込みやすいよう、治安部門に関する透明性や責任説明を自治政府に強く求めることに反対した。さらに2006年以降はハマースなどイスラーム主義者への抑圧をより強めるため、米国は大統領警護隊を中心とするいくつかの治安機関の能力強化を積極的に支援したのである［Sayigh, 2007:11-12］。

（3） SSRとスポイラー問題

ここで改めて問われなければならないのは、紛争解決プロセスにおけるスポイラーの問題である。S・ステッドマンはスポイラーを「交渉の結果生まれた和平が自分たちの権力や世界観、利益を脅かすと信じ、和平達成の試みを暴力で阻害しようとする指導者や勢力」と定義し、①和平の障害となっている勢力の不満を和らげることで、これら勢力を和平に前向きとなるよう誘引する、②各種勢力の要求や行動が正当か否かを判定する規範を作り社会化する、③強制力を行使して、和平プロセスを妨げようとするスポイラーの行動を抑止ないし変化させる、という三つのスポイラーへの対処法を示している［Stedman, 1997:5, 12-14］。

では、ある組織や勢力をスポイラーと規定する基準は何だろうか。現在のイスラエル・パレスチナ間の和平プロセス開始以来、イスラエルはもちろんのこと、米国が主導する国際社会は明らかにハマースをスポイラーと断じ、ほとんどの場合、ステッドマンのいう強制力のみで対処しようとしてきた。2007年以降に本格化したデイトンによるSSRもその延長線上にある。つまり米国主導の国際社会はずっとファタハに味方してきたのである。しかし、ハマースは弱体化するどころが、和平プロセスの行き詰まりとともにそのプレゼンスを拡大してきた。

加えてハマースは原理的にはイスラエルの存在を受け入れないとしているものの、その一方でイスラーム法に基づく暫定的な和平合意「フドゥナ」をイスラエル

と結ぶ意向を繰り返し表明している。フドゥナとは和平合意に基づき交戦国双方が一定期間、暫定的に戦闘を中止することであり、一度締結されると合意遵守は宗教的な義務となり、相手側が合意を守っている限りムスリムの側から裏切ることはできないとされている［Tamimi, 2007:156-159］。

　オスロ合意に基づく和平プロセスは、エルサレムの帰属や難民の帰還権、入植地、国境、安全保障措置などさまざまな問題について交渉し、すべての点で合意ができた時点で初めてパレスチナ独立国家が樹立されることが基本枠組みとなっている。そのため交渉を重ねても合意に至らないまま和平プロセスそのものが崩壊の危機に直面し、「果てしない和平プロセス（never ending peace process）」と評される状態となっている。これに対しハマースが提唱するフドゥナはまずパレスチナが独立し、独立国家同士の間で「長期の停戦」を締結するという考えである。このフドゥナ提案に対しイスラエル政府は、イスラエルの存在を認めておらず、かつ暫定的和平合意である以上、停戦が維持されるとの保証はないとしてまったく耳を傾けていない。だがイスラエル内にも、フドゥナは今やハマースの公式的な立場になっているのだから、少なくともハマースを和平プロセスに関与させ彼らの考えを検討する必要があるとの主張もある［Brom, 2009］。

　E・ニューマンとO・リッチモンドは「和平プロセス自体が常に公正であるとは限らない。特定の和平プロセスに従わないすべての集団にスポイラーというレッテルを貼ることで、我々はある特定の社会のあり様に一定の価値判断を行い、さらに『普遍的』価値観を押し付けようとしている」と警告を発している。さらにニューマンらは、和平プロセスにおいてすべての勢力はスポイラーになる潜在性を持っているのであり、「非対称的な紛争において、（和平）交渉は時にして不均衡、不公正なものと受け止められる。しかし、一定の状況下で『スポイルする』と見なされる行為も、異なった理念の下では正当なものとして捉えられるだろう」と、非対称的な紛争においてスポイラーと正当性の概念に問題を提起している［Newman and Richmond, 2006:5］。

　スポイラーと規定してきたハマースがパレスチナ社会では主要なアクターであり続けている現実は、和平をめぐる正当性や公正さに対する視点が、パレスチナ社会内部と和平プロセスを支援してきた国際社会との間で異なっていることを物語っている。その意味で我々は非対称な紛争におけるスポイラーの存在を再検討する必要があるだろう。

◆ おわりに

　本稿では 2000 年 9 月に始まったアル＝アクサー・インティファーダを契機に顕在化した暴力への回帰を軸に、イスラエル・パレスチナ間の和平プロセスが内包する問題を検討してきた。イスラエル・パレスチナ間の和平プロセスは 1990 年代前半から、広範な国際的支援を受けてきた。にもかかわらず現在も紛争解決の兆しが見えてこない。2010 年 9 月には米国の仲介で直接和平交渉が開始されたが、入植活動問題をめぐり 1 ヵ月もしない間に暗礁に乗り上げてしまった。イスラエルによる攻撃で多大な犠牲を出したガザは、依然として厳重な封鎖状態に置かれており、本格的な復興が着手できない状態が続いている。

　こうした中、国際社会はアル＝アクサー・インティファーダで一気に暴力の連鎖が拡大するのを目の当たりにし、SSR に関心を向け始めた。しかし、米国が主導する SSR 支援の取り組みは、必ずしも現実に即したものではなく、むしろファタハとハマースの対立を煽る要因にすらなっていることは否定できない。

　SSR に関しサーイグは「治安部門は支配エリートおよび権力構造に最も密接に結びついている。つまり治安部門は権力関係のすべてに関わっているのである。よって治安部門の改革を何らかの意味ある方法で進めようと試みることは、不可避的に政治的であり、既存の内的秩序に対する深刻な脅威となる」と指摘している [Sayigh, 2007:3]。この指摘は、パレスチナにおける SSR の難しさをそのまま物語っている。換言すれば「誰のための SSR か」「何のための SSR か」が絶えず問われなければない。

　特にイスラエル・パレスチナ間の和平プロセスのように、紛争の構造が非対称である場合、正当性や公正さの問題は非国家主体の側では、権力闘争と結びついて事態をいっそう複雑にする。K・アッジェスタムが指摘するように、非対称の紛争の場合、和平プロセスのルールは多くの場合、強い側によって決められ、押しつけられる。それ故、押し付けられた側には和平プロセスそのものが自分たちの考えている正義を実現していないという不満を持つ勢力が出現し、非国家主体内では誰が正統なリーダーかの問題が絶えず付きまとうからである [Aggestam, 2006:26-27]。

　ハマース支持の背景にあるのは、こうした「押しつけられた現在の和平プロセスは、自分たちが考えている正義と合致していない」というパレスチナ人一般の認識だろう。にもかかわらず、イスラエルはもちろんのこと、米国を中心とする国際社会もハマースをスポイラーと規定し排除を図ってきた。その意味でパレスチナ問題

のような非対称な紛争、特に一方の側が被占領から脱却し独立を実現しようとしているプロセスにおいて、暴力への回帰をいかに防ぐか、特に SSR やスポイラーの問題を実際的にも理論的にも再検討する必要がある。

◆ 引用文献

〈欧文文献〉

Aggestam, Karin. 2006. "Internal and External Dynamics of Spoiling: A Negotiation Approach." Newman and Richmond, eds. *Challenges to Peacebuilding*. Tokyo: United Nations University Press.

Bar-Siman-Tov, Yaacov. 2007. "Dialectic Between Conflict Management and Conflict Resolution." in Bar-Siman-Tov, Yaacov. ed. *The Israeli Palestinian Conflict: From Conflict Resolution to Conflict Management*. New York: Palgrave Macmillan.

Boutwell, Jeffrey, 1999. "The Wild West Bank." *The Bulletin of the Atomic Scientists*. January/February.

Brom, Shlomo. 2009. "Try Including Hamas." *Bitterlemons.org*, July 6. 〈http://www.bitterlemons.org/issue/isr2.php.〉（2009 年 7 月 9 日アクセス）

Dayton, Keith. 2009. *Keynote Address on the Program of the Soref Symposium at the Washington Institute for Near East Policy*. 〈http: //www. wasingtoninstitute. org/html/pdf/DaytonKeynote, pdf.〉（2009 年 6 月 21 日アクセス）

Friedrich, Roland and Arnold Luethold. eds. 2008. *Entry-Points to Palestinian Security Sector Reform*. Barden-Barden: Nomos.

Gunning, Jeroen. 2008. *Hamas in Politics: Democracy, Religion, Violence*. New York: Columbia University Press.

Hamad, Ghazi Ahmad. 2008. "The Challenge for Hamas: Establishing Transparency and Accoutability." in Friedrich and Luethold.

Hussein, Ahmad. 2008. "Reconstructing the PNA Security Organizations." in Friedrich and Luethold.

Lia, Brynjar. 2006. *A Police Force without a State: A History of the Palestinian Security Forces in the West Bank and Gaza*. Reading: Ithaca Press.

Maoz, Zeev. 2006. *Defending the Holy Land: A Critical Analysis of Israel's Security and Foreign Policy*. Ann Arbor: The University of Michigan Press.

McGeough, Paul. 2009. *Kill Khalid: The Failed Mossad Assassination of Khalid Mishal and the Rise of Hamas*. New York: The New Press.

Newman, Edward and Oliver Richmond. 2006. "Obstacles to Peace Processes: Understanding Spoiling." in Edward Newman and Oliver Richmond, eds. *Challenges to Peacebuilding: Managing Spoilers During Conflict Resolution*. Tokyo: United Nations University Press.

Sayigh, Yezid. 2002. "The Palestinian Strategic Impasse." *Survival*, vol.44, issue 44.

＿＿. 2007. *Security Sector Reform in the Arab Region: Challenges to Developing an Indigenous Agenda.* Arab Reform Initiative. 〈http://www.arab-reform.net/spip.php?article/e1120.〉（2009年6月20日アクセス）

Schnabel, Albrecht and Ehrhart, Hans-Georg. 2005. "Post-Conflict Societies and the Military: Challenges and Problems of Security Sector Reform." Schnabel, Albrecht and Ehrhart, Hans-Georg. eds. *Security Sector Reform and Post-Conflict Peacebuilding.* Tokyo: United Nations University Press.

Stedman, Stephen John. 1997. "Spoiler Problems in Peace Processes." *International Security*, vol.22, no.2.

Tamimi, Azzam. 2007. *Hamas: A History from Within.* Northampton: Olive Branch Press.

Zanotti, Jim. 2010. "U.S. Security Assistance to the Palestinian Authority." *CRS Report for Congress*, Congressional Research Service.

〈インターネットサイト〉

Palestinian Center for Policy and Survey Research（PSR）〈http://www.pcpsr.org/survey/index.html〉

The Tami Steinmetz Center for Peace Research, *Peace Index*, Tel Aviv University 〈http://www.tau.ac.il/peace/〉

〈和文文献〉

立山良司．2005．「イスラエルとパレスチナ —— 関係の非対称性と和平プロセスの崩壊」『国際政治』141号。

第6章

リビアによる大量破壊兵器開発計画の廃棄

木村 修三

◆ はじめに

2003年12月19日、リビア[1]政府は大要次のような声明を発表した。

① 冷戦期の緊張状態の下でリビアは、中東及びアフリカを大量破壊兵器の存在しない地域にするよう提唱した。

② しかしどの国からも肯定的反応が得られなかったため、リビアは防衛能力の増強に努めざるを得なかった。

③ リビアの専門家たちは、この分野におけるリビアの活動に関して米英の専門家たちと話し合いを行った。

④ リビアの専門家たちは米英の専門家たちに対し、国際的に禁じられた兵器の生産につながる可能性がある物質・設備・計画を提示した。

⑤ この話し合いにより、リビアは自発的にこれらの物質・設備・計画を完全に廃棄することを決定した。

⑥ 同時にリビアは、自国のミサイルを「ミサイル技術管理体制」(Missile Technology Control Regime : MTCR) の基準に合致するよう制限することを決定した。

⑦ リビアはこれらの措置に透明性を持たせるため、直ちに国際査察を受け入れる。

⑧ リビアは国際原子力機関 (International Atomic Energy Agency : IAEA) との間に追加議定書を締結し、また化学兵器禁止条約を批准する。

⑨ リビア政府は、軍備競争がリビアの国益や地域の安全に資することなく、世界の平和と安全に対するリビアの願いにも反するものと信じる。

⑩ リビアは中東諸国をはじめとするすべての国が、いっさいの例外や二重基準を設けずにリビアのこの措置を見習うことを希望する[2]。

---

[1] 当時のリビアの正式国名は「大リビア・アラブ社会主義ジャマーヒーリーヤ」(英語表記では The Great Socialist People's Libyan Arab Jamahiria) であるが、ここでは略称のリビアを用いる。なお、ジャマーヒーリーヤとは「人民による共同体制」を意味するのだという。

◆第6章　リビアによる大量破壊兵器開発計画の廃棄

　リビアがひそかに化学兵器や核兵器の開発を行っているのではないかという疑惑は国際社会で早くからささやかれ、とくに米国は強い疑いを抱いていた。米国がリビアを「ならず者国家」と決めつけて制裁の対象としたのは、リビアが極端な反米的姿勢に基づき数々のテロ行為に関わってきたことに加えて、ひそかに大量破壊兵器の開発・製造を行っているに違いないとみなしたからである。

　もっともリビアは、一貫してその疑惑を否定してきた。例えば、リビアの最高指導者カッザーフィー（Muammar Al Qadhdhafi）大佐は、上記の廃棄声明の1年足らず前の2003年1月、米紙『ワシントン・ポスト』とのインタビューで、「リビアが大量破壊兵器を持つと考えるのは馬鹿げている」と述べた［Weymouth, 2003］。カッザーフィーの次男で有力な後継者と目されたセイフ・アル=イスラーム・カッザーフィー（Saif Aleslam Qadhdhafi）もまた、米国の中東政策専門誌の2003年春季号に寄せた論文のなかで、「リビアは核兵器不拡散条約（NPT）を一貫して遵守してきた」と強調した［Qadhafi, 2003:43-45］。

　ところがリビアは、僅か1年前まで全面否定していた大量破壊兵器の開発・製造計画を一転して認め、その完全廃棄に踏み切ったのである。リビアが廃棄声明を発表したのと同じ日、ブッシュ（George W. Bush）米大統領とブレア（Tony Blair）英首相もそれぞれ声明を発表し、リビアの最高指導者カッザーフィー大佐が同国の大量破壊兵器の開発・製造計画を完全に廃棄すること、またその廃棄を検証するため即時・無条件に国際査察を受け入れることを確約した旨を明らかにして、リビアのこの決断を褒め称えた[3]。

　リビアがこのように政策を一転させた背後には、いったい何があったのであろうか。本章ではそれを探ることにするが、その前にまず、リビアがどのようにして大量破壊兵器の開発・製造を行ってきたのか、それにはどのような背景があったのかを見ることにしたい。

---

(2)　声明の全文（英訳）はBBC News電子版による。〈http://news.bbc.co.uk/go/pr/fr/-/1/hi/world/africa/3336139.stm〉（2009年7月1日アクセス）

(3)　声明の全文はいずれもBBC News電子版による。ブッシュ声明は〈http://news/bbc/co.uk/1/hi/world/america/3336159.stm〉、ブレア声明は〈http://news.bbc.co.uk/1/hi/uk-politics/3336073.stm〉。（いずれも2009年7月1日アクセス）

I　特異なイデオロギーに基づく体制と政策

（1）独立から特異な革命体制の確立へ

（a）独立後の貧困と社会不安

1912年イタリアによって植民地とされたリビアは、サヌーシー派[4]の指導者でキレナイカの首長でもあったイドリース（Muhammad Idris al-Sanusi）国王が統治する「リビア連合王国」として、1951年に独立した。しかし独立当初のリビアは、1人当たり国民所得が50ドル以下という、世界の最貧国にすぎなかった。この最貧国を経済的に支えていたのは、国際機関からの援助のほか、米英がリビアに置いた軍事基地の見返りとして供与する援助金などであった。

1959年に米企業エッソ（エクソンの子会社）がキレナイカで大油田を発見して以降、リビア領内で有力な油田が次々と発見され、1961年からは石油輸出が開始された。1963年、国王は連邦制を廃して国名を「リビア王国」に変えたが、統治の実態は旧態依然たるもので汚職・腐敗がはびこり、石油収入が国民生活のために使われることもなく、貧困と社会不安が後を絶たなかった。

（b）「9月革命」とナショナリズムの高揚

1969年9月1日、カッザーフィー大尉（当時27歳）を中心とする軍の若手将校グループがイドリス国王の外遊時を狙ってクーデターを起こし、さしたる抵抗も受けずに政治権力の奪取に成功して革命指導評議会（Revolutionary Command Council: RCC）を設立し、これを国権の最高機関とした。RCCは国名を「リビア・アラブ共和国」と改め、カッザーフィーを大佐に昇格させて国家の最高権力者とした。

革命政権は何よりも国家の独立性の確立をめざし、リビアにある外国軍基地の即時全面撤去及びイタリア人資産の接収を求めるとともに、外国の石油会社に石油利権契約の改定を要求した。これにより英軍基地は1970年3月に、また米軍基地は1970年6月に撤去され、イタリア人資産は1970年10月に接収された。また、外国の石油会社は利権契約をリビアに有利に変更することを迫られ、その後多くが国有化された［Blanchard, 2008:2-3］。

---

(4)　サヌーシー派とは、アルジェリア出身のムハンマド・ビン・アリ・サヌーシー（Muhammad bin Ali al-Sanusi）により1837年にマッカで創設され、1840年代以降リビアを中心に北アフリカに拡大したイスラーム神秘主義教団である。

◆第6章　リビアによる大量破壊兵器開発計画の廃棄

（c）「第三の普遍理論」と『緑の書』

革命の指導者カッザーフィーは1973年5月、資本主義や共産主義に代わる「第三の普遍理論」なるものを提唱した。それは資本主義による労働者搾取と共産主義による階級闘争のいずれをも否定し、また議会制民主主義や政党政治を拒否して、人民の直接参加に基づく新たな政治体制を構築するという理論である。その理論を体系化するものとして、カッザーフィーは1975年から1978年にかけ、3章よりなる『緑の書』を著した[5]。

この理論に基づき、人民は総計230余の人民会議に分かれて所属し、立法その他の決定に直接参加し、決定の基本事項の執行は、基本人民会議が選出した書記局からなる人民委員会が担当するという制度が作り出された。1977年には国名を「大リビア・アラブ社会主義ジャマーヒーリーヤ」と変え、在外の大使館を「人民事務所」と改称した。

（2）既存の国際秩序に挑戦する外交路線

（a）　裏切られたアラブ統一への期待

「第三の普遍理論」に基づく対外路線としてカッザーフィーは、何よりもパン・アラビズム（アラブの統一）に情熱を燃やした。カッザーフィーによれば、アラブが低開発の状態にあるのは、長期にわたるトルコの支配とその後の西欧帝国主義の支配とによって、民族がばらばらに分断され、別々の国家として固定化された故である。したがって既存の国家の枠を取り払って統一することが、アラブ民族発展の鍵であると彼は主張した［Vandenwalle, 1995:52-53］。

この信念に基づきカッザーフィーは、エジプト、アルジェリア、モロッコ、スーダン、シリア、チュニジアなど近隣のアラブの国々に次々と国家の統合を呼びかけた。しかし、これらの国の指導者たちは、「アラブは一つ」というスローガンにはリップサービスを行いつつも、実際の国家統合には反対で、カッザーフィーの呼びかけにも冷淡な反応しか示さなかった。このため、アラブ諸国の指導者たちに裏切られたと感じたカッザーフィーは、次第にアラブ諸国の既存の体制に反対する過激なグループと接近し、支援を行うようになった。

---

[5] 第1章が「民主制の持つ問題の解決―人民の権威―」（1975年）、第2章が「経済問題の解決――社会主義」（1977年）、第3章が「第三の普遍理論の社会的基盤」（1978年）である。これらの英語版は、以下を参照。〈http://www.mathabanet/gci/theory/gb.htm〉（2009年7月10日アクセス）

Ⅰ　特異なイデオロギーに基づく体制と政策

(b)　共産主義と欧米の政策への拒否反応

　カッザーフィーは共産主義を、イスラーム及びアラブ民族主義と相容れない無神論のイデオロギーであるとしてしりぞけた。アラブ急進派に対するソ連や中国の支援については一定の評価を与えつつも、リビア国内では共産主義分子ないしはそれに同調する勢力の存在をいっさい認めず、これらを徹底的に弾圧した。

　他方、カッザーフィーは欧米諸国が第三世界、とくに中東アフリカの問題に介入するのを、新植民地主義の動きとして激しく批判した。カッザーフィーにとってとくに許せないのはイスラエルの存在であり、それによって同じアラブであるパレスチナ人が難民生活を余儀なくされ、あるいは占領状態に置かれていることであった。それゆえ、外交・経済・軍事のあらゆる面でイスラエルを支えている米国の中東政策を厳しく批判した。

　同時にカッザーフィーは、イスラエルのパレスチナ占領が続いている状況の下でイスラエルと和解し、それによって米国にすり寄ったエジプトのA・サーダート（Anwar al-Sadat）大統領やパレスチナ解放機構（Palestine Liberation Organization: PLO）のアラファート（Yasir Arafat）議長をも厳しく批判した。リビアが、アブー・ニダール（Abu Nidal）一派やパレスチナ解放人民戦線・総司令部派（PFLP-GC）といったパレスチナの超過激派を支援し、彼らに資金や訓練基地などを提供したのは、こうした理由による［Blanchard, 2008:4］。

(c)　パン・アフリカニズム

　カッザーフィーは、アラブ統一への期待がアラブ諸国の既存の指導者たちによって裏切られたと感じたことから、リビアはアフリカの一部であるという意識をより強く持つようになった。カッザーフィーのアフリカ政策の重点は、アフリカに対する欧米諸国やイスラエルの影響力を極力排除しつつ、アフリカの統一を図ることにあった。このため、アフリカで植民地主義勢力や人種主義政権と戦う民族解放戦線を積極的に支援し、また親米的政権と争う反体制派に支援を与えたほか、アフリカ国家間の紛争あるいは内戦にもしばしば介入した。

　アフリカ諸国の指導者のなかには、アフリカにおける反植民地主義、反人種主義及びアフリカ統一のために積極的に活動するカッザーフィーの行動に好意的反応を示す者も少なくなかった。これは、アラブ諸国の指導者の多くがカッザーフィーの行動に拒否反応を示したのとは対照的である。後で見るように、リビアは米国や国連から厳しい経済制裁を受けることになるが、アフリカ諸国のなかには、対リビア

制裁に反対ないし消極的な国が少なくなかったのである［Bahgat, 2007:135-136］。

II　米欧との関係悪化とテロへの関わり

（1）悪化の一途をたどった対米関係
（a）分水嶺となった第四次中東戦争
　1969年にリビアで革命が起こった際、米国はあまり懸念を持たなかった。なぜなら、革命政権が共産主義への反対の意図を明確に表明したからである。カッザーフィーが民族主義を高揚して米軍基地の撤去を求めた際にも、米国は比較的すんなりとそれに応じた。核抑止戦略の中心が大陸間弾道ミサイル（ICBM）や潜水艦発射弾道ミサイル（SLBM）へと移ったため、リビアに置かれた空軍基地はもはやかつてのような重要性を持たなくなったからである。
　しかし、1973年の第四次中東戦争（十月戦争）を契機に、リビアと米国との関係は悪化の一途をたどった。この戦争でアラブ側が石油戦略を発動したのとほぼ時を同じくして、リビアは米系石油会社の国有化を断行した。革命直後にカッザーフィーが国有化はしないと約束していたにもかかわらず、である［St John, 2002: 86］。さらに1973年10月11日、リビアはシルト湾への領海宣言を行ったが、米国は1974年2月11日、同湾は公海であってリビアの領海宣言は断じて認められないという声明を発表した。これ以降、シルト湾ではたびたび両国間で小規模な軍事衝突が繰り返されることになる。

（b）米大使館襲撃と関係の険悪化
　1979年12月2日、トリポリの米大使館がリビアの群集に襲撃されて炎上した。米側に死傷者は出なかったが、リビア当局は群集の動きを抑えるのに有効な手段を講じなかった。この事件は明らかに、前の月、テヘランの米大使館がイランの群集に襲われて多数の館員が人質とされた事件の影響を受けたものと見られた。カーター（Jimmy Carter）米大統領は同月後半に作成した「テロ支援国家」のリストにリビアを加え、1980年5月には在トリポリ米大使館の閉鎖を命じた。さらに米政府は1981年5月、ワシントンにある「リビア人民事務所」（大使館）の閉鎖を求めた。同事務所が在米のリビア反体制派に対する暗殺計画を企図したという理由からである［Mark, 2005:7］。
　1981年8月19日、シルト湾を航海中の米空母ニミッツから発進した2機の

F-14 戦闘機に対し、リビア空軍の 2 機の SU-22 がミサイルを発射した。リビア側のミサイルは命中しなかったが、米軍機は直ちに反撃して SU-22 を 2 機とも撃墜した。さらに 1981 年 11 月には、スーダンのハルトゥームで米大使館が主催したダンスパーティ会場のスピーカーの中から爆発物が発見されたが、米側はこれをリビアの諜報員が仕掛けたものとして、レーガン（Ronald Reagan）大統領は 1981 年 12 月 10 日、米国民のリビアへの渡航を禁止した［Mark, 2005:7-8］。

（2） 相次ぐテロ事件と米軍による報復爆撃
（a） フレチャー事件とベルリンのディスコ爆破事件

1984 年 4 月 17 日、ロンドンのリビア人民事務所（大使館）周辺で行われた在英リビア反体制派グループのデモに対し、リビア人民事務所から銃撃が加えられ、デモの警備に当たっていた英国の婦人警官イボンヌ・フレチャー（Yvonne Fletcher）が銃弾に当たって死亡したほか、デモ参加者 11 人が負傷した。英国政府は銃撃犯の引渡しを求めたが、リビア側が拒否したため外交関係は断絶され、4 月 27 日にはリビアの外交官が出国した。その中に銃撃犯と思われる者も含まれていたが、外交特権により英側が取調べを行うことはできなかった［川西, 2007:109］。

1986 年 4 月 5 日、西ベルリンのディスコ「ラ・ベル」（La Belle）で爆発事件が起き、2 人の米軍人を含む 3 人が死亡し、200 人以上が負傷した。レーガン米大統領は 4 月 9 日の記者会見で、「リビアの秘密諜報員が爆薬を仕掛けた疑いが濃厚である」と発表した［Mark, 2005:8］。同月 15 日、この事件に対する報復として、100 機を超える米軍機がリビアのトリポリ及びベンガジの両市を空爆した。この空爆によりリビアの民間人 70 人が犠牲となった。とくにトリポリ郊外の軍司令部内にあったカッザーフィー大佐の住居がピンポイント攻撃を受けて家屋は崩壊し、同大佐の幼い養女が死亡した［Mark, 2005:8］。

（b） ロッカビー事件と UTA 機爆破事件

1988 年 12 月 21 日、ロンドン発ニューヨーク行きの米パンナム旅客機 103 便が英国スコットランドのロッカビーの上空で爆発し、乗客 244 人、乗員 15 人が死亡したほか、ロッカビーの住民 11 人が巻き添えをくって死亡するという事件が起こった。犠牲者の 3 分の 2 は米国人であり、次いで多いのが英国人の 44 人であった。そこで米英両国の捜査当局が全力を上げて調査した結果、セミテックス爆弾を包んだ衣類の残滓などから、リビア諜報機関員 2 人が米軍のリビア空爆に対する報

復として仕掛けたものと断定し、その引渡しをリビアに要求した。しかしリビアがこれを拒否したため、米英は問題を国連安保理に付託した［川西, 2007:111］。

1989年9月19日、コンゴ共和国のブラザビルからンジャメナ（チャド共和国）を経由してパリへ向かうフランスUTA旅客機772便が、ニジェール共和国のテネ砂漠上空で爆発し、乗客・乗員171人が全員死亡するという事件が起こった。フランス当局が捜査した結果、リビアの諜報機関による犯行であると認定し、リビア諜報機関の副長官を含む4人に対して国際逮捕状を発した［Zoubir, 2007:49］。このようにして1980年代半ば以降、リビアと米国及び英仏との関係は悪化の一途をたどった。

（3） リビアに対する制裁の実施と強化

（a） 米国による制裁

米国はリビアに対し、1973年の武器売却規制以来、20以上の制裁措置をとってきた。すでに見たように1979年、トリポリの米大使館がリビアの群集に襲われて焼かれた直後にカーター政権はリビアを「テロ支援国家」のリストに加え、直接・間接の経済援助の停止、国際機関からのリビアに対する金融支援への反対などの措置をとった。

レーガン政権時代に入ると対リビア制裁はさらに厳しくなり、1981年にはリビアへの渡航禁止、1982年にはリビア原油の輸入禁止及び石油・ガス関連技術のリビアへの輸出禁止を定めた。米リビア関係が最も険悪化したのは1986年で、この年には包括的経済制裁措置と在米リビア資産の凍結が実施された。その後ロッカビー事件の解決が長引く過程で米議会でもリビアに対する強硬意見が高まり、1996年には「イラン・リビア制裁法」（Iran and Libya Sanctions Act : ILSA）が制定された［Mark, 2005:6］。

（b） EUによる制裁

1984年のフレチャー事件により英国とリビアとの外交関係は断絶され、それは1999年まで続いた。他方、フランスとリビアとの関係はUTA機爆破事件で悪化し、1991年10月、フランス司法当局は4人のリビア人に国際逮捕状を発し、翌12月にはリビアに対する要求事項を国連事務総長にも送付した。

こうした動きのなか、1986年4月に欧州外相理事会はリビアに対する武器輸出禁止及び外交・領事関係の縮小決議を採択した。また1993年には、国連制裁を実

施するために限定的な禁輸と旅行制限に関する決議を採択した［川西, 2007: 118-120］。

（c）先進国サミットの声明及び国連による制裁

1986年5月に開かれた東京サミットでは「国際テロリズムに関する声明」が採択されたが、その中でリビアを名指しで非難し、武器輸出禁止や外交関係の縮小などの措置が明記された［外務省, 1986:458-459］。1991年にはフランス、米国及び英国の司法当局が、UTA機爆破及びロッカビー事件にリビアの諜報機関員が関与したものとし、フランスはリビア人4人に国際逮捕状を発出し、米英はリビアに容疑者の引渡しを求めた。しかしリビアがこれに応じなかったことから、米英仏3国は1991年12月20日、リビアに対する要求事項を国連事務総長に送付した。

これを受けて国連安保理は1992年1月21日、決議731号を全会一致で採択した[6]。この決議はリビアに対し、ロッカビー事件及びUTA機事件に関する米英仏3国の要求を履行するよう求めるものであった。その要求とはすなわち、ロッカビー事件に関しては、①容疑者の引渡しとリビア当局の責任の受諾、②犯罪に関するすべての情報の開示、③適切な補償の支払い、であり、またUTA機事件に関しては、①真実を明らかにするためにすべての記録及び物証へのアクセスの促進、②関係者への接触や証人へのアクセスの促進、③リビア当局の捜査への協力の保証、であった。

この安保理決議731号に対しリビアは、「リビアの国家主権を侵害しない方法」でならば協力する用意があるとし、容疑者の「自由意思」によるならばマルタまたは他のアラブの国での裁判を許容するということをほのめかした。また、補償の支払いに関しても、容疑者が支払えない場合はリビア政府が支払いを補償することもあり得るという、ある程度前向きと受け取れる発言を行った［川西, 2007:112］。しかしその後、実際には決議に従おうとしなかったことから、国連安保理ではさらに二つの制裁決議が採択された。

すなわち1992年3月31日、安保理は賛成10ヵ国、棄権5ヵ国（カーボベルデ、中国、インド、モロッコ、ジンバブエ）で決議748号を採択した[7]。その内容は、リビアに遅滞なく決議731の履行を求めるとともに、リビアがそれを履行したと安保理が認めるまでの間、国連憲章第7章に基づき、すべての国に対し、①リビアを離

---

[6]　UN Doc. S/RES/731（1992）January 21, 1992.
[7]　UN Doc. S/RES/747（1992）March 31, 1992.

発着する航空機の離着陸許可禁止、②リビアへの航空機及び航空機部品の供給禁止、③リビアへの武器等の輸出及び軍事援助の禁止、④リビアとの外交・領事関係の制限、を行うよう求めるものであった［Jentleson and Whytock, 2005/6:64］。

安保理決議748の採択後リビアは、ロッカビー事件容疑者の中立国への引渡しについて交渉を行う用意があると述べ、またUTA機事件についてはフランスからの捜査官の受入れを表明した。しかし、それにもかかわらず事態が進展しなかったことから、1993年11月11日、安保理は再度、決議883を賛成11ヵ国、棄権4ヵ国（中国、ジブチ、モロッコ、パキスタン）で採択した[8]。その内容は、リビアの在外資産の凍結や石油輸送機器の禁輸といった、制裁措置をいっそう強化するものであった［Jentleson and Whytock, 2005/6:64-65］。

III　リビアによる大量破壊兵器の開発と廃棄

（1）　生物・化学兵器及び弾道ミサイル
（a）　化学兵器の製造と使用の疑い

リビアは1971年に1925年のジュネーブ議定書を批准した。同議定書は、「窒息性ガス、毒性ガスまたはこれらに類するガス及びこれらと類似のすべての液体、物質または考案」並びに「細菌学的戦争手段」の戦争における使用を禁じたものである。他方、1997年4月に発効した化学兵器禁止条約（CWC）に関しリビアは、イスラエルが核兵器不拡散条約（NPT）に未加盟であることに抗議するという理由から、他の幾つかのアラブの国とともに署名を拒んだ。

リビアは1980年代後半から90年代初めにかけ、西欧及びアジアの多くの企業から技術を導入してラブタ、セブハ及びタルーナに密かに化学兵器製造施設を建設した。そのなかでも最大のものは「技術センター」と呼ばれたラブタの複合施設で、それはイラクの化学兵器計画に関わってきたイラク人専門家イフサン・バルブーティー（Ihsan Barbouty）の協力を得て建設された。そこには表向きは製薬工場とされた各種の有毒ガス製造工場のほか、有毒ガスを装着する砲弾の製造工場などが建設された［Sinai, 1997:94］。

1986年から1987年にかけて米政府の専門家は、リビアが隣国チャドへの軍事介入で化学兵器を使用したのではないかという疑いを持ち、チャド軍にガス・マスク

---

[8]　UN Doc. S/RES/883（1993）November 11, 1993.

の提供を行った。しかし、リビアはそれを否定し、その後の分析でも実際に使用されたという確たる証拠は見出せなかった［Cirincione, et al. 2005:322-323］。

（b）化学兵器のストックと廃棄

2003年12月の大量破壊兵器廃棄声明の後、リビアは2004年1月6日に化学兵器禁止条約に署名し、同年2月5日に批准した。その後リビア政府が化学兵器禁止機関（Organization for the Prohibition of Chemical Weapons: OPCW）に対して行った申告及び同機関による現地査察によって、①マスタード・ガス23トン、②約3500発のガス装着用砲弾及び爆弾、③神経ガスの素材となる化学物質1300トンなどのストックの存在が明らかとなった。ただし、毒ガス装着済みの砲弾や爆弾は存在しなかったという［Shoham, 2004:40］。

その後OPCWの査察官たちは、リビアが申告したストックは完全に破壊されたことを確認した。OPCWのファーター（Rogelio Pfirter）事務局長は、「化学兵器禁止条約を完全に遵守しようとするリビアの行動は、われわれを勇気づけるものである」と高く評価する声明を発表した[9]。

（c）低水準にあった生物兵器の開発

リビアは1982年1月19日に生物兵器禁止条約に署名し、同日批准を了した。しかし、同条約は確たる検証手段を欠くことから、真に条約を遵守しているかどうかを検証することは困難であった。こうした状況の下、1980年代から90年代にかけてリビアはひそかに生物兵器の開発を行っているのではないかという疑惑が各方面から持たれた。とくにタミンヒントに建設された「保健研究センター」や「微生物学研究所」などが疑惑の中心であった［Shoham, 2004:42-43］。

1990年代にリビアは、イラクの生物兵器の専門家たちの協力を得て、炭疽菌やボツリヌス菌を装着する爆弾や砲弾の製造プロジェクトを開始した。しかしリビアの科学技術水準及び工業水準がきわめて低かったために、これらの研究やプロジェクトは予期した成果を挙げるには程遠く、2003年以降リビアを現地査察した米英の専門家たちは、リビアの生物兵器開発は予想よりも遥かに低い水準で、実際に毒素菌が装着された爆弾・砲弾は全く存在しないことを確認した［Bahgat, 2007:128］。

---

[9] OPCW News 電子版。〈http://www.opcw.org/news/news-archives/archive/2004/〉（2009年7月10日アクセス）

◆第6章　リビアによる大量破壊兵器開発計画の廃棄

（d）　弾道ミサイル

　リビアが保有していた弾道ミサイルは、旧ソ連から導入したスカッド-B（射程300キロメートル、投射重量79キログラム）と北朝鮮から導入したスカッド-C（射程600キロメートル、投射重量700キログラム）であった。そのほかリビアは、「アル＝ファタハ」と称する射程500ないし700キロメートルのミサイルを国内で開発する計画を立てて実行に移そうとしたが、リビアの工業水準の低さと厳しい経済制裁のために結局は完成できなかった［Bahgat, 2007:128-129］。

　リビアは2003年12月の大量破壊兵器廃棄声明に基づき、MTCRの基準を超えるミサイル、すなわち射程300キロメートル、投射重量500キログラムを超えるミサイルをすべて廃棄することを決定した。これにより、北朝鮮から導入したスカッド-Cはすべて廃棄され、またスカッド-Bについても、より射程の短い防御用ミサイルへの転換が行われた［Ciricione, et al., 2005:324］。

（2）　ひそかなる核兵器開発へ努力

（a）　ソ連の協力による核研究センターの設立

　リビアの核兵器開発とその廃棄について詳細な分析を行ったロンドン大学キングス・カレッジのウイン・ボウエン（Wyn Q. Bowen）によれば、リビアの核兵器開発の過程は大きく三つの時期に分けられるという［Bowen, 2006:9-10］。第1は1969年から1981年までの時期で、この時期にリビアは、表向き核の平和利用を目的として外国から基礎的技術のほか、実験用原子炉とその関連施設や核燃料などを導入するために力を注いだ。

　リビアは王制時代の1968年7月、核兵器不拡散条約（NPT）に署名したが、イスラエルが未署名であるという理由から、批准しなかった。カッザーフィーの権力奪取から4年後の1973年、リビアは原子力の平和利用推進を表向きの目的として「原子力エネルギー機構」という組織を設立し、米、仏、アルゼンチン、ブラジル、インドなど多くの国に原子力分野での協力を要請した。しかし、どの国もそれには応じなかった。カッザーフィー政権の特異な攻撃的対外政策に加え、「アラブはイスラエルの核兵器に対抗して核兵器を持つべきだ」と公然と述べていたことが、核拡散への不安を招いたからである［IISS, 2008:98］。

　そこでリビアが接近したのはソ連であった。カッザーフィーは共産主義を厳しく批判しながらも、欧米との関係が悪化したためソ連に依存せざるを得なかったのである。1975年、リビアはソ連との間に原子力協力協定を結び、ソ連の協力によっ

て「タジョウラ核研究センター」（Tajoura Nuclear Research Center: TNRC）を設立した。これがリビアの核開発の中心となったが、そこにはソ連の協力により10メガワットのIRT実験炉と関連する研究施設・実験施設などが建設された［IAEA, 2008］。

　なお、ソ連はリビアに協力する前提として、リビアがNPTを批准し、IAEAと保障措置協定を結ぶことを求めたため、リビアは1975年5月にNPTを批准し、1980年7月に保障措置協定を締結した。タジョウラのIRT実験炉にはソ連から核燃料の濃縮ウランが供給され、1981年4月に臨界に達した。なお、リビアは1978年から1981年にかけニジェールから1587トンのウランを輸入し、そのうち約450トンをひそかにパキスタンに再輸出したといわれる［Cordesman, 1991:151-152］。

（b）　プルトニウム抽出とウラン濃縮の初期的活動
　ボウエンのいう、リビアの核開発過程における第2の時期は1981年から1995年までで、この時期にリビアは核兵器開発をめざし、ひそかにプルトニウム抽出とウラン濃縮の初期的活動に取り組んだ。まず、プルトニウムについては1984年から1990年にかけ、IRT炉から出るウラン酸化物およびウラン金属から抽出を試みたが、IRT炉があまりに小さいため、抽出できたプルトニウムはごく少量にすぎず、とうてい核兵器製造に結びつくものではなかった［IISS, 2008:99-101］。

　ウラン濃縮に関しては、まず1986年に日本から輸入したモジュール型のウラン転換設備を用いてウラン転換活動を試みようとしたが、実際には全く成果が上がらなかったという。もっとも実験室レベルでは、ニジェールから輸入したイエローケーキを用いてごく少量の転換に成功したといわれる。他方、1982年から1992年にかけTNRCでは、ドイツの技術者が持ち込んだ遠心分離装置を用いてウラン濃縮の実験も試みられたが、ほとんど成果は上がらなかったという［IISS, 2008:99-101］。

（c）　核の闇市場を通じて活動を活発化
　リビアとパキスタンのハーン（Abdul Qadeer Khan）博士との接触は1980年代半ばにすでに始まっていたが、リビアがハーン博士の築いた核の闇市場のネットワークに大幅に依存して核兵器開発活動を活発化するのは1995年以降である。それゆえボウエンは、1995年から2003年までをリビアの核兵器開発過程における第三の時期としてとらえる［Bowen, 2006:36-43］。

◆第6章　リビアによる大量破壊兵器開発計画の廃棄

　リビアは1997年、ハーンのネットワークからまずL-1型と呼ばれる遠心分離装置（パキスタンのP-1型）を輸入して濃縮実験を開始したが、実験が初めて成功したのは2000年10月であったといわれる。2000年9月、リビアはより進んだL-2型（パキスタンのP-2型）遠心分離機1万台とそれを組み立てて操作するために必要なさまざまな素材・器具・装置などを発注した。ハーンのネットワークは、ドイツ、イタリア、日本、リヒティンシュタイン、マレーシア、パキスタン、韓国、シンガポール、南アフリカ、スペイン、スイス、トルコ、アラブ首長国連邦などのさまざまな企業からこれらを調達してリビアに送り届ける仲介役を果たした。もっとも、リビアに実際に届いたL-2型遠心分離機そのものはわずか2台にすぎなかったといわれる［IAEA, 2008:5-6］。

　2001年暮れから2002年初めにかけリビアは、ハーン博士から核兵器の各種部品についての設計図を入手したが、これらの図面にはそれらの組み立て方についての説明が手書きで書き添えられていた。しかし、受けとったリビア側の専門家のレベルがきわめて低かったために、これらの図面が実際にどの程度役立つものであるかを検討することもなかったという［IAEA, 2004:6］。

　米英の諜報機関は、ハーンのネットワークとリビアとの関係を2000年からすでに察知していた。2003年9月、マレーシアの工場から搬出された遠心分離装置関連部品は、ドバイの港でドイツ国旗を掲げた輸送船、BBCチャイナ号に積み変えられてリビアに向かった。しかし、ずっとその動きを追跡していた米当局は10月4日、イタリア当局とともに同船に対しイタリアのタラノ港に寄港するよう指示し、遠心分離装置関連部品を押収することに成功した［Bowen, 2006:36-43］。これは長期にわたる諜報活動の成果であったが、ブッシュ政権は2003年5月に打ち出した「核拡散防止構想」（Proliferation Security Initiative: PSI）がさっそく効果を発揮したものとして発表した。

（d）　核兵器開発関連物資・設備の完全廃棄

　2004年1月、核兵器の設計図関連資料及び約5万5,000ポンドに及ぶ核兵器開発関連物資・設備はすべて米国へ空輸された。そのなかには、コンテナ数両分の六フッ化ウラン、パキスタンから輸入された2台のL-2型遠心分離機、それに関連するさまざまな設備・部品などが含まれていた［Sqassoni and Feickert, 2004:4］。米国政府は、2005年5月、リビアの核兵器開発計画に関連した物資・設備は完全に除去され、それに関連した活動も完全に停止されたことを確認した［Blanchard,

2008 : 34]。

IV　リビアの政策転換 ── その理由と経過

（1）　リビアの政策転換をめぐるさまざまな見解
（a）　リビアの公式見解

　カッザーフィー、その息子のサイフ・アル＝イスラーム・カッザーフィー、そしてカッザーフィーに近いリビア政府の要人たちが、大量破壊兵器廃棄に踏み切った理由をいろいろと述べたなかで共通するのは、大量破壊兵器の開発と所有がもはやリビアの国益、とくに安全保障上の利益にそぐわなくなった、ということである。それは冒頭に挙げたリビア政府の廃棄声明にも盛られている。廃棄声明後の2004年3月、アフリカ連合における演説の中でカッザーフィーは、「リビアの安全は核兵器からはもたらされない。核兵器は、それを持つ国にとっても危険なだけである」と強調した［Bowen, 2006 : 48］。

　サイフ・アル＝イスラーム・カッザーフィーは、2004年3月10日付のアラブ紙『アル＝ハヤート』に次のように述べた。「リビアは三つの理由から廃棄を決定した。第1は西側が代償として約束した政治的・経済的・文化的・軍事的利得がきわめて大きかったこと。第2はリビアが歩んできた道が西側と問題を抱えて危険だったこと。第3の、最も重要な理由は、リビアはイスラエルとの戦争に備えて大量破壊兵器開発を行ってきたのだが、パレスチナ人の50年に及ぶ武装闘争が何ももたらさず、むしろ交渉によって和解が達成されたことから、こうした兵器の不要なことが明白となったことである」［藤原, 2004 : 63］。

　リビアはまた、廃棄決定が外部からの脅しに屈して行われたのではなく、あくまで自発的な決定であることを強調する。それは廃棄声明にも現れているが、とくに米国のネオコンの主張に反駁するため力説されるようである。さらにリビアは、その決定が冷戦終結という国際環境の劇的変化に対応した全般的な政策転換の一環であることをも指摘する。2004年4月にブラッセルを訪問したカッザーフィーは、「リビアはかつて第三世界の解放運動の先頭に立ったが、いまや全世界の平和運動の先頭に立つことを決意した。廃棄決定はその第一歩である」と述べた［Bowen, 2006 : 48］。

◆第6章　リビアによる大量破壊兵器開発計画の廃棄

（ b ）　英国政府の見解

　英国政府は、数年にわたって行われてきた外交と交渉の役割を強調する。ブレア首相は2003年12月19日の声明の中で、「リビアの廃棄決定は、大量破壊兵器拡散の問題が粘り強い話し合いと関与によって取り組むことができ、また責任ある国際機関によってフォローできる問題であることを示した。それはまた、国々が自発的かつ平和的に計画を放棄できるものであることを示した」と述べた[10]。ストロー（Jack Straw）外相もまた、「英国は6，7年前からリビアと話し合いを行ってきたのであり、イラクにおける軍事行動とリビアの廃棄決定との間には直接的な関係はない」と述べた［Bowen, 2006:50］。

（ c ）　対立する米国内の見解

　米国のブッシュ政権は、外交の果たした役割を認めながらも、大統領自身が打ち出した「拡散対抗戦略」（Counter-Proliferation Strategy）の効果を大いに強調した。例えば2004年秋の大統領選挙に際し、民主党のケリー（John Kerry）大統領候補と行ったテレビ討論の中で、ブッシュ大統領は次のように述べた。「（イラクへの）軍事力行使は、率直に言って全世界に良い影響を与えた。リビアを見るがよい。リビアはわれわれにとって脅威であったが、米国がブッシュ・ドクトリンに基づき軍事力を行使するのを目の当たりにして、いまや平和的にその兵器計画を解体するに至った」［Jentleson and Whytock, 2005/6:48］。

　チェイニー（Dick Cheney）副大統領もまた2004年秋、民主党のエドワーズ（John Edwards）副大統領候補と行ったテレビ討論において、「われわれがサッダーム・フセイン（Saddam Hussein）を捕らえたわずか5日後に、カッザーフィーはすべての核開発計画を放棄することを申し出てきた。リビアのこの譲歩はイラク戦争の大きな副産物のひとつである」と強調した［Jentleson and Whytock, 2005/6:48］。

　ネオコンと呼ばれる人々の多くは、イラク戦争のこうした「副次効果」を喧伝したが、これに対しては米国内でも多くの反論があった。例えばクリントン政権時代の1999年から2000年までリビアとの秘密交渉に当たったインディク（Martin Indyk）元国務次官補は、「リビアの大量破壊兵器廃棄にはイラク戦争は全く必要なかった」と主張した[11]。またブッシュ政権内部でも、アーミテージ（Richard Armitage）国務副長官は、「サッダーム・フセインの逮捕はリビアの譲歩とは直接の

――――――――――
[10]　BBC News 電子版。〈http://news.bbc.co.uk/1/hi/uk-politics/3336073.stm〉（2009年7月11日アクセス）

Ⅳ　リビアの政策転換

関係はない」と述べ、ネオコンの主張をしりぞけた［Leverett, 2004］。

（2）　リビアの国内情勢の変化とカッザーフィーの軌道修正
（a）　独裁体制を支えた石油収入

　リビア原油の確認埋蔵量は約437億バーレル（2008年末）で、世界第9位に相当するという。しかも国土の60％はまだ探査が行われておらず、確認埋蔵量は今後いっそう増えることが見込まれる。しかもリビアには、湾岸の産油国と比べて二つの大きな利点がある。そのひとつは、リビアの原油が製油所の求める品質の良い軽質油であること、もうひとつは湾岸産油国と比べてヨーロッパとの距離がきわめて近いことである。このため、リビア原油の85％は欧州連合向けに輸出され、とりわけドイツ、イタリア、スペインが最大の輸入国で、欧州連合全体が輸入するリビア原油の約75％はこの3国が占めてきた［St John, 2003:401］。

　1970年代、リビアの石油収入は急激に増大し、1975年から1979年まで経済成長率は年率10％を上回った。原油価格の上昇により、1979年から1980年までの1年間だけで国際収支黒字は150億ドルにも達した。すでに見たように、革命後カッザーフィーが作り上げた特異な独裁体制の下で、経済は社会主義的な中央指令型の運営が行われ、それにともなうさまざまな非効率や汚職・腐敗が随所に見られた。それにもかかわらずカッザーフィー体制が国民の支持をある程度調達できたのは、巨額の石油収入を利して多面的なばら撒き政策が行われたからである。70年代から80年代にかけ、すべてのリビア国民は住宅、健康保険、食料、水及び電気の安定的供給を保障された。政府は国民が自動車を買う場合、月賦の利子の補助まで行ったという［Anderson, 2001:516］。

（b）　経済不安と体制への不満の高まり

　しかし、1980年代末に始まった経済不振は、1990年代に入ると急速に悪化した。原油価格が安値水準をたどったのに加え、社会主義的な国営中心の経済運営のまずさ、そしてリビアに対する経済制裁が相乗効果を及ぼし、経済は急速に落ち込んだ。1993年にリビアの国内総生産（GDP）は前年比30％も低下し、1992年から1998年までの経済成長率は年率0.8％にすぎなかった。1994年には失業率が30％、インフレ率が50％にも達したという［O'Sullivan, 2003:210-211］。

---

(11) Martin Indyk, "The Iraq War Did Not force Gaddafi's Hand," *Financial Times*, December 9, 2003.

◆第6章　リビアによる大量破壊兵器開発計画の廃棄

　リビア政府の歳入の75％は石油収入に依存していたが、この時期の石油収入は70年代の最盛期に比べて半分近くに落ち込んだ。原油価格の低迷のほか、老朽化した石油生産関連の施設・設備を経済制裁のために近代化できず、また新たな油井の開発もできなかったからである。リビアの石油産業の基礎が主に米国企業の技術によって作り上げられたものであるため、米国による厳しい禁輸措置がリビアの石油産業に及ぼしたダメージは大きかった。

　経済不安が高まるにつれて、カッザーフィー体制に対する国内の不満も高まり、さまざまな反体制グループが活動を活発化させた。軍内部にも不満が高まり、1993年にはクーデター計画が発覚し、約2,000人の兵士の逮捕と上級軍人6人の処刑が行われた［Takeyh, 2001:65］。「ムスリム同胞団」（Muslim Brotherhood）の動きもカッザーフィー体制にとっては脅威であった。というのは、経済悪化が進むにつれて、同胞団が行うイスラーム的な相互扶助活動が社会の下層の人々に魅力を与え、その分だけカッザーフィー体制の吸引力を低下させることになったからである。

　同胞団よりもさらに過激なイスラーム集団、「イスラーム解放党」（Islamic Liberation Party）、「リビア・イスラーム戦闘集団」（Libyan Islamic Fighting Group）、「リビア殉教者運動」（Libya Martyrs' Movement）などは、より激しい反政府運動を展開し、1995年8月にはカッザーフィー暗殺未遂事件が起こった。ベンガジがこれらの反政府運動の拠点であったが、1995年から1998年まで軍隊を動員してこれらの動きを抑圧する過程で、約600人の死者が出たといわれる［Takeyh, 1998: 165-170］。

（c）　カッザーフィーの軌道修正とバック・チャネル外交

　こうした状況のなかでカッザーフィーは、それまでの軌道を修正して西側とくに米国との関係を改善し、それにより国際的孤立から脱して局面を打開しようと図った。1991年12月、リビア政府がテロリズム活動に関わる組織との関係を絶つ旨の宣言をしたのは、その最初のジェスチャーであった［Collins, 2004:13］。そして1992年には、ひそかに米国の2人の要人を通じて米政府にメッセージの伝達を依頼するという、いわゆる「バック・チャネル（裏口）外交」を始動させた。その要人とは、ハート（Gary Hart）元上院議員（コロラド州選出・民主党）とロジャーズ（William Rogers）元国務次官（フォード政権時代）の2人だが、そのいきさつは次のようである。

　ハート元上院議員は1992年2月、ギリシャ旅行中にリビアの要人から接触を受

け、ブッシュ（父）政権へカッザーフィーのメッセージを伝達するよう依頼された。しかし米国務省はハート元議員に対し、リビアがパンナム機問題で米国の要求に応えるまでは話し合いには応じられないとの意向を伝えた。そこでハート元議員は 1992 年 3 月にリビアを訪れ、ホスト役を務めたリビア諜報機関の長ムーサー・クーサー（Musa Kusa）に対し、ロッカビー事件に関する米側の要求に応じるよう説いたという [St John, 2004:338-339]。

他方、1992 年 1 月、カッザーフィーと親密な関係を持つリビア系米国人ブフレス（Mohammed Bukhres）の依頼を受けてリビアを訪問したロジャーズ元国務次官は、カッザーフィーと面談し、ロッカビー事件の容疑者引渡しのほか、テロリズムとの訣別、大量破壊兵器に関する国際査察の受け入れなどの意図表明が、米国がリビアと話し合いを行うための前提だと説いたといわれる [Slavin, 2004]。

（3） テロ関連問題解決への努力と秘密交渉の進展
（a） ロッカビー事件容疑者の引渡しと国連制裁の停止

バック・チャネル外交を通じ、米国との関係改善には何よりもテロ関連問題の解決が不可欠だということを認識したリビアは、なんとか自国の国家的威信を損なわない形で解決を図りたいと模索した。他方、米国は 1995 年 3 月、リビアからの石油禁輸を含む制裁強化決議案を国連安保理に提案しようと試みたが、ヨーロッパ諸国の強い反対のために断念せざるを得なかった。ヨーロッパ諸国の多くは、石油をリビアに依存しているばかりでなく、リビアをあまり追い詰めれば、カッザーフィー体制に代わって過激なイスラーム主義勢力が権力を握るのではないかと恐れたのである。アラブやアフリカの国々も制裁の強化には概して反対で、公然と制裁破りをする国も増えてきた [川西, 2007:113]。

1998 年 8 月 24 日、米英は、ロッカビー事件の容疑者をオランダの旧米軍基地内に設置する法廷でスコットランド法の下に裁くという妥協案を提案した。この妥協案の背景には、1997 年 9 月のロシアによる調停工作、さらに 1997 年 10 月の南アフリカ・マンデラ（Nelson Mandela）大統領、サウディアラビアの駐米大使バンダル・ビン・スルターン（Bandar bin Siltan）大使などの調停の働きかけがあった。この妥協案をリビアにのませるため、国連安保理は 1998 年 8 月 28 日、「リビアがこれを受け入れて容疑者がオランダの法廷に到着し、かつリビア政府が UTA 機爆破事件に関してフランス司法当局を満足させたと国連事務総長が報告した時には、国連制裁を停止する」という趣旨の決議 1192 号を全会一致で採択した [Jentleson and

Whytock, 2005/06:69-70]。

　しかし、この裁判がリビアの体制転換に利用されるのではないかとリビア側が恐れたことから、アナン（Kofi Annan）国連事務総長とマンデラ南アフリカ大統領は、容疑者に対しては事件以外に関する尋問は行わず、リビアの体制転換にも利用しないという保証を米英から取り付け、その旨をリビア側に伝えた。その結果、リビアは1999年4月5日、2人の容疑者をオランダに引き渡した。他方、UTA機事件に関しては、リビアは被害者遺族、航空会社などに2億1100フラン（約3400万ドル）の補償金を支払った。これにより安保理決議1192号の条件は満たされ、1999年4月8日、リビアに対する国連の制裁は停止された［Matar and Tabit, 2004: 270-272］。

（b）　ロッカビー事件裁判の進展と秘密交渉の開始

　ロッカビー事件の容疑者の引渡しが行われる数年前から、英国はフレチャー事件の解決をめざして密かにリビアと接触を行っていた。1999年5月、ロッカビー事件容疑者の引渡しの1ヵ月後に米・英・リビア3国の秘密交渉が開始されたのは、英リビア間にこうした長期にわたる接触があったからである。なお、1999年7月にはリビアがフレチャー事件に対する責任を認め、英国とリビアの外交関係は回復された［Bowen, 2006:59］。

　3国秘密交渉の第1ラウンドは、1999年5月から2000年初めまで、サウディアラビアのバンダル・ビン・スルターン王子が所有する英国とスイスの邸宅で行われた。米側首席代表にはインディク国務次官補、リビア側首席代表にはクーサー対外情報局長が就いた。リビア側はこのラウンドで、大量破壊兵器計画を中止する意向を伝えたが、米側はパンナム機事件の犠牲者の遺族がリビアからの補償金支払いを求めて米議会に大きな圧力をかけていたことから、その問題の解決に優先順位を置いたという［St John, 2004:391-392］。

　その後秘密交渉は米大統領選挙のため中断され、2001年1月にブッシュ政権が発足してからも暫くは再開されなかった。他方、オランダで2000年5月に開始されたロッカビー事件の裁判は2001年1月に結審し、2人の容疑者のうち1人は有罪で終身刑、1人は無罪の判決が下された。有罪となった1人は控訴したが、2002年3月には控訴が棄却され、有罪が確定してスコットランドの刑務所に収監された［Mark, 2005:4-5］。

IV　リビアの政策転換

（c）「テロとの戦い」への協調と秘密交渉の再開

　米英との秘密交渉が開始された頃から、リビアの対外政策には明白な変化が生じた。それはまず、テロ活動に走る過激なグループと完全に絶縁したことである。例えばパレスチナの超過激派であるアブー・ニダールのグループは1999年にリビアから追放されたし、PFLP-GC の訓練基地なども閉鎖された。それに先立ち1998年には、アル=カイーダのグループがリビアで外国人暗殺に関与したとして、リビア政府はインターポールを通じてアル=カイーダの指導者ウサーマ・ビン・ラーディン（Osama bin Laden）に国際逮捕状を発した。こうして過激なグループと手を切ったリビアは、同じようにテロリスト組織と戦うエジプト政府やヨルダン政府に接近し、またパレスチナのイスラーム過激派のテロ活動を非難して自治政府を積極的に支援する姿勢に転じた［Bowen, 2006:57］。

　2001年9月11日、米国で同時多発テロが起こると、カッザーフィーは直ちに犠牲者を悼み、テロリストを非難する声明を発表した。リビア政府はまた、実行犯の氏名などを含むアル=カイーダに関する多くの情報を米国政府に提供した。ブッシュの「テロとの戦い」に協調する姿勢を示したのである。そしてその翌月から、米・英・リビア3国の秘密交渉が再開された。米側の首席代表には新任のバーンズ（William Burns）中東担当国務次官補が就き、リビア側は引き続きクーサー対外情報局長が首席代表を務めた。2001年10月から2003年12月まで6回に及ぶ会談が行われたこの第二ラウンドの交渉では、米側がリビアに対し、テロ関連の国連安保理決議の要求が完全に満たされれば国連の制裁は終了するけれども、米国の対リビア制裁は大量破壊兵器の問題が解決されなければ終了しない旨を伝えたという［Bowen, 2006:61］。

（4）　テロ関連問題の解決から大量破壊兵器廃棄声明へ
（a）　ブッシュ政権内部の異論と英国が果たした役割

　秘密交渉は再開されたものの、ブッシュ政権内部では交渉の進め方についてさまざまな反対や異論があった。例えばラムズフェルド（Donald Rumsfeld）国防長官は、人権問題や民主化の問題も交渉議題に含めるべきだと強く主張した。またネオコン派のボルトン（John Bolton）国務次官は、交渉で自分自身が大きな役割を果たしたいという希望を表明したが、英国側の意向で交渉からはずされたという［Jentleson and Whytock, 2005/6:61］。

　2002年1月の一般教書演説でブッシュ大統領が打ち出した「悪の枢軸」に、リ

◆第6章　リビアによる大量破壊兵器開発計画の廃棄

ビアは含まれなかった。これもボルトン国務次官らが含めるよう強く主張したのに対し、ストロー英外相の意向を受けたパウエル（Colin Powell）国務長官、ライス（Condoleezza Rice）安全保障問題補佐官らが、リビアとの交渉に悪影響を与えることを恐れて強く反対したからであった。また 2002 年 8 月には、オブライエン（Michael O'Brien）英外務担当閣外相がリビアを訪問し、リビアと米国との関係正常化のためには、テロ関連問題の完全解決のほかに大量破壊兵器問題を解決することが必要であると説いたのに対し、カッザーフィーから前向きの返答を得たという [Jentleson and Whytock, 2005/6:72-74]。

（b）　テロ関連問題の解決と国連制裁の終了

　2002 年春以降、ロッカビー事件へのリビアの責任の明確化及び遺族への補償に関する交渉は、英国の主導の下に進められた。リビア側の交渉担当者は、クーサー対外情報局長のほか、ムハンマド・ツワイ（Mohammed Zwai）駐英大使、アブデラティ・オバイディ（Abdellati Obadi）駐伊大使で、いずれもカッザーフィーの信任厚い人物であった。さらにカッザーフィーの息子で「カッザーフィー国際慈善財団」理事長でもあるサイフ・アル＝イスラームが関わってきたことから、交渉は大幅に進展した。彼はまた、大量破壊兵器の廃棄についても大きな役割を果たした [Joffe, 2004:223]。

　2003 年 3 月、ロッカビー事件の民事責任に関する合意が成立し、同年 8 月にはロッカビー事件に関する補償合意が成立した。リビア側が犠牲者 1 人当たり 1,000 万ドルの補償金を支払うという内容であった。サイフ・アル＝イスラームの説明によれば、リビア側は、資金 27 億ドルの「平和基金」なるものを創設し、そこからロッカビー事件の犠牲者の遺族に補償金を支払うが、同時に 1986 年の米軍の空爆により犠牲となったリビア人の遺族に対しても同基金から補償金を支払うということで、国内的に体面を保つ形をとった [Qadhafi, 2003:41-42]。これを受けて 2003 年 9 月 12 日、国連安保理は、リビアに対する制裁を「終了」するという内容の、英国が提出した決議 1503 号を採択した。リビアに対する国連の制裁が「停止」されてから 4 年 5 ヵ月振りのことである。

（c）　大量破壊兵器廃棄決定への最後の詰め

　すでに見たように、秘密交渉の場で米国側は、テロ関連問題が解決されて国連のリビアに対する制裁が終了しても、大量破壊兵器問題が解決されない限りは米国の

対リビア制裁は解除されないということを伝えていた。それとともに米国は、リビアがこの問題で歩み寄れば、イラクに対して米国が採ったような体制転換の政策を、リビアに対して採ることはないということを、英国を通じて伝えていた。ただ問題は、カッザーフィーが米国の真意について疑心暗鬼を完全には払拭できないでいることであった。

それを払拭するのに最大の役割を果たしたのが、サイフ・アル＝イスラームであった。1972年生まれというから2002年には30歳にすぎなかったサイフ・アル＝イスラームは、トリポリのアル＝ファタハ大学で建築・都市計画を学んだ後オーストリアの大学で都市計画の修士号をとり、秘密交渉の第2ラウンドが進行したのと並行して、2002年からロンドン大学大学院の博士課程に進学し、グローバル・ガバナンスの勉強を開始した。というよりは、進学という名目で秘密交渉のプロセスに直接関与し、そこでの感触を通じて父カッザーフィーに大量破壊兵器完全廃棄への決意を促したのである［Bowen, 2006: 62］。

すでに見たように、2003年9月、BBCチャイナ号がブッシュ政権の「拡散防止構想」（PSI）によって捕捉された事件がひとつの大きな転機となったというのが通説であるが、ある報道によれば、リビア側が善意の証として故意にこの船についての情報を米英側に漏らしたのだともいわれる［Fidler, Husband, Khalaf, 2004］。はたしてそれが真実であるかどうかは不明だが、この事件がカッザーフィーに廃棄決定を迫るひとつの契機となったことは疑いない。これを機に、リビアは米英の代表をリビア現地に招致し、大量破壊兵器開発の状況をすべてさらけ出した上で、2003年12月の完全廃棄声明の発表となったのである。

◆ むすび

リビアが、ひそかに進めていた核兵器など大量破壊兵器の開発計画の完全な廃棄を決定したことは、中東地域における紛争要因のひとつを取り除くこととなった。もしリビアが、その計画をあくまで推し進めていたならば、米国やイスラエルとの間に激しい緊張状態を招くことは、必至であった。それは現在、イランの核開発疑惑の問題が重大な紛争要因となっていることから見ても、明らかである。

しかも、リビアのこの決定は、武力行使を伴うことなく、平和的な話し合い、すなわち外交交渉の結果としてもたらされたのである。その意味では、このケースは、中東地域における紛争予防外交の成果のひとつとして数えることができるであろう。それでは、なぜそれが成功したのか。その理由についてはすでに断片的に触

◆第6章　リビアによる大量破壊兵器開発計画の廃棄

れてきたが、以下にそれらを要約して述べ、本章のむすびとしたい。

（1）まず指摘すべきは、この問題の解決が、テロ関連問題の解決と密接にリンクしていたことである。すでに見たように、リビアはカッザーフィーの特異な世界観に基づいてさまざまなテロ行為を実行に移し、文字どおり世界の「嫌われ者国家」（pariah state）、「ならず者国家」（rogue state）とみなされていた。

そのためにリビアは、国連及び欧米諸国から厳しい経済制裁を受け、その結果、豊富な石油資源を抱えながらも極度の経済不振に陥り、国内で反体制運動の活発化を招いた。とりわけ、イスラーム主義勢力の伸長はカッザーフィーに深刻な危機感を与えた。この苦境から脱するためにカッザーフィーは、テロ実行犯の容疑者2人と巨額の資金を差し出すことでテロ関連問題の解決を図り、国際的制裁から脱したいと欲した。この事例は、国際的制裁が成功したケースとして、「強制外交」[12]の成功例とみなす論者もいる［Jentleson snd Whytock, 2005/6:61-68］。そして、テロ問題に関する「強制外交」のこの成功こそが、大量破壊兵器に関する次の「予防外交」の成功へとつながったと思われるのである。

（2）世界の政治家のなかでも、カッザーフィーほど「変人」、「奇人」振りを発揮してきた政治家は少ない。そのことはカッザーフィーが国連総会に出席した際、砂漠に張るテントをニューヨークでも張って滞在したいと強く主張し、断られた事例にもあらわれている。そして、この「変人」、「奇人」政治家は、きわめて「気まぐれ」であると同時に、何よりも自己の体面を重んじる政治家でもあった。欧米側、とくに英国がカッザーフィーのこの気質を理解し、できるだけ彼の体面を傷つけぬように交渉を進めたことが、テロ関連問題の解決につながり、その後の大量破壊兵器問題の解決にもつながったと思われるのである。

（3）そのことは、英国がリビアとの交渉を、あくまで秘密交渉として進めるよう努めたこと、そして欧米側が決してリビアの「体制転換」をめざすものではないことを、一貫してリビア側に説得したことにあらわれている。カッザーフィーは、それが自己の体制転換にはつながらず、むしろ体制保全につながると信じたからこそ、大量破壊兵器の全面廃棄に踏み切ったのである。

（4）カッザーフィーが「変人」、「奇人」振りを発揮する特異な独裁者であるのに比べて、実際に欧米との交渉に当たったリビアの要人たちは、きわめて実益にめざとい功利主義者であったと思われる。とりわけ、西欧的な考え方を身に着けた

---

[12]「強制外交」（Force-Diplomacy）については、以下を参照。［ジョージ他, 2009: 第10章］。

166

カッザーフィーの息子セイフ・アル゠イスラーム・カッザーフィーが果たした役割は大きかった。そして、実際の息子であるがゆえに、気まぐれな父親を説得するのに成功したと思われるのである。同時にまた、アフリカや中東の著名な人物が側面から関与したことも、カッザーフィーの軌道修正を促す大きな要因であった。すなわち、マンデラ南アフリカ大統領、アナン国連事務総長、サウディアラビアのバンダル・ビン・スルターン駐米大使などである。彼らの関与は、カッザーフィーの体面維持の上できわめて大きな意味を持っていたと思われる。

（5）最後に指摘すべきは、リビアの軌道修正は、リビアがカッザーフィーの圧倒的な独裁体制下にあったからこそ、容易に実現できたと思われることである。国際テロリズムへの関与も、大量破壊兵器の開発計画も、いわば独裁者カッザーフィーの「気まぐれ」な思いつきに発したものであり、リビア国民の直接的利害に関わる問題ではなく、それゆえにリビア国民全体の威信に関わる問題でもなかった。これは、イランの核問題がいまやイランの国家的威信に関わる問題となっているのと比べれば、大きな違いである。しかし、リビアがこのような独裁体制下にあるということは、その独裁体制が崩壊したとき、リビアがどのような方向へ進むのか、きわめて大きな不確実要因を内包していることをも意味するのである。

◆ 追 記 ◆

（1）「アラブの春」のリビアへの波及

　本章を書き終えた後、リビアには劇的な変化が起こった。2011年1月から2月にかけ、リビアの両隣国チュニジアとエジプトにおいて、長年続いてきた独裁政権に反対し民主化を求める民衆の動きが高まった結果、両国の政権が相次いで倒されるという事態が生じた。そしてその影響は、いわゆる「アラブの春」として中東全域に波及した。41年以上にわたってカッザーフィーの独裁体制が続いてきたリビアでも、2011年2月下旬に東部のベンガジで起こった大規模な反政府デモが、たちまち首都トリポリを含む全土に拡がる様相を呈した。

　チュニジアとエジプトにおける政権崩壊が大きな流血を伴わずに実現したのに反し、リビアのカッザーフィー政権は反政府デモを武力で徹底的に弾圧する方針をとった。すなわち、戦闘機やヘリコプターによる機銃掃射、ミサイルや重火器を用いての爆撃を行うなど、自国民に対する事実上の無差別攻撃を開始したのである。このため多くの死傷者が出るとともに、隣国のチュニジア及びエジプトとの国境に

◆第6章　リビアによる大量破壊兵器開発計画の廃棄

は大量の避難民が押し寄せた。

　こうした状況に対して国連安保理は2011年2月26日、デモに対する武力弾圧は人道上の犯罪に当たるとして国際刑事裁判所（ICC）に付託すること、最高指導者カッザーフィーの在外資産を凍結することなどを含む制裁決議（S/RES/1970）を全会一致で採択した。また、カッザーフィーの非道なやり方に反対して職を辞したアブドゥルジャリール（Mostafa Mohamed Abdelijalil）司法書記（法相）らは、カッザーフィー政権に代わる暫定政府の基礎となる「国民評議会」を発足させた。

（2）NATO軍の軍事介入とカッザーフィー体制の崩壊

　それにもかかわらずカッザーフィー政権による武力攻撃が激しく続いたことから、2011年3月12日、アラブ連盟緊急外相会議は、リビアに飛行禁止空域を設定するよう国連安保理に要請することを決定した。これを受けて国連安保理は3月17日、①市民に対する攻撃の即時中止を求める、②市民保護のためにあらゆる必要な措置を講じる、③市民保護の目的を除くリビア上空のすべての飛行を禁止する、といった内容の決議（S/RES/1973）を賛成10、棄権5（中国、ロシア、インド、ドイツ、ブラジル）で採択した。

　カッザーフィー政権側が依然として武力攻撃を続けるなか、仏英米を中心とするNATO軍は3月21日、この決議に基づいて巡航ミサイルや爆撃機で政府軍の軍事施設などへの攻撃に踏み切った。これによりリビア情勢は、政府軍とNATO軍の支援を受けた反政府勢力との大規模な戦闘へと拡大した。反政府側は当初、軍事的にはきわめて劣勢であったが、NATO軍による政府軍施設への大規模な爆撃と大量の武器支援とによって優勢に転じ、各地で次第に政府軍を追い詰めていった。この間、本章で述べた、ロッカビー事件や大量破壊兵器廃棄をめぐる交渉で中心的役割を果たしたムーサー・クーサー外相（交渉当時の肩書は対外情報局長）が英国に亡命するなど、カッザーフィーの側近の中からもカッザーフィー政権を見限る者が続出した。

　2011年8月下旬に至ると、政権が拠点としていた首都トリポリも反政府勢力によって制圧された。このようにしてリビアのほぼ全土で支配権を奪われたカッザーフィーは、出身地のシルトに逃れて最後の抵抗を試みたが、10月20日には反政府側兵士によって殺害され、42年以上に及んだカッザーフィー体制はついに終わりを告げた。

　カッザーフィー後のリビアが今後どのような道筋をたどるのかは別の機会に論じ

ることとし、ここでは、本章で論じた大量破壊兵器廃棄のプロセスが、カッザーフィー体制の崩壊とどのように結びついたのかを、以下に簡単に考察したい。

(3) カッザーフィー政権にすり寄った欧米諸国

　本章で述べたように、英仏はカッザーフィーの体面を極力傷つけないように配慮し、けっして「体制転換」を意図するものではないことをカッザーフィーに信じ込ませることによって、大量破壊兵器廃棄に関してカッザーフィーから妥協を取りつけた。そしてまた、「体制転換」へのカッザーフィーの疑心暗鬼を払拭するため、マンデラ南アフリカ大統領やアナン国連事務総長といった国際的大物の保証を利用するなど、さまざまな手を打ったことは、すでに見てきたとおりである。

　また、リビアが大量破壊兵器開発計画を完全に廃棄して国際社会に迎え入れられた後には、欧米の多くの国がカッザーフィーに秋波を送り、すり寄る姿勢を示した。例えば2004年2月10日にイタリアのベルルスコーニ（Silvio Berlusconi）首相が欧米の首脳として初めてリビアを公式訪問したのを皮切りに、各国首脳のリビア訪問が相次いだ。とりわけ英国のブレア首相は2004年3月と2007年5月の2度にわたってリビアを訪問、それぞれ数億ポンドに及ぶ石油及び天然ガスの掘削に関する契約に調印したほか、英国製ミサイルや防空システムなどの売却を発表した。

　フランスのサルコジ（Nicolas Paul Stephane Sarkozy）大統領もまた2007年7月にリビアを訪問、カッザーフィーとの間に軍事・産業面での協力や核エネルギー計画での協力などに関する合意文書に調印した。サルコジはまた2007年12月にカッザーフィーを国賓としてフランスに招いたが、折しもそれは世界人権デーの日と重なっていた。米国のライス国務長官は2008年9月にリビアを訪問し、投資・貿易協定に調印したほか、カッザーフィーと会談して「テロとの戦い」で協力し合うことを確認した。2009年7月にイタリアのラクイサで開かれたG8サミットには、G8以外の国の首脳の一人として招かれたカッザーフィーとオバマ（Barack Hussein Obama, Jr.）米大統領とが握手を交わすという場面も見られた。

　なお、ロッカビー事件の裁判で有罪の判決を受け英国の刑務所に服役中だったアブドゥルバーセト・メグラヒー（Abdelbaset al-Megrahi）終身囚は、末期癌で回復の見込みがないため故国で死を迎えさせるべきだというリビア側の要請に応じ、2009年8月20日に釈放されてリビアに引き渡された。

　このように欧米諸国がリビアにすり寄るとしか言いようがない姿勢を示したのは、もとよりリビアの膨大な石油・天然ガス資源に利権を獲得したいという狙いが

あったからだと思われる。そしてまた、カッザーフィーがアル＝カーイダをはじめとするイスラーム過激派勢力を徹底して排除するという政策をとったことも、好ましく思われたのであろう。

　欧米各国のこうしたすり寄りには、カッザーフィー政権の非情な独裁体制や人権無視を表だって非難攻撃するという姿勢はほとんど見られなかった。このようにしてカッザーフィーにしてみれば、従来通りの独裁体制を維持し人権無視を続けても、欧米がリビアの「体制転換」を図ることは、よもやあるまいと思われたのかもしれない。大量破壊兵器廃棄の過程で示された「体制転換」を意図しないという約束が引き続き維持されるものと、カッザーフィーは考えたのであろう。

　「アラブの春」がリビアに及んできた時、カッザーフィーが「反政府勢力の主体はイスラーム過激派勢力である」という口実のもとに徹底的な武力弾圧に踏み切ったのも、こうした思い込みによるものであったと思われる。その意味では、NATO軍によるカッザーフィー政権打倒をめざした軍事介入は、カッザーフィーにとっては大きな誤算であったのかも知れない。

（4）NATO軍の軍事介入を促した要因

　仏英などを中心とするNATO軍が極めて早い段階で大規模な軍事介入に踏み切った背景には、もとよりリビアのカッザーフィー政権による大量の市民殺戮を看過できないという、人道上の理由があったからであろう。しかし、けっしてそれだけが理由であったとは思われない。なぜなら、同じように大量の市民殺戮が行われたシリアやイエメンに対しては、軍事介入は行われなかったからである。

　そこには、資源大国であるリビアにおいて、反政府勢力に恩義を与えることによりカッザーフィー政権が倒された後の新体制にできるだけ影響力を拡大し、将来の資源獲得や武器輸出や経済進出への布石にしたいという思惑もあったように思われる。そしてまた、リビアが米英との合意に基づき、すべての大量破壊兵器開発計画を廃棄し、それに関連した既存の兵器や物質・設備をすべて廃棄もしくは引き渡したのを確認できたことが、リビアへの軍事攻撃を容易にしたとも思われるのである。

　もし仮に、リビアが2003年12月の決定に至ることなく、従来のまま大量破壊兵器の開発計画を続けていたとすれば、NATO側が果たしてあれほど容易に軍事攻撃に踏み切ることができたかどうかは疑問である。仮にリビアがあのまま開発を続行していたとしても、とうてい核兵器の製造にまでこぎ着け得たとは思われない

が、しかし大量の核物質や化学兵器を抱えていたであろうことは確実である。そういう状況のなかでは、追い詰められて自暴自棄となったカッザーフィーが、それらを使用しないという保証はなかったであろう。しかし現実には、その可能性はなくなった（そのことを論じたものとして、2011年5月19日付の *WWD Junction* 誌に載せられた論文、Jean Pascal Zanders "Uprising in Libya: The False Specter of Chemical Warfare." を参照）。

ただし、「体制転換」を意図しないという保証を与えて大量破壊兵器の廃棄を実現させた後に、事実上「体制転換」を狙って軍事攻撃に踏み切ったことは、大量破壊兵器を製造もしくは開発している他の国々に対しては、悪しき「教訓」を与えたことになるのかも知れない。例えば北朝鮮やイランは、今回のリビアの事例を踏まえ、ますますその計画の続行に固執することになるかもしれないのである。その意味で言えば、カッザーフィーの独裁体制がなくなったことはきわめて好ましいことと言えるだろうが、大量破壊兵器拡散防止という視点からは、問題を残した軍事介入であったと言うべきかも知れない。

◆ 引用文献

〈欧文文献〉

Anderson, Lisa. 2001. "Muammar al-Qaddafi: King of Libya." *Journal of International Affairs*, vol.54, no.2.

Bahgat, Ronald. 2007. *Proliferation of Nuclear Weapons in the Middle East*, University Press of Florida, Gainesville, FL.

Blanchard, Christopher M : 2008. *Libya : Background and U. S. Relations*（CRS Report for Congress）.

Bowen, Wyn. 2006. *Libya and Nuclear Proliferation: Stepping back from the Brink.*（Adelphi Paper 380.）London. : IISS.

Cirincione, Joseph et al. 2005. *Deadly Arsenal: Nuclear, Biological and Chemical Threats*. Washington D.C.: Carnegie Endowment for International Peace.

Collins, Stephen. 2004. "Disuading State Support of Terrorism: Strikes or Sanctions? An Analysis Employed Against Libya." *Studies in Conflict and Terrorism*, vol.27, no.1.

Cordesman, Anthony. 1991. *Weapons of Mass Destruction in the Middle East*. Brassey's. London.

Fidler S. Husband, M. and Khalaf, R. 2004. "Return to the Fold: How Gadhafi Was Persuaded to Give Up Nuclear Goals." *Financial Times*, January 27, 2004.

IAEA. 2004. *Implementation of the NPT Safeguards Agreement in the Socialisit People's Libyan Arab Jamahiria*（Gov/2004/12）.

IAEA. 2008. *Implementation of the NPT Safeguards Agreement in the Socialisit People's Libyan Arab Jamahiria*（Gov/2008/39）.

IISS. 2008. *Nuclear Programmes in the Middle East*（Strategic Dossier ）Internationational Institute of Strategic Studies, London.

Jentleson, Bruce W. and Whytock, Christopher A.. 2005/6. "Who Won Libya? The Force-Diplomacy Debate and its Implications for Theory and Policy." *International Security*, vol.30, no.3.

Joffe, George. 2004. "Libya: Who Blinked and Why?" 2004. *Current History*, no.632.

Leverett, Flynt. 2004. "Why Libya Gave Up on the Bomb." *New York Times*, January 23, 2004.

Mark, Clyde. 2005. *Libya*（CRS Issue Brief for Congress）. Washington,D.C.

Matar, Khalil and Tabit, Robert R.. 2004. *Lockerbie and Libya: A Study in International Relations*. Jefferson, NC. : McFarland.

O 'Sullivan, Meghan L.. 2003. *Shrewd Sanctioons: Statecraft and State Sponsors of Terrorism*. Washington, D.C. : Brookings Institution.

Qadhafi, Saif Aleslam. 2003. "Libyan-American Relations," *Middle East Policy*, vol.10, no.1

Shoham, Danny. 2004. "Libya: the First Real Case of Deproliferation in the Middle East," *Disarmament Diplomacy*, no.77.

Sinai, Joshua. 1997, "Libya's Pursuit of Weapons of Mass Destruction."*. Nonproliferation Review*, vol.4, no. 3.

Slavin, Barbara. 2004. "Libya's Rehabilitation in Works since '90s," *USA Today*, 27 April 2004.

Squassoni, Sharon A. and Feickert, Andrew. 2004. *Diarming Libya: Weapons of Mass Destruction*（CRS Report for Congress）. Washington D.C.

St John, Ronald Bruce. 2002. "New Era in American-Libyan Relations," *Middle East Policy*, vol.19, no.3.

St John, Ronald Bruce. 2003. "Libyan Foreign Policy: Newfound Flexibility 2." *Orbis*, vol.47, no.3.

St John, Ronald Bruce. 2004. "Libya is not Iraq: Preemptive Strikes, WWD and Diplomacy." *Middle East Journal*, vol.58, no.3.

Takeyh, Ray, 1998. "Qadhafi and the Challenge of Militant Islam." *Washington Quarterly*, vol.21, no.3.

Takeyh, Ray. 2001. "The Rogue Who Came in from the Cold." *Foreign Affairs*, vol. 80, no.3.

Vandewalle, Dirk. 1995. *Qadhafi's Libya*. N.Y. St. Martin's Press,.

Weymouth, Lally, "On Saddam, Lockerbie, Bin Laden and Peace: An Inclusive Interview with Muammar Gadhafi", *Washington Post*, 12 January 2003.

Zoubir, Yahia H.. 2006. The United States and Libya: From Confrontation to Normalization.", *Middle East Policy*, vol.13, no.2.

〈和文文献〉

藤原和彦. 2004.「リビアの政策転換──プロセスとWMDプログラム放棄」『海外事情』52巻4号（拓殖大学海外事情研究所）。

外務省. 1986.「国際テロリズムに関する声明」『わが外交の近況』（外交青書）昭和61年版。

川西晶大. 2007.「リビアに対する経済制裁とその帰結」『レファレンス』692号（国立国会図書館）。

アレキサンダー・ジョージ他著、木村修三他訳. 2009.『軍事力と現代外交——現代における外交的課題』[原書第4版]（有斐閣）。

第7章

9.11後のイランの安全保障政策・中東地域外交と内政のニュアンス

中西 久枝

はじめに

2011年1月のチュニジアのベン・アリー政権の崩壊に端を発した中東における民主化要求の運動は、エジプトのムバーラク大統領の退陣へと急激に進展した。また、チュニジアでの政変の余波は、イエメン、ヨルダン、イラン、リビア、バハレーンにおける民衆の反体制デモをも引き起こした。今後、こうした動きは、モロッコ、サウディアラビアなど他のアラブ諸国でも起こることが予想される。しかしながら、中東諸国のいわゆる権威主義国家と呼ばれる国家体制が、チュニジアやエジプトでおこったように、きわめて短期間に変化するかどうかは疑問である。それぞれの国家のもつ政治的、経済的、社会的な諸条件が互いに異なるからである。また、それぞれの中東国家とアメリカの関係も、今後の動向に大きく左右する。それは、アメリカが9.11事件後、事実上イラクとアフガニスタンに軍を駐留させることで中東に大きなプレゼンスを示しているからであり、それゆえ中東の域内政治の大きなアクターになっているからである。

中東の予防外交を考察する場合にはいくつかの視点をあげることができる。第一に、中東の民主化が紛争防止になること、第二に、中東における経済発展あるいは貧困層の生活がより豊かになれば、紛争防止につながるという観点である、第三に、中東における核廃絶、あるいは核開発が平和利用にのみ限定されることが重要であるという立場である。しかしながら、特に第一と第三の視点は、欧米が想定する予防外交の視点であり、必ずしも中東諸国の国家体制あるいは中東の人々の視点で、短期的、中期的に中東の平和と安全につながるとは言えない。中東に限らず、「民主主義が平和をもたらす」というデモクラティック・ピース論では、民主化の過程で民主主義が定着するまでのプロセスがえてして政治的、経済的な不安定をもたらすという主張がある。また、中東の民主化は、アメリカが冷戦後今日までほぼ一貫してその必然性を主張してきたものの、実際にアメリカが真に中東すべての国

◆第7章　9.11後のイランの安全保障政策・中東地域外交と内政のニュアンス

家に対しそれを望んでいるかどうかについては、すでに多くの疑問が呈されてきた。サウディアラビア、クウェートなどの湾岸の石油産油国やヨルダンなどの王政国家に対し、アメリカは政治的な民主化を押し付けることはなかった。むしろ、アメリカにとっての中東の平和と安全は、中東諸国で親米政権を維持したり、あるいは増やすことであった。それは究極的には、西側諸国への石油の安定供給とイスラエルの安全保障という二つの目的を達成するためであった。そこには、サウディアラビアのような権威主義国家であっても親米政権であればよい、あるいは言論の自由に制限があってもエジプトのようにイスラエルに対して友好的であればよい、といった考え方がある。

こうした従来のアメリカの視点からは、イランは中東諸国の中で最大の危険国家である。イランと米国の関係は、1979年から80年にかけておこったアメリカ大使館人質事件以来、外交関係が断絶した状態のまま、いまだに敵対関係にある。さらに9.11事件後は、2001年10月のターリバーン政権崩壊のためのアフガニスタン戦争がおこり、続いて2003年3月にはイラク戦争が開始された。ISAFがアフガニスタンに駐留し、イラクにも米軍をはじめとする多国籍軍がいまだに駐留し続けている。他方、イランは、9.11事件後、イランの東西が紛争地と化し、イランが米軍に挟まれるという構図の中に置かれることになったのである。

現在、次の10年から20年にわたって、中東の安全と平和を握る鍵は、2つあると考えられる。一つ目は、イラクとアフガニスタンの安定化であり、二つ目は中東和平すなわちパレスチナ問題の動向である。この両方の問題に利害関係を有しているのは、いうまでもなくイランである。イランはイラクとアフガニスタンの狭間にあり、東西の隣国の治安がどう確保されていくかという問題は、イランの国家統合の問題に関わる。また、イラン革命後、イランはパレスチナ人をシオニストと米国による「被抑圧民族」と捉え、イランの人々のみならずパレスチナ人という被抑圧民族の解放を革命精神の中核に位置付けてきたからである。さらに重要なのは、この2つの問題は、アメリカにとっても中東政策の要にあるという事実である。

本章では、9.11事件後のイランの安全保障政策を分析する。それは、これまであまり論じられていなかった問題であるが、イラク、アフガニスタンの安定化とパレスチナ問題というアメリカにとっても重要な安全保障問題が今後どう推移するかを考える上で、イランの政策が鍵を握るからである。

以下の考察では、最初に、イランの内政における権力構造が2001年の9.11事件後どのように変化したのかを検討し、それが1979年の革命後のイデオロギーとど

のように結び付いているかを考察する。その上で、9.11事件後イランのアフガニスタン、イラク政策がどのように展開してきたかその推移を分析する。また、イランの核開発問題ではイランはいかなる対応をしてきたのかを概観する。最後に、イランにとっての予防外交とは何かを考察したい。

I　イランの権力構造の変化とガバナンス

　イラン革命が1979年2月に成就してからのこの32年間のイランの内政における権力構造の推移という点からすると、次の時期に区分される。第1期は、1979年から1989年でホメイニー師が最高指導者であった時期、第2期がホメイニー師の死後の1989年から1999年7月12日の騒乱まで、第3期が1999年7月以降現在である。第1期は、イラン・イスラーム共和国体制の形成過程である。第2期は、ラフサンジャーニー師がイラン・イラク戦争後の戦後復興期の8年間（1989年〜1997年）大統領を務めた時期と1997年に大統領になったハータミー（Muhammad Khatami）師の政権期の最初の2年間である。2009年6月の大統領選挙の際に明確になった「ハータミー・ラフサンジャーニー共同路線」は、この第2期のいわゆる改革派路線にルーツがあるように見える。第3期は、改革派が急激に国会で力を減退させていく時代であり、現在に至る。

　中・長期的には、イランの政治は、体制側に立ち、国家権力を掌握しているかあるいはその恩恵を受けている層と、言論の自由とより開かれた政治参加を求める層とが対立し、そのせめぎあいで推移すると考えられる。前者は、原則主義者であり、現体制の中核をなす「法学者の統治」を維持する立場にある。後者は、いわゆる改革派であるが、「法学者の統治」を継続したいのか打倒したいのかに拘わらず、「現体制のなかでは、十分に市民に開かれた政治が実現できていない」という不満から、もっと言論の自由と国民の自由な政治参加が保障されるシステムになるべきだと考えている。2009年6月の大統領選挙で、アフマディネジャド現大統領に挑戦したムーサヴィー氏の支持者のなかに、元大統領を務め、本来体制側に立つウラマーのラフサンジャーニー師とハータミー師や最高指導者を独裁者とデモで叫ぶ大学生の両方が含まれていることは、改革派支持者もまた多様な層から構成されていると言える。

　1997年6月から1999年7月のハータミー政権期の2年間を除き、全体としては、79年の革命後は、原則主義派が優勢の政治がイランでは展開した。これが上

◆第7章　9.11 後のイランの安全保障政策・中東地域外交と内政のニュアンス

述の第3期である。

　それでは、現在のハーメネイー最高指導者・アフマディネジャド体制の権力基盤はどのように形成されていったのだろうか。その鍵を握るのは、第1期に、ホメイニー師が革命体制の基盤固めとして創設した「革命防衛隊」とバシージ（Basij, 準軍組織）の勢力の拡大である。

　革命防衛隊は、革命後ホメイニー師によってつくられた。その目的は、革命精神に忠実な国防に当たる治安部隊の創設であった。その後 1980 年 3 月、バシージと呼ばれる組織が革命防衛隊のなかの特別部隊としてつくられ、地方を含めたイランの全土において、特に若者層に対して軍事訓練を行うための組織として位置づけられていた。本来は、革命防衛隊がイラク戦争の前線に立つなど、対外的な脅威や敵に対して戦うのがミッションであるのに対し、バシージは国内治安の確保と地震や洪水などの自然災害の復興チームとしての役割が前提であった。イラク戦争で戦闘が厳しくなるにつれ、バシージもイラク戦争で前線に立つことも少なくなくなった [Wehney et al., 2009: 9]。バシージは、革命防衛隊との関係においてどの程度独立性をもつかがイランでは議論になってきたが、イラン国会の承認によって 1981 年 2 月に革命防衛隊の一部に合併されている。

　それでは革命防衛隊とバシージは、イランの国家安全保障制度のなかでは、いかなる位置を占めているのだろうか。イランでは、法の支配、治安、警察、軍、準軍組織は、主として3つの省、すなわち情報治安省、国防軍指揮系統省、内務省が管轄するが、それを総括するのが最高国家安全保障評議会である。その長は、最高指導者が事実上指名し、核開発問題などの国家の安全保障に深刻な影響が出るような問題は、最高国家安全保障評議会が最高指導者の諮問を受けて管轄している。

　核開発問題に外相が関わることなく、最高国家安全保障評議会長が交渉にあたっているのもその一例である。2002 年に核開発問題が浮上して以来、イランに対する国際的な圧力は年々強まっている（後述）。その意味で、最高国家安全保障評議会の外交政策決定過程における役割もしだいに重要になっていった。

　この図式の下部に位置するのがバシージとエルサレム（Qods）軍であり、その指揮と統括は革命防衛隊が掌握している。エルサレム軍は、イラク南部のシーア派各勢力やアフガニスタンでのターリバーン勢力に対する働きかけに関わっていると米国が主張している特別部隊である。米国の主張が正しいとすれば、このバシージに対する指示系統の権限が革命防衛隊にあることは、革命防衛隊がイラクやアフガニスタンの治安の問題にも関わっていることを示すことになる。

I　イランの権力構造の変化とガバナンス

〈図1〉イランの国家安全保障の組織系統

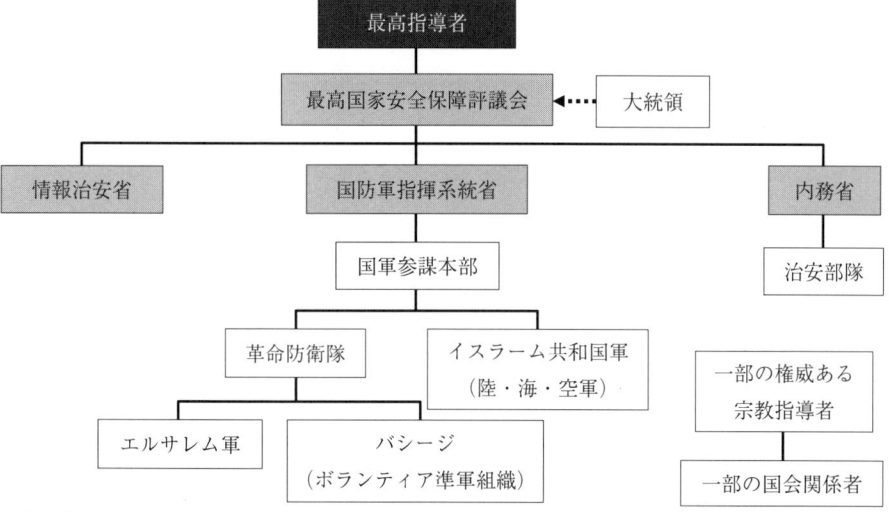

```
                    最高指導者
                        │
               最高国家安全保障評議会 ←---- 大統領
          ┌─────────────┼─────────────┐
      情報治安省      国防軍指揮系統省       内務省
                        │                   │
                    国軍参謀本部           治安部隊
                  ┌─────┴─────┐
               革命防衛隊   イスラーム共和国軍
                            （陸・海・空軍）
              ┌─────┴─────┐        一部の権威ある
           エルサレム軍    バシージ      宗教指導者
                      （ボランティア         │
                       準軍組織）      一部の国会関係者
```

（出所）［Wehney et al., 2009:9］

　2005年にアフマディネジャドが大統領に就任して以来、革命防衛隊は内政および外交面において政策決定過程に大幅に入り込んで行った。大統領自身、革命防衛隊長であったこともあり、2005年の大統領選後の閣僚メンバーでは、21人の新メンバーのうち、18人が過去何らかの形で革命防衛隊か情報省に関わっていた人物が選ばれた[1]。また、イランは30の州から構成されるが、州知事の11人が2005年以降革命防衛隊出身者で占められたと言われている。

　革命防衛隊は前述のように、革命直後にホメイニー師が設けた組織であり、80年代からその歴史がある。しかしながら、革命防衛隊の機能が国内の治安に主として向けられたのは90年代に入ってからのことであり、その後の革命防衛隊をめぐる動きを見ると興味深い事実が浮かび上がる（次頁表1を参照）。

　表1が示すように、革命防衛隊が国内の大きな暴動の鎮圧に乗り出したのは、1999年7月のテヘラン大学学生寮での集会においてであった。その後第9期大統領選の2005年までは主だった動きはなかったが、選挙前の3月アラブ系住民の多い石油資源の豊かなフーゼスターン州で暴動がおこり、革命防衛隊とバシージがともにその鎮圧を行った。こうした少数民族の武装蜂起の問題は、2005年の大統領選でも政治問題化し、改革派の候補者は相次いでフーゼスターン州やシスターン・

---

[1] 〈http://www.iranfocus.com/en/iran-general-/18-of-iran-s-21-new-ministers-hail-from-revolutionary-guards-secret-police-03315.html〉（2009年8月8日アクセス）

179

◆第 7 章　9.11 後のイランの安全保障政策・中東地域外交と内政のニュアンス

〈表 1〉1994 年以降の革命防衛隊に関する年表

1994	カズヴィーンにおけるエスニックな対立による暴動。革命防衛隊司令官の抗議行動鎮圧回避。
1997	ハーメネイー最高指導者、革命防衛隊長モホセン・レザイーの更迭
1998. 4	ヤヒヤ・ラヒーム・サファヴィー新防衛隊長と改革派ウラマー対立
1999. 7.12	テヘラン大学学生寮での集会に治安部隊が急襲
7.19	防衛隊長、ハータミー大統領に国内の治安の安定に努めるよう警告
2000	建設バシージの設立
2004. 5	革命防衛隊、新規開港したイマーム・ホメイニー空港の閉鎖を要求
2005. 3	フーゼスターン州でアラブ系住民が蜂起
2007. 9.1	防衛隊長が、ヤヒヤ・ラヒーム・サファヴィーからモハンマド・アリー・ジャアファリに交代
9.19	最高指導者府からバシージに対する権限強化を付与され、防衛隊長がバシージの隊長を兼任開始。防衛隊とバシージは統合。

（出所）［Wheney et al., 2009:110］をもとに、筆者が翻訳・加筆編集。

　バローチスターン州を訪れ、当選した暁には少数民族の権利をもっと保障する政治を行うという選挙キャンペーンを実施している［Tohidi, 2009:304-6］。そうした選挙キャンペーンは功を奏し、大統領選挙結果を見ると、民族的あるいは宗教的少数民族が多く住むイランの国境沿いの州において、1997 年から 2005 年までの選挙において改革派への支持が他州よりきわだって強かった結果となった［Tohidi, 2009:286］。イランの少数派が武装蜂起する動きは、2005 年 5 月から 11 月の半年間にかけて、バローチスターンやザーヘダーンにおいてもおこっている。

　こうした状況下、ハーメネイー最高指導者は、2007 年 9 月、革命防衛隊の改革に乗り出した。その柱は 2 つあり、ひとつは、バシージを革命防衛隊に吸収合併すること、もうひとつは革命防衛隊の中央集権的組織系統を分権化し、地方における治安や安全の確保に備えることであった。

　アリー・アルフォネ（Ali Alfoneh）氏の分析によれば、イランの各州に革命防衛隊の地方司令部を置き（テヘラン州には 2 つ）、ハーメネイー最高指導者は指導者の息のかかった人物を「代表」として送りこみ、地方での暴動の防止とイスラエルや米国によるイラン攻撃などの突発的な外的脅威に地方レベルでも対応が可能なように、中央・地方の司令系統を徹底することであったと言う［Alfoneh, 2008:2-4］。それは、バシージの地方支部に、革命防衛隊の地方司令官や地方次官を任命したり、バシージの地方チーフを、革命防衛隊の次官チーフに配置換えをしたりすることな

どに表れている。ここに、ハーメネイー体制がいかに地方における治安の維持を国政の重要課題と位置付けていたかが見える。

イランの政治権力構造における革命防衛隊とバシージの勢力拡大は、1999年7月の第期以降の第3期において急激に進展した。それとともに、イランの外交政策を決定する中枢勢力が最高国家安全保障評議会に集約されていった。そのプロセスは、2001年以降、イランが隣国アフガニスタンとイラクにおいて、米国主導の多国籍軍が開始したふたつの戦争の狭間に置かれた時期に加速した。以下、イランの対アフガニスタン政策と対イラク政策を考察する。

II　イランの対アフガニスタン政策・戦略

イランは、アフガニスタンのターリバーンが興隆しつつあった90年代の初頭より、ターリバーンの勢力拡大を警戒していた。1998年9月には、ターリバーンがイラン人外交官9人を殺害する事件がおこり、イランはアフガニスタン上空で軍事演習を行ってターリバーンを威嚇し、一発触発の危機を迎えたこともある。その後9.11事件がおこるまで、イランはターリバーンと戦闘を続けていた北部同盟をロシアとともに支援していた。そのターリバーン政権を米国が崩壊させたことは、イランの利益でもあった。2001年10月にターリバーンへの空爆が開始されると同時に、ターリバーン勢力がイラン国内に入らないようアフガニスタンとの国境を封じた。

米国は一時ターリバーンがアフガニスタンからイランを経由してイラクまで移動しているのをイランが支援しているという批判を行った。イランにとって、アフガニスタンとの国境封鎖は、こうした批判が暗示する「ターリバーンと癒着したアル＝カーイダのテロリストを支援している」という疑惑を晴らすためのものでもあった。しかし、国境封鎖は、ターリバーンがイランに越境することを確実に防ぐことになり、米国の対ターリバーン戦争が効率よく終結する上で功を奏した。この意味では、イランは、米国のアフガニスタン戦争に対し、間接的には協力したことになる。しかし、イランと米国のアフガニスタンでの関係は、それほど簡単なものではない。

9.11事件がおこってからは、イランはアフガニスタンに対し、2つの政策を展開してきた。ひとつは、カルザイ政権を安定化させ、アフガニスタンの政治的安定を回復することであった。ハータミー大統領は、カルザイ政権発足後、一早くカー

◆第 7 章　9.11 後のイランの安全保障政策・中東地域外交と内政のニュアンス

ブルにイラン大使館を再開し、正式な外交関係を結んだ。

　もうひとつのイランのアフガニスタン政策の柱は、アフガニスタンの復興支援を行うことによって、アフガニスタンの政治・経済の再建に貢献することであった。アフガニスタンの国家再建の問題は、ピーク時には 300 万人もいたと言われるアフガニスタン人難民をアフガニスタンに帰還させることでもある[2]。

　イランはアフガニスタン西部のヘラートを、イランのアフガニスタンへの復興支援の拠点に位置づけ、マシャドからヘラートへの道路を整備し、ヘラートの電力インフラ、道路、病院、学校などの経済・社会インフラ整備に力を注いできた。ターリバーン政権崩壊直後の 2001 年から 2002 年にかけては、ヘラートの州知事イスマイール・ハーン（Ismail Khan）を支持していたが、カルザイ政権が 2004 年秋頃までに米軍の後押しで中央政府としての権力を確立していく過程で、イスマイール・ハーンはヘラートの軍閥としての地位は低下していった。しかし、イランのヘラートを中心とした復興支援は、実際の金額は明らかにされていないが、アフガニスタンとイランの貿易額が年々増大するのと比例して発展していったと言われている[3]。

　2007 年初頭より、ターリバーンの復活が著しくなり、アフガニスタンでの米軍のターリバーン掃討作戦が困難な状況下、米国はイランがターリバーンに対して武器や兵器の供与を行っているとして、イランを批判した。2007 年 4 月 17 日には、アフガニスタン駐留の米軍兵士がターリバーンの手に渡ろうとしていたイラン製の兵器を押収したと、米国は報道した。同年 6 月と 9 月にも、イランがターリバーンに売却しようとしていた兵器がターリバーンに届くのを阻止したと NATO 軍は主張している［Katzman, 2009：35］。

　このように、アフガニスタン情勢をめぐっては、イランと米国は、カルザイ政権の安定化にともなう、アフガニスタン全体の治安の維持と国家再建の進展において利益を同じくしつつも、互いに相手の力が極度に伸長することに警戒心を抱いてきた。イランは、アフガニスタンにおける NATO 軍の駐留が長期化するのを危惧

---

[2]　イラン内務省外国人入国・移民管理局局長との筆者のインタビューによる（2004 年 12 月 27 日）。

[3]　2002 年から今日までのイラン外務省及びイラン国際問題研究所にて行われた、イランの外交政策決定者との筆者の諸々のインタビューによる。イランのアフガニスタン復興支援に対する貢献は、これまで米国でほとんど評価されなかったが、オバマ政権発足後、対イラン政策への見直しが本格化し、米国の外交関係のシンクタンクでも、イランの役割がクローズアップされるようになった。以下も、その一例である。［Gavrillis, 2009］

Ⅱ　イランの対アフガニスタン政策・戦略

し、他方米国はイランがアフガニスタンの国家再建に努力することはアフガニスタン復興支援会議に参加した関係諸国の利益でもあると認めつつも、ターリバーンの復活がイランによる武器・兵器支援によるものであると非難しながら、イランがアフガニスタンで極度に勢力を拡大していくことに脅威を感じてきたのである。

　イランと米国の関係は、イランの核開発問題においては敵対的な関係が継続しているが、対アフガニスタン政策においては、協調していく動きがここ数年見え始めた。2009年3月下旬ハーグで開催されたアフガニスタンの安定化に関する国際会議では、米国のヒラリー・クリントン国務長官がイラン高官と短時間接触し、アフガニスタンの安定化においては米国とイランが一致したと述べた。イランのハーグにあるイラン大使館は、これを否定した[4]。

　しかしながら、アフガニスタンの安定化にイランと米国が協力していこうとする動きは、米国の外交関係のシンクタンクによる出版物でも2009年3月より活発化している。イラン側もまたアフガニスタンの安定化へのイランの貢献は大きいという主張を同時期に展開し始めていた[5]。

　イランがハーグの会議に出席したのちの動きとして注目されるのが、4月下旬にカーブルで開催されたイラン、アフガニスタン、パキスタン第1回外相会議である。この会議に出席したモッタキー外相は、運輸、貿易、関税、3国間の経由などの問題を含むあらゆる分野で3国間の経済協力が進展する見通しであると語った。また、モッタキー外相は、イラン・米国関係についての記者団の質問に対し、イラン政府はアメリカの前政権のとったアフガニスタン政策について、批判的な見解であるとしつつ、「オバマ新政権の様々な分野での政策が提示されればイランはそれを検討する構えである」と答えている[6]。

　イラクにおける米軍地位協定がイラク国会で難航したが、2008年11月下旬にイラク国会で承認され、イラクの米軍の撤退のプロセスやイラクの主権の回復を目的とするためのステップが盛り込まれている協定がイラクと米国のあいだで締結された。米国とイランの関心は、治安の悪化をめぐるアフガニスタン問題にシフトした

---

[4]　「アフガニスタン安定化会議：イラン、アメリカ側との会議を否定」2009年4月1日付。Jam-e Jam紙、斉藤正道訳〈http://www.el.tufs.ac.jp/prmeis/html/pc/News20090402_122009.html〉（2009年8月8日アクセス）

[5]　アフガニスタンに以前駐在していた、ある外交官との筆者のインタビューによる（2009年1月25日、於イラン国際問題研究所）。

[6]　「イラン・アフガニスタン・パキスタン三ヵ国第1回外相会談」
〈http://mta.gov.af/en/announcement/3071〉（2012年4月25日アクセス）

◆第7章　9.11後のイランの安全保障政策・中東地域外交と内政のニュアンス

のは自然であった。

　ハーグでのアフガニスタンの安定化に関する会議と上述のイラン・アフガニスタン・パキスタン外相会議を挟み、4月16日には東京で「パキスタン支援国会議」が開催され、米国を含む40カ国が集まり、総額5250億円の支援をパキスタンに対して行うことが決まった。日本は約1000億円を2年間のあいだに支援することを約束した[7]。この会議は、米国のリチャード・ホルブルック（Richard Holbrook）特別代表（パキスタン・アフガニスタン問題担当）がリーダーシップを発揮した会議であった。この会議の約2週間後に3カ国外相会議がカーブルで開催された事実は、イランと米国がアフガニスタン、パキスタン情勢において協力関係を構築していくことが暗に合意されていることが推察され、その仲介役として日本がイニシアティブをとることが期待されている。

　他方、この数ヶ月間のアフガン情勢は、予断を許さない状況になっている。米軍兵士や英軍兵士の犠牲者が増加し、英国もアフガニスタンからの撤退が必要ではないかという世論が高まっている。今後、アフガニスタンの復興開発が本当に進んでいくのか、米軍の増派はアフガニスタンの安定化に寄与するのか、オバマ政権にとってもイランにとっても重要な局面を迎えている。

　2010年1月にオバマ大統領が新たなアフガニスタン政策を発表した。米軍の増派がその骨子であったが、アフガニスタンにおける「国家再建」という用語が薄れているのが特徴的である。基本的には、「テロとの戦い」というパラダイムにもどっており、軍事戦略が中心になっていることが判明した。これは、2002年のボン会議での国際社会のコンセンサスから徐々に離れつつある動きと見ることも可能である。となると、これまで26カ国に近い「地域復興チーム」がアフガニスタンで復興開発を手がけていた動きが、今後進むのかどうかが大きな課題となるように思われる。

　イランとパキスタンとの関係については、デゥラント線の確定の過程で、いわゆるバローチスターンという言われる地域が、アフガニスタン、パキスタン、イランの3国に分かれている。パキスタンのバローチスターン州におけるターリバーンやアル＝カーイダの活動が興隆しつつある現在、パキスタンとイランがどのように治安の維持において協力関係が構築できるかどうか、両国はむずかしい課題を抱えている。

---

(7)「パキスタン支援国会合、総額5250億円の支援を決定」AFP BBNews. 2009年4月17日

III　イランの対イラク政策

　イランは1980年から8年間、サッダーム・フセインのイラクとのあいだに戦争を経験した。そのサッダーム政権が、2003年3月に開始された「テロとの戦い」で崩壊したことは、イランにとっては願ってもない展開であった。その意味で、イランと米国は反サッダームという点で一致していた。しかし、その後の2004年から2006年にかけてのイラクの派閥闘争と宗派間、部族間の戦闘は、イラクを不安定にし、イラクの分裂をイランは恐れていた。イランはイラクの安定化を求めつつも、イラク南部のシーア派多数地域においては、シーア派内にも諸々の派閥があり、イランは複数の派閥勢力に対して、微妙な緊張関係と協調関係を保ちつつ、自国の影響力を拡大する努力をしてきた。

　サッダーム・フセイン政権崩壊後、イラクのシーア派の最大政党となったイラク・イスラーム最高（革命）評議会（Islamic Supreme Revolutionary Council of Iraq）は、その指導者たちがイラン・イラク戦争の時代からイランに亡命し、その根拠地がイランにあった事実はよく知られている。最高評議会に対するイランの影響力が大きいことは米国も特に警戒してきた。2007年2月上旬、同評議会のハキーム師がイランを訪問し、モッタキー外相とイラクの治安の安定化に関する努力を共同で行う声明を出した。その後、イランとの関係が緊密だと言うイメージを払拭するためか、イラク・イスラーム最高革命評議会は、2007年5月には「革命」の用語を落とし、「イラク・イスラーム最高評議会」と改名した。

　イラクのシーア派勢力のなかで、イランとムクタダー・サドル（Muqtada Sadr）師の関係については、サドル師が反米であり、時として米軍兵士をターゲットに戦闘を繰り返してきただけに、米国は特に注視してきた。2004年の4月8日にサドル師の指揮するマフディー軍は米軍とサドル・シティで衝突し、米軍がその蜂起を鎮圧している。イランはその後、マフディー軍の反米スタンスに価値を見出し、2005年にはエルサレム軍（革命防衛隊の特別部隊）を通じて武器援助してきたと米国は主張してきた［Katzman, 2009: 30］。

　イランのこうしたイラクのシーア派武装勢力への軍事的支援に米国は神経を尖らせているが、他方では、イランの対イラク政策は、米国の基調政策と基本的に変わらないという見方もある。モホセン・ミーラーニー（Mohsen Milani）は、イランの基本路線は、ヌーリー・マーリキー（Nuri al-Maliki）首相の中央政府の権限を強

185

◆第 7 章　9.11 後のイランの安全保障政策・中東地域外交と内政のニュアンス

め、イラクの分裂を防ぐことであり、イラク内のシーア派武装勢力へのイランのテコ入れは、イラクの政治が将来どう展開するか未知数の部分があることに対する保険にすぎないと主張している。すなわち、イラクにおいていかなる勢力が将来優勢になるかについては未知数がある限り、イランはあらゆる勢力に対しても友好関係をとりつける政策を選んでいるというのである［Gheissan, 2009:192］。

　イランは、東の隣国アフガニスタンにおいても、9.11 事件のおこる前のハータミー政権期にも、タージーク勢力を中心として組織されていた北部同盟を支援しつつも、敵対関係にあるターリバーンの主要な構成民族であるパシュトゥーン民族の指導者とも緊密な関係を維持していた。グルブッディーン・ヘクマティヤール（Gulbuddîn Hekmatiyâr）がイランに亡命しながら、イランとアフガニスタンを往復していた事実にもこれは反映されている。2009 年 8 月時点で、アフガニスタンに比べればイラクの方がはるかに治安は安定しており、2009 年には、イラクのマーリキー政権は大局としては安定に向かっているように見える。しかしながら、2004 年から 2006 年にかけては、宗派対立のみならず、同宗派間の対立もしばしばおこっていたことを鑑みれば、イランが対イラク政策においても、アフガニスタンと同様、まさかの時に備えて、イラクのあらゆる勢力にも支援する策をとったことは容易に理解しうる。事実、筆者がイラン外務省のイラク政策担当官に聞き取り調査を実施したときも、イランの基本政策はイラクの安定化であることが強調されていた。イラン外務省の湾岸地域センター長のムハンマド・フィールーズニア（Muhammad Firuznia）氏は、「イランの基本政策は、イラク情勢の安定化である。そのために、イランはマーリキー政権には支援を惜しまない。マーリキー政権が発足して以来、この政策は堅持している。問題は、イラクと米国のあいだの治安に関する協定である。イラクにおいて米国とイランがいかに治安を維持しているかという点については、すでに 2 回米国とはイラク内で対話した。」と言う[8]。米国議会の報告書によれば 1 回目は 2007 年 5 月 28 日、第 2 回目は、6 月 24 日に 2 国間の協議が行われ、イラクの安定化が議題であった。フィールーズニア氏は「3 回目は同年 12 月上旬に予定されていたが、米国の意向により、現在、3 回目を開催するのが延期されている」と語った。米国の議会（CRS）の報告書では、イランの意向により延期となったとされている。

　2008 年 3 月と 8 月のイラン外務省関係者との筆者のインタビューによれば、イ

---

(8)　筆者とのインタビュー（於テヘラン、イラン外務省、2008 年 3 月 4 日）。

III　イランの対イラク政策

ラン側は、イランはイラクにおける治安の安定に努力してきたと主張し、その成果がイラクの安定化につながったという。事実、2008年の初頭から3月上旬にかけてマーリキー首相の指示でイラクの治安部隊は、サドル師の軍とバスラで衝突していた。当時、米国の主張ではイランが援助していたと言われているサドル師は、2008年3月30日停戦に合意し、それはイランが仲介したものであったと米国も認めている[9]。サドル師の指揮するマフディ軍の対米軍との戦闘は、その後もバグダードや他の地域でもしばらく継続したが、2008年6月から7月にかけては最終的にイラクの治安部隊がマフディ軍を抑え込むことに成功している。

　イランとイラク政府のあいだでは、2006年5月20日にマーリキー政権が発足して以来、国境線の防衛と治安の維持に関する情報交換や国境貿易などの協力関係の構築が着々と進んだ。2006年9月13－14日、マーリキー首相はイランを訪問し、サッダーム・フセインの時代にイラクが匿っていたイランの反体制組織ムジャーヒディーン・ハルク（Mujahidin Khalq, MKO, イスラーム人民戦線機構）のメンバーをイラン国境付近で国外追放する計画があることをイラン側に伝えている[10]。MKOは、イラクに米軍が駐留し始めてからは、米軍がバグダード北部のアシュラフ収容所に収容されていた。MKOは、2009年7月28日、イラクの治安部隊が収容所を急襲する事件によって、他市民数人が重傷を負ったことが、イラン、欧米、トルコの新聞でも報道されている[11]。MKOを米軍が事実上コントロールしてきた事実も、イラクの治安部隊が収容所を襲撃した事実も、イランと米国がいかに共通の利益をイラクにおいて共有していたかを示唆している。6月12日の大統領選挙を皮切りに現職大統領に対する改革派の反旗が翻り、16日に10万人に近い反体制デモがテヘランでおこったが、その後の6月22日、イラン政府は、今回の騒乱が米国がMKOを後押ししておこしたものであるという声明を出している。こうした状況下で、イラクの治安部隊がMKOの首謀者たちに重傷を負わせるような襲撃を7月29日に行ったことは、イランの体制維持には、好都合であった。

　オバマ大統領は、今回の騒乱について他国が干渉する問題でないことを明確にきわめて早期に発言している。こうした文脈から考えると、イラクの治安部隊の背後に米国の影があった可能性もあるが、イランのハーメネイー体制派は、改革派の抗議行動がおこる度に、米国の関与によるものだという声明を引き続き出している。

---

[9] "Iran's Activities and Influence in Iraq," *CRS Report for Congress* RS 22323（July 25, 2008), p. 6.
[10] Ibid.
[11] *Tehran Times*, July 30, 2009, p. 1.

◆第 7 章　9.11 後のイランの安全保障政策・中東地域外交と内政のニュアンス

　アフマディネジャド大統領は、2008 年 3 月 2 日〜 3 日とバグダードを訪問し、イランのイラク向けの貿易に対して、10 億ドルの保険を付けることを約束した。この訪問は 1979 年のイラン革命後初めてのイラン大統領のイラク訪問であった。この訪問を受けてマーリキー首相が同年 6 月 8 日にイランを訪問した際には、ハーメネイー最高指導者は、「イランと米国のあいだの防衛協定は現在交渉中であるが、それがイラクにおける米国の干渉を永続させるものである」と発言した。この発言によって、イランは、イラクにおける米軍の長期駐留に警戒していることを国内外に明示したのみならず、そうした米国のイラクでの干渉をイランが許さないことをイラクに通告したことをも示している。イラクでの米軍の地位協定がイラクと米国のあいだで交渉が進退を続けていた 2008 年秋、イランは、米軍の駐留が 15 万人残ることについて強く批判した[12]。

Ⅳ　核開発問題をめぐるイランの対応

　2002 年にイランのいわゆる「核開発」疑惑が浮上して以来、すでに 9 年が経過した。イランに対しては、現在、核関連施設で高濃縮ウランの製造を実施しているのではないか、それは核兵器を製造するためではないかという疑惑が国際社会から投げかけられている。イランは、「核不拡散防止条約 (Non Proliferation Treaty, NPT) の加盟国であり、イランのウラン濃縮の権利は NPT の加盟国として当然の権利であり、その目的は原子力エネルギー開発である」と主張している。NPT は、加盟国のすべての核関連施設や核開発の実態や削減を IAEA（国際原子力エネルギー機関）の保障措置に置くことを定めている。NPT には追加議定書があり、IAEA に申告していない施設についても抜き打ち的な査察を加盟国が受け入れることを課している。イランは 2006 年 9 月に追加議定書に署名をしたが、イラン国会で承認されていないため、正式な批准には至っていない。

　イランの核問題については、この 9 年間 IAEA や国連の安全保障理事会を通じてさまざまな動きがあるが、詳細については紙面の関係上本稿では述べない。イランの IAEA の査察について進展が見られたのは、2004 年 6 月である。IAEA 理事会では、イランに対し、「低濃縮ウランと高濃縮ウランの汚染の問題と P 2 型遠心分離機計画関連の問題をはじめ、全ての未解決の問題の解決に資するために必要な

---

[12]　*Washington Post*, October 14, 2008, p. 8.

Ⅳ　核開発問題をめぐるイランの対応

全ての措置を緊急にとること等を求める決議」が、英仏独の共同提案により採択された(13)。イランはこれに強く反発しつつも、IAEAの検証には協力姿勢を見せる一方、「ウラン濃縮をする権利をイランは有し、ウラン濃縮は核開発のためではない」と主張し、核開発問題は平行線をたどっている。イランは、2006年11月には核燃料サイクルの技術に成功したと発表し、その後もウラン濃縮を進めている[Fitzpatrick, 2008:47]。

　こうした状況下、2008年6月の国連安全保障理事会決議を含め、イランに対しては度重なる経済制裁が発動されている。経済制裁が課されたイランでは、政策決定者のあいだで経済制裁とウラン濃縮の継続の意義を問う議論が巻き起こっている。2008年5月、戦略議会調査センターの局長のアフマド・タヴァッコリー氏は、「イランへの経済制裁はあまりに過大な対価であり、もっと穏健な外交政策の枠組みが模索されるべきだ」と、イランの核外交政策を批判した。同年7月に、EUのソラナ上級代表が、ドイツ、中国、米国、フランス、イギリス、ロシアの6カ国の政治代表団を同行して、サーエド・ジャリーリー氏とジュネーブで交渉が行われた際、6カ国は、「イランがウラン濃縮を凍結するなら国連の決議も凍結する」という「二重の凍結」案を提案した。アリー・ヴェラヤティー元外相（最高指導者の外交問題顧問）は、この二重凍結案受け入れを主張したが[Fitzpatrick, 2008:47]、この交渉も結局は決裂した。

　2010年6月下旬に発動されたイランに対する金融制裁は、従来の経済制裁とは比較できないほどイラン経済に影響を与え始めている。最も深刻なのは、石油輸出の決済がドルでもユーロでもできない事態であり、インドに対してはルピー、中国とは元など決済通貨の多様化を図っているが、その限界が露呈するのは時間の問題であろう。しかしながら、経済制裁の効果は、じわじわとはイランを締め付けてはいるものの、イラン経済に決定的な打撃を与えるまでには至っていないが、今後数年のあいだには大きな影響は避けられないだろう。

　ルトフィアン氏は、濃縮を継続する代わりに、イランが「核開発プログラムの凍結」をするという選択肢を取るためには、EUとの交渉過程で、次の4つの条件が満たされるべきであると提示している[Lotfian, 2009:171]。その中にはイランのWTO加盟や、ペルシャ湾における地域的安全保障体制にイランが組み込まれることなど、実現可能性が早期には望めない内容がある。ルトフィアン氏の指摘する最も

---

(13)　外務省ホームページ『イランの核問題』（平成16年6月付）

◆第7章　9.11後のイランの安全保障政策・中東地域外交と内政のニュアンス

重要な条件は、「イランが電力資源の代替を模索する技術的な支援を外国から受けること」であろう。この技術的な支援の中には、イランに対する核燃料の安定供給の問題がある。

　2010年2月11日、アフマディネジャド大統領が、イランが20％の濃縮レベルまで成功したことを表明し、その後2月17日には、大統領が「核燃料がイランに提供されることが確約されれば、イランは高濃縮をやめてもよい」という修正の声明を出した。その後も、公益評議会戦略研究所の所長であるローハーニー師が、「イランは20％の濃縮ウランと低濃縮ウランとをスワップすべきではなく、20％濃縮ウランを購入すべきである」という声明を出し、国内でも意見が分かれている。

　イランのウラン濃縮が核兵器の製造能力をもつレベルに達するのはいつかという点ではこれまで諸説が出ている。2年から5年という見方がある一方[14]、2011年1月にはイスラエルのモサド長官が5年以上はかかるという声明を出している。2009年IAEAのエルバラダイ事務局長は、CNNのインタビューでイランは2年から5年くらいのあいだに核開発製造能力を持ちうると答え、まだ交渉の道は残されていると語っている。

　他方、イランの大統領は、たとえ米国やイスラエルがイランを軍事的に攻撃することがあったとしても、十分に応戦するだけの軍事力を備えていると考え、そうした考えをこれまでも繰り返し主張している。革命防衛隊長のラヒーム・サファヴィー（Rahim Safavi）も、革命防衛隊の報復能力に自信を示している。

　こうした動きの中で、トルコはイランと米国のあいだの仲介役として、2010年6月、イランが5％の低濃縮ウランをトルコに搬出し、その見返りに30％の高濃縮ウランと交換するという「スワップ取引」を提案した。核兵器製造では、高濃縮ウランのレベルと量が問題になるため、イランの実施する高濃縮ウランのレベルと量に対するモニタリングを強化するという案である。この案により、イランのウラン濃縮に対しこの案がどのように実施されるか詳細はまだ明らかではない。しかし、重要なのは、交渉は2011年1月に第二回目の交渉が実施され、イランもトルコも交渉を継続する構えがあるという点である。

　ここ数年、核開発問題に脅威を感じているイスラエルが、イランに対して軍事攻撃をする可能性があるのではないか、という報道がなされている。しかしながら、このトルコとイランとの交渉が継続する限り、イランに対する軍事攻撃はそれほど

---

(14)　*Washington Post*, October 8, 2008, p. 8.

現実的ではないだろう。少なくとも米国がトルコの背後でイランに対する外交努力を担保しているからである。また、2011年1月チュニジアに端を発した、エジプトのムバラク大統領政権の崩壊や他の中東地域でおこっている劇的変化によって、イスラエルはイランを含めた外交政策の見直しを迫られているからでもある。

◆ おわりに

　本章の最初の説で考察したように、現在のイランのガバナンスは、イラン・イスラーム共和国体制の確立の過程で強固に確立されてきたことがよくわかる。そして、そのあり方は、イラン・イスラーム共和国のイデオロギーと密接にむすびついている。一般にある国家の対外的な行動様式に変化が現れるのは、まずはイデオロギー上の緩和がおこってからである。したがって、イランのようにその安全保障体制がイデオロギーによって規定されている面が強い国家の場合、行動様式すなわち安全保障政策が現体制のなかで大きく変わることは予想できない。

　とすれば、米国にとっての予防外交の中核になるイランが親米国家になること、また親イスラエルになる可能性は低く、米国の予防外交にとってイランの現体制は予防外交の障害になるが、イランの予防外交にとっては米国のそうした基本政策はイランがそれを追求する上であまり問題にはならない。

　イラクとアフガニスタンという治安の安定に時間がかかる両国の狭間に置かれたイランは、イラク、アフガニスタンの安定化に向けて、米国と協調する側面はこれまでにもしばしば観察された。他方、両国に米軍が指揮する多国籍軍が駐留する限り、イランの米国に対する警戒心も続く。米国はイラクからは2011年夏、アフガニスタンからは2012年夏、軍の撤退を決めている。それが本当に可能になるのかは今後のアフガニスタンでの治安状況にもよるところが大きい。米軍の撤退が完了した後のイラク、アフガニスタンにおいて政情の安定が確保される見通しは、2011年末の時点では特にアフガニスタンにおいては暗いものがある。アフガニスタン情勢が今後5年から10年、暗澹たる状況で推移するとすれば、それはイランの安全保障政策にとっては懸案事項であり続ける。失業率とインフレの二重苦を背負った若者層は、チュニジア、エジプト、リビアでそれぞれの体制に対して反旗を翻した。断続的に反政府デモが続くイランでも、近い将来、現体制は崩れるのだろうか。今後の動向に注視する必要があるが、体制の壁はまだ厚いように見える。

◆ 引用文献

〈欧文文献〉

Alfoneh, Ali. 2008. "What Do Structural Changes in the Revolutionary Guards Mean?" *Middle East Outlook*, no.7（September）.

Contemporary Iran.

Fitzpatrick, Mark. 2008. *The Iranian Nuclear Crisis: Avoiding worst case outcomes*, London: Routledge Taylor & Francis Group.

Gavrilis, George, "Harnessing Iran's role in Afghanistan." 'Council of Foreign Relations June 5, 2009（online）.〈http://www.cfr.org/publication/19562/harnessing_irans_role_in_afghanistan.html?breadcrumb=%2Fregion%2F279%2Fsouth_asia〉（2009年8月6日アクセス）

Gheissari, Ali, ed.. 2009. *Contemporary Iran: Economy, Society, Politics*.（New York: Oxford University Press, 2009）.

Katzman, Kenneth. 2009. *Iran: The US Concerns and Policy Responses*, CRS（Congressional Research Service）（July 10）, pp.30, 35.

Lotfian, Saideh. 2009. "Nuclear Policy and internaitonal relations." in Homa Katouzian & Hussein Shahidi eds. *Iran in the 21st Century: Politics, Economic and Conflict*, London & New York: Routledge.

Tohidi, Nayareh. 2009. "Ethnicity and Religious Minority Politics in Iran," in Ali Gheissri ed. *Contemporary Iran: Ecoomy, Society, and Politics*,（Oxford: Oxoford University Press）.

Wehney, Frederic（Jerald D. Green, Brian Nichiporuk, Alireza Nader, Lydia Hansell, Rasool Nafisi, S. R. Bohandy）. 2009. *The Rise of the Pasdaran: Assessing the Domestic Roles of Iran's Islamic Revolutionary Guards Corps*. RAND National Defense Research Institute.〈http://www.rand.org/content/dam/rand/pubs/monographs/2008/RAND_MG821.pdf〉（2009年8月1日アクセス）

◆ 第8章

テロ対策に有効なイスラーム的概念の社会化に
関する一考察──サウディアラビアを事例に

中村　覚

◆ はじめに

　本章では、テロリズムの予防に効果を発揮している政策として、サウディアラビアで展開された「過激思想の穏健化政策」をとりあげる。「過激思想の穏健化政策」は、テロ対策のための外交、諜報、法執行、戦争などのモデル［Cronin&Ludes, 2004］には分類しきれない特徴を孕んでいる点で注目される。

　テロ対策における「予防」的措置としては、第一にテロリストに対する警戒や警備の強化があげられるところであるが、本章でサウディアラビアのテロ対策をとりあげるのは、「強制力の行使」とは別次元の「対話」によるテロ対策が、予防外交における「武力行使以外の政策による紛争解決」と通ずる点があると着目したからである。

　9.11事件の発生後、実行容疑者19名のうち15名の母国であったサウディアラビアは、テロリズムの危険な土壌なのではないかと世界中で危惧された。だが、そのサウディアラビア自身も、のちにテロの洗礼を受けることとなった。2003年5月12日深夜、サウディアラビアの首都リヤドで、米国人やサウディアラビア人などが居留する3箇所の外国人居留区に対する連続自爆テロ攻撃が加えられ、死者26名、負傷者194名の惨事が起きたのである。この事件では邦人3名も軽傷を負った［公安調査庁, 2006:24］（以下、この事件を「5.12事件」と称す）。5.12事件を端緒として、2003年以降はサウディアラビアで、「アラビア半島のアル=カーイダ機構（Al-Qaida Organization in the Arabian Peninsula：QAP）」によるテロ事件の連鎖が発生した[1]。

　国家がテロリズムを支援したり、テロ対策を推進したりする要因を分類したベイマンは、5.12事件発生以降にサウディアラビアにおいてテロ対策が強化された理

---

(1) このQAPは、2006年内には一端、ほぼ壊滅した模様であり、その後イエメンで活動してきた同名の"QAP"とは実体としては異なるものと考えられる。

193

◆第8章 テロ対策に有効なイスラーム的概念の社会化に関する一考察

由は、テロリズムに対する脅威認識が高まったからであると指摘した［Bayman, 2005:224-238］。だが、本稿は、テロ思想との戦いで政府による対策が充分に整備されたのは、5.12事件からさらに約2年が経過した2005年以降であったとの見解を提示する。

　サウディアラビアによるテロ対策の特徴として、5.12事件以降に導入された、元義勇兵に対するリハビリや、若者に対する啓発活動による「ソフト・テロ対策戦略」は、一定の成功を収めているとの評価が現れている［Boucek, 2008］。関連する研究として、ヨルダンとパキスタンでの「啓蒙的イスラーム」の普及を通じた過激イデオロギーの穏健化政策や、獄中に拘留されたイスラーム団のメンバーに対するエジプト政府の対話政策が効果をあげて、同集団の指導層が武装闘争路線を放棄した事例に着目した研究が現れている［Jarrar, 2009;Goerzig & Al-Hashimi, 2007;Malik, 2005］。サウディアラビアのテロ対策は、明確な原則や方針を打ち出さないが、他のムスリム諸国から取り入れた方策が多いと考えられる。

　なお、本稿では、テロリズムに関連する各種の定義や認識が紹介されるが、各アクターの認識において形態としての戦争、内乱、テロ行為の区別は相対的なものであり、むしろ、非難されるべき「テロ行為」なのか、正当な「抵抗運動なのか」という価値評価が重要な争点となることが多く、また、「テロリスト」というラベリングは敵を同定する発話行為となっている、という点を指摘しておきたい。サウディアラビアでは、対テロ・キャンペーンが効果を上げるまでは、庶民にとって「抵抗活動」と「テロリズム」の境界は、判別が難解であった。彼らが日々メディアで耳にしていた国際政治に関する情報や解説からは、誰が抵抗運動の唱道者で誰がテロリストであるかの判別は容易なものではなかったのである。なお、本論における「社会化」概念は、形式社会学における「諸個人の相互作用の中から社会が存立する過程を意味する」という定義に依拠したものとしている[(2)]。

I　5.12事件発生後のテロ対策の限界

（1）　初期の中道政策の限界

　5.12事件が発生した翌日、アブドゥッラー皇太子（'Abd al-'Allāh bin 'Abd al-'Azīz Āl Su'ūd）は、テロリストを「腐敗している」と描写し、事件を強く非難した。ま

---

(2) 『社会学辞典（縮刷版）』（弘文堂、1994年）：390-391頁。

た、6月にリヤドで、サウディアラビア政府主導で思想家を集めて開催された「思想的対話のための第一回祖国会議」で過激派が批判され、「中道と穏健」路線が掲げられた［King Adul Aziz Center for National Dialogue, 2005］[3]。事件から約1ヵ月で、反テロ思想の中核となる「中道と穏健」路線は、主要な知識人の代表によって公的な見解として確認されるための手続きを踏んだことになる。だが、誰もが自己の思想は正当であると主張するのがイスラーム政治の特質である。そこで、政府のテロ対策が適切なものだったといえるかどうか、分析的に検討する必要がある。

5.12事件後、3名のジハード（聖戦、jihād）主義のイスラーム学者が逮捕されたが、同年11月、この3名がサウディアラビア国営テレビに出演し、自分たちの見解が誤りであったと獄中から懺悔する発言を行った［樋口, 2004/2005：151-2］。彼らの懺悔の後、サウディアラビアで、自己の政治目的を実現する手段として暴力の行使を公的な場で主張する者はいなくなった。しかし、以下で見るように、サウディアラビア国内では、まだテロリズムが明解に否定されるようになったとは、言い切れなかった。

5.12事件後、2004年末までに、サウディアラビア政府は44名のモスクの説教師、160名の礼拝導師（イマーム）、149名の礼拝呼びかけ師を罷免した。また1357名が職務停止と再訓練に処された。その内訳は、517名のイマーム、90名の金曜説教師、750名の礼拝呼びかけ師であった。合計すると1700名が何らかの処分を受けたことになった［Bashir, 2005］。再訓練は過去にも行われていたが、これはかつてない大規模な措置であった。ただし、サウディアラビアには数万のモスクがあり、全てのモスクから「過激」思想の温床が除去されたと確証されたわけではなかった。

5.12事件の後、一定の対策が講じられたが、テロリズムを非難する発話行為が公共空間で確立したといえるか、また、テロリズムを唱道する論調が本当に消滅したといえるかが問題だったのである。

（2） QAPとイラクへの義勇兵に関する分析

アル=カーイダに関しては、すでに多数の文献が著されているので本章では、サウディアラビア政府によるQAP対策を中心に論ずることとする[4]。QAPの起源は不明であるが、政治・シャリーア委員会、軍事委員会、広報委員会、財政委員会な

---

[3] なお、ここでは、「思想家」とは、ワッハーブ主義ウラマーや、サフワ主義の中堅（非政府系）ウラマー、大学教授、新聞のコラムニスト、リベラル派知識人などを指す。

どから構成される組織構造をもっていたといわれる。今では、QAP は、2003～2004 年に大衆動員に失敗したことが判明している。だが、当時、サウディアラビアでの QAP による政府機関や外国人に対するテロ攻撃は熾烈であった。また、サウディアラビアからイラクにテロリストが侵入するなどの問題も生じていた。

2004 年までの QAP の実行犯と容疑者 64 名に関する分析によると、メンバーの特色は、低学歴とイスラーム性の高さであった。歴代のリーダー 4 名は、高校すら卒業していなかった。これは、高学歴者の理系出身者が多いといわれるエジプトの過激派とは異なる特性である。メンバーの半数はアフガニスタンへの渡航を経験し、その多くがターリバーンの米国に対する戦争にも参加しており、ボスニア、チェチェン、カシュミールなどでの参戦経験者もいた。QAP メンバーの平均年齢は 20 代であり、「ジハードの声（Ṣawt al-Jihād）」などの QAP が運営していたウェブサイトがメンバーやシンパに提供していた情報は、2004 年に閲覧禁止となるまで、組織の維持や新たなメンバーのリクルートについて決定的に重要な役割を果たしていた。

以上のことから、サウディアラビアでは、テロ事件の実行犯は低学歴者であり、イスラームや政治に無知な社会階層が過激化したのが特徴である、という説が有力になっている［Meijer, 2005:289-299］。この結果、サウディアラビア国内では、テロ思想と戦う政策の基本は、「『無知な者』を正しいイスラームに導く」というものとされている。

サウディアラビア政府の許可を受けつつ、イラクで戦ったサウディアラビア人に関するデータを最も多く収集した T・ヘッグハマーによる研究は、あまり知られていないが重要である。彼は、2003～2005 年までに 205 名の標本に関する分析を通じて、ワッハーブ主義者の多い中部地域出身者の比率は高いが、学歴、豊かさ、出身部族に関して極端な偏重は見られないと指摘する。また、イラクで拘束された外国人戦士の中では、サウディアラビア人の比率は 10％でしかないが、自爆テロ犯の中ではサウディアラビア人が最高比率の 61％という 2 つの数字を紹介している。また、イラクにおける反米闘争に参加したサウディアラビア人は 1,500 名程度であり、通説で数千人～1 万数千人程度が参加したといわれるアフガニスタンでの反共闘争に比べて小規模であったという。

---

(4) 包括的な研究としては次のものがある［バーク, 2004］。また、テロ対策との関連では以下がある［Cronin, 2006］。

ヘッグハマーは、サウディアラビア人がイラクで戦おうと考えたきっかけは、巡礼地やモスクでイラクでの抵抗運動を奨励するイマームの演説を聞いたり、また、インターネットでイラクの凄惨な状況に関するニュースを目にしたりしたことであったと指摘している。そして、その対策として、過激な汎イスラーム思想の系譜に対する多様な手段が講じられるべきであると指摘した［Hegghammer, 2008］。
　以上をまとめると、QAP のメンバーや、イラクで戦うサウディアラビア人戦士には、インターネットの情報や一部のイマームの見解が影響を与えていたといえる。QAP に参加した者は低学歴層であったが、それを扇動した者にはモスクのイマームやイスラーム学者が含まれていたと考えられる。しかし、サウディアラビア政府はこれを認めていない。

（3）　国際テロ対策協力を促すイスラーム的概念が普及していなかった

　サウディアラビアでは、2005 年以前には、テロ対策のために有効なイスラーム的な概念が十分に社会化されていなかった。「ジハード」という概念は、イスラームでは全く否定的意味を持たない。そこで、「ジハード主義者（Jihādiyūn）」という概念を不用意に使い過ぎると、彼らの主観性を正しく表現することにはなるが、「テロリスト」と「抵抗運動の活動家」を区別することができないし、テロリストを非難していることにもならない。また、「テロリズム」について批判する誰かが、「ジハードという概念が危険の源泉である」と主張しても、ムスリムは聞く耳を持たないであろう。
　アラビア語では、「テロリズム」を形容する概念として、「イルハーブ（irhāb）」が最も頻繁に用いられる［中田, 2005］。「イルハーブ」の「原意」は、「恐れさす」であり、外来語である「テロ」という概念の直訳に適しているのである。だが 9.11 事件以後、知識人たちが「イルハーブ」に関する議論や論説を展開するとき、欧米のイスラーム批判に対して「イスラームは、テロリズムの源泉となる価値ではない」という防衛的な反論を展開することばかりに関心を奪われてしまう傾向があった。そして、米国などの「国家」こそがムスリムに対して「テロリズム」を働く元凶である、との言説が支持を集めていた。このため、サウディアラビアにおいて、「テロリズム」という外来の概念は「テロ」対策に世間の注目を集める手段として有効性に欠けていた。
　サウディアラビアの治安問題の専門家であるアフマド・ルバイシュ（Aḥmad Rubaysh）博士は、イスラーム法学（フィクフ）で「テロリズム」に最も近い概念は、

◆ 第8章　テロ対策に有効なイスラーム的概念の社会化に関する一考察

「ヒラーバ（ḥirābah）」であるとの見解を示している。ヒラーバとは、従来は、強盗や交通妨害を意味していたとするが、スンナ派四大法学派の定義を総括して、「〔イスラームの〕無謬性に対する攻撃であり、ムスリムやムスリムの統治下にある庇護民（ジンミー）や「通行や滞在を許可された者（ムスタアミン、musta'amin）」に対する暴力で、砂漠、建物、海、空における人々や政府要人に対する殺害、名誉の侵害、金品の強奪、国家の公法に対して挑戦する脅迫行為」である、と要約している［Rubaysh, 2003:39-40］。「名誉の侵害」とは、女性に対する犯罪行為である。

　そして、このようなヒラーバ概念の定義は、「テロリズム」を否定する意味が備わっていると論じているのだが、まだほとんど安全保障学の文脈では研究対象とされたことがない概念であることから、彼の思考が及んでいないと見られる問題点を2つ指摘したい。第一に、上述のような定義の要約は、現代的な治安専門家である彼によって行われる、治安専門家のサークルでの再解釈という営みにしかなっていなかった側面である。大事な点は、かつて上述のようなヒラーバ概念は、ほとんど人々には、普及していなかったことである。9.11事件の前では、イスラーム学者が人々に対して訓戒を発する際には、ヒラーバ概念によってではなく、統治者への反抗や「内乱（fitnah）」を戒める、という意味合いが訓戒されていた[5]。内乱を戒めるという観点では、イスラームやムスリムに対する攻撃を戒める趣旨は伝達されるが、国際的なテロ対策への協力を促進するような含意をもつ、普遍的なテロリズムの概念が普及されなかったといえるだろう。

　第二に、異教徒を「『ムスリムの統治下にある』庇護民（ジンミー）」や「和平を結ぶ者（ムスタアミン）」などとしか、認識できないという限界である。現代の国際社会において、ムスリムと非ムスリムの関係性は対等になっており、非ムスリムを「ムスリムの統治下にある」庇護民や「通行や滞在を許可された者」などの概念でしか認識できないのでは、非ムスリムに対する敬意に限界が生ずると考えられる。この点は、テロリストの発生が、異教徒に対するタクフィール（後述）問題にあった以上、提起されるべき問題点であると考えられる。

　ハーミド・リファーイー（Ḥāmid al-Rifā'ī）博士は、人間の安全保障を提唱し、テロリズムの抑制を主張した『保存者ではなく、パートナーとして』を著したが、同書の英語版は、リヤドで開催された国際会議でサウディアラビア政府によって無償で頒布されていた。同書中で、ジハードは、イスラーム共同体（ウンマ）が侵略

---

[5] このような観点が反映された解説の例として、以下がある［森, 2001:142］。

I　5.12事件発生後のテロ対策の限界

を受けた場合にのみウンマの指導者によって宣言される集合的義務であると論じつつテロリズムを批判したが、同時にムスリムが異教徒を「カーフィル（不信仰者、kāfir）」：単に「他者」と呼ぶべきであると提唱した。彼は、異教徒をジンミーやムスタアミンとは呼ばなかったのである。このような概念の使用法を提唱する理由を彼は明確に述べていない［Rifae, 2008：126, 132-9, 232, 240-6, 288］が、こういったところがイスラーム政治論の難解なところである。

（4）「テロリズムを促進する発話行為」抑制の困難性

　サウディアラビアでは、5.12事件の後にも、テロ行為を公然と扇動している者がいたのであろうか。さまざまな疑惑が欧米のメディアで報じられたが、その真偽を証明するのは難しいことであった。また、サウディアラビア政府も、対処に苦慮していた様子であった。

　ここでは、5.12事件の後にサウディアラビアが直面していた危険を明解に指摘するために、「テロリズムを促進する（facilitate）発話行為」という概念を用いる。サウディアラビアでは、5.12事件の後、公然とテロリズムが扇動されることはなくなった。だが、2004年の末までは、イスラーム学者による演説、宣言や文章の中には、テロ行為を否定するものであっても、それを聞いたり、読んだりした者が、戦いに参戦したくなるような発話行為が見られていた。「テロリズムを促進する発話行為」の第一のタイプは、サフワ主義者[6]たちによって、発せられていたものであり、第二のタイプは、司法問題最高評議会議長であった長老イスラーム学者のサーリフ・ルハイダーン（Ṣāliḥ al-Luḥaydān）師の演説であった。

　サフワ主義者とは、ムスリム同胞団系の思想の系譜にあり、湾岸戦争の際に米軍の駐留に反対した勢力の中心であるが、テロリズムに反対し、イスラーム民主主義を目標としていた。また、サフワ主義者は、9.11事件に関する論評、5.12事件後の反テロ声明、2004年11月の「イラクの人々への手紙」などで、無辜の人々を殺害するテロ行為を非難する見解を表明した。この点で、サフワ主義者は、欧米の研究者によっても反テロ勢力と見なされることがあり、評価が難しい［Jones, 2005］。

　しかし、サフワ主義者の声明は、実際に読んでみると、実は、テロ行為を扇動しているのではないかという印象を受ける。彼らの声明をみると、テロ事件への非難は冒頭の部分のみで終わり、残りの部分では、無辜のムスリムを抑圧する米国の中

---

[6]　サウディアラビアにおける政治思想の主な潮流を概観したものには、［中村, 2005］がある。

東政策への批判と、イスラームはテロの源泉となる価値ではないという護教論にほとんどが費やされる。また、テロ行為を非難しはするが、テロ対策の強化を提唱することはない。サフワ主義者は、米国を十字軍と呼ぶが、それは、文明の衝突を唱道しているようなものである。また、サルマーン・アウダ（Salmān al-'Awḍah）師は、ウサーマ・ビン・ラーディン（Usāmah bin Lādin）に宛てた公開書簡でテロ行為を批判しているが、「同胞ウサーマ」と何度も呼びかける文体は、テロリストに対して同情的な印象を醸し過ぎであろう[7]。

　サフワ主義者による声明は表面的にはテロ行為を非難しているので、サウディアラビア政府としては彼らを逮捕しにくい。だが、彼らの声明がテロリストを批判する気持ちを薄れさせるものである点において、それにはテロリズムを促進する効果があるといえる。政府としては対処の難しい問題であった。

　次に、司法問題最高評議会についてである。これについては、評議会の議長であったルハイダーン師が、2004年10月にサウディアラビアのモスクで、「もしも、イラクで戦うために入国することが可能であり、その意図がアッラーの御言葉を達成するためであるなら、それを自由に実行することができる」と演説した際の録音が、2005年4月26日のNBCニュースで報じられた。NBCは、ルハイダーン師本人に電話で問い合わせ、それは自分の声である、という返事を得た。ただし、ルハイダーン師は、サウディアラビア人の若者を煽動したのではないと回答した。また、サウディアラビア政府の広報官は、録音は偽物であるとコメントしたという [Myers & the NBC Investigative Unit, 2009]。

　ルハイダーン師は、イスラーム学者の序列の中でも、司法問題最高評議会議長という政府の公職者としてもトップランクに位置していた長老であったため、国際メディアを中心に、サウディアラビア政府はイラクでのテロリズムを煽動する政策を秘密裡に推進しているのではないかという疑いが広まった。

　しかし、ここで指摘しておくべきは、サウディアラビアでは政府の役職に就いていたとしても、長老イスラーム学者であれば一般の政府要員とは異なる別格の敬意の対象となるという点である。長老イスラーム学者が政府によって「解任」されたと言える前例は、1992年、サウード家を批判する「勧告覚書」を非難しなかった

---

(7) 英語版としては、サルマーン・アウダが運営するサイトの以下を参照。"Sheikh Salman Interviewed by Arab News.", "A Ramadan Letter to Osama bin Ladin.", "The War as We See It.", "Regarding the Attacks on Riyadh - Preliminary Suggestions to Our Scholars and Our Media Figures.", "An Opinion About What Has Happened In America." *WWW.islamtoday.com 'Issues and Concerns'.* 〈http://www.islamtoday.com/default.cfm〉（2009年7月1日アクセス）

イスラーム学者に対して行われたことがあっただけである［森, 2001:151-2］が、政府がイスラーム学者を批判することは考えられない国柄である。そこで政府は対処方法に苦慮した、と見てよいのではないだろうか。こうして、サフワ主義の2004年11月の声明に続き、ハイダーン師の演説が公然化した2005年4月までには、サウディアラビア政府は対テロ政策の転換が不可避と認識するようになっていたと考えられる。

II テロ対策に関わる概念の社会化

　本節では、サウディアラビア政府がテロ対策の道具として用いた概念や、それを普及させたメディアと政府の広報活動を検討する。

（1）　テロ対策の正当性の定着
——テロ対策祖国連帯キャンペーンと国際テロ対策会議

　サウディアラビアにおけるテロ対策に関する国内的支持が一段と強化されたきっかけとなったのは、2005年2月の全国的テロ対策啓発運動であった。同運動は、サウディアラビア政府が主導したものであり、「テロ対策祖国連帯キャンペーン（Ḥamlat al-Taḍāmun al-Waṭanī ḍidda al-Irhāb）」と称された。テロ対策祖国連帯キャンペーンは、同月5日よりサウディアラビア政府が主催した反テロ国際会議（於リヤド）に合わせて、その準備期間に展開された。国防省、祖国警備隊、内務省、宗教事項省、情報文化省、イマーム大学などの宗教系を含む各大学、地方自治体がシンポジウムを開催することが、現地紙で報道された。また、中学校と高校でも、ヨルダンで用いられた手法を取り入れた、テロ対策に関する講義が開講された。この運動は、前例のない規模で政府機関を動員する政策となった［中村, 2007］。しかしながら、本キャンペーンは、サウディアラビア政府が描く包括的な対テロ戦略の中では、その一部に過ぎなかった。

　2005年2月5～8日に開催された国際テロ対策会議は、前年の国連総会でサウディアラビア政府による主催が承認されていたものであり、50ヵ国の代表が参加した。この会議は、国際的なテロリズムの定義を国内で広報するさきがけとなったこと、また、テロ対策に国内での正当性を与えた点で成功を収めた。

　会議の最終宣言には、サウディアラビア側の主張として、「テロリズムは、特定の宗教、人種、地域に根ざしたものではない」と、イスラームとテロリズムには因

◆第8章　テロ対策に有効なイスラーム的概念の社会化に関する一考察

果関係がないことを認める前文が盛り込まれた。また、テロリズムは、「イスラームと国際安全保障への脅威」であると、イスラームと国際安全保障を併置した文章を挿入することにも成功した。サウディアラビア政府は、国民が納得するような主張を国際的な合意に盛り込むことに成功したのである。

　また、米国への批判が強い世論を抑えつつ、国連を中心とする国際社会の枠組みのなかに国際テロ対策を位置づけたことも大きな成果であった。サウディアラビア政府は、最終宣言に関する報道などを通じて、テロ対策の13条約に準ずる内容となる国際基準の包括的なテロリズムの定義を国民に周知することに成功した［Wizārat al-Khārijīyah, 2006］。こうして、サウディアラビアにおけるテロ対策は、反米感情から切り離されたのであり、その意義は小さくなかったと考えられる。積極的な広報活動を通じ、テロ対策に関する国際規範を国内規範化したのである。

（2）「新テロ対策戦略」

　5.12事件後のサウディアラビア政府による対テロ政策には体系的な国家政策として発表されたものはないが、本章では一連の政策を観察した結果を「新テロ対策戦略」と呼ぶこととしたい。「新テロ対策戦略」は、政府主導でメディアを通じてテロリズムの脅威と安全保障に関する意識を喚起し、モスク、学校、大学、家庭などを動員することで、テロ対策を強化し、「安全保障化」[8]を図ろうとする方向性を内包すると言える。各集団の「安全保障化」を通じて、テロ対策に社会の各集団を動員する戦略は、2005年までには大学の教員の間で一定の支持を受けるようになっていた［Mālikī, 2006］。

　2006年には、「新テロ対策戦略」の一端が、高校生向けの夏休み特別講習で用いられる教本の中に垣間見られた。教本には、22の安全保障分野が図示されていたが、それらは、「文化」の安全保障（Amānah）、「教義」の安全保障、以下、「心理」「宗教」「思想」「歴史」「情報」「価値・倫理」「食料」「金融」「保健」「工業」「環

---

[8]　「安全保障化」概念に関して本論文は、［Williams, 2003］に依拠した。Williamsは、「安全保障化」は、「発話行為の安全保障化」の側面から分析されるとする一方で、狭い意味での発話行為の範囲を超えて議論を展開している。すなわち、「安全保障化」は、政治や政治以外のイシューが安全保障の問題とされるようになることであるが、その過程では、権威によって実在する脅威が主張されること、緊急対処の行為がとられること、ルールを自由に破り、ユニット間の関係に影響が生ずることがあげられている。また、「安全保障化」は、政治的な議論（argument）、正当性に関する論争、安全保障に関わる慣行や行為（action）、倫理（ethics）の役割や変化（transformation）などにおいて、観察されるという。

境」「雇用」「国際」「行政」「祖国」「社会」「家族」「政治」「経済」の安全保障というものであった［Zahrānī, 2006:795］。「新テロ対策戦略」の起源は、正確には明らかではないので、今後の検討課題である。また、心理学系の安全保障研究者による研究成果が反映されるという新たな特徴が見られるが、講習の実施においてはイスラームの宣教師が中心的な役割を果たした。

また、2007年3月までには宗教事項省に、若者への過激思想の伝播を予防する目的で、モスクのイマームや説教師に再教育を施す「遮断(Taḥṣīn)委員会」なるものが設置されたようである。そして、その教本として80頁の冊子が発行されたと報じられた[9]。遮断委員会の目的は重要であるが、その活動については、ほとんど伝えられていないことから、同委員会によっては本格的な成果が上げられたわけではないと考えられる。

(3) 「タクフィーリユーナ」概念による批判

5.12事件の後、テロリズムを批判する概念的な道具として確立されたのは、まず、テロリストを「イスラームの正しい道を踏み外した者（ダラールあるいはダール、sg. ḍalal/ pl. ḍalalīn) or (sg. ḍāll/ pl. ḍawāll)」と位置づけることである。"ḍalal"も"ḍāl"も同じ意味の概念であるが、聖クルアーンの第1章第7節に現れる語句であることから、ムスリムであれば誰でも、その含意を誤解する余地のない明解な伝達力を持っている。ダラール概念は、アブドゥッラー皇太子によって使用され始めたようである。

2005年以後、テロリストのみならず、テロリズムを促進するような発言をする者を批判する場合に、「タクフィーリユーナ（sg. takfīrī/ pl.takfīryūna)」という概念が、広く使用されるようになった。「タクフィーリユーナ」とは、「『不信仰者（カーフィル、kāfir)』と宣告する行為（タクフィール、takfīr)」をしすぎる者たち、という意味である。定訳はまだないようであるが、「タクフィール主義者」が適するかもしれない。聖クルアーンでは、異教徒でもムスリムでも「不信仰者」と裁定されると最後の審判で地獄に堕ちるとされているので、慎重に見極められなければならないとされている〔婦人章第94節、第115節〕[10]。だが、テロリストたちは法

---

(9) "Ṣuwar Awwal Kitāb li-Ḥamalat al-Taḥṣīn ḍidda al-Irhāb allatī Sa-tuṭliq-hā Wizārat al-Shu'ūn al-Islāmīyah（イスラーム事項省が開始するテロ対策のための「遮断」キャンペーンのための初の冊子について）," al-Riyāḍ, electric edition, October 19, 2007.

(10) クルアーンの章句は、日本ムスリム協会『日亜対訳聖クルアーン』に依拠した。

解釈の資格もないのに容易にタクフィールを宣告し、相手を死刑の対象とする。サウディアラビアでは、他意なく異教徒を「不信仰者」と呼ぶ者がかつては見られたが、それは、異教徒に対する敵対感を助長しやすい風土を生み出したといえる。

2005年以後、サウディアラビアでは、テロリストのみではなく、テロリズムを促進する言動を繰り返す者たちも「タクフィーリユーナ」と批判されるようになった。「タクフィーリユーナ」は、イスラーム法学の概念ではなく、メディアでの造語なので、イスラーム学者は使用していない。また、サウディアラビアに限らず、イスラーム世界では、テロリストを批判する際には、ジハード主義者ではなく、「タクフィーリユーナ」概念が使用されるようになっている。

(4)「タクフィーリユーナ」を批判したイスラーム学者と知識人

サウディアラビアで「タクフィーリユーナ」を最初に明解に批判したのは、政府ではなく、改革派ワッハーブ主義のイスラーム学者と、イスラーム・リベラル派の知識人たちであった。9.11事件が発生した際、多くのサウディアラビア人が、犯人はサウディアラビア人ではないと思ったことが知られているが、これは、一般の人々がサウディアラビアの思想史の中に過激な分子の流れが含まれていたことを知らず、これを警戒する意識をもっていなかったためであった。このように、サウディアラビア人の意識が低かった背景には、サウディアラビアが情報閉鎖社会であるという背景もあったであろう。2003年11月のジハード主義者による懺悔を受けて、2004年になると現地紙は、テロリストの思想が形成された歴史として、サフワ主義やアル=カーイダの起源と発展を批判的に解説する記事を掲載し始めた。

それらの記事が掲載されたのは、主に、『中東（al-Sharq al-Awsat）』紙、『祖国（al-Waṭan）』紙、『リヤド』紙、『アラビーヤ』放送ウェブサイトなど、サウード家が所有するメディアであった。また、それらの記事の執筆者は、リベラル・イスラーム主義者たちであった。例えば、サウード・カフターニー（Sa'ūd al-Qaḥṭānī）氏は、もっとも早い時期となる2004年初めに、5.12事件の後でもサフワ主義者がテロリストに対して一定の影響力を保っているという論陣を張り、危険性を指摘した［Qaḥṭānī, 2004］。

「タクフィール」宣言が乱用されている問題をもっとも明解に非難したのは、法務省司法問題顧問のムフシン・ウバイカーン（Muḥsin al-'Ubaykān）師で、彼がこの見解を表明したのは2005年5月のことであった。改革派ワッハーブ主義者である彼は、ワッハーブ派のイスラーム学者が、テロリズムを批判するような世論を形成

Ⅱ　テロ対策に関わる概念の社会化

しようとしないことを批判し、サウディアラビアでは初めて、テロリストたちはムスリムや非ムスリムを永遠に殺害し続けるだけであろう、とメディアを通じて明解に断定した［Dhaydī, 2005］。

　そして、彼は、タクフィール（不信仰者）という概念に代えて、「非ムスリム（ghayr muslimīn）」という概念をできるだけ使用するべきであるとサウディアラビアでは最初に提唱し、イスラームでは、聖地を例外として、アラビア半島から異教徒を追放するという発想はないと指摘した。また、ウバイカーン師は、イスラーム学者の標準的な作法に則り、クルアーンやハディース（預言者に関する伝承）を引用しつつ、タクフィールや「非ムスリム」などについての自らの法的解釈の正当性を立証する一方で、解釈を提示する際には、公益（maṣlaḥah）の実現という観点が重要であるという議論を展開した。公益という概念を提唱することにより、政治、経済、安全保障などの観点から実利的にバランスのとれているイスラーム解釈が重要であると伝えようとしたのであろう。

　ウバイカーン師は、イスラーム学者ではあるが、最高ウラマー会議などの「長老クラブ」には属していない。むしろ、法務省に属しながら、政府の見解の代弁者としての役割を果たしている。また、ウバイカーン師は、リベラル・イスラーム主義のフサイン・シュボクシー（Ḥusayn Shubukushī）氏から、サウディアラビア思想界の「スター（najm）」であるとして絶賛された［Shubukushī, 2004］。リベラル・イスラーム主義たちはイスラーム法学に疎いために最高ウラマー会議のイスラーム学者たちとの論戦で苦杯を嘗めていたので、ウバイカーン師の出現を心強く感じたのであろう。

　同時期、現地紙は、リベラル・イスラーム主義者に転向した元アフガニスタン義勇兵や元サフワ主義者たちに関する逸話を報道するようになり、人々にテロリストの実体を知らせることに貢献したが、こうした事例は日本でも紹介されている［辻上, 2007］。また、2005年のラマダーン（断食）月には、アラブで広く視聴者をもつオープンなMBC放送局で「天国の乙女たち（al-Ḥūr al-ʿAyn）」という連続ドラマが放映され、ジハードから帰還してサウディアラビアで生活する若者の生活が描かれた。監修は元アフガン義勇兵のジハード主義者で、リベラル・イスラーム主義者に転向した人物が担当した。監督を務めたナジュダ・アンズール（Najda Anzūr）氏は、「イスラームは寛容、対話、平和の宗教であることを伝えたかった」と述べた。放送開始から、このドラマはイスラームやジハードの姿を歪めているとの抗議が殺到した［Ḥāmid, 2005］が、このドラマは、サウディアラビアの人々に、戦うことに

205

ついて改めて考えさせる機会を与えた。

　以上にみたとおり、サフワ主義者やテロリストに対する明解な批判は、改革派ワッハーブ主義者とリベラル・イスラーム主義の連合によってメディアにおいて展開され、テロ対策への人々の支持を高める効果を発揮したと考えられる。

（5）　元義勇兵に対するカウンセリング ── 「助言委員会」

　サウディアラビアでは、テロに関与したなどとして収監されている元義勇兵などに対するカウンセリングは専門家からの「助言」を提供する対話の場であると位置づけられており、英字ニュースでは「リハビリテーション」として紹介されている。そして、それを担当する組織は「助言委員会（lajnat al-Munāṣaḥah）」と呼ばれ、内務省におかれている。テロリストの「リハビリテーション」は、他のムスリム国ですでに実施されていたが、サウディアラビアにも導入されたわけである。

　参加者は、ジハード、タクフィール、ワラーア（アッラーへの忠誠）などの10科目についての6週間の授業を講義やゼミ形式で受講し、最後に試験を受ける仕組みとなっている。刑務所から離れた場所に専用の建物が建設されており、期間中は手錠が使われず、参加者には個室か相部屋が配分され、昼食を芝生で食べたり、サッカーや卓球をして遊んだりできるという。

　2008年までに、100名以上のイスラーム学者や心理学者などがカウンセリングの実施を担当した。カウンセリングを受けたのは約3,000人である。そのうち、1,400人は過去における自分の思想を批判するようになり、釈放されたという。カウンセリングに参加した者は、釈放される際に、一日につき約3万円相当の補償金を収監されていた日数分、受け取っているという［Boucek, 2008: 18, 21］。また、釈放される際には、以後の生活に有用な支援がされるようであり、たとえば、タクシー運転手になりたいとの希望を述べた者に自動車が与えられた例が報道されている［Fleishman, 2007］。

　カウンセリングの成果であるが、2008年までに、1400名の釈放者のうち35名が再逮捕されたという。また、グアンタナモ刑務所からの帰還者121名のうち、6名が再逮捕されたという［Beam, 2009］。この報道が正確であれば、それぞれ、約2％と約5％の「再犯率」ということになる。2009年の初め、カウンセリング受講後に釈放された2名が、イエメンでアル＝カーイダ機構の活動に合流した事件が報道されたり、「再犯率」が上昇しているのではないかと指摘されたりしたことから、助言委員会の存在意義が問われたものの、全体としては再犯率も低いのであり、テ

ロ対策の制度としては、もはや欠かせないとの指摘が多い。他方、ヒューマン・ライツ・ウォッチ（Human Rights Watch）は、カウンセリング参加者が、裁判を受ける権利を享受できないまま、長期間拘束され、強制的にカウンセリングを受けさせられているなどの理由から、人権侵害であると批判している［Human Rights Watch, 2009］。

（6） ウェブサイトの監視と「対話」──「平安委員会」

「平安（Sakīna）委員会」は、2004年の途中から宗教事項省に設置されているようである。平安委員会には65名以上の専門家が登録されており、交替で毎日8名がサウディアラビア内外のウェブサイトを閲覧し、タクフィール思想や過激思想が書かれているのを発見するとウェブサイトの作成者に問い合わせをするという、「対話」活動を展開していると説明されている。

報道によると、平安委員会は、設置後、最初の1年間に約1000名と「対話」したが、その後は、過激サイトの数が減少し、2007年2月までで、通算1,566名と対話した。そして、それらのサイトの70％は湾岸諸国で開設されていたという。また、成果であるが、「対話」の結果、400のサイトが閉鎖され、690名が過激思想を放棄したとされるが、驚くべきことに、サウディアラビア国内の過激サイトの40％は女性によって運営されていたという。また、2007年には、過激サイトの70％は「学者や研究者」によって運営されていたとされる[11]。ただし報道では、「女性」や「学者や研究者」の詳細は明らかにされていない。

サウディアラビア人テロリストの80％はウェブサイトを見てテロ活動に参加し始めたともいわれる状況下で、「平安委員会」は、重要な役割を果たしていると考えられる。「対話」という方式からは、「警察国家」と簡単にラベルしにくいサウディアラビアの一面も浮かび上がる。だが、何が「過激」で「タクフィール」かの基準については、明示されていない。また、委員会の法的根拠が不明であることから、強制力は伴わない「対話」活動とはされているものの、表現の自由を侵害している可能性を否定できない。

---

[11] "Ḥawarat Akthar min 1566 fī al-'Ālam al-'Arabī wa Urubbā wa Amrīkā: Sakīnah al-Su'ūdīyah Tanjaḥ fī Iqnā' 690 Takfīrīyina bi-Tark Afkāri-him.（アラブ世界、ヨーロッパ、アメリカの1566名以上と対話：サウディの平安委員会は、690名のタクフィーリユーンの改心に成功）", *al-'Arabīyah*, February 20, 2007.

◆ 第8章 テロ対策に有効なイスラーム的概念の社会化に関する一考察

（7） 世論調査などに見られる総合的成果

　ルハイダーン師は、2005年5月に現地紙で「イラクやサウディアラビアにおけるテロ（irhāb）を煽動したことはない」と発言し、イラク問題に関する発言はトーンダウンしたが[12]、その後もテロリズムに関する件以外で様々な問題発言を繰り返した。明解な理由が国王によって示されたわけではないが、ルハイダーン師は2009年3月の閣僚会議再編の際に最高司法評議会議長を解任され、より穏健なイスラーム学者（諮問評議会・元議長）が任命された。過去のイラク問題に関する発言がどれだけ影響したのかは、推測するしかない。少なくとも、長老格のイスラーム学者が公職を「解任された」と言えるのは、1992年以来の出来事であり、この解任はサウディアラビア政治に衝撃をもたらした。

　2005年12月に、サフワ主義者のアーイド・ガルニー（'Ā'iḍ al-Qarnī）師は、「タクフィーリユーナ」と批判されることに嫌気がさして、伝道活動を引退すると宣言した[13]。ガルニー師は、詩人として名高く、人気の高い文化人である。2006年11月、現地紙に、アウダ師はリベラルに転向したのだとする論評が掲載された[14]。これらが事実であるとすれば、サフワ主義の姿勢が脱政治化する動きを象徴する重要な出来事だったのではないだろうか。

　米国の世論調査機関である「テロリストのいない明日（Terrorist Free Tomorrow）」による2007年11月から12月におけるサウディアラビアの世論調査では、「サウディアラビア人がイラクで米国主導の有志連合軍に対して戦うこと」については、「支持」が30％、「反対」が46％であった。また、「アル＝カーイダを支持する」は10％、「支持しない」が65％であった。自爆テロに関して、「しばしば、あるいは、ときには正当である」が13％、「ほとんど、あるいは絶対に正当ではな

---

[12] "Al-Shaykh al-Luḥaydān: Mā Baththatu-hu Ba'ḍ al-Qanawāt 'an Annanī Uḥarriḍ al-Irhābiyīna fī al-'Irāq wa al-Su'ūdīyah Amr lā Ṣaḥḥah la-hu wa Da'wā Warā'a-hā Murīdū Asā'a," （シャイフ・ルハイダーン：私がイラクやサウディアラビアのテロリストを煽動したという複数の放送局の報道は事実無根であり、悪意によるものである)," *Al-Sharq al-Awsaṭ*, electric edition, May 3, 2005.

[13] "'Ā'iḍ al-Qarnī: al-Ḥaddāthyūn Ya'tabirūna-nā Khawārij wa al-Takfīriyūna "Ulamā' Sulṭah wa al-Sāsah Murtābūna （アーイド・ガルニー：近代化主義者は私たちをハワーリジュ、「体制派ウラマー」のタクフィーリユーナ、疑わしい政治家と見なしている)," *Al-Sharq al-Awsaṭ*, electric edition, December 4, 2005.

[14] "Al-Rāshid: Salmān al-'Awda Akthar Lībrālīyah Minnī wa Hunāka Ḍughūṭ 'Alā al-'Arabīyah （サルマーン・アウダは、私よりもリベラルである。また、アラビーヤ放送局に対して圧力がかかっている)," *al-'Arabīyah*, November 17, 2006.

い」が80％であった［Terrorist Free Tomorrow, n.d.: 8, 9, 13］。

　これらの数値から、サウディアラビアでは反テロの価値観が強い、と評価できるだろうか。駐イラク米軍への攻撃を抵抗運動と見なす見解は、正当性を得ているとは考えられない。時期がややずれているが、「世界世論（World Public Opinion. Org）」の調査を用いてムスリム諸国全体との比較を試みる。「世界世論」によると、2008年におけるムスリム8ヵ国における世論調査では、「駐イラク米軍への攻撃」を承認する見解が、パレスチナ自治区で90％、エジプトで83％、ヨルダンで72％、モロッコで68％、トルコで40％であった［World Public Opinion, Org. 2009］。これらとの単純比較には問題があるが、サウディアラビアでは「サウディ人がイラクで米国主導の有志連合軍に対して戦うこと」に対する「支持」が30％であったことから、サウディアラビアでは「駐イラク米軍への攻撃」を承認する見解が相対的に少ないと評価してよいだろう。他方、「アル＝カーイダを支持する」が10％という結果は一見すると低い支持率ではあるが、先進国との比較でいえば、非常に危険な水準である。今後も、サウディアラビアのテロ対策に予断は許されないであろう。

◆ おわりに

　サウディアラビアのソフト・テロ対策は、欧米式の人権規範に照らし合わせると、人権侵害に相当する部分があることから、これを高く評価することは政治学者としては気後れする点がある。だがこの政策の実態に関してサウディアラビアの治安専門家と意見交換すると、米国主導の対テロ戦争とは異なる発想で立案された政策であり、「辛抱強く」、「温情のある」、「現実的な」政策であるとムスリムには映ることが窺える。サウディアラビアのソフト・テロ対策の立案者の発想には、若者に対する懇情があったと言える。彼らに対して社会復帰の機会を提供しながら、テロリストとなることを防いだ点で公益に適い、「現実的な」効果を生む政策となった。

　サウディアラビアの多くの若者が、「助言委員会」の活動により社会復帰することができた。だが中には、カウンセリングを受けてもテロリストになってしまった者がいた。この確率は止むを得ない部分であると考えて、社会復帰の途に着く若者を重視したとき、サウディアラビアのテロ対策は、「辛抱強い」と言える。サウディアラビアの治安当局には、若者の社会復帰促進など目指さずに、全員を拘束したままにする警察国家的方法も選択肢にあるかもしれないが、そのような方法はと

◆ 第 8 章　テロ対策に有効なイスラーム的概念の社会化に関する一考察

られていない。だとしても、サウディアラビアの「ソフト」テロ対策は、「社会復帰」率が100％に達することを目標に改善され、さらに人権保護に則した制度に改善されることが期待される。また、テロリストの中には、無差別な殺傷を続けても決して懺悔することはなく、テロ行為に巻き添えにされる無実の犠牲者に対する痛みを感じない者たちもいることから、今後、テロ事件が発生した際には断固した対応がサウディアラビアで必要とされることも事実である。

　サウディアラビア政府は、これまでテロ対策に関する戦略や原則を発表してこなかったため、本章はアラビア語の公開情報を活用することによってサウディアラビアのテロ対策の展開を明らかにすることを試みた。その結果、サウディアラビアにおけるテロ対策は、一方では政府が、他方では改革派ワッハーブ主義者やリベラル・イスラーム主義者らが重要な役割を果たし、その発展を支えてきたことが明らかになった。

　サウディアラビアの一般の人々がテロリズムの脅威についての認識を高めるためには、それに適した概念の社会化が必要となった。このため、テロリストに対しては「イスラームから踏み外した者たち」という概念、「テロを促進する発話行為」に対処するためにはダラールやタクフィーリユーナという概念が使用された。また、テロ対策国際会議においては、テロ対策が反米感情と切り離され、テロ対策に関する包括的定義が国内で紹介されたのである。テロリズムに関わる諸概念の社会化が、サウディアラビアの政治や社会を安全保障化すると言える程に強化されていくのか、それは今後の研究課題に残された。とはいえ、本章の事例が示したように、地域で展開される言説に敏感さを獲得することができない限りは、国際安全保障学は有効な政策を提唱することはできないと考えられる。

◆ 引用文献

〈欧文・アラブ文献〉

Bashir, Abdul Wahab. 2005. "Kingdom Has No Plans to Close Down Charities." *Arab News*, electric version, January 1, 2005.

Beam, Christopher. 2009. "Jihadis Anonymous." *Slate*, electric edition, January 23, 2009.

Boucek, Christpher. 2008. "Saudi Arabia's 'Soft' Counterterrorism Strategy: Prevention, Rehabilitation, and Aftercare." Carnegie Papers, Middle East Program number 97,〈September 2008〉〈*www.carnegieendowment.org/files/cp97_boucek_saudi_final.pdf*〉（2009年8月29日アクセス）.

Byman, Daniel .2005. *Deadly Connections: States that Sponsor Terrorism*. Cambridge: Cambridge

University Press.

Cronin, Audrey K. & Ludes, James M. eds. 2004. *Attacking Terrorism: Elements of Grand Strategy*. Washington D.C.: Georgetown University Press.

Cronin, Audrey K. . 2006. "How al-Qaida Ends: The Decline and Demise of Terrorist Groups." *International Security*, vol. 31, no. 1.

Dhaydī, Mishārī al-. 2005. "Adʿū li-Tashkīl Lajnat ʿUlyā li-Muḥārabat al-Fikr al-Tafkīrī wa Urī Munāẓarat Usāmah bin Lādin wa al-Muqaddisī wa Fāris Āl Shuwayl（私は、タクフィールしたがる不信仰者たちと戦うための高等委員会の設置を提唱する。また、ウサーマ・ビン・ラーディン、ムカッディシー、ファーリス・アール=シュワイルの見解を解説する）." *Al-Sharq al-Awsaṭ*, electric edition, May 15, 2005（2005年5月23日アクセス）.

Fleishman, Jeffrey. 2007. "Saudi Arabia Tries to Rehab Radical Minds." *Los Angels Times*, electric edition, December 21, 2007.

Goerzig, Caroline & Al-Hashimi, Khaled. 2007. "Change through Debate: Egypt's Counterterrorism Strategy towards the Gamaa Islamia." paper prepared for delivery at the Sixth Pan-European Conference on International Relations, Turin, 12-15 September 2007.〈archive.sgir.eu/.../Goerzig-Change%20through%20Debate%20-%20Turin.pdf〉（2009年8月29日アクセス）.

Gunaratna, Rohan. 2002. *Inside Al Qaeda: Global Network of Terror*. New York: Columbia University Press.

Ḥāmid, Anwar. 2005. "al-Ḥūr al-ʿAyn, Musalsal Ramaḍānī Yuthīr Jadalan fi al-ʿĀlam al-ʿArabī（ラマダンの連続ドラマ「天国の乙女」は、アラブ世界で論争を引き起こしている）." *BBC.Arabic.com*, October 10, 2005〈http: //news. bbc. co. uk/hi/arabic/middle_east_news/newsid_4325000/4325384.stm〉（2006年8月23日アクセス）.

Hegghammer, Thomas . 2008. "Saudis in Iraq: Patterns of Radicalization and Recruitment." *Culture & Conflict*.〈http://www.conflits.org/index10042.html〉（2009年9月2日アクセス）.

Human Rights Watch. 2009. *Human Rights and Saudi Arabia's Counterterroism*, August 10, 2009〈http:www//hrw. org/sites/default/files/reports/saudiarabia0809web. pdf〉（2009年9月9日アクセス）.

Jarrar, Abeer Ghazi. 2009. "Combating a Religious Radical Ideology v. Suppressing Islamic Opposition: Jordan's Approach to Counterterrorism." Corbell Law School Inter-University Graduate Student Conference Paters.〈http://scholarship.law.cornell.edu/lps_clacp/26〉（2009年8月29日アクセス）.

Jones, Toby Craig. 2005. "The Clerics, the Sahwa and the Saudi State." *Strategic Insights*, electric edition, vol. 4, no. 3.〈http://se1.isn.ch/serviceengine/Files/ISN/34006/.../jonesmar05.pdf〉（2009年7月31日アクセス）.

King Adul Aziz Center for National Dialogue. 2005. *An Introductory Guide*, Riyadh: King Adul Aziz Center for National Dialogue.

Mālikī, ʿAbd al-Ḥafīẓ al-. 2006. *Naḥw Bināʾ Istrātījīyah Waṭanīyah li-Taḥqīq al-Amn al-Fikrī fi Muwājahat al-Irhāb*（テロ対策における思想の安全保障を実現するための祖国の戦略の建設に向けて）, Risālat al-Duktūrāh. al-Riyāḍ: Jāmiʿat Nāʾif lil-ʿArabīyah lil-ʿUlūm al-Amnīyah.

Malik, Ahmed. 2005. "Islam, Terrorism, and the Strategy of Enlightened Moderation." *Master of*

Military Art and Science Strategy, Faculty of the U.S. Army Command and General Staff College. Fort Leavenworth: Kansas. 〈*www.allacademic.com/meta/p210818_index.html*〉（2009 年 8 月 29 日アクセス）

Meijer, Roel. 2005. "The 'Cycle of Contention' and the Limits of Terrorism in Saudi Arabia." in Paul Aarts and Gerd Nonneman, *Saudi Arabia in the Balance*. New York: New York University Press.

Lisa Myers & the NBC Investigative Unit. 2005. "More Evidence of Saudi Doubletalk? Judge Caught on Tape Encouraging Saudis to Fight in Iraq." MSNBC.Com 〈http://www.msnbc.msn.com/id/7645118/〉（2009 年 9 月 2 日アクセス）

Qaḥṭānī, Saūd al-. 2004. "al- Ṣaḥwīyūna wa al-Jihādiyūna… Ittifāq wa Iftirāq（サフク主義者とジハード主義者…合意と分裂）."*al-Shara al-Awsat*, electric edition, January 7, 2004.

Rifae, Hamad bin al-. 2008. translated by M. Muneer S. Al-Asbahi. *Partnerships Not Guardians: Islam and Its Response to Human Rights Aspirations*. Jeddah: Sarawat Printer.

Rubaysh, Aḥmad bin Sulaymān Ṣāliḥ. 2003. *Jarā'im al-Irhāb wa Taṭbīqāt-hā al-Fiqhīyah al-Mu'āṣirah*（テロリズム犯罪とフィクフの現代的適用）. Al-Riyad: Maṭābi' Akadīmīyah Nā'if al-'Arabīyah lil-'Ulūm al-Amnīyah.

Shubukushī, Ḥusayn . 2004. "Ṣawwtū lil-'Ubaykān!（『ウバイカーンに投票せよ！』）" *al-Sharq al-Awsaṭ*, electric edition, November 10, 2004.

Terrorist Free Tomorrow, n.d. "Saudi Arabians Overwhelmingly Reject Bin Laden, Al Qaeda, Saudi Fighters in Iraq, and Terrorism: Also among Most Pro-American in Muslim World." 〈http://www.terrorfreetomorrow.org/upimagestft/TFT%20Saudi%20Arabia%20Survey.pdf〉（2009 年 7 月 1 日アクセス）

Williams, Michael C. 2003. "Words, Images, Enemies: Securitization and International Politics." *International Studies Quarterly* 47.

Wizārat al-Khārijīyah. "al-Bayān al-Khitāmī lil-Mu'tamar（サウディアラビア外務省『テロ対策国際会議最終声明』）." 〈http://www.ctic.org.sa/adocument.asp〉（2006 年 9 月 6 日アクセス）

World Public Opinion.Org. 2009. "Muslim Publics Oppose Al Qaeda's Terrorism, But Agree With Its Goal of Driving US Forces Out." February 24, 2009 〈http://www.worldpublicopinion.org/pipa/articles/brmiddleeastnafricara/591.php?lb=brme&pnt=591&nid=&id=〉（2009 年 7 月 1 日アクセス）

Zahrānī, Misfar Sa'īd Muḥammad al-. 2006. *al-Thaqāfah al-Amnīyah Ladā Ṭullāb al-Marḥarah al-Thānawīya fī Mamlakat al-'Arabīyah al-Sa'ūdīyah*（サウディアラビア王国における高校課程の生徒における安全保障の文化）. al-Riyāḍ: Ḥawāzim.

〈和文文献〉

バーク，ジェイソン．2004．坂井定雄、伊藤力司訳『アルカイダ —— ビンラディンと国際テロ・ネットワーク』講談社．

樋口征治．2004．「サウディアラビアと『対話』への模索 —— 2002 年『文化人声明』問題を振り返る」『中東研究』484 号．

公安調査庁．2006．『テロリズム要覧』．

森伸生．2001．「サウディアラビアの体制派宗教勢力」『サウディアラビアの総合研究』日本国際問題研究所。
中田考．2005．「イスラームとテロ」『大航海』54号。
中村覚．2005．「サウディアラビアの政治思想潮流」『中東協力センターニュース』2005年6/7月号。
中村覚．2007．「反テロキャンペーンの広まり」中村覚編『サウディアラビアを知るための65章』明石書店。
辻上奈美江．2007．「揺らぐジハード思想――ワッハーブ主義の行方」『中東協力センターニュース』32巻1号。

第9章

『恐怖の均衡』がもたらす安定と不安定
―― 国際政治とレバノン・イスラエル紛争

末近　浩太

◆ はじめに ―― アラブ最後の熱い戦線

　アラブ諸国とイスラエルとの戦争、いわゆる中東戦争は、1973年の第四次を最後に、今日まで新たに起こっていない。この40年間でエジプトとヨルダンがイスラエルとの単独和平条約に調印するなど、国家間戦争の蓋然性は低下したと言える。また、PLO（パレスチナ解放機構）は、1993年のオスロ合意を経て、イスラエルとの平和的共存を前提とする姿勢に転じた。

　このように、アラブ諸国の間に徐々にイスラエルとの和平の機運が高まっていくなかで、未だに戦時体制を崩していないのがシリアとレバノンである。なかでも、シリアが1973年以降イスラエルとの直接的な軍事衝突を回避してきたのに対して、レバノンは1978年、1982年、1993年、1996年、そして2006年と、少なくとも5度にわたってイスラエルとの大規模な軍事衝突を経験してきた。シリアがイスラエルとの冷戦状態にあるとするならば、レバノンは「アラブ最後の熱い戦線」にあると呼べるだろう。

　だが、この戦線が重要な意味を持つのは、それがただ「熱い」からだけではない。それは、レバノンとイスラエルの両国に限定された局所的な地域紛争であると同時に、中東域内政治さらには国際政治における代理戦争の様相を呈しているからである。この紛争は、中東さらには世界を巻き込む危険を帯びているのである。

　しかし、国際社会がこの紛争の解決に向けて十分な取り組みをしてきたかと言えば、そうではない。国連は、1978年のIDF（イスラエル国防軍）によるレバノン侵攻の後、レバノン南部の国境地帯にUNIFIL（国連レバノン暫定軍）を展開させ、兵力の引き離しと停戦の監視に務めてきたものの、それからも4度の大規模軍事衝突が起きている。何よりも、暫定軍の展開という「暫定措置」が、半年または1年ごとに延長されながら30年以上も講じられていること自体、国連が紛争の抜本的解決に効果を挙げていないことを示唆している。

◆第9章　『恐怖の均衡』がもたらす安定と不安定

　こうした事態の背景には、このレバノンとイスラエルの紛争が国際政治による代理戦争の性質を帯びていることから、アクター間で停戦のシナリオや方法をめぐる合意に困難をともなうという事情があった。一般的に言って、世界の紛争の多くは、第3、第4のアクターの介入や大国の利益に翻弄され、結果的に拡大・長期化する傾向がある。この紛争も例外ではない。

　だが、レバノンとイスラエルとの紛争には、他の紛争とは異なる大きな特徴がある。それは、実際に戦火を交えている主体が、一方はイスラエルという主権国家であるのに対して、他方がレバノンのシーア派イスラーム主義組織・運動ヒズブッラー（ヒズボラ）であるという点である。このことが、紛争解決に向けての取り組みにおいて、次の二つの問題を生んできた。

　第一に、国家対非国家主体の「非対称戦」であることが、紛争解決に向けての国際社会における法的・制度的な対応を遅らせている[1]。第二に、ヒズブッラーがイスラーム主義組織・運動であるため、紛争の原因が「イスラーム原理主義」や「テロリスト」といった用語で単純化されてしまい、その結果、実質的な対応よりもイデオロギー的な議論に陥りがちとなる。

　度重なる軍事衝突、30年以上にわたる長期化、国際政治への波及の懸念。それにもかかわらず、国際社会による解決への取り組みは停滞し、さらには因果関係をめぐる認識の混乱が生じている——。本章は、こうした問題意識に基づき、レバノンとイスラエルの紛争の原因と史的展開を再検討し、その構図と特徴を今一度見直すことを目的とする。そして、この紛争の解決および予防のための一視座を提示してみたい。

I　紛争の基本構図

（1）　なぜ紛争は発生したのか

　レバノンとイスラエルの紛争は、1948年5月のイスラエル建国とそれにともなう第一次中東戦争を契機とする。以来、両国は継続して戦争状態にある。だが、今日のヒズブッラーとイスラエルとの非対称戦については、1970年代末に生じた南

---

[1] 「非対称戦」という語は、1990年代以降に登場し、特に2001年の9.11事件以降人口に膾炙することになったが、その意味や内容には統一した合意があるわけではない。非対称性の基準を紛争主体の軍事力の差異に置く場合もあるが、本章では紛争主体の種別に注目し、国家対非国家主体という法的な相違に置くことにする［加藤, 2010:211-225］。

レバノン問題を出発点に考えていく必要がある。

1970年代、PLOを中心とするパレスチナ人武装組織は、イスラエルと国境を接する南レバノン（以下、南部地域）に拠点を築き、そこからイスラエルに越境攻撃を行っていた。これに対してイスラエルは、1978年3月、パレスチナ人武装組織の掃討を目的とする「リターニー作戦」を発動し、IDFをレバノン領内へと侵攻させた[2]。国連安保理は、ただちにこのイスラエルによる行動を非難し、決議第425号を採択、IDFのレバノン領内からの無条件撤退とレバノンの領土・主権・独立回復を要求した。そして、UNIFIL（5000～7000人、任期は6ヵ月または1年更新）を南部地域の国境地帯に展開させ、同決議の履行と停戦の監視の任務にあたらせた[Murphy, 2007]。

だが、この国連安保理による措置は、イスラエルによるレバノン領土の占領という新たな問題を生んだ。イスラエルは、南部地域に「安全保障地帯（security zone）」という名の実効支配地域を設け、パレスチナ人武装組織による越境攻撃に備える緩衝地帯としたのである。むろん、IDFが同地域に展開した場合、安保理決議第425号が要求する「無条件撤退」に抵触する。そこで、イスラエルは元レバノン陸軍将校サアド・ハッダードを司令官とするレバノン人民兵組織SLA（南レバノン軍）と同盟関係を築き、IDFと合同で「安全保障地帯」の実効支配およびパレスチナ人武装組織との戦闘を担わせた。こうして、レバノン領内にイスラエルによる「占領地」が出現した[Hamizrachi, 1988]。レバノンとイスラエルの紛争は、この「安全保障地帯」という名の「占領地」を舞台に、占領者に対する被占領者による解放闘争の構図となった。

「安全保障地帯」は、その後22年にわたって設置された。イスラエルは、2000年5月、「安全保障地帯」を無条件で放棄し、IDFのすべての部隊をレバノン領内から撤退させたと宣言した。しかし、レバノン政府は、シャブアー農場および「七村」を含む「占領地」が残存しているとの立場から、撤退は不完全であり、安保理決議第425号の履行が不十分であると主張した[3]。その結果、国境線をめぐる両国の相違が顕在化し、帰属の定まらない国境地帯に駐留するIDFとレバノンの抵抗運動との間の小競り合いが絶えない状態が生じたのである。

以上のように、南部地域を舞台とする紛争は、当初パレスチナ人による対イスラエル武装闘争がレバノンへと波及するかたちで始まったものの、イスラエルが「安

---

(2) 「リターニー川作戦」は、レバノンの南部地域を流れるリターニー川以南からパレスチナ人武装組織を排除することを目的とした[Kaufman, 2010:26-30]。

◆第 9 章　『恐怖の均衡』がもたらす安定と不安定

全保障地帯」という名の「占領地」を設置したことで、レバノン人による解放闘争へとその性格を変えていった。その後2000年にイスラエルが「安全保障地帯」を放棄してからは、紛争の争点は国境線をめぐる両国間の見解の相違へとシフトした。

　このように、一口にレバノンとイスラエルの紛争と言っても、第一次中東戦争以来の国家間の紛争──広義のパレスチナ問題の一環──であると同時に、争点や紛争主体が移り変わってきたことに留意しなくてはならない[4]。

(2)　国家対非国家主体の非対称戦の構図 (1980年代)

　この紛争の大きな特徴は非対称戦にある。南レバノン問題の発生から、イスラエルと戦火を交えてきたのは、レバノン国軍ではなく主にヒズブッラーであった。ヒズブッラーは、1980年代初頭の結成以来、南部地域でIDF／SLAとの戦闘を繰り返してきた。その一方で、1990年代以降はレバノンの合法政党として議会政治に積極的に参加し [Suechika, 2000:259-314;末近, 2002]、2005年からは国民議会議員だけではなく、閣僚を輩出するなど、レバノンの政治や社会と不可分な存在となっている。

　ヒズブッラーは、米国によって「国際テロ組織」に指定されていることに象徴されるように、欧米においてアル＝カーイダとならぶ「イスラーム原理主義」の代名詞として見られてきた[5]。しかし、その結成の歴史を紐解いてみると、1982年6月

---

(3)　「七村」とは、西から順にタルビーハー、アビル・アル＝カムフ、フーニーン、アル＝マーリキーヤ、アル＝ナビー・ユーシュア、カダス、サリハーの七つの村を指す。英仏委任統治期の1924年4月に「七村」は英国委任統治下のパレスチナに併合されたとするイスラエル側の主張に対し、レバノン政府とヒズブッラーは1948年に国内へと流入した「七村」からの難民に国籍を与えたことを根拠にそれらがレバノン領であるとの立場をとっている [Hallāq, 1999: 16-17]。一方、シャブアー農場は、イスラエル占領下ゴラン高原の北端に位置する面積約25平方キロのなかに大小14の農場を持つ地域である。ヒズブッラーとレバノン政府の公式見解 (1999年12月発表) では、1923年と1949年の英仏による二度の「シリア分割」においてシャブアー農場がシリアの領土となったことは確認できるが、1951年にシリアからレバノンに「口頭合意」で移譲されたことになっている [Muṣṭafā, 2003:575-579]。
(4)　例えば、レバノンとイスラエルとの国境線をめぐる見解の相違も、未だ解決の糸口が見えないイスラエルと将来のパレスチナ国家の国境線をどうするかという中東和平プロセスにおける現在進行形の交渉課題と直結している。イスラエルとは何か、パレスチナとはどこか、といった流動的な問題と連動していることを見れば、レバノンとイスラエルとの紛争も広義のパレスチナ問題の一環であり、また、21世紀になっても根強く残る植民地主義の負の遺産であることがわかる。南レバノン問題については、[Nasrallah, 1992] が詳しい。
(5)　例えば、[Byman, 2003] を参照。

のパレスチナ人戦闘部隊の駆逐を目的としたイスラエルによるレバノン侵攻（「ガリラヤの平和作戦」）の最中、国土防衛のための抵抗組織（レジスタンス）として誕生したことがわかる。外国勢力からのレバノン国土の防衛が彼らの第一義的な目的であり、IDFと戦い続けることがまた彼らのレゾンデートルでもあった［末近, 2009；2010］。

ヒズブッラーの結成当初は、イラン革命を範にした世界規模のイスラーム国家の樹立が謳われ、また、そのための不可欠なミッションとしてイスラエルの破壊が究極的な目標に掲げられていたが、1990年代以降はそうしたイスラーム主義的なイデオロギーは実質的に修正され、公の場で表明されることはほとんどなくなった。その代わりに、いわばヒズブッラーの原点である「抵抗」（アラビア語でムカーワマ）が全面に押し出され、レバノンの主権を外的脅威から護る、専守防衛の姿勢を強めている［Sobelman, 2010：49-66］。

ここで重要なのは、1982年の「ガリラヤの平和作戦」の際には、レバノンは1975年に始まった内戦で国家機能が麻痺しており、他国の侵略から自国を防衛するという主権国家としての基本的な安全保障体制が喪失していたことである。具体的には、次の三つの状態を指摘できよう。

第一に、内戦により国軍の部隊が分裂または崩壊していたため、防衛戦力が残されていなかったこと[6]、第二に、国家を正式に代表する政府が事実上の不在となっていたため、外交を通して紛争の解決を図ることができなかったことである。これらの結果、イスラエルにとってレバノン侵攻の軍事的・政治的コストおよびリスクは低下していたのである。加えて、第三に挙げられるのは、国内の一部のキリスト教徒勢力がイスラエルと同盟関係を結び、IDFの侵攻を歓迎したことである。彼らは、IDFの力を利用することで、敵対する勢力を圧倒しようとした。

内戦で荒廃したレバノンの国土がIDFの侵攻によってさらなる破壊にさらされていくなか、国連は米仏を中心とした平和維持部隊の派遣を行い、事態の鎮静化に務めた。しかし、平和維持部隊は、内戦はおろかIDFの侵攻も止めることができず、その結果、レバノンの住民に残された国土防衛のための実質的な手段はゲリラ戦術による抵抗運動だけとなったのである[7]。

ヒズブッラーはIDF／SLAを標的としたトラック爆弾による自爆攻撃、通称

---

[6] レバノン国軍は部隊ごとに特定地域や宗派の出身者が偏在する傾向があったため、内戦勃発によって直ちに瓦解し、民兵組織化した。例えば、第四師団はバシール・ジュマイル大統領の私兵部隊になり、第六師団はアマル運動に合流した。

「殉教作戦」を「弱者の武器」として合理化・戦術化し、1985年にはIDFを「安全保障地帯」まで撤退させることに成功する。しかし、その戦術の特異性や米仏による平和維持部隊をも攻撃の対象にしたことから、欧米を中心にテロ組織として認識されるようになった［末近, 2009;Smit, 2000］。

（3）　非国家主体による代理戦争の構図（1990年代）

かくして、南部地域を戦場に、ヒズブッラーがIDFとその傀儡SLAと戦火を交えるという構図ができあがった。1990年にレバノン内戦が終結した後も、IDFによるヒズブッラー掃討のためのレバノン侵攻は続き、1993年には「アカウンタビリティー作戦」、1996年には「怒りの葡萄作戦」が実施された[8]。

しかし、それらによってヒズブッラーの軍事部門「レバノン・イスラーム抵抗」を無力化するには至らず、むしろ、時間の経過と実戦経験の積み重ねとともにヒズブッラーの練度が上がることで、両者のあいだの軍事面の格差は縮まっていった[9]。1990年代末の推計で、レバノン・イスラーム抵抗の戦闘員数は、300人から500人程度、それに約3,000人の「予備役」が加わっていたとされる。これに対して、IDFはレバノン領内に約1,500人の兵士を展開させていた［Cordesman, 1999: 30, 78, 81］。

レバノンが、内戦の奈落から舞い戻り、主権と政府機能を回復したにもかかわらず、なぜこの国家対非国家主体の構図が引き継がれたのか。それにはいくつかの理由がある。

第一に、内戦を終結に導いた1989年の国民和解憲法（ターイフ合意）にしたがい、レバノン国内のすべての民兵組織が武装解除の対象となったものの、ヒズブッラーだけはイスラエルによる「占領」に対する抵抗組織として法的に除外されたことが挙げられる。この決定の背景には、1990から2005年にかけてレバノンを実効支配していたシリアの意向があったと見られている。すなわち、後述するように1967年にイスラエルに占領されたゴラン高原の返還交渉を有利に進めるための

---

(7) ヒズブッラーに代表されるイスラーム主義系諸組織以外に、アマル運動、アラブ社会主義バアス党、独立ナセル主義組織、シリア・レバノン共産党などイデオロギーを異にする組織もIDFに対する抵抗運動に参加した。

(8) 1993年7月の「アカウンタビリティー作戦」と1996年4月の「怒りの葡萄作戦」については、［Sobelman, 2010:55-59］を参照。

(9) 1980年代にはIDFとヒズブッラーの戦死者が1対10程度であったのが、1990年代前半には1対5に、後半には1対2にまで縮まった［Byman, 2005:105;Norton, 1998:153］。

カードとしてヒズブッラーの戦力を維持させたのである［末近, 2011］。第二に、内戦終結後再編された国軍に「安全保障地帯」を解放する力も、IDFの侵攻に抵抗する力も有していなかった点である[10]。UNIFILもまた、武力衝突を抑止する力はおろか、一旦始まってしまった戦闘を停止させる力も有していなかった。

結果として、ヒズブッラーは南部地域でIDF／SLAに対して自由に軍事行動ができる環境に置かれた。中央政府が暴力装置を独占するという近代国家の原則からすれば、これは異常な事態と言えるかもしれない。しかし、より重要な点は、この異常事態を生み出したのは、22年間にもわたった「安全保障地帯」の存在という、また別の異常事態であったことである。

「安全保障地帯」は、イスラエルが安保理決議第425号に抵触しないようにレバノン人の傀儡民兵組織SLAに実効支配を委ねるという「妙案」であったため、レバノン政府から見れば外交問題と内政問題の中間に位置する難しい問題であった。こうしたなか、ヒズブッラーという非国家主体に問題の解決を委ねることが政策として現実味を持ったのである。その結果、イスラエルに支援されたSLAとレバノンに認可されたヒズブッラーという、非国家主体どうしによる国家間の代理戦争という歪な構図が生まれたのである[11]。

(4) 安全保障のジレンマによる「恐怖の均衡」(2000年代)

2000年のイスラエルによる「安全保障地帯」の放棄は、このような終わりの見えない代理戦争の構図を改変するために実行された[12]。すなわち、レバノンから「占領地」を消滅させることで、ヒズブッラーの抵抗組織としてのレゾンデートルと武器所有の特権を奪い、他方でレバノン政府に安全保障の権限を集中させ、ヒズブッラーをはじめとする民兵組織の管理および国境線の監視をさせようとしたのである。

ところが、このイスラエルの期待は裏切られた。「安全保障地帯」があった南部地域は国軍ではなく、ヒズブッラーが実効支配することになったからである。そし

---

(10) 内戦終結後のレバノン国軍の再編については、［Gaub, 2007］を参照。
(11) この間、ヒズブッラーとイスラエルとの紛争においては、「ゲームのルール」と呼ばれた暗黙の了解が存在したとされる。すなわち、①イスラエルはレバノン市民を標的としない、②ヒズブッラーは軍事行動を安全保障地帯内に制限し、イスラエル領内を攻撃しない、というものであった［Sobelman, 2004；ICG, 2002］。
(12) イスラエルのレバノンに対する安全保障の認識の変化については、［Murden, 2000］を参照。

◆第9章 『恐怖の均衡』がもたらす安定と不安定

〈表1〉レバノン・イスラーム抵抗による軍事作戦の数

期間	軍事作戦の数
1985～1989年	100
1990～1995年	1,030
1996～2000年	4,928
2001～2004年	16
合計	6,074

（出所）[Hamzeh, 2004: 89].

て、上述のように、レバノン政府およびヒズブッラーが残存していると主張する「占領地」——シャブアー農場と「七村」——の解放をめぐり、国境線周辺でIDFと小競り合いを繰り返すことになった[13]。

　表1が示すように、「安全保障地帯」が消滅した2000年以降、レバノン・イスラーム抵抗による軍事作戦は著しく減少しているが、これは紛争が収束に向かっていることを意味するものではない。むしろ、安全保障のジレンマによって新たに生じた戦略的均衡が、ヒズブッラーとイスラエルの衝突のエスカレーションを抑止したというのが実情である。

　ヒズブッラーは、イスラエルの国土を攻撃射程に収めるロケット兵器やミサイルを配備することで、国境線での小競り合いや「解放闘争」に対するIDFの反撃を抑止する戦略を採用した。他方、イスラエルの側も、自国の領土に戦火がおよぶことを懸念し、小競り合いや限定的・形式的な「解放闘争」に対して過剰反応することを自制した。ヒズブッラー書記長ハサン・ナスルッラーは、こうした戦略的均衡を「恐怖の均衡」と呼び、それがレバノンに一定の平和をもたらしているとの見解を示した［al-Manar TV, August 21, 2004;Blanford, 2004］。

II 「新しい戦争」としての2006年「レバノン紛争」

（1） 2006年「レバノン紛争」：なぜ均衡は崩れたのか

　2006年夏のイスラエルとヒズブッラーの大規模な軍事衝突、通称「レバノン紛争」の勃発は、「恐怖の均衡」が脆く危険なものであることを改めて示した［末近, 2006;Harel and Issacharoff, 2008;Spyer, 2009］。国境線での小競り合いを引き金に、戦火は瞬く間にレバノンとイスラエル両国に広がった。そして、安全保障のジレンマによる互いの軍備増強の果てに訪れた均衡の崩壊は、それまで以上の規模の破壊と

---

[13] 「南部解放」後のヒズブッラーによる新たな対イスラエル軍事戦略については、［末近, 2005a:22-28］を参照。

人的被害をもたらした。

　なぜ均衡は崩れたのだろうか。2006年のイスラエルによるレバノン侵攻の意図は、「方向転換作戦」という名が示唆する通り、ヒズブッラーとの紛争における従来の枠組み――「恐怖の均衡」――を抜本的に改変し、自国の安全保障を強化することにあった[14]。それは、具体的には次の三つの方法により遂行された。

　第一に、陸海空からの全面攻撃によって、ヒズブッラーの軍事部門を無力化もしくは壊滅させること、第二に、ヒズブッラーとその拠点地域だけではなくレバノン全土を攻撃対象に含めることで、彼らへの支持を削ぎ社会から孤立化させること、第三に、これらを通してヒズブッラーをレバノンの政権中枢から排除することである。つまり、この「方向転換作戦」の新規性は、ヒズブッラーを軍事的に無力化することだけではなく、政治的・社会的に抹殺し、その上でレバノン政治のあり方自体をいわば外科手術的に「正常化」しようとする点にあった。

　「方向転換作戦」が発動されるきっかけとなった小競り合いとは、レバノン・イスラーム抵抗が国境付近でIDFの装甲車両を攻撃し、兵士2名を拉致した事件である。同様の事件は過去にも数回起こっており、兵士の拉致は2000年以降のヒズブッラーの「解放闘争」における常套手段となっていた。その意味では、2006年の「恐怖の均衡」の崩壊は、ヒズブッラーの意図よりも、むしろレバノンへの（再）侵攻というイスラエルの決断によってもたらされたと言える。

（2）G・W・ブッシュ政権の「新しい戦争」：なぜ戦争は正当化されたのか

　では、なぜイスラエルは拉致兵士の奪還のために外交や限定的な作戦行動ではなく、大規模な軍事侵攻という手段を選んだのか。それを理解するには、戦争による「特需」をめぐるイスラエル国内での政治的な綱引き――例えば、政権支持率のテコ入れや経済的利益の獲得など――の分析も重要であろう[15]。

　しかしここでは、2006年の「方向転換作戦」が、1993年と1996年の2つの作戦と異なり、ヒズブッラーだけではなくレバノン全土を攻撃の対象とした点に注目し、それを正当化する役割を担ったと考えられる新たな国際規範を取りあげたい。

---

(14)　作戦発動時に掲げられた目的は、①「拉致された2名のイスラエル国防軍兵士の帰還」、②「イスラエル領へのレバノンからのテロ攻撃の排除」（IDFウェブサイト http://www1.idf.il/DOVER/site/mainpage.asp?sl=EN&id=7&docid=54279.EN、2006年8月10日アクセス）であった。

(15)　このような試みとして、[Bar-Joseph, 2010; Bishara, 2008; Craig, 2006; Merom, 2008; Spyer, 2009] などが挙げられる。

つまり、ここでの問いは、なぜイスラエルは限定的な非対称戦を国家に対する全面戦争に拡大することができたのか、となる。

イスラエルが交渉による拉致兵士の返還よりも軍事作戦による彼らの奪還を試みた背景には、同国政府がヒズブッラーをレバノンの合法政党ではなく、テロリスト／テロ組織と認識している事実がある（イスラエルの法律ではテロリスト／テロ組織との交渉は違法である）。このことが、自らの軍事行動を正当化し、また同時に選択肢を軍事行動のみに限定することになった。しかし、それだけではレバノン全土を攻撃対象とすることを正当化し、国際社会を納得させるには不十分である。そこでイスラエルが依拠したと見られるのが、ジョージ・W・ブッシュ政権が掲げた「新しい戦争（New Warfare）」であった。

その「新しい戦争」とは、ドナルド・ラムズフェルド国防長官（当時）によれば、国家対非国家主体の構図をとり、その非国家主体の代表格がテロリスト／テロ組織であるという。そして、テロリスト／テロ組織を支援する国家に対しては、「同罪」として先制攻撃の対象となるとされた [Rumsfeld, 2001][16]。

この「新しい戦争」の延長線上で語られたのが、テロリストとそれをかくまう者を区別しない「テロとの戦い（War on Terror）」とテロリストを生み出す土壌を根本から洗い直す「民主化外交」であった。イスラエルは、ヒズブッラーというテロリストに先制攻撃を与えると同時に、それをかくまうレバノン国家を罰した上で「正常化」することで、自国の安全保障にとっての脅威を除去しようとしたのである。そうだとすれば、その戦略は、まさにブッシュ政権の「新しい戦争」の論理に合致するものであった [SIPRI, 2007:68-69][17]。

事実、ブッシュ政権は、開戦後ただちにイスラエルの軍事行動を「自衛権の行使」として是認する姿勢を見せた。コンドリーザ・ライス国務長官（当時）はイスラエルとレバノンの両国を訪問し、「レバノン紛争」は「新しい中東」を構築するための「産みの苦しみ」であるした。ヒズブッラーを壊滅させることでイスラエルの安全保障を確保し、同国が敵対するシリアとイランから交渉カードを奪い、レバノンを橋頭堡に米国に有利な形で中東を再編することを明らかにしたのである [末近, 2006:52-53]。こうして、イスラエルの「方向転換作戦」は、米国のゴーサイン

(16) ラムズフェルド国防長官によれば、テロリスト／テロ組織との戦いは、その匿名的なネットワーク性のために、軍事だけではなく外交、金融、情報などの領域におよぶものとされ、それに対応するためには一定の流動性を担保した多国間の連合が必要であるとされた。
(17) なお、米国とイスラエルが、ヒズブッラーの壊滅とイランに対する示威のために、対レバノン軍事作戦を事前に準備していたとの報道もされた [Hersh, 2006]。

を得ることになり、戦火を拡大していった。

(3) 非ゼロサムゲーム：イスラエルの目的は達成されたのか

　ヒズブッラーとイスラエルとの戦闘は、安保理決議第1701号[18]による停戦が発効したことで収束した[19]。圧倒的な火力を有するIDFがヒズブッラーに対して軍事的勝利を収めることは、開戦前から予想されていたことであった。しかし、イスラエルが政治的な意味においても勝利したのかどうかには、多くの識者から疑問符が付せられた。イスラエルが「方向転換作戦」で期待された戦果、すなわち2名の拉致兵士の奪還、ヒズブッラー軍事部門の無力化、レバノン国家の「正常化」のいずれも達成することができなかったからである。これを根拠に、ヒズブッラーは、軍事的に敗北しつつも、レバノン紛争での政治的な勝利を高らかに宣言した[20]。

　イスラエルの安全保障の観点から見た場合、少なくとも短期的には「方向転換作戦」は負の結果をもたらしたと言えよう。

　第一に、レバノン国内でイスラエルに対する脅威認識がいっそう拡大・浸透することで、抵抗組織としてのヒズブッラーのレゾンデートルが刷新された。戦後、ヒズブッラーがレバノンの安全保障にとって必要、あるいは「必要悪」であるとする

---

[18] 安保理決議第1701号の概要は次の通り。①戦闘の全面停止（ただし、イスラエルの自衛的反撃は容認）、②戦闘停止後、増強したUNIFILとレバノン国軍を南部地域の全域に展開、③これらの軍の展開と同時並行的にイスラエル軍全部隊がレバノン領内から撤退、④レバノンに対する財政的・人道的支援、⑤イスラエルとレバノン両国による、以下の原則に基づく恒久的停戦と長期的解決に向けての努力：(a)「ブルーライン」（国連が定めた両国の境界線）の尊重、(b) レバノン政府の許可なき武器輸入・保持の禁止、(c) 安保理決議第1559号ならびに1608号の履行。

[19] 安全保障のジレンマによるヒズブッラーとイスラエル双方の軍備増強、IDFによるレバノン全土に対する攻撃、そして、「新しい戦争」の是非をめぐる国際社会の分裂がもたらした停戦の遅れのために、2006年「レバノン紛争」はレバノンとイスラエルの両国に甚大な被害をおよぼした。34日間の戦闘で、レバノン側で死者1,189名（うち戦闘員は500名程度）、負傷者4,399名、避難民97万4,184名、破壊された家屋1万5,000戸、他方、イスラエル側でも死者163名（うちIDF兵士は119名）が出た。レバノン政府ウェブサイト〈http://www.lebanonundersiege.gov.leb〉（2006年9月20日アクセス）、イスラエル国防相ウェブサイト〈http://www.mfa.gov.il/MFA/Terrorism-+Obstacle+to+Peace/Terrorism+from+Lebanon-+Hizbullah/Israel-Hizbullah+conflict-+Victims+of+rocket+attacks+and+IDF+casualties+July-Aug+2006.htm〉（2008年10月4日アクセス）。

[20] ヒズブッラーは、2006年9月22日、ベイルート南部郊外で「勝利集会」を開催し、ナスルッラー書記長が「神の勝利」を宣言した［末近, 2007］。

見方が強まった。第二に、これにともない、ヒズブッラーを合法政党とするレバノンの政治体制が存続した。むしろ、レバノン政府におけるヒズブッラーの発言力は高まることで、その軍事部門の武装解除や解体がいっそう困難な政治課題となった。第三に、ヒズブッラーは、レバノン国内だけではなくアラブ諸国およびイスラーム世界でも対イスラエル強硬派および有言実行の政治組織として支持を集めることになった。その結果、「新しい戦争」や「対テロ戦争」を梃子にしたイスラエルと米国のヒズブッラー包囲網が綻びを見せることになった［青山・末近, 2009:6-7章］。

こうして、ヒズブッラーとイスラエルの紛争は、抜本的な解決を見ることなく、再び「恐怖の均衡」による小康状態へと帰したのである。

III　もうひとつの「新しい戦争」としての2006年「レバノン紛争」？

(1)　M・カルドーの「新しい戦争」：アイデンティティ・ポリティクス論の陥穽

2006年「レバノン紛争」は、ブッシュ政権が掲げた「新しい戦争」とは異なる、M・カルドーが提唱した「新しい戦争（New War）」として見ることもできる。カルドーの「新しい戦争」では――国家間の「旧い戦争（Old War）」に対して――、紛争の主体について言えば、準軍事組織、ゲリラ、軍閥、犯罪集団、傭兵であり、紛争の資金はグローバル化のなかで越境的に調達される。そして何よりも、紛争の動機が、かつての国家間戦争においては国益や領土の拡大・防衛であったのに対して、「新しい戦争」においてはアイデンティティに基づいた権力獲得や領土独占といった、アイデンティティ・ポリティクスに求められる［カルドー, 2003］。

周知の通り、カルドーはこの「新しい戦争」への対処法として、コスモポリタンな統治メカニズム（例えば、普遍主義、ヒューマニズム、市民社会の追求）の確立を掲げており、安全保障上の脅威となるテロリスト／テロ組織、そして「国際テロ支援国家」に先制攻撃をしかけるというブッシュ政権の対極にあるとも言える。しかし、紛争の動機をアイデンティティの問題、言い換えれば主観的な自他認識に求める点では、ブッシュ政権とカルドーは共通する。

一般的に、紛争の主体がヒズブッラーやパレスチナのハマースのようなイスラーム主義運動・組織であった場合、原因をイスラームの価値観や世界観に還元してしまう傾向が、マスメディアにもアカデミアにも多く見られる。そのため、「新しい戦争」のレトリックは、それがブッシュ政権とカルドーのいずれのものであったと

しても、紛争の原因や史的展開を捨象してしまい、動機を信仰や世界観に求める没歴史的な、静態的な見方を導く危険性を孕んでいることに留意すべきであろう。

確かに、結成時のヒズブッラーのイスラーム主義イデオロギーにはイスラエルの破壊が標榜されていた。しかし、前節で論じたように、ヒズブッラーとイスラエルとの国家対非国家主体の非対称戦は、本質的には領土問題、占領・被占領の問題、そして、国家が本来担うべき安全保障の不全によって引き起こされてきたものである。したがって、たとえ紛争主体がイスラーム主義組織・運動であっても、紛争の原因をアイデンティティや信仰の役割に還元せず、非イスラーム世界で起きている紛争と同様に、あくまでもその「世俗的」な側面に着目し、分析を進めていくべきであろう。

ヒズブッラーは、信仰や世界観に基づくアイデンティティ・ポリティクスだけを動機にイスラエルと対峙している訳ではない。このことは、彼らが、とりわけ2006年の紛争以降、南部地域のイスラエルとの国境地帯におけるレバノン国軍とUNIFILのプレゼンスを尊重してきたことにも現れている。

（2）　南部地域における安全保障の担い手は誰か

南部地域の住民は、シーア派が多数派を占めることから、大半がヒズブッラーを支持していると言われている。だが、それは単なるシーア派イスラーム、あるいは「イスラーム原理主義」を共通項としたアイデンティティ・ポリティクスが原因ではない。安全保障の問題に関する限り、彼らはヒズブッラーではなく、レバノン政府、レバノン国軍にそれを委ねる姿勢を見せているからである。

2009年度版の『スモール・アームズ・サーヴェイ』による聞き取り調査（スール、マルジュアユーン、ビント・ジュバイルの計400世帯を対象に2008年3月13日〜5月16日に実施）によれば、南部住民の91.5％が安全保障を担うのは国軍であるべきだと答え、89.7％が警察と治安機関の能力向上が地域社会をより安全なものにすると答えている（表2）。これらを踏まえ、同調査は、南部住民によるレバノン政府への支持は、「ヒズブッラーの軍事部門とUNIFILの国際平和維持部隊を含む、非国家民兵への期待と引き替えである」と結論づけている［Hutson and Kolbe, et al. 2009:316-335］。

しかし、おそらくこれらの数字は南部住民のヒズブッラー離れが進んでいることを示してはいない。彼らは、レバノン国家に対してイスラエルに対する牽制や治安維持において一定の役割を期待しながらも、その一方で、安全保障の全てを委ねる

◆第9章　『恐怖の均衡』がもたらす安定と不安定

〈表2〉レバノン南部地域における安全保障と武器管理に関する認識

質問	回答	政党支持者	政党不支持者	合計
理想として、安全保障の責任を負うべきなのは誰か	国軍	89.9%	92.4%	91.5%
	その他	6.3%	4.3%	5.0%
市民の武器に対する政府による厳しい規制に賛成か、反対か	賛成	16.1%	41.7%	33.2%
	反対	34.7%	29.4%	31.2%
警察・治安部門の能力向上は、自分の地域社会をより安全にするか	はい	88.3%	90.6%	89.7%
	いいえ	0.6%	0.4%	0.5%
イスラエルとの国境監視をするために国連のプレゼンスを高めることは、自分の地域社会をより安全にするか	はい	8.3%	32.7%	23.6%
	いいえ	63.5%	38.4%	47.7%
イスラエルとレバノンの恒久的和平合意は、自分の地域社会をより安全にするか	はい	4.6%	4.2%	4.4%
	いいえ	91.9%	81.3%	85.4%

（出所）［Hutson and Athena Kolbe, et al. 2009: 328-329］の Table 10.1 をもとに筆者作成。

ことは意図していないと考えられるからである。市民の武器所有に対する政府の厳しい規制については、実に彼らの31.2%が反対し、国連による国境監視が地域社会をより安全にするかという問いに対しては、わずか23.6%しか同意していない。つまり、安全保障は国家と国連の責務であるとしながらも、その能力に対しては不信感を抱いており、いわば自前でそれを遂行する必要があると認識しているのだと思われる。

　南部住民のみならず、多くのレバノン国民にとって、内戦で事実上解体してしまったレバノン国軍が未だ再編・強化の途上であること、また、UNIFILが過去幾度となくIDFの侵攻の抑止に失敗してきたことは周知の事実である。その意味では、安全保障を担うのは国家（レバノン政府）か非国家主体（ヒズブッラー）か、という二者択一は必ずしも正しくなく、少なくとも南部住民にとって両者は相互補完的な関係にあるのだと言えよう。

　今日のレバノンにおいては、一般市民だけではなく、政治家のなかにもヒズブッラーがIDFを迎撃するための国防体制の一翼を担っていると公言する者は多い。その一方で、ヒズブッラーの存在こそがイスラエルの攻撃を誘発する安全保障上の脅威であるとする見方も根強い。つまり、ヒズブッラーを紛争の原因とするのか、それとも結果とするのか、今日のレバノンにはヒズブッラーの存在の是非をめぐる全く真逆の二つの立場が存在する。

　しかし、両者に共通するのは、ヒズブッラーの存在にかかわらず、イスラエルを

レバノンの安全保障上の最大の脅威と見なしていることである。上述の調査のなかで注目すべきは、85.4％もの住民が、たとえイスラエルとレバノンの恒久的な和平合意が結ばれたとしても、地域社会は安全にならないと答えている点である[21]。「シーア派イスラームを信奉していること」や「イスラーム教徒であること」といったアイデンティティの問題とは関係なく、このようなイスラエルに対する不信感と脅威認識が続く限り、レバノンにおけるヒズブッラーへの支持は容易に失われることはないだろう。度重なる IDF によるレバノン侵攻が、結果的にイスラエル脅威論とヒズブッラーのレゾンデートルを刷新しているように思われる。

（3） ヒズブッラーとレバノン国軍：暴力装置の「ハイブリッド状態」

とはいえ、2006 年の「レバノン紛争」がレバノンとイスラエルの国境地帯の安全保障に何ももたらさなかったといえば、そうではない。

第一に、UNIFIL の増強が決定され、総兵力は開戦前 2000 名から 2006 年末には 1 万 1500 名規模に拡大された。第二に、国連安保理決議第 1701 号に従い、1978 年のイスラエルによる「リーターニー川作戦」以来約 30 年ぶりにレバノン国軍が南部地域に展開した [Barak, 2009:187-196][22]。その結果、南部地域におけるヒズブッラーの行動は一定の監視下に置かれることになり、レバノン国家の主権がイスラエルとの国境地帯にまでおよぶという国家安全保障上の「正常化」を促進したと言える。

だが、それはレバノン国軍や治安部門がヒズブッラーという非国家主体、あるい

---

[21] レバノン国民が抱くイスラエルに対する不信感については、青山弘之らが 2010 年に実施した全国を対象とした世論調査の結果にも現れている。そこでは、回答者（914 名）の 82.7％がイスラエルは、中東地域の安定に寄与していないことを「強く思う」と答えている。また、同調査の結果は、ヒズブッラーが国内最大の支持基盤を持つ政党であることを示している（回答者の 23.4％がヒズブッラーを「最も支持する政党」に挙げている）。青山弘之・溝渕正季・浜中新吾・髙岡豊・山尾大「中東世論調査（レバノン 2010 年）質問票全訳」および「中東世論調査（レバノン 2010 年）単純集計報告書」（平成 20 年度文部科学省「人文学及び社会科学における共同研究拠点の整備の推進事業」委託費による「イスラーム地域研究」にかかわる共同研究「中東における政治変動と政治的ステレオタイプの変化に関する研究」）6 月。〈http://www.tufs.ac.jp/ts/personal/aljabal/namatiya/research/lebanon2010/02.pdf〉〈http://www.tufs.ac.jp/ts/personal/aljabal/namatiya/research/lebanon2010/03.pdf〉（2010 年 9 月 1 日アクセス）

[22] UNIFIL ウェブサイトを参照。〈http://www.un.org/Depts/dpko/missions/unifil/〉（2007 年 12 月 5 日アクセス）IDF が空および海からのレバノンに対する包囲を解除したのは 2006 年 9 月 7 日、撤退の完了を宣言したのは 10 月 1 日であった。IDF は、イスラエル占領下ゴラン高原に面したガジャル村には駐留を続けるとした。

は「もう一つの暴力装置」に置き換わることを意味するものではなかった。実際には、ヒズブッラーと国軍が併存しながらレバノンの国防を司るという、新たな異常事態が生まれたのである。

　安保理決議第1701号は、レバノン国内の民兵組織の武装解除を求めた第1559号（2004年）と第1680号（2006年）の履行を要求している。そのため、こうした一つの国家における暴力装置の「ハイブリッド状態」は、上述のようにレバノン国内の世論を二分——ヒズブッラーはレバノンの安全保障を担うものなのか、それとも脅かすものなのか——するだけはなく、国際社会においてもその是非が問われることになり、後に詳論するように、イラン、シリア、米国、イスラエルなどの国々の間の亀裂を深めていった。

　イスラエルの脅威に対する抵抗を大義とするヒズブッラーにとって、武装解除は組織の存亡がかかる重大な問題である。そのため、1990年代からイスラーム抵抗をレバノン国家の安全保障にとって不可欠な暴力装置とする法的整備および世論形成に努めており、1997年11月には超党派からなる「イスラエルの占領に対するレバノン抵抗大隊」を結成し、合法化することに成功した［al-Sarāyā al-Lubnānīya li-Muqāwama al-Iḥtilāl al-Isrāʾīlī, 1997］。こうした動きを、1992年の国民議会選挙以降の合法政党化と併せて、「ヒズブッラーのレバノン化」と呼ぶことができる［青山・末近, 2009:170-175］。暴力装置の「ハイブリッド状態」をめぐる問題は、レバノンの国内政治のレベルにおいては一応の法的解決を見たのである。

　しかし、この「ハイブリッド状態」は、国際政治のレベルにおいては常に問題視されてきた。2004年には安保理決議第1559号と第1680号が立て続けに採択され、ヒズブッラーの武装解除は国際社会が抱える課題との認識が広がっていった。こうしたなか、ヒズブッラーは軍事部門の存続のための新たな方策を打ち出していく。その方策とは、レバノン・イスラーム抵抗をレバノンの正規軍の一部として組み入れるというものであった。

　だが、それは軍事部門をレバノン政府に完全に委ねることを意味せず、国民議会での会派形成や入閣を通して政府内でのヒズブッラーの発言力を高めることと同時並行的に行われた。つまり、移管先であるレバノン政府自体を管理下に置き、レバノン・イスラーム抵抗を含む全軍の行動を指揮しようとする試みなのである。これを、前述の「ヒズブッラーのレバノン化」に対して、「レバノンのヒズブッラー化」と呼ぶことができる［青山・末近, 2009:170-175］。

Ⅲ　もうひとつの「新しい戦争」としての2006年「レバノン紛争」?

（4）　新しい「旧い戦争」へ：暴力装置の「アマルガム状態」

　この「レバノンのヒズブッラー化」は、主権国家における暴力装置の一元化を進めることになる。その意味では、レバノン国家の安全保障体制は国際規範に沿った一定の「正常化」が達成されることになるだろう。そして、このプロセスが、民主的な手続きによって進められるのだとすれば、国内政治だけではなく国際政治のレベルにおいても安易に問題化することはできない。実際、もしレバノン国民がイスラエルに対する不信感を抱き、ヒズブッラーを必要とするような状況が続けば、「レバノンのヒズブッラー化」は現実味を帯びてくる。

　もしこれが現実になった場合――レバノン・イスラーム抵抗が国軍の部隊に編入され、ヒズブッラーが政府の国防政策に決定的な役割を担うようになった場合――、その結果として現れる紛争の構図は、国家対非国家主体の非対称戦や「新しい戦争」ではなく、国家対国家の「旧い戦争」の様相を呈するものになるだろう。そうだとすれば、少なくとも形式的には国際法に基づく外交的・司法的・平和的な解決の可能性も見えてくるかもしれない。

　だがその一方で、ヒズブッラーを「国際テロ組織」と見なしているイスラエルや米国にとっては、「レバノンのヒズブッラー化」はレバノン国家自体がテロリストにハイジャックされてしまったことになる。そして、レバノン自体がテロリストあるいは「国際テロ支援国家」として外交圧力や（再び）武力攻撃の対象となり、結果的に紛争の規模が拡大する危険性もある。

　事実、米国は、ヒズブッラーの台頭を抑えるために、2006年の紛争以降、7億2000万ドルをレバノン国軍および治安部門の強化のために援助することを決定していた［Cordesman, 2008:248-251］。しかし、2010年8月には国境付近でIDFとレバノン国軍が交戦状態に陥ったことを受けて、米国上院の有力議員がヒズブッラーの国軍への浸透を懸念し、1億ドルの新たな支出の差し止めを要求した（バラク・H・オバマ政権は支援に変更はないと表明した）［*The Daily Star*, August 10, 14, 26, 2010］。

　そこには、支援をすればそれがヒズブッラーに渡る可能性があるものの、一方で支援無くしてはヒズブッラーの監視役でありカウンターバランスとしての国軍の強化ができないという米国のジレンマがある。もし、「レバノンのヒズブッラー化」が進めば、暴力装置は「ハイブリッド状態」ではなく、「アマルガム状態」となる。そして、正常な国家と異常な国家の区別、テロリストと一般市民の区別、ヒズブッラーと非ヒズブッラーの国軍兵士の区別も無効化される。

◆ 第 9 章　『恐怖の均衡』がもたらす安定と不安定

IV　「恐怖の均衡」が生み出す安定と不安定

（1）　武器移転の問題：なぜ武器は流入するのか

　この新しいかたちの「旧い戦争」は、武器移転の管理をめぐる問題を一層複雑なものにした。ヒズブッラーの武器は自国にとっての財産なのか、それとも脅威なのか、レバノン政府が判断を下すことに慎重にならざるを得なくなったからである。

　2006 年「レバノン紛争」の停戦以降、南部地域に UNIFIL と国軍が再展開した後も、ヒズブッラーは軍備増強を継続した。安保理決議第 1771 号はレバノン政府の許可なき武器輸入・保持の禁止を求めているものの、政府はそれを完全に管理するまでには至らなかった。

　ヒズブッラーが軍備増強を進める背景には、武器を持つことで抵抗組織およびイスラーム主義を掲げた対イスラエル強硬派としてのレゾンデートルを維持・強化するというねらいだけではなく、また、「恐怖の均衡」がレバノンに一定の平和をもたらすとする自負がある。ナスルッラー書記長は、たびたび演説においてイスラエル領内を射程に収めるロケット兵器やミサイルを多数保有していることを国内外に向けてアピールしており、停戦直後の 2006 年 9 月においても 2 万発を、2009 年末の段階では 3 万発が使用可能であると述べている。イスラエルは、これらの数字よりも多い推計をしている ［Freidman, 2010］[23]。いずれにしても、ヒズブッラーの軍備増強は、再び「恐怖の均衡」を生み出している。

　このような軍備増強を可能にしているのは、シリアとイランからの武器の供与である。ヒズブッラーの武器のなかで、イスラエルがとりわけ安全保障上の脅威と見なしているのは、レバノン領内からの越境攻撃が可能となる兵器、すなわちロケット兵器とミサイルである。主力となるロケット兵器である「ファジュル 3」と「ファジュル 5」の射程距離は、それぞれ 45～50 キロメートルと約 75 キロメートルであり、ハイファやナザレ、さらにはハデラを攻撃射程に収める。また、「ズィルザール 2」は、有効射程距離 300 キロメートルを超えるミサイルであり、事実上、イスラエル全土を攻撃できる能力を持つ（表 3）。

　ヒズブッラーのほとんどの武器がシリアとイランから供給されたものであり、シリアからは陸路、イランからは海路またはシリア経由（海路および陸路）でレバノ

---

[23]　なお、ナスルッラー書記長は、2006 年 5 月 23 日の段階で、「1 万 2,000 発のロケットで占領下パレスチナ北部全域を攻撃できる」と述べている ［al-Ḥayāt, May 24, 2006］。

Ⅳ　「恐怖の均衡」が生み出す安定と不安定

〈表3〉2006年レバノン紛争で使用されたヒズブッラーの武器・兵器

供給元	名称	種類・型	数量	備考
イラン	C-802	対艦ミサイル（AshM）	僅少	射程距離約120キロメートル。中国製 YJ-82(鷹撃-82)？
	BGM-71 TOW	対戦車ミサイル（ATM）	-	開発国アメリカ。イラン製を含む。
	QW-1	携行型地対空ミサイル(SAM)	僅少	開発国中国。赤外線誘導。イラン製ミーサーグ1 (Misagh-1)。
	SA-7	携行型地対空ミサイル(SAM)	僅少	開発国ロシア。赤外線誘導。
	SA-14	携行型地対空ミサイル(SAM)	僅少	開発国ロシア。赤外線誘導。
	SA-16	携行型地対空ミサイル(SAM)	僅少	開発国ロシア。赤外線誘導。
	BM-21	ロケット弾	約4,000	射程距離20～35キロメートルの多連装122mmロケット弾。通称カチューシャ。イラン名アーラシュ（Arash）。
	ファジュル3 (Fajr-3)	ロケット弾	-	射程距離45～50キロメートル。開発国中国。WS-1の改良型？
	ファジュル5 (Fajr-5)	ロケット弾	-	射程距離約75キロメートル。開発国中国。WS-1の改良型？
	ズィルザール2（Zelzal-2）	地対地ミサイル(SSM)	-	射程距離約300キロメートル。開発国ソ連。
	ミルサード1（Mirsad-1）	無人航空機（UAV）	僅少	開発国イラン。ムハージル4 (Mohajer-4)またはアバビール(Ababil)。巡航ミサイルとして使用。
イラン/シリア	メチス(Metis)/AT-13	対戦車ミサイル（ATM）	100以上	開発国ロシア
	コンクールス(Konkurus)/AT-5	対戦車ミサイル（ATM）	100以上	開発国ロシア。イラン製 Towsan-1/M113型を含む。2000年よりイランが独自開発・生産。
シリア	AT-3	対戦車ミサイル（ATM）	100以上	開発国旧ソ連。イラン製ラアド(Ra'ad)型。
	ファゴット(Fagot)/AT-4	対戦車ミサイル（ATM）	100以上	開発国旧ソ連
	コルネット(Kornet)/AT-14	対戦車ミサイル（ATM）	100以上	開発国ロシア
	-	ロケット弾（220mm）	-	通称ラアド(Ra'ad)。ロシア製BM-22(Uragan)のコピーまたは改良型？
	-	ロケット弾（302mm）	-	通称ハイバル1 (Khaybar-1)。中国製 WS-1のコピーまたは改良型？ファジュル3もしくはファジュル5と同型。
不明	MILAN	対戦車ミサイル（ATM）	僅少	開発国フランス・ドイツ

（出所）［SIPRI, 2007:408-411; al-Nāblusī, 2007; Safir, 2007; Cordesman, 2008:246-248］、および各種報道資料をもとに筆者作成。

233

ンに運び込まれていると見られている［Cordesman, 2008:246-247］[24]。イスラエル政府は常にこうした兵器の密輸を警戒しており、海上で武器密輸の疑いのある船舶の拿捕をしばしば敢行してきた[25]。

　他方、レバノン政府は、ヒズブッラーへの武器密輸に対する姿勢を政治環境に応じて変化させてきた。すなわち、1970年代から80年代にかけては、内戦によって武器の流入を阻止する能力を失っていた。内戦終結後の1990年代から2005年までは、シリアの実効支配下にあったことから、ヒズブッラーへの武器の受け渡しを黙認していた。2006年以降は、イスラエルへの脅威認識の増大と内政の混乱のなかで、ヒズブッラーの再軍備を黙認することになっている。一貫して言えるのは、今日に至るまでヒズブッラーへの武器流入が停止したことはない、ということであろう。

　皮肉なことに、識者のあいだには、シリアとイランからのヒズブッラーへの武器供与が、上述の「恐怖の均衡」を維持しているとの見方がある。「インターナショナル・クライシス・グループ」の報告書では、紛争を抑止するのは「相互の恐怖」であるとの見解を示している。その「相互の恐怖」とは、安全保障のジレンマから生じるそれぞれの軍備増強の結果、「次の紛争がこれまでの2つよりもより暴力的かつ大規模なものになる」という懸念から生じるものであり、「イスラエルとヒズブッラー双方の高官は、広範囲の損害を負わすことができる能力が最も効果的な抑止の方法であるという確信を、非公式に共有している」とされる。つまり、ヒズブッラーのロケット兵器とミサイルの増強が、徐々にイスラエルとの間に「相互確証破壊（Mutually Assured Destruction）」の論理を生み出しつつある［ICG, 2010:12-16］。

（2）　国際政治におけるレバノン・イスラエル紛争：新たな代理戦争の構図

　なぜ、シリアとイランはヒズブッラーに軍事支援するのか。それは、端的に言えば、ヒズブッラーが両国にとって国際政治における外交戦略の重要なカードとなっているからである。

　シリアは、ヒズブッラーの軍事行動を事実上の管理下に置くことで、次の四つの

---

[24]　イランは、兵器の供与以外にも、戦闘員の賃金やリクルート資金といった財政面や戦闘員の訓練のための人材面での軍事援助を行っていると見られている［Byman, 2005:87-89］。

[25]　例えば、2002年1月3日、イランからレバノンに向けてミサイルなどを運搬していたとされるカリンA号（Karine-A）を、2009年11月4日には、イランからシリアに向けてロケット兵器などを運搬していたとされるフランコップ号（Francop）を拿捕している。

Ⅳ　「恐怖の均衡」が生み出す安定と不安定

目的を達成しようとしてきたと考えられる。

　第一に、1990年代末以降膠着状態にあるゴラン高原の返還をめぐるイスラエルとの交渉をできるだけ有利なかたちで再開すること、第二に、ヒズブッラーを対イスラエル最前線に配置し代理戦争を戦わせることで、軍事面で圧倒するイスラエルとの全面戦争という選択を避けること、第三に、ヒズブッラーに国境問題を惹起させることで、シリア、レバノン、パレスチナに分断された和平交渉のトラックを包括すること、第四に、ヒズブッラー支援によって「アラブの大義」を実践することで、アラブ・ナショナリストおよび対イスラエル強硬派としての国内外での正統性および発言力を確保することである［末近, 2005b:49-50；青山・末近, 2009:181；Rabil, 2003:212-215, 255；Hokayem, 2007:35-52］。

　他方、イランによる今日のヒズブッラー支援については、次の三つのねらいを指摘できよう。

　第一に、核兵器開発疑惑をめぐるイランに対するイスラエルの先制攻撃を抑止すること、第二に、パレスチナ問題（中東和平）を中心とする中東地域、とりわけアラブ諸国の国際関係における自国のプレゼンスを高めること、第三に、ヒズブッラー支援によって「革命の大義」を実践することで、イスラーム革命の前衛および対イスラエル強硬派としての国内外での正統性および発言力を確保することである［ICG, 2010:10］。

　以上のことを勘案すれば、シリアとイランの両国ともに、ヒズブッラーの軍事力がイスラエルにとっての脅威であり続けることが望ましい、ということになる。

　ここで注目すべきは、ヒズブッラーとイスラエルとの対立構図が、それぞれを支援するシリア・イラン両国と米国との対立を写し取っているという点である。とりわけ、1979年のイスラーム革命の成就以来米国を「大サタン」として敵視してきたイランは、近年核兵器開発疑惑をめぐって米国との激しい外交の応酬を繰り返している。米国としては、同盟国イスラエルの安全保障の確保だけではなく、中東地域、アラブ諸国の国際関係におけるイランの影響力拡大の阻止が喫緊の課題となっている。

　かつて、2000年までの「安全保障地帯」を主戦場とした代理戦争では、SLAがイスラエルの、ヒズブッラーがレバノンのそれぞれ代理として戦火を交えてきた。しかし、今日では、シリアとイランの代理であるヒズブッラーが、米国の代理であるイスラエルとレバノンの地で対峙するという、より広い国際政治の文脈における代理戦争の構図が鮮明化しているのである。

◆第9章　『恐怖の均衡』がもたらす安定と不安定

(3)　再び「恐怖の均衡」が崩れるとき

　しかし、このような恐怖による平和は脆弱である。2006年の紛争の引き金となったのは、イスラエルの反撃の可能性を過小評価し、IDF兵士の攻撃・拉致を敢行したヒズブッラー側の戦略上の誤算であった。ナスルッラー書記長自身、2006年の停戦後初のテレビ・インタビューにおいて、作戦が誤算であったことを認めている［al-Safir, August 28, 2006］。

　だが、誤算をしたのは、イスラエルもまた同様であった。既に論じたように、陸海空軍を動員した全面攻撃を敢行したものの、拉致兵士の奪還もヒズブッラーの無力化も達成することはできなかった。それどころか、ヒズブッラーの予想以上の抵抗と反撃に遭い、イスラエル北部の都市をロケット兵器やミサイルの脅威にさらすことになった［Human Rights Watch, 2007］。停戦後にイスラエル政府が設けた調査委員会は、「方向転換作戦」には自国の軍事力、とりわけ空軍力に対する過信があったことを指摘している。結果として、軍事力への依存だけでは、「恐怖の均衡」と「相互確証破壊」の構造を抜本的に変革することができない事実が明らかになった［Alagha, 2008:3-4, 7-8; Arens, 2007:24-26］。軍備増強の果ての武力衝突は、双方共に甚大な被害を生む。

　紛争主体の誤算によって引き起こされる「恐怖の均衡」の崩壊は、レバノンとイスラエルの安全保障に留まる問題ではない。ヒズブッラーとイスラエルがイラン・シリアと米国の代理戦争を戦っているとすれば、「恐怖の均衡」は国際政治における対立の均衡状態に他ならず、またその崩壊は国際政治の均衡の崩壊を意味する。

　実際に2006年の「レバノン紛争」においては、停戦決議案をめぐる外交舞台でシリアとイランを中心とする陣営とイスラエルおよび米国とのあいだの批判・非難の応酬が激化した［末近, 2006:52-54］。さらには、シリアとイランの影響力の拡大を警戒するサウディアラビアやバハレーンといった湾岸アラブ諸国がヒズブッラーおよびレバノンに対するイスラエルの猛攻を黙認するといった事態も発生し、アラブおよび中東域内の国際関係に大きな亀裂を生んだ［Ahmad, 2008:237-253］。

　ヒズブッラーとイスラエルとの間の紛争の帰趨を左右するのは、それぞれを支援するシリア・イランと米国であろう。しかし、このような代理戦争は、翻って、域内政治、国際政治を広範囲に不安定化させる危険なゲームであることに留意しなくてはならない。レバノンとイスラエルとの間の紛争の解決は、国際政治における「デタント」、両国間の信頼醸成、そして「もう一つの暴力装置」としてのヒズブッラーおよびレバノン国家のあり方をめぐる国内のコンセンサス形成と国際規範との

Ⅳ 「恐怖の均衡」が生み出す安定と不安定

擦り合わせという、それぞれ異なるレベルの課題を同時に考えなくてはならない困難な課題である。

◆ 引用文献

〈欧文文献〉

Ahmad, Ahmad Yousef. 2008. "The Israeli war on Lebanon: The Arab Dimension." *Contemporary Arab Affairs*, vol. 1, no. 2.
Alagha, Joseph. 2008. "The Israeli-Hizbullah 34-Day War: Causes and Consequences." *Arab Studies Quarterly*, vol. 30, no. 2.
Arens, Moshe. 2007. "Consequences of the 2006 War for Israel," *MERIA*, vol.11, no. 1.
Bar-Joseph, Uri. 2010. "The Hubris of Initial Victory: The IDF and the Second Lebanon War." In Clive Jones and Sergio Catignani, eds. *Israel and Hizbollah: An Asymmetric Conflict in Historical and Comparative Perspective*. London and New York: Routledge.
Barak, Oren. 2009. *The Lebanese Army: A National Institution in a Divided Society*. Albany, NY: State University of New York Press.
Bishara, Azmi. 2008. "David, Goliath and Saul: Repercussions on Israel of the 2006 War." *Contemporary Arab Affairs*, vol. 1, no. 2.
Blanford, Nicholas. 2004. "Hizballah and Syria's 'Lebanese Card'." Middle East Report Online, September 14, 2004. 〈http://www.merip.org/mero/mero091404.html〉（2004 年 9 月 15 日アクセス）
Byman, Daniel. 2003. "Should Hezbollah Be Next?: The A Team." *Foreign Affairs*, vol. 82, no. 6.
Byman, Daniel. 2005. *Deadly Connections: States that Sponsor Terrorism*. Cambridge and New York: Cambridge University Press.
Cordesman, Anthony H. 1999. *Military Balance in the Middle East VI: Arab-Israeli Balance - Overview*. Washington D.C.: Center for Strategic and International Studies.
Cordesman, Anthony H. 2008. *Israel and Syria: The Military Balance and Prospects of War*. Westport, CT: Praeger Security International.
Craig, Alan. 2006. "Lebanon 2006 and the Front of Legitimacy." *Israel Affairs*, vol. 15, no. 4.
Friedman, Matti. 2010. "Underneath Lebanon, Israel Sees Hidden Battlefield." AP, August 14.
Gaub, Florence. 2007. "Multi-Ethnic Armies in the Aftermath of Civil War: Lessons Learned from Lebanon." *Defense Strategies*, vol.7, no. 1.
Hamizrachi, Beate. 1988. *The Emergence of the South Lebanon Security Belt: Major Saad Haddad and the Ties with Israel, 1975-1982*. New York: Praeger.
Hamzeh, Nizar A. 2004. *In the Path of Hizbullah*. New York: Syracuse University Press.
Harel, Amos and Avi Issacharoff. 2008. *34 Days: Israel, Hezbollah, and the War in Lebanon*. New York: Palgrave Macmillan.
Hersh, Seymour M. 2006. "Watching Lebanon: Washington's Interests in Israel's War." *The New Yorker*, August 21.
Hokayem, Emile El-. 2007. "Hizballah and Syria: Outgrowing the Proxy Relationship." *The

Washington Quarterly, vol. 30, no. 2.

Human Rights Watch. 2007. "Civilians under Assault: Hezbollah's Rocket Attacks on Israel in the 2006 War." *Human Rights Watch*, vol. 19, no. 3 (E).

Hutson, Royce and Athena Kolbe et. al. 2009. "Testing Received Wisdom: Perceptions of Security in Southern Lebanon." Small Arms Survey, ed. *Small Arms Survey 2009: Shadows of War*. Cambridge and New York: Cambridge University Press.

ICG (International Crisis Group). 2002. "Old Games, New Rules: Conflict on the Israel-Lebanon Border." *ICG Middle East Report*, no. 7, Amman and Brussels: International Crisis Group.

ICG (International Crisis Group). 2010. "Drums of War: Israel and the Axis of Resistance." *ICG Middle East Report*, no. 97, Amman and Brussels: International Crisis Group.

Kaufman, Asher. 2010. "From the Litani to Beirut - Israel's Invasions of Lebanon, 1978-1985: Causes and Consequences." In Clive Jones and Sergio Catignani, eds. *Israel and Hizbollah: An Asymmetric Conflict in Historical and Comparative Perspective*. London and New York: Routledge.

Merom, Gil. 2008. "The Second Lebanon War: Democratic Lessons Imperfectly Applied." *Democracy and Security*, vol. 4, no. 1.

Murden, Simon. 2000. "Understanding Israel's Long Conflict in Lebanon: the Search for an Alternative Approach to Security During the Peace Process." *British Journal of Middle Eastern Studies*, vol. 27, no. 1.

Murphy, Ray. 2007. *UN Peacekeeping in Lebanon, Somalia and Kosovo: Operational and Legal Issues in Practice*. Cambridge and New York: Cambridge University Press.

Nasrallah, Fida. 1992. *Prospects for Lebanon: The Questions of South Lebanon*. Oxford: Centre for Lebanese Studies.

Norton, Augustus Richard. 1998. "Hizballah: Radicalism to Pragmatism." *Middle East Policy*, vol. 5, no. 4.

Rabil, Robert G. 2003. *Embattled Neighbors: Syria, Israel and Lebanon*. Boulder, CO and London: Lynne Rienner.

Rumsfeld, Donald H. 2001. "A New Kind of War." *The New York Times*, September 27.

SIPRI. 2007. *SIPRI Yearbook 2007: Armaments, Disarmament and International Security*. Oxford: Oxford University Press.

Smit, Fernand. 2000. *The Battle for South Lebanon: The Radicalization of Lebanon's Shi'ites 1982-1985*. Amsterdam: Bulaaq.

Sobelman, Daniel. 2004. "Rules of the Game: Israel and Hizbullah after the Withdrawal from Lebanon." *Memorandum*, no. 69. 〈http://www.tau.ac.il/jcss/memoranda/memo69.pdf〉（2004年2月10日アクセス）

Sobelman, Daniel. 2010. "Hizbollah - From Terror to Resistance: Towards a National Defence Strategy." In Clive Jones and Sergio Catignani eds., *Israel and Hizbollah: An Asymmetric Conflict in Historical and Comparative Perspective*. London and New York : Routledge.

Spyer, Jonathan. 2009. "Lebanon 2006: Unfinished War." In Barry Rubin, ed. *Conflict and Insurgency in the Contemporary Middle East*. London and New York: Routledge.

Suechika, Kota. 2000. "Rethinking Hizballah: Transformation of an Islamic Organisation." 日本中

東学会年報 15 号。

〈アラビア語文献〉

Ḥallāq, 'Abd Allāh. 1999. "23 Qarya Lubnānīya fī Filasṭīn Muḥtalla mundhu al-'Ishrīnāt." *al-Bilād*, no. 452, August 28.
Muṣṭafā, Amīn. 2003. *al-Muqāwama fī Lubnān 1948–2000*. Beirut: Dār al-Hādī.
Nāblusī, 'Abbās al-. 2007. *Ru'b al-Silāḥ: Asrār al-Qudra al-'Askarīya li-Ḥizb Allāh*. Beirut: Dār al-Īwan.
al-Safīr. 2007. *Yawmīyāt al-Ḥarb al-Isrā'īlīya 'alā Lubnān 2006*. Beirut: al-Safīr.
Sarāyā al-Lubnānīya li-Muqāwama al-Iḥtilāl al-Isrā'īlī. 1997. *Sarāyā al-Lubnānīya: Muqāwama Waṭan wa Irāda Sha'b*. Beirut, March 14.

〈テレビ・新聞〉

al-Manār TV（August 21, 2004）.
The Daily Star（August 10, 14, 26, 2010）.
al-Ḥayāt（May 24, 2006）.
al-Safīr（August 28, 2006）.

〈和文文献〉

青山弘之・末近浩太. 2009.『現代シリア・レバノンの政治構造』岩波書店。
加藤朗. 2010.「非対称戦の戦略：新しい戦争の様相」石津朋之・永末聡・塚本勝也編『戦略原論：軍事と平和のグランド・ストラテジー』日本経済新聞出版社。
カルドー，メアリー（山本武彦・渡部正樹訳）. 2003.『新戦争論：グローバル時代の組織的暴力』岩波書店。
末近浩太. 2002.「現代レバノンの宗派制度体制とイスラーム政党：ヒズブッラーの党争と国会選挙」日本比較政治学会編『現代の政治と政党：比較のなかのイスラーム』早稲田大学出版部。
末近浩太. 2005a.「レバノン・ヒズブッラー：『南部解放』後の新戦略」現代の中東 38 号。
末近浩太. 2005b.「シリアの外交戦略と対米関係：対レバノン、対イスラエル政策とイスラーム運動の動向を中心に」国際政治 141 号。
末近浩太. 2006.「レバノン包囲とヒズブッラー」国際問題 555 号。
末近浩太（訳・注解）. 2007.「ヒズブッラーのレジスタンス思想：ハサン・ナスルッラー『勝利演説』」イスラーム世界研究 1 巻 1 号。
末近浩太. 2009.「抵抗と革命をむすぶもの(1)：レバノン・ヒズブッラーの誕生(1982～85 年)」立命館国際研究 22 巻 2 号。
末近浩太. 2010.「抵抗と革命をむすぶもの(2)：イスラーム思想史のなかのレバノン・ヒズブッラー」立命館国際研究 22 巻 3 号。
末近浩太. 2011.「『テロ組織』が政党になるとき：第二共和制の成立と『ヒズブッラーのレバノン化』」立命館国際研究 24 巻 1 号。

第10章

クルド問題をめぐるトルコの外交
―― 紛争制御から包括的予防へ

澤江 史子

◆ はじめに

　イラク戦争とその後のイラクの国家再編は、イラクの政治体制の変革という一国の問題にとどまらず、周辺地域における国境や国民の再編問題に波及しかねない、危険なプロセスである。イラク国内は内戦状態に陥ったが、それと並んで、多国間にまたがる紛争に発展しかねないと懸念されたのが、イラク北東部のクルディスターン地域政府（以下、KRG）をめぐるトルコの対応である。

　それは大きく三つの時期に分類できる。第一期は、湾岸戦争までの時期（したがってKRGによる自治地域が成立する以前）であり、両国の国内クルド問題は直接的にリンクしていなかった。第二期は、湾岸戦争からイラク戦争までの時期であり、KRGが成立し、トルコでは国軍とクルド民族主義勢力の戦闘が激化した。トルコ当局側はこの状況の変化がKRG地域の状況とリンクしているとして、同地域に深く関与し始めた。一方のKRG地域では、将来のクルド独立国家に向けた基盤作りが進んだ。第三期はイラク戦争後である。イラクの体制変換によってKRG地域の自律性が法的根拠を得るとともに、その独立の実現可能性がかつてなく現実味をおびてきた。トルコ政府側から見ると、危機が極大化した時代ということになる。トルコ政府の対応という観点からは、第三期はさらに二つに区分できる。2008年早春ごろまでの時期と、それ以降である。前期には、従来通りに軍事的な対応が全面に出ていたが、後期には、いまや国境を越えて結びついたクルド問題を全体として脱安全保障化する政策に一気に転換した[1]。KRG地域については貿易促進など非軍事的な政策を、国内クルド問題については民主化と多元的アイデンティティの承認を模索している。

　紛争予防[2]の観点から見れば、本稿の射程に入る二つのクルド問題、すなわち、

---

[1] ただし、国内クルド問題への非軍事的アプローチはそれ以前より少しずつ、しかし着実に定着しており、第三期後期の転換は、そうした連続性の上で評価しなければならない。

◆第10章　クルド問題をめぐるトルコの外交

　トルコ国内のクルド問題とKRG地域の地位をめぐる問題については、例えばOSCEが欧州の諸問題に対して具体的かつ恒常的に予防のために率先して取り組んだような、国際的関与があったとは言い難い。そのため、この連関する二つのクルド問題については、関係諸国・諸勢力による紛争拡大回避努力に事態の趨勢が任された。本来なら、この二つのクルド問題にまつわる紛争予防の試みを分析するには、各関係アクターがそれぞれにどのように問題構制を行い、何を目指して行動したのかをそれぞれに分析する必要がある。しかし、その任は筆者の能力を遥かに超える。本章では、第三期後期に大きな政策転換を果たしたトルコ政府に着目し、なぜトルコ政府はこのような大胆な転換を果たすことができたのか、また、そこに至るまでにどのように問題構制の転換がはかられたのかを検討する。

　ただし、トルコ政府、あるいはより一般的に一当事者に着目するということは、紛争の定義や問題構制の仕方が当事者の利害に規定されてしまうために、それに依拠して紛争予防を語ってしまうと、非常にバイアスのかかった議論になる恐れがある。その一方で、そもそも、紛争に中立的な予防・解決の立場や方法などあるのかという、根源的な問題が別にある。たとえば、湾岸戦争時にトルコは英米に呼びかけてイラク北部国境地域にいわゆる避難区（safe heaven）を設定した。これは、米国に協力的なクルド勢力をイラク中央政府軍が弾圧することを恐れ、大量のクルド人がトルコに逃げ込もうとしたが、そのことへの対策だった。大量の難民発生を防ぎ、イラクのクルド人がKRG地域内で安全を得られることを目指したのである。かつてイラン・イラク戦争末期に、戦争に乗じて反乱を起こしたクルド勢力をイラク中央政府軍が弾圧したことをきっかけに、イラクから大量の難民がトルコ北部に流入したことがあった。この時に、国際社会の無関心や、トルコの国家や社会の援助能力では対応しきれなかったこと、難民支援でトルコの国家財政が大きく圧迫されたことを顧みて、トルコが先手を打ったのである。避難区の設定によってトルコが難民受け入れを回避したことは、非人道的との非難を招いた（つまりクルド避難民にとってはトルコへの難民となった方が安全だったに違いないとの立論である）。しかし、トルコから見れば、国家が対応できないクルド難民を受け入れることは、国内クルド反政府勢力への予備軍を受け入れることになりかねず、また、彼らはイラク

---

(2) ［吉川, 2002:7］によれば、予防外交は以下の三つの紛争防止の試みを含む。すなわち、「第一に、将来的に紛争の発生原因となるような政治・社会状況が形成されるのを防止する試み、第二に、国内の既存の手続きでは解決が望めないような紛争へと発展しかねない争いや対立を、早期に発見し、平和的に解決する試み、第三に、いったん発生した紛争を平和的に解決し、また紛争の拡大または他地域への波及を防止しようとする試み」である。

の反政府勢力予備軍でもあることから、イラクとの紛争の火種を受け入れることにもなりかねなかった。トルコにとっては、難民受け入れ拒否と避難区設立は紛争予防策に違いなかった。ところが避難区は、その後、トルコのクルド・ゲリラにとって安全な拠点となったために、トルコの安全という意味では別の脅威をもたらすことになった。また、湾岸戦争後、米国を中心とする国際社会はイラクへの経済制裁を通じて、イラクの国際的脅威を減じようとしたが、トルコにとってこの経済制裁は、トルコとイラクの国境地域の日常生活を直撃し、同地域に住む疲弊したクルド人が反政府ゲリラ勢力に傾倒する一因になったとの見方もある。つまり、何をもって予防とするのか、誰にとっての予防なのか、あるいは、長期的、幅広い視点から予防と呼ぶことができるのかという問題は、安易に答えることのできない、そしておそらく、様々な「予防策」がとられて事態が展開する中で、状況に応じて暫定的に定義し直し、見通しを更新していかねばならない問題なのだろう。

予防外交や紛争予防を語ることはこのように複雑な問題であり、誰の視点で、いつの時点で予防を語るのかによって、物語は全く異なってくるという限界を念頭に、本稿では、トルコが上記の各時期において採用した対応策と、第三期後期に対応を大転換させた背景を検討する。次節では、二つのクルド問題がリンクしていくさまをトルコに関わる部分を中心に概観する。第三節では、二つのクルド問題が密接にリンクしはじめた第二期以降について、トルコがいかに紛争予防を構想し、実際にどのような外交政策を展開したのかを検討する。第四節では、第三期の当初からトルコのクルド問題へのアプローチが構造的に変化し始めていたことを、その背後にある外交ドクトリンの変化との関連の中で確認する。そして最後に、トルコの新しい紛争予防の構想の成果や可能性と限界について考察したい。

I　KRG 地域をめぐるトルコの関与[3]

広大な版図を誇ったオスマン帝国からは種々の民族国家が誕生した。これに対し、ある程度の人口規模がありながら民族国家をもたなかったのがクルド民族である。チグリス・ユーフラテスの上流・中流域を中心に広がるクルド民族は、トルコ、イラン、イラク、シリア、旧ソ連の国民となった。クルド・ナショナリズム

---

[3] 本節以降において、具体的な政治的動静や事件に関わる情報は、引用文献の他に、トルコ主要日刊紙（*Hürriyet, Radikal, Yeni Şafak, Zaman,* いずれも電子版）が当日前後に掲載した記事に依拠している。紙幅の関係で記事目録は省略する。

◆ 第10章　クルド問題をめぐるトルコの外交

は、一方では各国政府によって抑圧され、他方では国境やクルド内のイデオロギーや部族的割拠により統一的な運動の盛り上がりを妨げられてきた。例えば、トルコからの分離独立を掲げて立ち上がったクルディスターン労働者党（PKK）は共産主義組織であるが、イラクのクルド地域では、部族の紐帯に依拠するクルディスターン民主党（KDP）、都市部のインテリ層を基盤に KDP から分離したクルディスターン愛国同盟（PUK）の二大勢力の他に、イスラーム系組織もある[4]。

クルドの割拠状況は地域国際関係に翻弄されて複雑化し、まさに「全方位勢力均衡論」（omnibalance theory）の示す合従連衡が繰り広げられていく[5]。イラクとイランは自国内のクルド勢力を弾圧しながら、相手国の反政府勢力であるクルド勢力を支援した。米国もイラクとの対立関係からイラクのクルドを支援した。湾岸戦争以前のトルコ外交はキプロスを例外として非関与主義だったが、シリアやイランはPKK を支援した。この時期のトルコは PKK 掃討の観点から、むしろイラク政府と協力する道を選んでいる[6]。1990 年代になると湾岸戦争が構図をさらに複雑化する。湾岸戦争後にイラク北部に飛行禁止区域が設定されたのを契機にクルド勢力がイラク北東部で支配を確立した。1992 年には同地域で選挙が行われ、KDP とPUK が権力を分有する議会と政府（KRG）も樹立された。そして、この KRG 地域を拠点として PKK がトルコでのゲリラ活動を活発化させるに至り、トルコは同地域に対して関与する方向に大きく舵を切るのである。

トルコはイラクのクルド勢力と直接、関係を結び始める。1991 年 3 月には早くも大統領自ら、KDP と PUK をそれぞれ率いるバールザーニーとターラバーニーを招待した［Graham-Brown, 1999:112］。その後、両勢力はアンカラに常駐代表部を開設し、両リーダーも何度もアンカラを訪れた［Lundgren, 2007:84-85］。イラク政

---

(4) トルコ、イラン、イラクのクルド問題の概観には、［O'Leary & Salih, 2005］が便利である。
(5) デヴィド［David, 1991］によれば、第三世界諸国の外交は古典的な勢力均衡論ではなく、全方位勢力均衡論によって理解できる。これら諸国のリーダーは主権や政治的正当性の確立が不十分であるために、国家権力を保全するために国内的諸勢力に対しても擬似的勢力均衡策をとらねばならない。そのため彼らは、敵対国だけでなく国内の対抗勢力をも一緒に秤にかけることになる。多くの国が他国による侵略よりも国内の政変の脅威にさらされていることから明らかなように、彼らは国内の敵に対して勢力を強めるためには敵対国とさえ協調する。全方位勢力均衡ゲームには当然、他国の非国家アクターも参加するため、合従連衡の動きはさらに複雑になる［David, 1991:235-8］。KRG 地域をめぐるトルコの外交政策について、全方位勢力均衡論に言及したものとして［Olson, 2006b］がある。
(6) 1984 年に両国は、クルド反政府勢力掃討作戦を念頭において緊急越境追跡（hot pursuit）を相互に承認することで合意した［Keskin, 2008:63］。

244

府と敵対する両リーダーに対し、トルコ政府は1990年代を通じて、トルコの公用旅券を与え、トルコ経由での外界アクセスに便宜を図ったとされる［ICG, 2008:1］。トルコにとっては、両リーダーとの協力関係が、同地に活動拠点を移したPKKを一掃するためには不可欠だった。また、独立国の体裁をそなえ始めたKRG地域が独立しないように説得・抑止するためにも、両リーダーとの接触を維持する必要があったのである［Graham-Brown, 1999:112, cf. 229;Lundgren, 2007:86］。

　1994年にKDPとPUKの間で内戦が勃発すると、関係国・諸勢力の関係は一層、錯綜する。トルコは当初、この内戦によってKRG地域で権力の真空が生じれば、PKKやイランがこの地域での影響力を拡大するのではないかと心配した。そこでトルコは、両者の和解だけでなく、サッダーム政権との和解も試み、KRG地域をイラクの枠組みにより強くつなぎとめようと考えた。これに対して米国は、サッダーム政権とクルド勢力の和解を望まず、しかし、イランの影響力拡大も見過ごせないため、自らクルド勢力間の仲介に乗り出した。ところが交渉が決裂すると、KDPはサッダーム政権と協力してPUKの拠点地域をほぼ制圧した。PUKはこれに対してPKKと提携関係を結ぶとともに、イランに支援を頼んだ。その後KDPとサッダーム政権の関係が悪化すると、KDPは今度はトルコと協力関係を強め、イラク側国境地域でのPKK掃討作戦に協力した［Graham-Brown, 1999: 230-235;ICG, 2008:1］。1997年春に行われたトルコ軍の越境攻撃では、KDPは5万人規模のトルコ部隊をキルクークに80キロの地点まで手引きした［Park, 2005: 19-20］。クルド内戦は、米国主導の仲介で1998年10月に停戦にいたり、2002年に漸くKRG議会の再開にこぎ着けた。

　同時期、トルコ国内では、PKK問題が一旦は収束の兆しを見せた。1998年にトルコの圧力に屈したシリアが、庇護していたPKKリーダーのオジャランを追放し、1999年2月についにオジャランがトルコによって逮捕されたからである。しかし、オジャランが弁護士を通じてイラク北部に残ったPKK残党と連絡をとり続けるなかで、クルド武装闘争が完全に終息することはなかった。米国との結びつきを強めるKRGも、もはやクルドの大義を掲げて闘う同胞をトルコ側に突き出すことはしなかった。米国も特にイラク戦争後は、イラクの安定の要であり、貴重な親米勢力であるイラク・クルドの気持ちを逆なでしてまで、PKK問題でトルコに率先して協力することはなかった。そうしたなかで、イラク戦争後にPKKはKRG地域側の国境周辺に拠点をおいて攻勢を再び強めていくのである。

　戦後イラクの体制が連邦制と決まり、KRGの自律性は法的根拠も得てより揺る

ぎないものになった。トルコ国内ではEU加盟プロセスの進展とともに、クルド語使用など、文化社会的活動の自由化が進んだ。こうしたなかでPKKの活動が活発化すると、世論や軍部の危機感は高まった。それが頂点に達したのが2007年秋だった。国軍とPKKとの戦闘が再燃し、9月末から10月半ばにかけて40人を超す国軍犠牲者が出たのである。議会は、イラク越境攻撃の判断を政府に委任する法案を可決し、その後さらに犠牲者や捕虜が増えると、11月末に政府は越境判断を軍に一任した。そして、米国の説得、イラクやKRGの反対にもかかわらず、国軍は12月から翌年2月上旬にかけて、空爆を中心とする大規模な越境作戦を実施した。また、2月後半には陸上からの越境作戦を行ったのである。

II　トルコの紛争制御政策

　トルコはKRG地域に対して、少なくとも第三期前期までは、紛争予防というよりは自国の安全保障のために紛争を制御する方針で臨んできた。つまり、トルコのクルド問題を刺激しかねない国境、国土、国民の枠組み変更は断固として阻止するという現状維持を目指した。本節では、トルコがKRG地域に関与し始めた湾岸戦争以降の各時期について、この方針にそってトルコがどのような政策をとったかを確認する。第一項でイラク戦争の時期まで、第二項でイラク戦争後について、それぞれ、危機に直接関係しているアクター間の関係の観点から検討する。第三項では、より大きな多国間枠組みの試みについて見る。

（1）　湾岸戦争後

　トルコはまず、同様の利害関心を有する周辺国と協力体制を模索した。1992年11月にはイラン、シリアとともにイラク・クルドの状況を協議する外相会合を開き、三者で継続的に状況を確認し、協議することで合意した［Altunışık, 2004: 161; Graham-Brown, 1999: 112］[7]。加えて、トルコはシリアとイランとの間でそれぞれPKK排除のための二国間安全保障協定を結んでいる。しかし、この協力関係はあくまでクルド国家の誕生を排除するという文脈においてのみ有効であり、包括的な友好関係に発展することはなかった。三者メカニズムはKRG地域で内戦が勃発するや、クルド独立の危機が去ったとの判断からか、機能しなくなった［ICG, 2008:

---

(7)　サウディアラビアは参加拒否、サッダーム政権、イラク・クルドは招待されなかった。

1]。そして、トルコとの間で水資源問題と領土問題を抱えるシリアはその交渉材料とするためにPKK支援を継続し、それが原因で1998年には一触即発の状態に陥った。体制イデオロギーの問題でトルコと緊張関係にあるイランもPKKへの便宜を提供し続けた［Graham-Brown, 1999:113］。

KRG地域の内戦はトルコにとって、クルド独立国誕生やトルコとイラクのクルド勢力が結びつきを強める危険が遠のいたことを意味した。ただし、PKKがKRG地域を拠点に攻勢を強めるなかで、トルコ国軍は数度の大規模かつ越境距離の長い作戦も含めて、たびたびイラクへの越境掃討作戦を実施している。この時期のトルコ・イラク間には緊急越境追跡の協定はなく、イラク政府は何度も国連安保理に対してトルコを提訴した［Keskin, 2008:64, 68-69］。しかし、事実上、イラクは同地域での主権を欠いており、トルコは現地リーダーと関係を維持していたことから、イラクがトルコに対して実力行使をすることはなかった。安保理でもトルコを拠点にイラクへの威圧政策を実施している英米両国が、トルコを非難する決議の採択を阻んだ［Keskin, 2008:69］。そのため、クルド内戦が停戦にいたるまでの時期、トルコ国軍はほぼ自由にイラクへの越境作戦を遂行した[8]。

1998年の停戦後、英米土に現地勢力代表を加えた和平監視グループを設置し、アンカラで定期会合を開催することになった［Altunışık, 2004:172-3］。これは、米国がクルド独立を後押ししているのではとの、トルコの高まる疑念を緩和する目的を兼ねていた。同様の目的で、地域の問題を議論する年二回の米土外務次官級の政治的諮問メカニズムを設置することになった。トルコ軍は、KRG地域に小規模だが停戦監視部隊の駐留を認められた。しかし、ブッシュ政権の誕生とともに、米国のイラク政策はより威圧的になり、しかも、情報共有などによるトルコとの信頼維持の努力も以前ほどはなされなくなっていった。このように米土関係がぎくしゃくする中で、2003年にイラク戦争に突入するのである。

(2) イラク戦争後

イラク戦争については、米国がイラク再編を目論んでおり、しかもそれを手始めに、中東諸国家体制再編に着手するのではとの危機感が、中東地域で広く共有されていた[9]。トルコでは特に、米国の支援のもとでクルド独立が実現するのではないかとの憶測が飛び交い、政府・軍部・国民そろって米国のイラク開戦には反対して

---

(8) 一説には、1990年代のトルコの越境作戦は24回に及ぶという［ICG, 2008:2, note8］。
(9) この点については『現代思想』31巻5号（2003年）の各論文を参照のこと。

いた。しかし、米国に翻意させることは不可能となったときに、トルコの対米不信を悪化させる事件が起こった。

　トルコ軍は、イラク戦争後のKRG地域の動向を懸念して、必要になればイラクへの進軍も考えていた。これに対して米国は開戦前に、トルコ軍のイラク戦争への参加も米国の統率外での活動も認めないと通告し、機先を制した。しかも、戦後まもなく、KRG地域に1990年代末から駐留していたトルコ軍部隊が、クルド人政治家の暗殺を企てたとして米軍に尋問される事件が起こったのである。

　トルコ軍の対米不信・不満はその後も募る一方だった。PKK掃討の越境作戦に米国やイラク新政府の承認が得られず、その一方で、PKKの活動が再び活発化しはじめた。しかも、そのPKKが拠点をおくKRG地域は、内戦の様相を呈する戦後イラクにおいて例外的な安定と石油産業に依拠した繁栄を享受しており、着々と独立に向かっているかに見えた。2006年9月に米国はトルコの不満を和らげるために、PKK対策として米国、トルコ、イラクの三者からなるテロ対策調整メカニズムを設立した。トルコはイラクでのPKKの活動状況に関する情報提供や同国からのPKKの排除など、具体的協力を期待していた。しかし、それが実質的な機能を果たすことはなかった［ICG, 2008:3, 7］。先述のように米国はイラク・クルドの反発を招くようなトルコ支援には消極的だったのである。結局、1年も経たないうちにこのメカニズムは解消した。2007年秋にトルコ軍の越境攻撃をめぐってトルコとKRG地域との間の緊張関係が極限に達したのは、まさにこうした状況下だった。

　ここに及んでようやく米国は、トルコへの懐柔に本腰を入れ始めた。言説レベルでは、PKKをテロ組織と認定してトルコのPKK掃討作戦を正当な権利と公言し、トルコの不信を取り除こうと努めた。トルコ首相が越境攻撃決行の意思を伝えに赴いた2007年11月の米土首脳会談では、具体的な協力を約束した。それは、①PKKに関する情報協力メカニズム立ち上げ、②PKK幹部を捕まえてトルコに引き渡す、③PKKへの補給支援を絶って基地閉鎖に追い込む、④トルコのイラク北部軍事作戦に関する調整、である［ICG, 2008:8］。ただし、クルド側への配慮も周到になされていた。①は国境周辺地域に限定されており［ICG, 2008:8, note 50］、また、③や④もイラク・クルド側や米国が直接的にPKK掃討に乗り出すわけではなく、PKKがトルコへの出撃をしないように抑止するものだった。

　米国は早速、トルコ側にイラクでのPKKの動向を逐一報告しはじめた。米国の懐柔の意図とは逆に、トルコは米国とイラク政府に越境攻撃を受け入れさせて大規

模な軍事作戦を行った。米国からの的確かつ最新の情報を得て、真冬の山岳地帯での作戦にもかかわらずトルコはPKKに甚大な被害を与え、3ヵ月に及ぶ一連の越境作戦を終えた。情報協力メカニズムは紛争当事者の仲介や関係改善を目指すものでもなく、紛争解決そのものに資するわけではなかった。しかし、米国の協力のおかげでトルコは大きな成果を収めたのであり、トルコのガス抜きに一定の役割を果たしたといえる。

　それでもこの越境作戦時の国際的緊張はそれまでの越境作戦時のそれを遥かに凌いでいた。まず、2007年には、国境の向こう側は権力の真空地帯ではなく、主権の統制下にあった。そしてその政府は後援者の米国とともに、トルコの越境攻撃に強く反対していた。イラクのクルド・リーダーたちは、自分たちの将来に干渉しようとするトルコに反発を強め、PKK問題やクルド独立、油田地帯キルクークの帰属に関連してトルコをあからさまに挑発するようになった。加えて、クルド側は2007年末に、キルクーク県のKRG地域編入を目指して住民投票を呼びかけた[10]。同県がKRG地域に帰属すれば、クルド独立の実現可能性が経済的に裏づけられる。これはトルコには看過できない展開だった。こうした条件下で、米土間の信頼低下も相まって米国の抑えがきかなくなり、トルコとイラク・クルド勢力の間で紛争が発生するのではないかとの危機感が高まったのである。

　KRG地域をめぐる緊張は、トルコ側におけるクルド独立への脅威認識と米国がこの目論見を支援しているのではないかとの不信感、イラク・クルド側における将来的な独立への夢の維持とトルコの威圧的干渉への不快感、米国がイラク新体制に対して明確な政策ヴィジョンを描けないままに曖昧な態度に終始したことが重なり合って高まった。この状況が打開されないままに米国がイラクから退けば、トルコとイラク、イラク・クルドが直接、向き合うことになる。それはさらに危険な状況である。このような不透明な状況を制御するためにトルコは、より大きな国際枠組みによってイラクの現状維持を試みるのである。

（3）　イラク周辺国会議の設立

　トルコはイラク戦争開戦前の時点から、より多くの国々が参加する多国間枠組み

---

[10]　結局はキルクークをめぐる住民投票は米国の要請もあり、2007年12月に入ってから半年間の延期が決定され、そのままになっている。[ICG, 2008:19, note 136]によれば、2005年憲法で2007年末までの実施が定められていた住民投票を延期することは、事実上、実施を放棄したことになるという。

を設立することでクルド独立を牽制している。2003年1月に、イラク周辺国を首相自らが歴訪して呼びかけ、イラク周辺6ヵ国による緊急外相会議を実現し、開戦回避を米国とイラクの双方に呼びかけた。トルコ首相は外遊先でイラクをパンドラの箱にたとえ、イラク開戦が中東地域の国家秩序を大きく変える端緒になってしまうとの危機認識を示し、周辺諸国に危機感の共有を訴えた［Balci & Yesiltas, 2006: 21］。イラク戦争終結後の2003年4月にも、今度は占領の早期終焉などを呼びかける第2回会合が開催されている。それ以降も2009年2月付けの在バグダード・トルコ大使館Webサイトによれば、外相会議は全部で公式9回、非公式3回［RTBE, 2009］、内相会議が5回、国連安保理やG8からも参加者が集う拡大外相会議が3回開催されている(11)。参加国も第5回（2004年2月）以降はイラクも参加し、第7回（2004年11月）以降は外相会合にOICやEU、国連、アラブ連盟の代表も参加し始め、国際機関と連携した予防機能が期待できるようになっている。

　イラク周辺国会議は当初、どれだけ実効性があるのか疑問視する声が強かった。そもそも、長らく欧米にばかり顔を向けてきたトルコが、中東諸国に対してどれだけのリーダーシップを発揮できるかさえ不透明だった。実際、第1回会議に際してトルコが呼びかけたイラク周辺国のなかで、クウェートはこの会議が反米的になることを懸念して欠席し、アラブ地域大国を自負するエジプトはトルコのイニシアティブを無駄な抵抗と過小評価してみせた［Balci & Yesiltas, 2006:36, 22］。秘密裏に参加したイラク副大統領は、開戦回避のためにもイラクが政治改革を断行すべきだとの決議を拒否した［Murinson, 2006:954］。決議書採択の際も、トルコがあらかじめ用意した草稿には米国非難がないとシリアらアラブ諸国が抵抗し、会議は紛糾した［Balci & Yesiltas, 2006:23］。しかし、この会議は、多様な利害と対米関係を有する国家が、それぞれに譲れないところを当事者間で主張できる場として機能し、それなりに発言を決議書に反映させることができるという点で、各参加国にとってそれなりに存在意義があったと考えられる。だからこそ、その後、会議の参加国や活動範疇を拡大させながら、今日まで続いてきているのだろう。

　イラク周辺国会議で開戦後に首尾一貫して主張されたのは、イラクの領土的一体性の保全である。体制イデオロギーは異なれど、イラクの国家的一体性を自国の国益と考える点で周辺国の利害は共通していた。そこで、イラクの将来はイラクの国民が全体として決めるべきである（キルクーク帰属やKRG地域の政治的地位はクルド

---

(11) 2005年1月の第7回外相会議までの概要は［Balci & Yesiltas, 2006］を参照。その他、トルコ主要日刊紙の報道も参照した。

だけで決めるべきではない）こと（第2回）、イラク国境地域でのテロ活動一掃のためにイラク政府と周辺国は協力すべきであること（第4回）、イラク新政権支援とサッダーム・フセインの公正な裁判の要求（第9回）などが決議された。また、その時々の状況に応じて、イランやシリアの求めにより、米国の威圧外交やイスラエルを非難する文言が盛り込まれた。同会議は、刻々と替わるイラク情勢について、周辺国が一貫して譲ることができない要求（イラクの一体性）と、最新情勢に即した主張の両方を議論・確認し、国際社会と米国、イラク諸勢力に明示するという機能を果たした。2007年からは、エネルギー、難民・避難民、安全保障の三分野に関してワーキンググループが設置され、戦後イラクの経済社会の復興や安定、イラクとその周辺地域での治安・安保問題がより専門的に対処されることになり、国連がその実施を監督・指導することになった（第2回拡大外相会議）。

イラク周辺国会議がこのように機能を拡大しながら継続してきたのは、初期から周辺参加国が差し迫った危機認識で一致し、それを阻止するために団結しているからであろう。差し迫った危機とは、米国とイラク・クルド主導のイラクの体制変動が自国の安全保障と体制維持への脅威になっていることである。また、イラク自身も参加していること、KRG地域は主権国家でないため、この枠組みに直接、参加することはできないが、イラク中央政府においてクルド・リーダーたちが大統領や外相であるために政府間の交渉がクルドとの接触としても機能していることも、この枠組みを意味あるものにしていると思われる。

さらに、このイニシアティブには米国が介在しておらず、その後の会議の発展によって米国が参加する場面が出てきた後も、米国はあくまで多様な国際機関やG8諸国とともに参加する一アクター以上の存在感を示していない。もちろん、米国は自身が主導するいわゆる拡大中東イニシアティブなどを通じて、イラク戦争後の中東に対して米国の国益に照らして関与している。この会議はそうした重なり合う国際的なプロセスの一つに過ぎず、その意味で影響力は限定的かもしれないが、米国主導のプロセスに対する地域内発的なオルタナティブとしての重要性を有しているのではないだろうか。

III　紛争制御から民政的予防の模索へ
——外交的野心とクルド政策の転換

第三期後期にトルコは、それまでの軍事偏重のクルド対策をより民政的対策重視の政策へと転換した。本節では、このような転換を断行した公正と発展党（AKP）

◆第 10 章　クルド問題をめぐるトルコの外交

のクルド政策について、その外交ドクトリンと内政のリンクに注目しながら検討したい[12]。

　AKP 政権の外交方針を描いたのは、現外相のアフメト・ダウトオールとされている。彼は 2009 年 5 月に外相となる以前も、首相外交顧問として中東を中心に非欧米諸国との外交を実質的に担っていた。彼は大学教授だった 2001 年に、外交政策の構想の仕方次第でトルコが世界の中心的国家になるキャパシティーをもっていると地政学的観点から説き、注目されるようになった。首相顧問だった 2008 年に発表した論文では、トルコが取るべき外交 5 原則を以下のようにまとめている［Davutoğlu, 2008:79-83］。第一に、安全保障・治安と民主主義のバランスを重視した外交政策の策定である。自国民に安全を保証できない国も、自国民の自由や人権を安全保障・治安の名の下に犠牲にする国も、外交的に影響力圏を確立できないという。第二は「隣国とのゼロ・プロブレム政策」であり、この原則に基づいてトルコは近隣諸国との友好関係を発展させ、地域大国の基盤を固めるべく積極外交を行ってきた。第三は、隣国やそれに連なる地域との関係の発展である。第四は、多元的外交政策の追求であり、トルコは他のグローバル・アクターとの関係を競争ではなく相補的なものと捉え、アメリカ、EU、ロシアのいずれとも友好関係を両立させていくべきだとする。最後は、「リズミカルな外交」である。これは、多様な国際組織に関与して、定期的に多国間会合に参加して存在感を示す必要性を説いているものと思われる。実際にトルコは、欧州の複数の国際組織や NATO の他、中東では OIC に加盟しているが、近年ではアフリカ連合やアラブ連盟でもオブザーバーとなるなど、外交的関与の地理的範囲を拡大してきた。こうした努力は、2008 年に実現した国連安保理非常任理事国入りにも見てとれる。

　外交原則の冒頭に、国内民主化・自由化と治安・安全保障のバランスを取り上げたことは、AKP 政権が少なくとも KRG 地域をめぐる外交で内政面を重視していることを示している。KRG 地域をめぐる危機はトルコのクルド問題の延長上にあるからである。これは、20 年以上にわたって PKK と戦闘を繰り広げたあげくにそこに解決を見いだせず、しかも、イラク・クルドの独立問題と国内クルド問題が明確に結びついて内と外の双方からトルコの安全保障を脅かすようになった段階で達

---

(12)　この転換はもちろん急に可能になったわけではない。その背景には、1990 年代以降の EU 加盟プロセスでの内政改革の他、1980 年代以降に首相や大統領を務めたトゥルグト・オザルが特異なリーダーシップを発揮して進めようとした政治経済的自由化政策がある。本章では紙幅の関係もあり、第三期を通じて単独政権を担っている AKP 政権に焦点を絞る。

した政策の大転換だった。逆に言えば、もはや国内クルド問題とイラク・クルド独立問題を切り離して、個別に対応できる段階ではなくなっていたともいえる。

AKP政権は、国内クルド問題の脱安全保障化(13)を、国家と国民のアイデンティティをより多様性に開かれたものにすることで実現しようとし、イラク・クルドの動向に由来する外生的な安全保障問題を換骨奪胎するために、経済相互依存関係の促進による社会レベルからの関係強化を目指した。外交5原則の「隣国とのゼロ・プロブレム政策」と連動するのも経済相互依存政策である。2009年5月の外相就任会見で、ダウトオールは「ゼロ・プロブレム」に「協力極大化政策」のスローガンも付け加え、その方針を鮮明にした。2009年7月には国内クルド問題に関して、「民主的イニシアティブ」を打ち出した。人権保障メカニズムの整備やクルド語地名の回復、クルド語での政治活動の解禁から、自発的な投降ゲリラの恩赦と社会復帰支援までも含む幅広い政策を通じ、アイデンティティの多様性に配慮した国民統合と民主的で安定した社会の実現を目指している［AKP, 2010］。

クルド問題の脱安全保障化政策を明示的に打ち出すにあたってはいくつかの条件が整わねばならなかった。第一に、国民の間に、従来的な抑圧一辺倒の政策ではPKKは根絶できないとの認識が広がっており、それは軍幹部にも共有されるようになった［Bila, 2007:11-12, 201-202］。第二に、より一般的に、多様なアイデンティティや価値観を包摂するような国家社会であるべきとの考えが台頭してきた。この背景には欧米のリベラルな価値観の影響もあるが、他方で、欧米を中心に「文明の衝突」やイスラーム不寛容論が喧伝されたのに反発して、イスラーム自体が本来は多様性に寛容な宗教だとの対抗的言説が広まったこともある。AKP自体も、世俗主義体制エスタブリッシュメントから体制へのイスラーム的脅威と見なされる問題を抱えていたため、政治的自由化に積極的だった(14)。第三に、トルコが経済や金融の自由化を進めて「通商国家」（trading state）になったため、体制擁護派だった大企業が軍部の政治介入を批判し始めたのはもちろんのこと、軍部さえも自らの言動が経済・金融に与える影響を考慮せざるをえなくなっていた［Kirişci, 2009: 38-41］。第四に、伝統的にトルコの安全保障を定義してきた軍部は、EU加盟プロセスによって政治的影響力を削がれてきた。加えて、2007年の総選挙で与党が得

---

(13) クルドをめぐる安全保障化と脱安全保障化については、例えば、［Altunışık, 2009］を参照。
(14) 軍部は、建国以来、世俗的でトルコ民族主義的な国民アイデンティティを堅持することで国家と国民の統合を維持することこそが国家安全保障の要諦であり、自らの職務だと自任してきた。より詳しくは［澤江, 2005］を参照のこと。

◆第10章　クルド問題をめぐるトルコの外交

票率を大幅に伸ばして勝利し、政権二期目により困難な問題に取り組む基盤を確保できたことがあげられる[15]。このように脱安全保障化の条件が次第に整う中で、米国やイラクとの協力メカニズムが整備され、その上で2007年末からのPKK大規模掃討作戦が実施された。軍部自らがPKKにかなりのダメージを与えたと成果を確認したこの作戦は、PKKからの安全保障が一定程度確保されたと軍部ら国家安全保障重視派を納得させ、公に民政的な政策に踏み出す素地をつくったのである。

　民主的イニシアティブの公表は、イラクやKRGとの安全保障協力や経済相互交流の政策を一気に進め、KRG地域が安全への脅威ではなく、相互的経済発展のパートナーであるとの印象を大々的に演出した後だった。両国・地域との経済関係は、イラク戦争後に、湾岸戦争以来の国連主導の経済制裁が完全に解除されて以降、着実に発展しており、そこには政策的な思惑が介在していた。米国やKRGは、KRG地域におけるトルコの経済的関与を拡大させることで、トルコとの紛争回避をもくろんでいたとされる［Khalil, 2009:33;Olson, 2006a:67-69］。KRG地域と国境を接するトルコ南東部地域は経済社会開発が立ち後れたクルド地域であるが、この地域は石油や貨物の輸送など、イラクとの越境貿易の恩恵を受けていた。イラクやイラク・クルド側にとっても、主要産業である石油・天然ガスの欧州への輸出ルートであるだけでなく、急速な経済発展によって消費市場を拡大させているトルコと友好関係を維持することは不可欠である。こうした実利の一致を背景として、トルコとイラク、KRGは2007年から2008年にかけての危機の時期にも、一貫して政府要人間のコンタクトを継続していた。

　2008年2月末の陸上越境作戦の際には、トルコ大統領が自らイラク大統領に作戦実施を告げて理解を求めたその電話において、両国の協力関係促進を話し合うためにイラク大統領を招待している。イラク大統領は、作戦終了から1週間も経たないうちに、エネルギー相、産業相、財務相、水利相を伴ってトルコを訪問し、実質的な協力関係促進の協議を行った。2008年6月末にはトルコの貿易担当国務相が23名の民間企業代表者を引き連れてイラクを訪問した。そして翌月に締結された戦略的協力協定に基づいて翌年8月には高級戦略協力会議が立ち上げられた。同会議は外相主催のもとに、エネルギー、貿易、投資、安全保障、水資源を中心として両国省庁の協力体制を構築し、首相級年1回、大臣級年3回、実務者級年4回の会

---

(15)　2011年3月8日の筆者の首相補佐官へのインタビューによる。

254

合を行うものである［RTMOFA, 2008］。2009年10月には、第1回合同閣議がバグダードで開催され、両国から首相の他、各9名の大臣が参加した。合同閣議と担当領域別の個別会談の結果、45の協定が調印された。さらに、同月末にはトルコから外相と貿易担当大臣がイラク南部のバスラと北部のモースル、KRG地域の首都エルビルを80名の民間企業代表者とともに行脚した。バスラはペルシャ湾出口の貿易港であり、両国は、トルコ南東部とイラク北部地域に鉄道を新設して両国の鉄道網を接続し、ペルシャ湾から地中海や欧州への鉄道輸送を実現することでも合意した。

　トルコとイラク、KRGとの関係はこうして、かつてなく協力的なものになっている。未だイラクの先行きは不透明で、キルクーク帰属や長期的なクルド独立の期待の問題も未解決であり、KRGをめぐる紛争の火種が払拭されたとはいえない。それでも現在のトルコでは、トルコのクルド問題は基本的に国内民主化・自由化問題の枠内で解決が模索されるべき紛争だと認識されるようになっており、イラクのKRG地域と有機的にリンクした国際的クルド問題として脅威視する視点は大きく後退していることは間違いない[16]。

---

(16) 2011年6月の国政選挙に向けて、トルコでは春先より緊張状態が高まっていた。国軍のPKK掃討作戦が再燃し、クルド系の平和と民主主義党（BDP）の政治家や活動家らの逮捕・拘留も選挙前後を問わず増える一方である。BDPが選挙ボイコットをちらつかせながら要求してきた議席獲得最低得票率（10％）の引き下げや母語による学校教育は選挙前に政府や議会で議論されることはなかった。4月には同党の立候補者が資格審査で失格とされた上、6月の選挙で当選した候補者のうち1人が当選無効とされ、BDPからの当選者は国会での宣誓を拒否し、審議に参加しなかった。これに加えて国軍との衝突やデモでBDPやPKK側の死者が出ると、そのたびにトルコ東部や南東部各地でデモや治安当局との衝突が起きている。8月には国軍側にも多数の犠牲者が出ると、国軍はイラク越境空爆を再開し、政府もPKKに対する断固たる対応の意思を表明している。それに呼応するようにPKKやその分派組織は軍や警察のみならず市民への攻撃を活発化させている。このようにトルコ国内政治状況は騒然としており、脱安全保障化段階以前に逆戻りしてしまったかに見える。しかし、目指す着地点として多元的アイデンティティを包摂する民主国家を目指しつつクルド問題を解決することは主要アクターにとって大筋で変わらないと思われる。選挙で大躍進したBDPは9月末に国会への出席を決定し、今国会最大の焦点と目されている新憲法制定過程で多元的アイデンティティの憲法保障を目指すことを表明した。KRGもAKP政権との友好関係を最重要視してPKKの武力活動を非難しつつ、PKKの武装解除過程で役割を担うことにも前向きである。9月中旬には政府が一貫して否定してきたPKKとの交渉がメディアを通じて暴露されたが、マスメディアの主要論者はそれを肯定的に受け止め、交渉の継続を支持した。PKK内で和平派が武闘派をどれだけ凌ぐことができるのか、そして選挙前に得票率上昇を見込んでトルコ民族主義的、国家主義的言説を強めて50％の得票率を達成したAKPが、軍事作戦偏重に見えるこの雰囲気を再度、軟化させつつ、多元主義的言説を再度、持ち出すことができるのか、このあたりのタイミングが今後の鍵となってきそうである。

◆第 10 章　クルド問題をめぐるトルコの外交

　トルコはこの他に、シリア(17)やギリシャ、ロシアといった、クルド問題やその他の歴史的経緯で対立してきた周辺国とも戦略的協力協定を締結し、今後さらにその対象を拡大していく方針である。またそれと並行してパイプライン・ハブ構想を中心として、自国の経済力を強化するとともに地域やグローバル経済を相互依存的発展に導きながら、より広範な地域国家間関係を脱安全保障化しようと目指しているのである［Davutoğlu, 2008:91-92］。

◆おわりに

　本章が描いたのは、あくまでトルコの視点による紛争予防の取り組みである。このプロセスはクルド独立という視点から見れば不正義ということになるだろう。PKK をテロリストと断定して掃討への国際理解を得るというトルコのやり方は、9.11 後に大規模テロ事件を経験した欧米を始めとする国々の理解を得るには役だったが、それが果たして道徳的に正しいかも判断の難しい問題である。トルコは決して利他的に地域の安定と平和のために動いている訳ではなく、もちろん自国の国益が守られるように危機概念をフレーミングしてみせ、それに即して国際的枠組みの創出のためにイニシアティブをとったのである。そうした取り組みを通じて、PKK 掃討のための越境作戦についても、国際会議や二国間の直接会談を通じて説明し続け、トルコの立場に最低限の理解を取り付けることに成功した。自国に有利な形で紛争予防と安定創出を方向づけることに、かなり成功したといえる。

　ただし、イラクや KRG 地域に対するトルコの政策が、より広い中東地域の安定と紛争予防に転用できる訳でも、トルコが唱える内発的政治改革がそのまま中東諸国で受容されていく訳でもないだろう。トルコの大国化という野心は、他の中東地域大国の反発を招くだろうし、他国の内政のあり方にまで言及するならなおさらである。また、トルコのイニシアティブは、地域に根ざし地域の内発的ダイナミズムに由来する紛争予防や平和維持の価値観を生み出すには至っていない。トルコは OIC の会議を中心に、中東地域の安定と発展には内政改革が不可欠であると繰り返しているが、現在までのところ、例えばチェチェン問題よりもロシアとの政府間関係の強化を優先してきたように、相手国の内政問題に関与してきたとはいえな

---

(17)　シリアとの蜜月を中東紛争仲介のテコにしようとしてきた AKP 政権は 2011 年 3 月以降、アサド政権が反体制勢力を弾圧する中、当初はシリアに民主化改革を促して軟着陸を図った。しかし、アサド政権が徹底弾圧を継続する中でシリアを厳しく非難する態度に転じ、9 月にはシリアへの制裁を発動するに至った。同時に、トルコに避難したシリアの反政府勢力と接触するなど、アサド後も見据えた政策に転換しつつある。

い。まずは経済協力を基盤とした友好関係の確立を足がかりに、既存の主権国家枠組みに依拠した地域の安定（全方位勢力均衡志向の解消）を目指していると考えられる[18]。トルコはまた、米国主導の外生的なプロセスではなく内発的な改革努力によるべきだとして、地域外からの介入を牽制している。米国が「テロとの戦い」と中東の民主化を結びつけ、中東諸国の政治体制問題に深入りすることは、内政問題と近隣外交のリンケージという地域的不安定要素を通じて、中東地域全体の安定を脅かしかねないからである［Murinson, 2006:953］。中東というより広い地理的範囲においてそこに至るには、おそらく、サウディアラビアやイラン、エジプトといった異なる政治体制やイデオロギーを有する地域大国との間でそのような価値観を共有でき、それを実現するための具体的なメカニズムを地域の内発的プロセスを通じて立ち上げることが必要になろう。

　地域的予防外交枠組みは、欧州を除いてまだ確立された雛型はない。欧州の経験も、欧州の紛争の歴史と構造に依拠して構築されたものである。その固有性を考慮すれば、欧州の経験をそのまま他地域における予防外交のモデルや評価基準とすることは有益とはいえまい。アジアで予防外交枠組みの構築が欧州よりも遅れていると否定的に評価されがちなことについて、納家は「これは遅れているのではなく、アジアでは欧州のような明確な敵・味方を軸とする比較的単純な国際関係という性格が弱かった」［納家, 2003:84］からだと指摘するが、これはまさに中東にも当てはまる。クルド問題について本章で見たように、紛争への利害関係者は、国内問題とのリンクや別の国際的争点との関連に応じて、敵との協力や大義に矛盾する行為を幾度となく繰り返してきた。しかも、ある国の国家体制、国民統合の問題が近隣国のそれと有機的に連動しているがゆえに、予防外交枠組みの問題は国内政治問題とのセットで進展していかねば、長期的な成果につながりにくいどころか、より複雑な多国間を巻き込む紛争に発展しかねないという難題を抱えているのである。

　加えて、中東では、グローバルパワーとしての米国が、域外大国であるにもかか

---

(18) 2010年3月22日に筆者が行ったインタビューでは、首相補佐官はトルコには地域の民主化・自由化が望ましく、実際、多くの流れの中で民主化は避けられない流れになりつつあると指摘している。彼によればトルコは内政干渉は行わないが、民主的ムスリム諸国の一モデルとして中東諸国の国民にインスピレーションを与え、経済関係や観光での人的交流というソフトパワーを通じた影響を与えうるという。2011年初頭以来の中東変動以前には、こうした長期的な漸進的変化を通じて、一定の安定を保ちながら中東地域が経済的にも政治的にも発展していくという展望を描いていたといえる。変動以降も基本的に権威主義的権力者に対して、民主化・自由化を進めながら当面の体制維持を進言するなど、軟着陸に向けた助言や反体制側との仲介を外交の基本指針とした。

◆ 第10章　クルド問題をめぐるトルコの外交

わらず、バランサーではなく、特定勢力の側にたつ、あるいは特定勢力に敵対して地域的危機を維持する役割を担っている。しかも、米国も現地諸勢力同様にイデオロギーに依拠してではなく、利害関係の変化に応じて関与の仕方を変化させている。中東では、大規模で長引く国際紛争には域外大国が直接・間接に関与しており、地域的な予防枠組みという志向自体がすでに問題の性質と矛盾しているという課題を抱えている。

　欧州では、独仏、冷戦という大国間の対立軸が紛争の基軸を構成し、その基軸に添って多国間枠組みが先導されたが、中東ではそのような基軸が形をなしていない。トルコの新しい外交政策は、対立軸ではなく、協調の軸を形成し、その相互依存的友好関係を拡大しようとするものである。トルコがどこまで外交的求心力を拡大できるかは未知数だが、内発的なダイナミズムを引き起こそうとしていることは確かである。

〔付記〕本稿は、科学研究費補助金基盤研究（A）19203009 および、同基盤研究（B）21402012 の成果である。本稿は 2011 年 2 月に脱稿した。その後、2011 年 9 月末までのトルコ国内外の政治的騒乱や変動については注(16)、(17)および(18)で言及した。

◆ 引用文献

［一次資料］（公文書・政党出版物・政治家論文）

Adalet ve Kalkınma Partisi ［AKP］. 2010. *Soruları ve Cevaplarıyla Demokratik Açılım Süreci: Milli Birlik ve Kardeşlik Projesi*.

Ahmet Davutoğlu. 2008. "Turkey's Foreign Policy Vision: An Assessment of 2007." *Insight Turkey* 10 (1): 77-96.

Republic of Turkey Ministry of Foreign Affairs ［RTMOFA］. 2008. "Joint Political Declaration of the Establishment of the High Level Strategic Cooperation Council between Governments of the Republic of Turkey and the Republic of Iraq." July 10. 〈http://www.mfa.gov.tr/data/DISPOLITIKA/Bolgeler/ortadogu/irak/Ortak%20Siyasi%20Bilirge%20%C4%B0ngilizce.pdf〉（2010 年 5 月 24 日アクセス）

Republic of Turkey Bagdad Embassy ［RTBE］. 2009. "İrak Hakkında Temel Bilgiler." Feb. 17 〈http://www.baghdad.emb.mfa.gov.tr/ShowInfoNotes.aspx?ID = 461〉（2010 年 5 月 24 日アクセス）

［二次資料］（研究書・論文等）

〈欧文文献〉

Altunışık, Meliha Benli. 2004. "Turkish-American Security Relations: The Middle East Dimension." in M. Aydın & Ç. Erhan eds. *Turish-American Relations: Past, Present and Future*, London & N.Y.:

Rougledge.

―. 2009. "Worldviews and Turkish Foreign Policy in the Middle East." *New Perspectives on Turkey* no.40.

Balci, Ali & Yesiltas, Murat. 2006. "Turkey's New Middle East Policy: The Case of the Meeting of the Foreign Ministers of Iraq's Neighboring Countries." *Journal of South Asian and Middle Eastern Studies* vol.29, no.4.

Bila, Fikret. 2007. *Komutanlar Cephesi,* Istanbul: Detay Yayıncılık.

R. David, Steven. 1991. "Explaining Third World Alignment." *World Politics* vol.43, no.2

Graham-Brown, Sarah. 1999. *Sanctioning Saddam: The Politics of Intervention in Iraq*, London & N.Y.: I.B.Tauris.

International Crisis Group. 2008. "Turkey and Iraqi Kurds: Conflict or Cooperation?"（Middle East Report no.18）.

Keskin, Funda. 2008. "Turkey's Trans-Border Operations in Northern Iraq: Before and After the Invasion of Iraq." *Research Journal of International Studies* no.8.

Khalil, Lydia. 2009. "Stability in Iraqi Kurdistan: Reality or Mirage?"（Working Paper No.2）, The Saban Center for Middle East Policy at the Brookings Institution.

Kirişçi, Kemal. 2009. "The Transformation of Turkish Foreign Policy: The Rise of the Trading State." *New Perspectives on Turkey* no.40.

Lundgren, Åsa. 2007. *The Unwelcome Neighbour: Turkey's Kurdish Policy*, London & N.Y.: I.B. Tauris.

Murinson, Alexander. 2006. "The Strategic Depth Doctrine of Turkish Foreign Policy." *Middle Eastern Studies* vol.42, no.6.

O'Leary, Brendan & Salih, Khaled. 2005. "The Denial, Resurrection, and Affirmation of Kurdistan." in O'Leary, McGarry & Salih eds. *The Future of Kurdistan in Iraq*, Philadelphia: University of Pennsylvania Press.

Olson, Robert. 2006a. "Turkey's Policies Toward Kurdistan-Iraq and Iraq: Nationalism, Capitalism, and State Formation." *Mediterranean Quarterly* vol.17, no.1.

―. 2006b. "Relations among Turkey, Iraq, Kurdistan-Iraq, the Wider Middle East." *Mediterranean Quarterly* vol.17, no.4.

Park, Bill. 2005. *Turkey's Policy Towards Northern Iraq: Problems and Perspectives*, London: The Insternational Institute for Strategic Studies.

〈和文文献〉

吉川元．2002．「予防外交の理論と枠組み」吉川編『予防外交』三嶺書房。

澤江史子．2005．『現代トルコの民主政治とイスラーム』ナカニシヤ出版。

納屋政嗣．2003．『国際紛争と予防外交』有斐閣。

『現代思想』（総特集イラク戦争：中東研究者が鳴らす警鐘）31巻5号（2003年）。

第3部
中東における国際社会による予防外交的な取り組み

第11章

アラブ連盟の安全保障分野における機能と改革

北澤 義之

◆はじめに

アラブ連盟に対しては、アラブ諸国からも地域機構としての機能を果たしていないという批判が向けられている[1]。1990年の湾岸危機、翌年の湾岸戦争をめぐるアラブ諸国の分裂と対立をあからさまに示す場となったアラブ連盟の姿が大きくその評価に影響を与えている。

まず議論の前提として、アラブ人の想像の共同体としての「アラブ[世界]」と地域機構としてのアラブ連盟を区別して考える必要がある。時代や状況によって両者の距離が極めて近い場合もあるし、アラブ連盟がある程度自立性を持って行動する場合もある。国際社会やメディアでは、両者があまり区別されず言及される場合さえある。もちろん、この二つを峻別したところで、アラブ連盟はパレスチナ問題、域内安全保障問題、域内経済統合などの課題に効果的に対応できなかったことへの批判を免れることはできない。

本章においてはアラブ連盟の組織的特徴を概観し、その上で設立から1990年代までの連盟の域内問題への対応を、特にアラブ・ナショナリズムとの関連に注目して検討した上で、1990年代以降の中東和平プロセスの展開と反テロ法の成立を中心に連盟の変化の兆しの意味を探り、予防外交の観点から見た連盟の今後の方向性について若干の考察を加えたい。

---

[1] たとえば、2002年10月24日、リビアのカッザーフィー大佐は、連盟がイスラエルと米国に対して弱腰で、パレスチナ問題解決に無力だと強く批判し、連盟に脱退の意向を表明した。しかし、その後の説得などにより、連盟にはとどまっていた。また、2003年1月、ムバーラク大統領は軍関係者との会談の中で、イラク内部で起きている「対決」によって、「われわれが時代の精神に対応し、内的・外的挑戦に耐え得るアラブの集団的安全保障を手に入れる可能性」の問題を提起している旨表明し、アラブ連盟とは別の仕組みを考える必要があることやそこからは一部のアラブ諸国が排除され、また他の国が参加する可能性にも言及した。*Arabic News*, January. 4. 2003.

◆ 第11章　アラブ連盟の安全保障分野における機能と改革

I　アラブ連盟の組織的特徴と問題点

(1)　設立の背景とアラブ統一問題

　中東地域内の安全保障政策とアラブ連盟の関与に言及する前に、アラブ連盟の位置づけの変化について整理しておきたい。アラブ連盟設立の経緯に関しては、主に英国の域内的利害調整（アラブ・ナショナリズムの過激化阻止と現状維持）のため設立されたとするものとアラブ諸国の自立をめぐる葛藤の結果生まれたものであるという説明がある。この二つの位置づけは必ずしも矛盾するものではない。実際には、アラブ連盟設立に関しては、英国政府がアラブの「連帯」を促したのは事実だが、その機会をとらえて「アラブ民族」の一体性の前提のもとに、自立を求めて行動したのはアラブの指導者たちであった[2]。

　1930年代にアラブ統一やその方法に関する論調が新聞や大衆向けの雑誌、政治評論などに目立つようになった。アラブの指導者は植民地支配（委任統治）後の対応についての議論を始め、野党は（現状追認的な）政府に対抗し、アラブ統一の議論を持ち出した［Porath, 1986:189］。多少の路線の違いはあっても、アラブの自立化のためにはなんらかの戦略的、政治的、経済的アラブの連帯が必要であるとの認識が広がっていたのである。第一次大戦後の対応（委任統治制度導入による「裏切り」など）でアラブ諸国と良好な関係を維持しているとは言い難い英国は、1941年にアラブの枢軸側への接近を警戒し、イーデン外相がアラブの統一への努力に対して共感を表明すると述べた。これに呼応して、シリア・レバノンの指導者とエジプト首相によるアラブ協力のフォーラムがきっかけとなり、1943年にはイラクによるシリアとの連邦化案、シリアによる地中海東岸諸国の統合案なども浮上した。結局1944年のアレキサンドリア会議での合意に基づいて、1945年3月、カイロで、当時のアラブ独立7ヵ国（エジプト、シリア、レバノン、イラク、トランスヨルダン、サウディアラビア、イエメン）によってアラブ連盟を結成することが決定された。

　アラブ連盟は共通の言語と歴史を基準に一体と見なされるアラブ民族の協力を謳い、参加資格をアラブの独立国とした。連盟の設立過程では、統合をめぐる論争があった。また規約上は、アラブ加盟国の主権が尊重されることが明記されたが（憲章第8条）、連盟設立後もシリア等によるアラブ統合を目指す動きは衰えず、連盟

---

[2]　第二次大戦中、英国側は各地のアラブ指導者への意見聴取を行ない、アラブ諸国との関係について、Arab federation の可能性めぐり、活発に議論していた［Burdett ed. 1995］。

I　アラブ連盟の組織的特徴と問題点

は民族主義的地域機構としての特徴を強く持っていた［外務省中東第一課, 1991: 153］。アラブ連盟は後に作られその加盟国の一部もメンバーとなっている近隣のアフリカ統一機構（OAU）（現AU）、そしてEC（現在のEU）やASEANなどの多民族的地域機構とは異なっている。指導者間に統合の方向性や主導権をめぐる対立はあったにしても、設立当時のアラブ諸国では統合がパレスチナへの侵略者や対外的脅威に立ち向かうための有効な方策であるとの認識が広く受け入れられていたので、多様な民族を内包する一般的な地域機構がその構成国間の紛争をある程度想定するのに対して、加盟国間の紛争への対応は主目的でなかった。すなわち想定される紛争はアラブ対イスラエルであり、アラブ対植民地主義であって、アラブ対アラブではなかった。

　しかし、実際は、アラブ間の対立がむしろ深刻な域内不安定要因となっていた。例えば、イラン・イラク戦争（1980-88）への対応をめぐるアラブ諸国間の対立に関連して、シャーズリー・クリービー元アラブ連盟事務総長（SG）は、「ECは複数の違った民族で構成されている。アラブ連盟の事情はこれと異なる。国家、国民、地方の差はあっても、民族の同一性を主張している。不幸なことに、この二重性がしばしばブレーキとなっている。アラブの国どうしが意見の不一致を見るたびに、全面的な決裂に発展する。互いに相手を激しく攻撃し、共通の理念を裏切ったと非難する。われわれの間のいさかいはヨーロッパ諸国の場合のような単なる政治的不一致ではない。それはたちまちのうちに民族的正統性、理念的純粋さ、アラブの統一という絶対的命題への忠誠をめぐる争いとなってしまうのだ」と、その根本的問題点を指摘している［アラブ連盟駐日代表部, 1985:2］。

　また、連盟加盟国間に生じた対立を解決する手段としての武力行使を禁じるとともに、問題が国家の独立・主権・領土に関わらないもので関係国が連盟理事会に問題の解決を依頼した場合は、理事会の決議は強制力を持つと定められ、過半数の投票で仲裁や調停が決定される（第5条）。また当事国の要請により、緊急理事会が開催され、全会一致で攻撃への対処の方法が決められる。第7条の対象となる武力攻撃などの緊急性の高い問題に関する決定は全会一致の原則が必要とされ、その場合は全加盟国がその決議に拘束される。しかし、その決議の実行に関しては各国の国内法を尊重するという原則のために、問題への迅速で効果的な対応は実際には困難であった。また、第5条には、アラブ間の紛争に関する強制措置が言及されず、その不備が指摘されるが、むしろアラブ諸国間の団結を強調する前文の精神を尊重するならば、全ての紛争を平和的手段によって解決すべしとの第5条の規定は、欠

◆ 第11章　アラブ連盟の安全保障分野における機能と改革

陥ではないとの見方もある［外務省中東第一課, 1991:160］。

特記すべきこととしては、将来結成される国際機関（国連）との安全・平和の保証、経済・社会関係の規定の協力（第3条）が想定されており、地域問題への対応が新たな国際機関との連携の下に進められることが当初より意識されていたことがある[3]。このような経緯もあり、「共同防衛・経済協力協定（1950）」第2条では国連憲章51条に言及し、国連安保理とアラブ連盟理事会の安全保障上の協力関係に言及されている[4]。

（2）　組織的特徴
（a）　理事会

国家元首や外務大臣の任命による各国代表によって構成される連盟の最高の機関である。連盟規約によると、主な任務は①経済、社会、文化、保健、その他の事項に関して構成国間で達した合意の適切な履行を徹底させること（第2、3条）、②アラブの国の間に起こる紛争を平和的に解決すること（第5条）、③もし攻撃の対象となった場合には、いかなるアラブの国でも防衛するために必要な行動をとること（第6条）、④他の国際機構との協力を調整すること（第3条）、（国連設立のサンフランシスコ会議以前に設立されたため、国際組織との連携に関する細則がないため、1950年の国連と集団的安全保障に関する連携を取り決めた共同防衛・経済協力条約を締結）⑤法律によって事務総局を設定し、SGを任命すること（第12条）、⑥連盟の予算を承認すること（第13条）などとなっている。

通常総会は年に2回、3月と9月に開催され（当初は3月と10月に開催されていた）、各国の代表が交替で議長を務める。緊急理事会は通常の理事会の決議により開催されるか、加盟二カ国の要請によりSGの指示を受けた日から1ヵ月以内に開催されるか、攻撃があった場合にはSGの要請により3日以内に開催される。

---

[3] アラブ連盟憲章の起草に関わったエジプトの国際法学者のアブドゥルハミード・バダウィー・パシャ博士（国際司法裁判所の判事も務めた）は、国連憲章策定にも参加していた。

[4] ◇ 国連憲章第51条

この憲章のいかなる規定も、国際連合加盟国に対して武力攻撃が発生した場合には、安全保障理事会が国際の平和及び安全の維持に必要な措置をとるまでの間、個別的又は集団的自衛の固有の権利を害するものではない。この自衛権の行使に当って加盟国がとった措置は、直ちに安全保障理事会に報告しなければならない。また、この措置は、安全保障理事会が国際の平和及び安全の維持又は回復のために必要と認める行動をいつでもとるこの憲章に基く権能及び責任に対しては、いかなる影響も及ぼすものではない。

（b）　常任委員会

第4条に基づき、①貿易、関税、流通、農業、産業を含む経済、財政問題、②鉄道、道路、航空、海運、そして郵便・電報を含む通信、交通機関、③文化問題、④市民権、旅券、査証、有罪の犯罪人の権利の回復に関する問題、⑤社会問題、⑥保健問題、につき全ての構成国の代表から構成される各種委員会が設置されている。

（c）　事務総長（SG）

事務総局を代表するSGは、連盟理事会の会議に出席する権利を持ち、構成国間または他の国との関係を損なうどのような問題に対しても、理事会あるいは構成国の注意を喚起することができる。また理事会による決定の履行の責任を負い、連盟の全職員の最高幹部である。実際面では、事務総局の政治的影響力は増大し、SGは外交における連盟の代表者、国際舞台でのアラブの大義の代弁者、アラブ諸国間の紛争の調停者となることが多かった。

加盟国同士、または第三国との関係を悪化させる問題に対し、SGは注意を喚起することができることが規定されている（理事会活動に関する内規第12条）。例えば、アルジェリア・モロッコ紛争（1963年）では、SGが理事会を招集し、レバノン危機（1958年）では、再協議のため理事会を招集している。また、SGは全ての理事会に出席し、当該問題について発言し、また理事会決議案の起草にも参加できる。また、SGは連盟の名で理事会の決議を執行できるので（事務総局に関する内規第2条）、しばしば調停や事実調査団に参加する。レバノン危機（1958年）、イエメン問題（1962年）、モロッコ・アルジェリア紛争（1963年）、南北イエメン対立（1972年）などがそれに当てはまる。SG個人に調停の権限が与えられることがあるが、エジプト・シリア対立（1961年）がその例となる。更にアラブ諸国と第三国、特にイスラエルとの問題で、アラブ諸国のスポークスマンとして国連総会や各種停戦委員会に出席する。SGが自発的活動として、特に理事会から権限を委譲されなくても事実関係調査活動や調停活動を行なうことがある。1958年のスーダン問題や1963年のアルジェリア・モロッコ紛争の場合には、理事会が開催される前にSGが自発的に事実関係調査や調停を試みたことがある。このようにSGの活動に大きな幅と権限があるのは、アラブ連盟の機構としての機能が十分に分化していない事や、理事会の機能が限られていることにも起因している。

またSGの国籍は、エジプトが連盟を一時除名されていた時のクリービーSGを除いて全てエジプト人であった[5]。効率性が理由とされるが、アラブ政治における

エジプトの政治的影響力が背景にあることも見逃せないだろう。

（d）共同防衛理事会

1950年4月の「アラブ連盟加盟国間の共同防衛・経済協力協定」によって設立され、全ての加盟国の外相と国防相で構成されている。決定は三分の二の多数で、全加盟国を拘束する。一つまたは複数の加盟国に対する武力攻撃を全ての加盟国に対する攻撃とみなし、個別のそして集団的な自衛権に従って対応することが決められている。また、共同防衛の第一の目的は、イスラエルの脅威への対抗ということがあったが、その他の紛争にも対応することが想定される。なお、ムハンマド・A・ハスーナ元SGは、同協定に関しては、アラブ連盟を国連の安全保障体制に組み込むことをめざしたという積極的動機があったと説明している［Hassouna, 1975: 13］。

（e）経済・社会理事会

上記、共同防衛理事会と同時に設立され、アラブの経済統合を指揮し、アラブ共通市場、アラブ通貨基金、アラブ経済・社会開発基金、そしてアラブ経済統合理事会などの専門機関の設置をめざした。しかし実際には、加盟国がこの分野での主権の譲渡や、また自国の開発計画の調整を認めようとしなかったため、達成度は低くなっている。この失敗は、第一次石油危機以降、更に大きな影響を被り、産油国と非産油国の格差の拡大という事態を招くことになった。石油収入の拡大に伴いむしろ経済統合の過程は後退することになった。

（3）アラブ首脳会議

アラブ首脳会議は、アラブ連盟との関係において、いわば国家元首による理事会と位置づけることができる。アラブ首脳会議は第二回会議（1964年9月）で、緊急に対応の必要があるときに開催されることが決められた。会議はアラブ連盟が、主催する形になっており、SGも出席するが、必ずしも連盟との関係は明確ではなかったため、2000年の提案により、定例化し、明確にアラブ連盟の会議と位置づけられた。

---

(5) 連盟事務局の説明では、もともと連盟規約では本部がカイロと決められており、事務処理の円滑な進行のためには人脈が広い地元出身の方が都合が良いためである。（1991年3月の現地調査）

特にアラブ・ナショナリズムの主導権をめぐり、アラブ諸国間の政治的駆け引きが際立った第三次中東戦争以降の時期には、首脳会議の事前調整や直前の政治的駆け引きから元首が代理を派遣したり、または代表を送らなかったりということがアラブ諸国の対立関係の現状をあからさまに示す場ともなった。大きな争点としては言うまでもなくパレスチナ問題をめぐる対イスラエル、対米関係などの処理であった。

　2001年以前のアラブ首脳会議では、「定例」でも「緊急」でも比較的緊急性の高い問題を議論する場となっており、連盟理事会が長期的な対応を中心に方針を決定するのとは対照的である。このアラブ首脳会議の場では、会議期間中に対立する2国の事前交渉の機会が生まれることもあり、当初の7ヵ国から加盟国が増えたアラブ連盟諸国にとっては重要性を持っている。例えば、イエメン問題で対立したエジプトとサウディアラビア関係の場合、第二回アラブ首脳会議（アレクサンドリア、1964年9月）の際、サウディアラビア代表が会議終了後もエジプトへの滞在を延長し、イエメン問題に関して一定の合意に達している。このような交渉は失敗する場合や対立するアラブ諸国同士のブロック化を助長する場合もあるが、首脳会議がアラブ政治の交渉の場を提供していることは間違いない。

　議題は第1回から1990年のカイロ緊急首脳会議まで、パレスチナ問題が最も多く、次にレバノン問題、他の対外関係であった。これは、アラブ世界の対外的態度表明の機会でもある。アラブ連盟は国連でオブザーバー資格を有し、アラブ連盟SGはアラブ諸国を代表して発言することができる。国際的にも注目度が高い首脳会議は、近年でこそアラブ諸国の対立を露呈する場になっているが、対外的にアラブの一体性の強いメッセージを発信する機会でもあった。

II　アラブ連盟の諸問題への対応

(1)　パレスチナ問題

　アラブ諸国の関わる域内政治紛争は、パレスチナ問題をめぐるイスラエルとの対応が中心であった。特にアラブ連盟設立のプロセスにおいては、パレスチナ人の支援が中心となり、連盟の中には、アラブによるイスラエル・ボイコット本部が置かれ、パレスチナ問題総局が設置されている。パレスチナ問題はアラブ協力の中心的問題であり、アラブの共通の努力を喚起する問題であり、アラブ主義やアラブ・ナショナリズムの重要な象徴となったが、問題が国際化・多様化することにより地域

的対応だけでは、事態が動かなくなった。中東和平プロセスにおけるアラブ連盟の役割のあいまいさが、それを示している。

アラブ連盟は、イスラエルを仮想敵としてきたが、イスラエルと和平条約を結び一旦、加盟資格を停止されたエジプトの復帰を承認したことにより、事実上イスラエルを国家承認したことになるが、爾後もイスラエルに対抗する民族主義的組織の特徴を残してきた。中東和平プロセスでは、アラブによるイスラエル・ボイコットの一部停止などで対応しようとはしたが[6]、調停の役割を果たすには至らなかった。

この他にも、イラン・イラク戦争におけるアラブ連盟のイラク支持は、「アラブ対外部（非アラブ）世界」という民族主義的対応の一例である。この他にダルフール問題も、「アラブ対外部」という図式になるが、この場合は民族主義対民族主義ではなく、民族的主張対人権ということになり、国連との関係を維持し、人権擁護も掲げるアラブ連盟としてはより困難な立場に陥ることになる。

（2） その他の域内問題

設立当初はあまり想定されなかったが、対応を迫られるようになったのが「同胞」どうしの域内紛争であった。ここで、アラブ連盟は調停機関としての機能的役割を期待された。以下、マフムード・リヤード元連盟SGの整理に従って、いくつかの典型的な地域紛争への対応を見ることにする［Riyad, 1981;外務省中東第一課, 1991:162-183］。

（a） クウェート危機（1961年）

SG・連盟理事会の協力：イラクはクウェートが自国の一部であるとして、クウェートの独立反対を連盟に通達した。SGは、平和的解決のため、クウェート、イラク、サウディアラビアを訪問した。クウェートは国境線保持のため英軍派遣を要請し、7月1日英軍がクウェートに上陸した。7月2日～7日、安保理（クウェート、イラクも提訴）評決が失敗し、その間、7月5日アラブ連盟緊急理事会がSGに紛争解決努力を示唆。7月20日、連盟理事会は①クウェート政府の英軍撤退要請を保証、②イラクはクウェート併合のため武力に訴えないことを保証、③

---

[6] イスラエル側の政権交代により、強硬な対応が見られるとアラブ内の世論も反イスラエル的となり、このような改革も滞ることになる。また連盟組織の脱アラブ化への抵抗もまだ一部には残っている。

クウェートのいかなるアラブ国家との統一の動きも支援、④アラブ諸国のクウェート独立支援、等を決定した。SGはアラブ連盟緊急軍の結成を要請し、9月10日両国国境に派遣(サウディアラビア、アラブ連合、スーダン、ヨルダン、チュニジア)、英軍は撤退した。SG・連盟理事会の協力(イラクが提訴)により事態は収束した。1973年国境紛争再発するも、SGの調停で停戦した。イラクは国境線が帝国主義によるものと主張したが、SGは全てのアラブの国境線も同様であると説得した[7]。

(b) レバノン問題(1960年代末から)

SGの活動:ベイルートにおけるPLOの武器携帯をめぐり、レバノン大統領が協定違反を提訴。1972年、SGは双方から意見聴取、仲介し対立を収拾した。1973年、同じ問題でSGのシャトル外交(レバノン、PLO、シリア間)が展開された。1975年レバノン大統領のシリア援助要請により、シリアとPLOの武装衝突が発生した。1976年6月、SGが連盟理事会緊急会議開催を要請し、停戦とアラブ平和維持軍派遣を決議した。SGによるシリア軍と平和維持軍の交替の監督が決められた。理事会は、政治委員会(SG、チュニジア、バハレーン外相)を立ち上げたが、戦闘が続き調停失敗。レバノン大統領からSGに平和維持軍ではなく抑止軍が紛争当事者の非武装化を可能にするとの要請がある。SGはミニ首脳会議(エジプト、レバノン、シリア、クウェート、PLO)後の10月、首脳会議を招集し、そこで平和維持軍を抑止軍に変え、国内の非武装化と主権回復をねらう国連にも先例のない決定を行った。紛争再燃によりシリア軍以外は抑止軍から離脱した。この後、レバノン情勢は同国をめぐるシリアとイスラエルの介入争いの様相を呈し(1978年3月、1982年6月にイスラエルのレバノン侵攻)、UNIFIL派遣などはあったものの、アラブ連盟を含め国際組織の直接関与は困難となった。しかし、1989年にイラクがレバノン問題への介入の動きを見せると、カサブランカサミットで結成されたアラブ三者委員会(サウディアラビア、モロッコ、アルジェリア)が、生き残ったレバノンの国会議員に話し合いの場を提供することで、内戦の正式な終結に導いた。シリア・イラクというアラブのライバル国間の最悪の対立を避ける意味合いが強かったものと思われる。

---

[7] 1990年湾岸危機ではアラブ連盟の調停機能がはたらかず、逆に安保理が機能した。

◆第 11 章　アラブ連盟の安全保障分野における機能と改革

（ c ）　イエメン紛争（1972 年）

SG の仲介：1972 年、南イエメンと北イエメンの間に発生した危機で、国境上の武力衝突に発展した。SG は 1970 年の両者による連邦形成を目指す声明に基づき両国大統領と会談した。SG は連盟理事会に SG の平和回復努力を援助するよう要請した。1973 年 9 月 19 日、連盟理事会は、紛争調停と紛争解決のため SG をサポートする 5 者委員会の設立を決定した。合同軍事委員会による停戦監視が実現した。同 10 月 21 日、両国代表団が連盟本部で、平和条約と両国の連邦化計画に調印した。1990 年に両国統一が実現した。

（ d ）　ヨルダン問題（1973 年）

SG 内密の外交による処理：1972 年フセイン国王がヨルダン川両岸を含む連合王国の建設を提案したが、PLO は反対し、エジプト、シリアが PLO 側に立ち、両国とヨルダンの外交関係は断絶した。1973 年 5 月、SG はエジプトのサーダート大統領と三国間の対立を解決する必要性について協議した。同年 10 月に「解放戦争」を計画していたシリアとエジプトは SG のイニシアチブを歓迎した。SG はシリアのアサド大統領と会談し、ヨルダンとの外交関係再開への同意を得た。SG はヨルダンのフセイン国王とも会談し、エジプト、シリアと全面的に協調する合意を得た。これは、SG により解決し、連盟理事会に委託しないケースであった。

（ e ）　ドファール危機（1974 年）

連盟理事会の対応：南イエメンに接するオマーンのドファール地域をめぐって、1974 年に対立が激化した。武力衝突になり、オマーンは英軍に支援を要請した。南イエメンからオマーンへの軍事行動への対抗的措置であった。1974 年 3 月 28 日、アラブ連盟理事会で協議され、SG とアラブ 6 カ国代表による 6 者委員会の現地調査と停戦努力により、戦闘が終結し、現存の両国の国境が確認された。主に各国の調停により収拾した。

（ f ）　シリア・イラク対立（1975 年）

アラブ国家仲介：1975 年、ユーフラテス川の水利用をめぐってシリアとイラクの間の対立が発生した。イラクは、シリアのダム建設による農業への打撃を非難し、同年 4 月アラブ連盟理事会に提訴した。理事会は専門家による委員会を設立、調査し、政治的解決を図ろうとした。しかし、サウディアラビアが仲介に乗り出

し、シリア、イラクの代表による共同会談が実現した。同年10月アラブ連盟は、この仲介を歓迎するとした。二国家間の重大問題を一つのアラブ国家の仲介が解決した例である。

（ g ）　チュニジアとリビアの危機（1970年代半ば）
　SGから国際法廷に附託：チュニジアとリビアは、海洋法を援用し、海上油田が自国の領海内にあると主張した。これに対しSGが仲介役となり、両国の政治家・専門家による会議を実現し、当時の海洋法に基づく解決を図ったが、合意が不可能と判断し、SGは国際法廷に問題を回すことを提案（アラブ法廷は存在せず）。それによって、問題は解決した。

（ h ）　旧スペイン領サハラをめぐる紛争
　各国際機関の関与：スペインの西サハラからの撤退決定（1974年）により、アルジェリア、モロッコ、モーリタニアの各国が権利を主張したことに始まる。アラブ連盟だけでなく、OAU、国連も関与し、国際法廷も介入した。これが、迅速な解決実現の遅れにつながった。SGはアルジェリア、モロッコ、モーリタニア、サハラ地域を訪問、当事者と会談した。当事者の主張が変わらず、1976年3月、アラブ連盟理事会に報告。またアラブ外相も同様の努力をしたが、意見聴取に終始した。ポリサリオ戦線の独立宣言（1976年2月）で事態は複雑化した。1976年10月、アラブ首脳会議は、西サハラに関するモロッコとモーリタニアの協定への支持を表明した。当時のアラブ連盟では、新しいミニ国家の建設によってアラブ世界が更に細分化されることへの反対が強かったが、アルジェリアはポリサリオの独立を支持した。さらに、ポリサリオはOAUに承認を求め、その後、国連も関与した。

（3）　域内紛争への対応の問題点と評価
　以上のようなアラブ諸国の関与する紛争は、問題別にみると、独立・国家統合問題（クウェート危機、レバノン問題、ヨルダン問題、イエメン問題）、国境・領土問題（ドファール危機、サハラ問題）、資源問題（シリア・イラク対立、チュニジア・リビア危機）となっている。
　独立・国家統合問題の解決に向けては、SGが当事者の意見を聴取しつつ、連盟理事会との連携によって調停や仲裁を中心とした対応が図られた。1961年のクウェート危機の場合は、国連も関与するはずであったが、安保理が冷戦の影響で機

能不全に陥っていたため、アラブ内解決が中心となった。1990年のクウェート危機とは対照的な展開であった。このクウェート危機とヨルダン問題のようにSGの調整で、比較的短期間で問題が収束した場合もあったが、レバノンやイエメンのケースは長期化した。したがって、効果の点からの積極的評価は難しいが、いずれの場合もSGの調停は初期においては比較的、前向きに受け入れられた点は特記できる。

国境・領土問題に関し、ドファール危機ではSGと連盟理事会の連携、その後のアラブ6ヵ国の調停により比較的短期間に解決をみた。しかし、当初から当事者が多く、関与する国際機関も多かったサハラ問題は、いまだに根本的解決を見ていない。アラブ連盟は、国連やOAUとの協力を謳っているが、調整の難しさが示された。

資源問題では、シリア・イラクの水問題は連盟とサウディアラビアの協力によって解決した。しかし、石油をめぐるチュニジアとリビアの対立は、SGの仲介による国際法廷への附託により解決し、域内解決をみなかった。ここには、アラブに司法判断をする組織が存在しないことにも原因がある。

以上のように、紛争への対応が比較的順調だった場合でも、効果や効率性の点からは、成功とは言いがたい事例かもしれない。1945～81年まで77件あったアラブ間紛争のうち6件しか調停に成功していないと言われる［Awad, 1994:153］。提訴したものの取り上げられなかったものとしては、1970年のシリアの軍事介入に対するヨルダンによるアラブ連盟行動要請に対応せず、1977年のエジプト対リビアの短期間の戦闘、1976～77年のアルジェリア、モロッコ、モーリタニアの間の紛争が取り上げられなかった。パレスチナ問題以外の、アラブ連盟の紛争対応での問題点の根源は、アラブ諸国の友好性を前提にした、仲介や仲裁を前提とした平和的な対応での解決（憲章第5条）に期待したところにある。紛争時の当事国による連盟SGなどへの受け入れの姿勢はそれだからこそ生まれるのかもしれないが、近年期待される連盟の安全保障上の「機能的」役割を考えた場合には弱点と見なされる。

III　アラブ連盟の変化の兆候

（1）　多国間中東和平プロセスと中東政治環境の変化

1990年代初期、湾岸危機をめぐるアラブ連盟の対応が、すでに影響力を失っているアラブ・ナショナリズムの低下と政治における脱アラブ主義的傾向を拡大し

た。その一方、1993年のオスロ合意を経た、多国間中東和平プロセス（MMEPP）は、和平そのものというより地域が直面している構造的変化を体現していた。それは、少なくとも公的に地域を構成してこなかったイスラエルとアラブ諸国を、共通の地域的組織的枠組みで扱うことになった。アメリカ主導ではあったが、MMEPPやその波及的事象（中東・北アフリカ経済サミット、地域銀行設立）が、石油政策の行き詰まり・官僚主義の弊害・軍事的支出拡大等によるアラブ諸国の経済的苦境を多少なりとも改善できるのではという期待があった。また、バルセロナ宣言に示されるEUと地中海東・南諸国とパレスチナ自治政府を含む補完的で多元的な枠組みの構築等が、地域機構としてのアラブ連盟の存在に危機感とともに刺激を与えた [Barnett, Solingen, 2007:180-220]。

確かに、MMEPPは、関係国の国内的利益とは無縁ではないが、各代表団はそのプロセスに収斂する課題をもって臨んでいた。例えば、パレスチナ自治政府はMMEPPを地域の「新参者」とみられているイスラエルをアラブ諸国と橋渡しする機会と見ていた。そこでパレスチナ自治政府は、間接的に国家へのパレスチナ人の要求を支える多くの組織を新設することを主張した。またヨルダンは、MMEPPをこの国の予測可能性や安定性への評判を獲得する機会とみて接近していった。ヨルダンはこうして、多国間関係における重要な仲介者となった。エジプトはMMEPPが、イスラエルと初めて和平条約を結んだアラブ国としてのエジプトのアラブ世界におけるリーダーシップを高めることを期待した。MMEPPはまた報酬（投資、援助、その他の支援）を提供する一方、汎アラブ主義者や新たに勢いを増したイスラーム主義者、そしてシリアやイラクなどこのプロセスと距離を置く「部外者」には参加しないことのコストを知らせるという特徴を有していた。

MMEPPは実態としては、アラブ地域のこれまでの苦境を一度に払拭するほどの力は無かったが、アラブ諸国の政治・社会の現状改善への大きな影響力を持った。その中で、各種国際機関・関連諸国・NGO等が、地域平和や安全・環境・地域経済発展のための、実質的・手続き的問題に関する極めて実質的かつ効率的な作業を展開した。これによってMMEPPは、非公式的・試行的性格でありながらも、地域の変革を促すものとなった [Barnett, Solingen, 2007:212]。

（2）「テロ抑止のためのアラブ協定（アラブ法務大臣協議会およびアラブ内務大臣協議会）」

1990年代には、アラブ諸国政府がイスラーム過激派のテロへの対応に苦慮する

◆第11章　アラブ連盟の安全保障分野における機能と改革

という事情があった。特にアルジェリア、エジプト、パレスチナ、サウディアラビア等では、テロをいかに効果的に阻止するかが問題となっていた。

　すなわち、北アフリカではアルジェリアの主にGIA（イスラーム集団）などによるテロ事件が頻発し、国民の間に大きな危機感をもたらし、エジプトにおいても主に政府要人や観光客を狙ったテロが頻発し、東アラブにおいては、レバノンのヒズボラやパレスチナのハマースとイスラエルの間の衝突が際立っており、特に西岸とガザにおける暫定自治開始後は、暫定自治政府とイスラエル政府の政治的交渉の障害となっていた。

（ａ）　1990年代の取り組み

　このような背景の下に、アラブ連盟では、テロをアラブ諸国の重要問題として検討することになった。この協定はアラブ諸国がテロについて対応した初めての協定であるが、これはアラブ連盟と加盟国による国際的テロ対策に関する協力のレベルを最大限にしようとする努力の現れである。この協定を理解し、分析するためには、それがアラブ連盟の中でテロに関する協力拡大の長いプロセスの一部であると見なす必要がある。一連のプロセスの中には1994年に採択されたテロと対決するためのアラブ戦略の採択が含まれ、それは1998年に採択されることになった予備的3年計画を生み出すことになり、それが2001年初めの他の3年計画につながったのである。テロと対決するためのアラブ連盟の戦略では、以下のような目標が設定された[8]。

◎テロと戦いその原因を根絶すること。
◎アラブ世界の安全と安定を維持し、それをテロから守ること。
◎法律厳守と法の支配の原則を推進すること。
◎アラブ世界の個人の安全維持を促進し、人権の尊重を推進すること。
◎アラブ諸国の公的組織や施設の安全維持を推進すること。
◎イスラームやアラブ文明の真のイメージを伝えること。
◎アラブ諸国間の協力を拡大・発展させること。
◎他の諸国や国際機関との協力を向上させること。

---

[8]　[Nesi, 2006:156]. 一方、Ed Blancheは、この協定のもとは、既に1990年に話し合われ、その主な目的はエジプトやアルジェリアや湾岸の政府の転覆を狙うイスラーム原理主義者をターゲットとしていた、とその背景を説明している。(*Daily Star*, April 23, 1998.)

Ⅲ　アラブ連盟の変化の兆候

　1996 年には、並行してアラブ内相会議によって、参加国がテロリストを追跡し、テロリストが国境を超え領土内に居住しないようにするための行動規則が採択された。アラブ諸国は取調べや法的手続きに関する情報交換の必要性に同意したが、それは加盟国の法執行当局間の情報に関する透明性や迅速な伝達の重要性に光を当てた。また、非合法活動のための武器や弾薬や爆発物の運搬や使用を防ぐために、港や国境管理の重要性が認識された。

　このような活動によって包括的な成果をもたらし、またテロ抑止のためのアラブ諸国の協力に適切な枠組みを提供するために、関係するすべての分野に関わる法的な枠組みの整備が必要となった。

(b)　協定の概要

　こうして、1998 年 4 月に地域的暫定協定が採択され、アラブ連盟 16 ヵ国が署名した。協定は、1999 年 5 月に発効し、カタルは 2004 年に加盟した[9]。協定は、テロ行為を定義し、それを他の行為と区別し、テロを非合法化し、更に他の反テロに関する他の国際協定と結びつけている。それはまた、加盟国がテロ支援に関与することを避けるための責任を特定している。すなわち、協定は犯罪者の手口を詳細に周知させることで協定の条項の効果的な実施を容易にし、テロリストに法の裁きを受けさせるための協力の責任を加盟国に負わせている。協定は 42 条からなり三部構成になっている。第一部は定義と一般的規則、第二部はアラブ協力の基礎に焦点を合わせ（同第一章：セキュリティ問題、第二章：法的分野）、第三部は法執行上の手続きを扱い、逃亡犯罪人引渡し、代理人指名、証人および専門家の保護手続きなどの詳細な記述を含んでいる。協定による義務は二つのカテゴリーに分けることができる。一つは政治的分野であり、それによって加盟国はテロ行為を組織し、資金提供し、実行したり、いかなるそのような行為にも参加したりできないような義務を負い、あるいはテロ犯罪阻止に協力し、その目的のために情報を提供し交換する義務を負うのである。もう一つは法的レベルの問題であるが、それによって締約国は各国の既存の法体系の中で、相互に協調し、協力し、補助する義務を負うことになる。

---

[9]　署名したのは、バハレーン、UAE、エジプト、アルジェリア、サウディアラビア、ヨルダン、パレスチナ、チュニジア、スーダン、リビア、イエメン、オマーン、シリア、レバノン、モロッコ、ジブチ。協定のテキストは国連事務局に寄託され、国連総会資料 A/54/301 A/55/179 A/56/160 として発行された［Nesi, 2006:156］。

（c） テロリズムの定義

テロリズムの定義は、アラブ諸国においては論争的な問題であるが、第1条第2項で、「動機や目的がどのようなものであれ、個人的・集団的犯罪計画の推進のために発生し、人々に危害を加え、その生命・自由・安全を危険にさらすことで人々にパニックを引き起こそうとし、あるいは環境または公的・施設および財産にダメージを与えまたそれを占領・奪取しようとし、あるいは国民的財産を危険にさらそうとするあらゆる暴力行為、あるいはその脅し。」と定義されている。

ただし、以上の定義に対して、「国際法の原則に一致して、外国の占領、また解放や自決への抑圧に対する、武装闘争を含むあらゆる手段による全ての闘争の場合は、テロ行為と見なされない。この条項はいかなるアラブ国家の領土的統一を侵害する行為には適用されない。」（第2条(a)）として、パレスチナの占領に対する闘争の場合は、正統な行動として擁護されることが保証されている[10]。

（d） 主 原 則

以下のような主原則が合意され、それに従って協力の内容が決められている。

1．特にイスラームのシャリーアの規定やアラブ民族の人道的伝統などの、暴力やテロを非難し、人権の擁護や平和のために社会間の協力を強調する、高いモラルや宗教的伝統を支持すること。
2．アラブ連盟憲章、国連憲章、国際法、その他関連する国際間の合意を支持すること。これらは、国際社会がすべての者にとっての平和と安全を求める源泉である。
3．テロリストの犯罪と外国の占領や侵略に対する国際法の原則に基づいた闘争の区別。
4．安全の分野におけるアラブの司法的協力や協調の強化と司法的運用手段の合意された基盤によるそのような協調のための共通の地歩の確立。

---

[10] 歴史的にみてテロという用語が、植民地支配に対する民族解放闘争に宗主国側から使用されることが、多かったので、アラブ諸国の側でこの用語を積極的に使用することは、一般的ではなかった。しかし、1988年アルジェ緊急首脳会談の決議の中では、「あらゆる国際テロを非難する」とうたわれていた。これは、PLOがパレスチナ独立宣言を発した後、米国との交渉の条件として米国から出された、「テロ放棄」に対してPLO指導部も、民族解放闘争などの正当な行為以外の、テロを放棄する旨明らかにしてから、徐々に使用されるようになったことが背景となっている。

5．この合意の共通の民族的な目標達成のために、この合意の条項と各国の法や処置との調整。

　脱（アラブ）アイデンティティ化の傾向が見られるとはいっても、特に大衆の動向を意識した時に「アラブ世界」でアイデンティティに抵触する対応をすることは、困難を伴う。その点、大衆も大きな被害者となるテロ行為に対する一般的嫌悪や恐怖は共有されている。主要原則には伝統的なモラルや宗教的伝統の価値の重視や、「テロ行為」からはパレスチナ人の権利を想定した限定を設け、アラブ諸国においてより受け入れられやすい表現をとることで、反発を呼びやすい欧米の押し付け（あるいはそれへの従属）という印象を和らげ、地元を知る地域機関ならではの対応を示している。それだけに、これは一般的犯罪行為への対応と同様に、域内の反テロ・レジーム形成に対する抵抗の緩和につながるのではないだろうか。更にテロ対策を通じた、現場での法的、組織的情報の交換、システムの構築の経験はアラブ諸国の機能的協力のための、訓練の場となることも考えられる。

　この後、テロ対策をめぐる、アラブ連盟の活動は継続的に行なわれ、2007年には国連に提出されたワーキングペーパーで国際機関との協力の下に、この取り組みを更に推進することを改めて確認している [League of Arab States, 2007][11]。

　また、アラブ連盟は、2006年、イスラエルのレバノン侵攻非難とともに、イスラエルの攻撃を誘発するような行為に対しても（すなわちヒズブッラーの行為）、それが「地域の安全や安定を脅かす混乱を引き起こすような……行為を関係者がしないように」と注意を喚起しており、これはテロやそれに類する行為への連盟としての公的立場を示すものとして注目される。また、2008年ダマスカス首脳会議の最終コミュニケ中でも改めて「あらゆる種類のテロを非難する」旨の言及が見られる[12]。

---

(11) この中で注目すべき点として、提言の2の中で、イスラエルという名前には言及せず、パレスチナや南レバノンの占領を止めさせる努力をすることで、国際人道法や人権の重大な侵害を正す必要性を主張している。アラブの民族的権利としてイスラエルを糾弾するより、人道問題としてこれを提起する方法の転換に、アラブ連盟の変化をみることができる。

(12) 全文「あらゆる形態のテロを非難し、その根絶を進め、その原因をなくし、その疑いをアラブやムスリムと結び付けようとする全ての試みを非難し、テロを認識し、その原因や動機を特定し、テロと占領に抵抗する人民の権利とを区別するための国際会議の開催を改めて呼びかける」。

（3）　改革をめぐる議論について

　上記のように、アラブ連盟は独自にまた国際組織とも連携して対テロ対策を継続している。これは本来アラブ諸国のおかれた状況に対応し、その問題の緊急性に発するものではあるが、存続の意義をめぐって今や多くの批判が寄せられるアラブ連盟の改革の一部とみなすことができる。改革は、エジプトの連盟資格停止という変動を経験した1979年以来の連盟の懸案の一つであった。その理由としては、①1945年当時の状況にもとづいて制定された連盟憲章は、アラブ人民を取り巻く状況にそぐわなくなっている、②30年以上前に特定の条件の下で7ヵ国の批准によって成立した憲章は、各国の現在の能力と願望や直面する危機に鑑みて、加盟国間の調整機能を果たすのに十分とは言えない、③不成功に終わったもののこれまでも度々憲章改正の試みがなされてきたとの一般的理由が指摘されるが、1990年代を経験し、より重要な問題としては、アラブ司法裁判所や広範な問題に対応できる強制装置をどのように設定するかなどである［外務省中東第一課, 1991:87-88］。

　ところで、近年、アラブ連盟の改革の中でアラブ連盟設立当初からのメンバーであるイエメンの積極的姿勢が際立っている。イエメンはアラブ連盟の改革やアラブ諸国の新たな協力関係の必要性を訴えて、2000年以来いくつかの提案を行なっている。例えばアラブ首脳会議の定例化提案であり（2000年）、市場統合やアラブ諸国間の政治的協力関係維持のための原則を提案している（2003年）。また、イエメンは、同国の研究所がレバノンの出版社と共同で主催した「アラブ連盟改革のために」というシンポジウムを実施した(13)。イエメンは、アラブ諸国の中でも貧困な国である。そのイエメンがなぜ、このような提案を積極的に行なうかには、アラブ諸国やアラブ連盟が直面している構造的な変化が背景にあると見ることができる。その象徴は、1980年代にアラブ連盟の機能的役割の限界に対して登場した、80年代以降見られたサブリージョナルな組織の形成である。イエメンもいわゆるACCに加盟したが、その後それは解体している。機能不全とはいえアラブ連盟という枠が破綻した場合には、いわばイエメンは、グローバル化の海の中に放り出されることになる訳である。産油国やその他の機構に属し競争力のある国とは違い、いわば最も傷つきやすい国が危機を敏感に感知し、対応を訴えているとみることもできるだろう。

---

(13)　［*Al-Muʼtamar al-Shaʻabī al-ʻĀmm*（*al-Yaman*）:2003］. にその成果が収録されている。

◆ 結びにかえて

　アラブ連盟は、国家主権尊重を謳いながらもアラブ・ナショナリズムを前提に作られた民族的地域機構であるという点で、多民族的な AU や ASEAN や EU とは、異なる地域機構であった。従ってアラブ連盟は、域内の安全保障については構成国間の紛争処理と、民族的脅威への対応（主にイスラエル）という2種類の問題に対応することを求められた。しかしアラブ連盟の組織・戦略は、主に後者への対応が中心であった。他方、前者には根本的問題点があった。すなわちアラブ民族として同胞のアラブ諸国間には、そもそも紛争が発生することを想定せず、紛争は平和裏に解決するとの思想から、強制措置が弱く、また司法的な裁定の可能な地域的司法組織も存在しなかった。これが、実際には多発した域内紛争の解決を、主に連盟の SG の個人的能力や、一部の国の仲介に依拠するというスタイルにつながったのである。

　ところで、アラブ連盟の安全保障の主な目的であるパレスチナ問題への対応と対イスラエル戦略は、アラブ・ナショナリズムをめぐるアラブ諸国関係と密接な関係があった。アラブ連盟設立当初の旧世代のアラブ指導者は、アラブ統合とは一線を画しつつイスラエルと対峙しようとした。しかしその結果、アラブ諸国は敗北し、イスラエルに対する更なる危機感を背景に登場したナセルに代表される新世代のアラブ・ナショナリストは、一部に統合の試みも交えつつ、一体化したアラブのイスラエルとの対決という価値を重視する規範を創り上げ、それが各国の利害に基づく行動を規定するようになった。ここにアラブ連盟の民族主義的志向が強化され、連盟はしばらく、アラブ世界の民族主義的代弁者として国際社会で発言した。

　しかし、第三次中東戦争の敗北、アラブ・ナショナリズムの低下、エジプトの一国中心的発展志向に基づく対イスラエル戦線からの離脱は、アラブ諸国やアラブ連盟の状況を変化させた。特に、イスラエルとの和平条約により追放されていたエジプトの80年代末の連盟復帰承認は、連盟の存在に矛盾をもたらすことになった。即ち、アラブ連盟は、制度的には反イスラエル的民族組織の形式を残したまま、実質的にはイスラエルを容認する加盟国を抱える、現実離れした組織となったのである。湾岸戦争はアラブ連盟の存在意義そのものを否定するような効果をもたらした。湾岸戦争後の中東において、MMEPP は様々な分野での効率的で機能的で情報開示的な組織のグローバルスタンダードを示す、いわばショーウィンドウとなった。

　域内予防外交の点からは、連盟の脱民族主義化がプラスに働く要素と考えられ

◆第 11 章　アラブ連盟の安全保障分野における機能と改革

る。定義の問題はあるにしても、テロ対策に関してはアラブ諸国がアラブ連盟を中心としたレジームを形成する可能性はある。それは、現体制にとってテロ組織は脅威となり、それは同時に一般の大衆にとっても障害となりうるからであり、協力体制を作ることは可能と考えられるからである。そして、テロ対策に関してはある程度の修正を経たうえで、国際体制との連携が可能である。その際、連盟の機能的な組織改革の志向や MMEPP の経験は役立つだろう。

しかし、もう一つの根本的な安全保障上の問題を解決するために、連盟がイスラエル加盟のもとに、中東の地域機構に発展的に解消し、パレスチナ人の問題を人道問題や人間の安全保障の観点から扱うという戦略は、困難を伴う。予防外交の観点からは、上記問題に関し連盟と機能的役割分担を維持する体制をとるのが現実的だろう。

また、脱民族主義化した連盟体制は、機能的な改革を促す一方で、親米的であっても権威主義的なアラブ諸国政府の現状維持を前提としており、これに対し民主主義体制の構築を求め、パレスチナ問題への受け身の対応に不満を持つ大衆と各国政府の間に乖離が存在し、そして政府自体が揺らぐ中で、過渡期にある連盟がどう予防外交に関与できるかは、現時点では極めて不透明である[14]。

◆ 引用文献

［一次資料］

The Arab League. 1995. *British Documentary Sources 1943-1963*. Anita L.P. Burdett, ed.［Great Britain］: Archive Editions. 10vols.

Riyāḍ, Maḥmūd. 1985. *Mudhakkirāt Maḥmūd Riyāḍ*（1948-1978）. al-Qāhirah: Dār al-Mustaqbal al-ʻArabī. al-Tabaʻat al-Thāniya.（マフムード・リヤド回想録）.

Al-Jāmiʻat al-Duwal al-ʻArabīyah. Mīthāq Jāmiʻat al-Duwal al-ʻArabīyah.

Al-Jāmiʻat al-Duwal al-ʻArabīyah. Al-Ittifāqīyat al-ʻArabīyyah li-Mukāfaḥāt al-Irhābīyah（テロ抑止のためのアラブ協定）〈http://www.arableagueonline. org/las/arabic/details_ar. jsp? art_id=331&level_id=200〉.（2004 年 1 月 6 日アクセス）

Al-Wizārat al-Khārijīyat al-Yamanīyah. 2009, Al-Mubādarāt allati Taqaddamāt bi-hā al-Jumhūrīyat

---

[14] 脱稿後に、2010 年のチュニジアの「ジャスミン革命」に端を発する一連の民主化運動が展開された。2011 年秋の時点でも状況は不確定である。このような変化の中でアラブ連盟は、エジプトやリビアのケースでは民主化支持と政府の柔軟な対応を要請している。アラブ連盟に関しては、民主主義体制構築における新たなレジーム構築に向けての機能的対応が期待される。しかし、連盟運営そのものや他の問題への対応に関しては不明確な部分も多く、民主化問題に関しては稿を改めたい。

al-Yamanīyah fī itār al-ʿAmal al-ʿArabī al-Mushtarak（アラブ共同行動のためのイエメン共和国の提案集）.

League of Arab States. 2007. *Work Paper : The League of Arab States Actions in Supporting the United Nations Efforts in Combatting*（sic.）*International Terrorism*, Cairo.〈www. un. org/sc/ctc/pdf/Nairobi_LAS. pdf〉.（2009年9月6日アクセス）

[二次資料]
〈欧文文献〉
(欧米語)

Acharya, A. and Johnston, A. I. 2007. *Crafting Cooperation: Regional International Institutions in Comparative Perspective*. Cambridge: Cambridge University Press.

Awad, Ibrahim. 1994. "The Future of Regional and Subregional Organization in the Arab World." in Dan Tschirgi ed., *The Arab World Today*. Boulder: Lynne Rienner.

Barnett, Michael N. 1998. *Dialogue in Arab Politics*. New York: Columbia University Press.

Barnett, M. and Solingen, E. 2007. "Designed to fail or failure of design?: The Oritins and Legacy of the Arab League." In Acharya A. and Johnston A. I.

Farra, M. 1987. *Years of No Decision*. London: KPI limited.

Dawisha, A. I. 2005. *Arab Nationalism in the Twentieth Century: From Triumph to Despair*. Princeton: Princeton Univ. Press.

GUECHI Djamel-Eddine. 2002. *L'Union du Maghreb Arabe: Integration retionale et developpement economique*. Casbah. Alger.

Hasou, T.Y. 1985. *The Struggle for the Arab World: Egypt's Nasser and Arab League*. London: KPI limited.

Hassouna, H. A. 1975. *The League of Arab States and Regional Disputes*. New York: Oceana Publications.

Khalil, Muhammad. 1962. *The Arab States and the Arab League: a Documentary Record*. vol. I= *Constitutional Development*. Beirut: Khayats.

Khalil, Muhammad. 1962. *The Arab States and the Arab League: a Documentary Record*, vol. II= International Affairs. Beirut: Khayats.

Lacoste, Yves. 2006. *Geopololitique de la Mediterranee*. Armand Colin: Paris.

League of Arab States. 2007. *Work paper : The League of Arab States Actions in Supporting the United Nations Efforts in Combatting*（sic.）*International Terrorism*. Cairo.

Nesi, Guiseppe. ed. 2006. *International Cooperation in Counter-Terrorism*. Ashgate.

Pogany, I. 1987. *The Arab League and Peacekeeping in the Lebanon*, London: Avebury.

Porath Y. 1986. *In Search of Arab Unity, 1930-1945*. London: Cass.

Ryiad, Mahmoud. 1981. *The Struggle for Peace in the Middle East*. London: Quartet Books.

Shlaim, Avi. 1988. *Collusion Across the Jordan*, Oxford.

Shlaim, Avi. 2008. *Lion of Jordan: the Life of King Hussein in War and Peace*. Penguin Books.

Zacher, M. W. 1979. *International Conflicts and Collective Security, 1946-77: The United Nations, Organization Of American States, Organization of African Unity, and Arab League*. N.Y. : Praeger.

◆第11章　アラブ連盟の安全保障分野における機能と改革

〈アラビア語〉

Jum'ah, D. and Aḥmad, Maḥmūd. 2006. *Insha'ā Jāmi'at al-Duwal al-'Arabīyah*, al-Juz'u al-Awwal, al-Hai'at al-Miṣrīyyah al-'Āmmah lil-Kuttāb. 3vols（アラブ連盟の設立 1 - 3 ）.

Markaz Dirāsāt al-Waḥdat al-'Arabīyah. 2002. *Al-'Arab … Ila Aina?* Beirut: Markaz Dirāsāt al-Waḥdat al-'Arabīyah.（アラブは何処へ向かうのか？）.

Al-Mu'tamar al-Sha'abī al-'Āmm.（al-Yaman）. 2003. Min Ajli Iṣlāḥ Jāmi'at al-Duwal al-'Arabīyah, Beirūt: Markaz Dirāsāt al-Waḥdat al-'Arabīyah.（アラブ連盟改革のために）.

〈新聞〉

Al-Ahram Weekly

Jordan Times

Arab News

〈和文文献〉

アラブ連盟駐日代表部. 1982.『League of Arab States アラブ連盟』同代表部.

アラブ連盟駐日代表部. 1985.「クリビ・アラブ SG の『ラプレス』紙インタビュー」.

外務省中東第一課. 1991.『アラブ連盟の研究——紛争調停機能を中心に』.

北澤義之. 1994.「アラブ連盟設立をめぐる諸問題——『アラブ統一』をめぐって」（田中忠治先生退官記念論文刊行委員会『地域学を求めて』ぎょうせい、所収）.

吉川元. 2007.『国際安全保障論——戦争と平和、そして人間の安全保障の軌跡』有斐閣.

◆第12章

国際社会におけるイスラーム機関の役割及び予防外交の可能性
――イスラーム世界連盟とイスラーム諸国会議機構を事例として

森　伸生

◆はじめに

　国際社会におけるイスラーム機関の役割及び予防外交の可能性を考えるにあたり、イスラーム世界で国際宗教団体としてとしては最大民間組織、イスラーム世界連盟（ラービタ）を取り上げ、政府間組織としてイスラーム諸国会議機構（OIC）を取り上げた。ラービタはイスラーム教徒間の団結とイスラーム宣教を目的に1962年に設立され、民間団体ながら本部を聖地マッカにおくという特殊性とサウディアラビア政府の全面的な支援によってイスラーム世界に影響を持ち続けている。一方、OICはエルサレム聖地の擁護とパレスチナ解放運動に対する支援、イスラーム諸国間の相互支援協力を目的に1969年に設立され、現在は加盟国57ヵ国となり、さらに20を超える下部組織を抱えるイスラーム世界を代表する国際的組織となっている。両組織の理念、活動、政治的役割などを概観し、イスラーム社会への影響力を明らかにして、予防外交として両機関の果たす可能性を考察したい。

I　イスラーム世界連盟（ラービタ）の活動とその影響力

（1）　イスラーム世界連盟の概要
（a）　民間国際宗教団体

　イスラーム世界連盟のアラビア語の正式名称はでラービタ・アル＝アーラミ・アル＝イスラーミーであり、通称ラービタと呼ばれている。ラービタは1962年5月にサウディアラビアのマッカを本部として設立された民間国際宗教団体である。ラービタの事務局は事務局長を最高責任者として、イスラーム総会、各種委員会を開催して、各種付属機関の活動を監督している。現在、世界各国に35の海外事務所と

17のイスラームセンターを開設している。国際機関との係わりでは、国連経済社会理事会にオブザーバー資格で、同様に国際連合児童基金（ユニセフ）と国際連合教育科学文化機関（ユネスコ）ではメンバー資格で会議に参加している。

（b）　イスラーム世界連盟の目標及び憲章
①標語に見る目標
　ラービタは標語にクルアーンの二節（3章103節、104節）を掲げている。103節の一部に、「あなたがたはアッラーの絆に皆でしっかりと縋り、分裂してはならない……」とある。ここにあるアッラーの絆とはクルアーンのことであり、クルアーンを中心とするイスラーム教徒（ムスリム）の団結を命ずる一節である。この節はさらに、「……初めあなたがたが（互いに）敵であった時かれはあなたがたの心を（愛情で）結び付け、その御恵みによりあなたがたは兄弟となったのである……」と続いて、信徒同士が兄弟であると宣言している。次の104節は「あなたがたは一団となり、（人びとを）善いことに招き、公正なことを命じ、邪悪なことを禁じるようにしなさい……」であり、それは信者が団結して一つになり、善を行い、公正を求め、悪を禁じるウンマ（イスラーム共同体）を形成することを命じている。

　このクルアーンの節を掲げた標語から分かるようにムスリム同士が兄弟となって一致団結したウンマを作る事がラービタの目指す所である。そして、ラービタ憲章には、活動理念としてイスラームの教えの実践と宣教による世界の平和構築と社会的公正の実現に向けて努力することなどが示されている。

②目的達成方法
　ラービタは上記の目的を達成するために、以下のような方法を掲げている。
- 個人、社会、国家のそれぞれのレベルでイスラーム法の実施を呼びかける。
- 世界でイスラーム活動に従事する者が相互に活動の効果を上げるために、彼らの活動を整備する。
- クルアーンとスンナに即した宣教を行う。
- ムスリムの報道、宣教、教育、文化などすべての分野でのレベル向上を目指し、その成果を活用する。
- シンポジュームや学際的研究会を開催し、効果的な報道手段を設置する。
- 巡礼期間を利用して、イスラーム世界の知識人の会合を開催し、ムスリムたちの知的レベル向上に役立てる。
- イスラーム法学アカデミーの活動の中でも、特に現代の諸問題に対するイス

ラーム的解答を提供する活動を重視し支援する。
・イスラームの諸目的実現のために活動するセンターや事務所を設立する。
・自然災害や戦禍に遭遇したムスリムへ早急な支援を提供する。
・モスク建設とそこでの活動への協力を積極的に行う。

このような方法はイスラーム社会で伝統的な宣教手段であり、穏健な方法といえる。

(2) イスラーム総会：時代に即したラービタの対応

ラービタの最高権威として存在するイスラーム総会はイスラーム社会における重要な諸問題への対応を協議するために必要に応じて開催された。現在までにその開催回数は 4 回だけである。

(a) アラブ民族主義運動への対応：第一回イスラーム総会 (1962 年)

当時の中東世界ではエジプトの第二代大統領ナセル (1970 年没) を中心としたアラブ民族主義が勢力をのばしていた。その一方でイスラームの再興を求める動きの一つとして、イスラームの聖地マッカに毎年やってくる巡礼者の中の有志達が立ち上がりサウディアラビアの援助を受けて 1967 年にイスラーム総会が開催された。その総会にて、マッカに本部を置く民間団体としてラービタが設立された。同時に、そのイスラーム総会はラービタの第一回イスラーム総会とみなされた。サウディアラビアはアラブ世界に席巻するアラブ民族主義に対抗し、イスラーム王政国家を維持するために、イスラームの連帯を強化するイデオロギー戦略の一環として、ラービタ設立を全面的に支援した。

(b) 植民地主義への対応：第二回イスラーム総会 (1965 年)

第二回イスラーム総会は 1965 年 4 月に開催された。イスラーム世界では、第二次世界大戦後に各国が植民地から独立していった時期である。その状況を反映して、イスラーム総会では植民地主義の排除が主要なテーマとなっており、イスラーム総会は「諸国を支配している植民地主義の完全な排除以外に、世界の永続的平和の道はない。」と宣言した。そして、「列強諸国が脅迫するために核実験を続けている限り、植民地主義は減少するどころか日々増している」と核の脅威を指摘している。さらに、独立したイスラーム諸国に対してはイスラーム法実践を要請し、イスラームによるイスラーム国家再建を奨励した。同時にパレスチナや占領された諸土

地の奪還と防衛を求めてイスラーム諸国の団結を促した。

（c） イスラーム化の奨励：第三回イスラーム総会(1987年)の決議から

　第三回イスラーム総会は1987年10月に開催された。1970年代から80年代にかけてイスラーム世界ではイスラーム主義が隆盛していた。1979年にマッカ占拠が起こり、1980年にイラン革命、アフガニスタン戦争など次々とイスラーム主義を標榜する事件が起こった。

　そこで、イスラーム総会では、イスラーム教義と過激派思想との相違を明らかにすることに努め、イスラーム宣教について協議が行われ、宣教の問題点が提示された。それは宣教方法の不備、宣教従事者の知識不足、宣教の無計画、イスラームの知識の偏り、政府と宣教機関との摩擦、無神論者やキリスト教宣教師による思想的・社会的戦略によるイスラーム世界への侵略などがあげられた。イスラーム世界の問題について討議した結果、問題の多くは、決議事項を実行しないことであると指摘された。総会はウラマーや宣教従事者にムスリムの問題解決の為に知的解決策を提示し、実行することを義務付けた。その内容は自己反省的な内容であった。

（d）　9.11米国同時多発テロ後の対応：第四回イスラーム総会（2002年）

　第四回イスラーム総会は2002年4月に開催された。2001年9月11日に起こった米国同時多発テロがイスラーム世界に与えた影響に関して、討議が行われた。イスラーム世界でテロが続発する原因はイスラーム教義が正しく理解されていないことであると指摘され、イスラーム教育の充実が訴えられていた。特に、イスラームとテロを結びつける中傷に対しては、総会はイスラームが殺人、暴力、テロに関与しないことを明らかにし、テロ問題解決の為にイスラーム法的解決を提示すべきであるとし、その一環として、イスラーム法学アカデミー（2002年1月10日）が発表したテロの定義を支持した。さらに、同アカデミーによるテロに関する種類の説明部分の中で、特に国家テロが最も危険であることを強調し、国家テロに対する抵抗は暴力やテロと区別されるべきものであり、神の道に戦うジハードとする説明を取り上げた。

Ⅰ　イスラーム世界連盟（ラービタ）の活動とその影響力

（3）　文明の衝突から対話へ：世界宗教間対話会議
（a）　サウディアラビアの宗教間対話促進
　サウディアラビアは 2001 年 9 月 11 日の米国同時多発テロで実行犯 11 人を出したことで、サウディ国内の保守的な宗教体制が非難され、国内の多面な民主化が米国から要求されていた。それに応える形で、国内では、地方選挙、国民対話などが実施されてきた。教育面でも、教科書の改訂が行われ、他宗教批判の箇所が削除されてきた。
　そうしたサウディ国内の改革が進む中で、アブドゥッラー国王は世界にむけて、サウディアラビアが変わり、諸宗教にも寛大になったことをアピールしだした。その第一歩として、アブドゥッラー国王が 2007 年 11 月にバチカンを訪問し、ローマ法王・ベネディクト十六世と会談した。サウディ史上初めてのでき事である。これにより、世界の宗教者がサウディアラビアの変化を認めだしたといえる。
　さらに、3 月にリヤードで行われた「イスラーム世界と文明間対話セミナー」において、文明間対話促進を目的として「一神教サミット」を提唱した。

（b）　ラービタ主催マッカ・イスラーム世界対話：2008 年 6 月 4 日～ 6 日
　世界宗教間対話会議の準備段階として、6 月にはマッカにて、600 人以上のイスラーム世界の宗教者、研究者が一同に会したイスラーム世界対話会議が開催された。アブドゥッラー国王は開会式でイスラーム世界が直面している問題としてテロ問題をとりあげ、「共同体の問題は狂信者、過激派による挑戦である。」と表現し、その解決策として「それに対抗するために対話で共同体の統一を実現する。」必要性を訴え、イスラーム世界における相互理解をうながした。さらに、世界における意見の相違、見解の相違というものはクルアーンの一節「あなた方にはあなた方の宗教があり、私たちには私たちの宗教がある」（109 章 6 節）にて当然のこととして受け入れていることで、他宗教とも対話が可能であると強調した。
　ラフサンジャニー・元イラン大統領は他宗教との対話の提唱について、まずはムスリム間の対話を始めることが必要であることを指摘し、イスラーム世界共通の問題について統一見解を持ち、他宗教との対話に臨むことが重要であると主張した。さらに、「イスラーム共同体は今日、諸難問に直面している。ウラマーはそれに対応するためにムスリム間連帯と国際社会における立場の強化が必要である。」と述べ、スンナ派とシーア派について「イスラーム宗派は共通部分を重視すべきである。宗派間の不和はムスリム統一に敵が付け込む隙を与えてしまう」と小異を超え

◆第12章　国際社会におけるイスラーム機関の役割及び予防外交の可能性

て団結することを提唱した。

　この発言はサウディアラビアのイスラーム学者22人のシーア派非難声明（2008年6月1日）に対する意見である。非難声明は「シーア派はイスラーム諸国の安定を乱し、スンナ派に対して攻撃的な行動をとっている。シーア派が自分たちの行動を正当化するために、シーア派はイスラームの勝利のためにユダヤ人、アメリカ人に対抗する行動をとっていると主張することによって、ムスリム社会の有識者から一般人まで全てが惑わされている」と言った内容である。これは明らかにイラクにおけるシーア派とスンナ派の抗争を念頭に置いた声明である。

　エルサレムのムフティーであるイクリマ・サブリーは「他宗教との対話は教義的内容に係わらないようにすべきである。なぜなら、そのことで彼等と議論することは無益である。しかし、人間性に関する事案なら問題はない。我々もそのことについて彼等と協議することができる」と対話に対して消極的な見解を述べている。

　一方、サウディアラビアの最高ムフティーであるアブドゥルアジーズ・アール＝シェイフは「他宗教との対話はイスラームについて言われている疑惑を払しょくするために重要である」とサウディアラビアの政策を支持する、対話の効果的な結果を期待する発言を行っている。

　サウディアラビアにとって、この会議は世界宗教間対話会議の予備的な会議としての意味合いを持っていたが、実際の会議の目的は他宗教との対話よりも、イスラーム世界の調和であり、それはとりもなおさずスンナ派とシーア派の協調であったことがうかがえる。

（c）　ラービタ主催・マドリッド・世界宗教間対話会議：2008年7月16日〜18日
　サウディアラビアのアブドゥッラー国王の提案によって、ラービタはスペインのマドリッドで、7月16日から18日にかけて「世界宗教間対話会議」を開催した。各国からイスラーム、ユダヤ教、キリスト教、仏教などの宗教指導者、学者ら230人以上（49ヵ国）が参加した。国王は開会宣言で「人類は地球を破壊する原因ともなりうるが、平和なオアシスとすることも可能であり、そこで諸宗教、諸分派、諸哲学の人々が共存して、ひとびとが互いに敬意をはらい助け合うことにより、諸問題を暴力ではなく、対話で解決していくことができる」と宗教間対話の重要性を述べると同時に、宗教を誤解させるテロリズムを批判した。会議では「対話の宗教的、文明的基盤」「対話と共存文化の推進」などのテーマで議論が尽くされた。同会議の最終声明は、国王の主張が反映され、諸宗教間の相互理解と対話促進、そし

てテロ根絶のための国際的合意を促す内容となった。

　この会議にて、アブドゥッラー国王が諸宗教の代表と友好的に対応している場面が報じられ、諸宗教に対するサウディアラビアの寛大な態度が示されることになった。主催者であるラービタのトゥルキー事務局長は「この会議は大成功をおさめ、世界に中庸と平和の声を知らせるのに役に立ち、そして人間的な支援を行うために協力する積極的な一歩となった」と絶賛し、ユダヤ教とキリスト教の代表的な出席者から会議の成功を称賛する声が上がっていた。当然、会議出席者はサウディアラビアの方針に賛同する者たちが招待されている。ユダヤ教徒にしても、ユダヤ教のラビが15人も招待されたが、イスラエル国籍のラビは一人もいなかった。そこには、宗教的対話は行っても、政治的対話の実現の難しさが浮き彫りにされている。

　一方で、出席者以外からは批判的な意見も出ていた。例えば、ムハンマド・ムーサー・アッ=シャリーフ、アブドゥルアジーズ国王大学教授は「イスラームとキリスト教の対話は成功したことはない。彼等はイスラームを啓示宗教とみなしていないのに、どうして話し合いが出来ようか。キリスト教徒はこの対話によって政治的な利益を得ようと多かれ少なかれ動くであろう。ましてや、2006年にローマ法王がイスラームと暴力を結びつける発言をしたのに、両者の対話があろうか」と他宗教との対話に懐疑的な姿勢を示した。同時に、宗教間対話の難しさを示す現実として、サウディ国内における他宗教排斥という基本的な宗教政策がある。今回のような宗教間対話を推進していても、依然としてサウディ国内では他宗教の活動が禁じられている。宗教間対話はあくまでも対外向け姿勢であり、サウディ国内での他宗教容認には程遠いといえよう。

　サウディ国内の宗教対策は特殊な形で存在するが、宗教間対話会議の主張はあくまでも諸宗教における共通する人間性の重視によって平和構築の為に宗教間の相互理解と相互支援を促進することである。そして、宗教間対話会議の狙いは政治問題を宗教問題と切り離すことにあり、宗教間の衝突をさける方向性を見出すことにある。その結果、諸宗教の過激派を社会から排除しようとの試みである。そこで、イスラーム社会において宗教と政治の分離は可能かどうかが問題として浮上してくる。なぜなら、イスラームにおいて政治と宗教が一体となっていることは、基本的理念であるからだ。だが、現状はイスラーム社会のイスラーム認識に温度差があり、政府におけるイスラーム意識、民衆における生来のイスラーム意識、イスラーム主義者におけるイスラーム意識に区分することが出来ることを考えると、宗教間対話において宗教と政治を分離して宗教間の問題解決対策だけを考えることも可能

◆第12章　国際社会におけるイスラーム機関の役割及び予防外交の可能性

と言える。

（4）ラービタのイスラームのあり方
（a）中道派的な対応
　ラービタは厳格なイスラーム法実施を要求するイスラーム主義的な姿勢を取ることはなく、特に政治的な問題についてイスラーム的主張を行うことはない。例えば、ラービタはサウディアラビアから全面的な経済的支援を受けていることもあるが、現在のサウディアラビアの政治体制を受容し、その中でイスラーム的な社会環境を構築し、現代的な問題にイスラーム的解釈を求める姿勢をとっている。そのために、ラービタは付属機関として種々の機構を構築して、現状に対応する活動を行っている。

（b）イスラーム主義者の主張との調和方法
　ラービタは中道派的な姿勢を基本としているが、世界のイスラーム主義者を前にしてイスラーム主義性を主張する必要性に迫られている。ラービタのイスラーム主義性を主張する方法としては、ムスリムが被害を受ける事件に対する非難声明を常に発表することによって行われている。さらに、イスラーム世界各地で行われているイスラーム宣教に対する支援活動を行うことによって、イスラーム主義性を強調して、民衆の支持を得ている。イスラーム過激派に対しては、イスラームからの逸脱者であるとの非難を繰り返し、イスラームと過激派思想の違いを主張している。

（5）ラービタの影響力行使の可能性
　ラービタの影響力を考えた場合、希望的観測ではあるが以下の点をあげることができる。
　ラービタが中道派的姿勢を示すことにより、まずイスラーム諸宗派間における中道的なイスラーム意識の連携を強化し、諸宗派のイスラーム機関間の信頼構築を築くことである。次いで、民衆間における嫌悪意識、敵対意識を緩和していき、共生の可能性を模索する。同様に、中道的意識を基盤として他宗教と連携をとり、さまざまな方法により他宗教の諸組織との信頼関係を築き、それぞれの民衆間における諸誤解を解き、嫌悪意識、敵対意識を緩和して、共生の可能性を追求する。イスラームの諸宗派間、および他宗教間の対話にて理解が進むことにより、過激派組織の領域を宗教世界から駆逐する方向性を作っていく。そのためには、中道派が諸宗

教界において大勢を占めていることが重要であり、中道派的主張が通る国際的環境を作る必要がある。

II　イスラーム諸国会議機構(OIC)の活動と政治的役割

(1) OIC設立の経緯

オスマン帝国のカリフ制度の廃止（1924年）後、イスラーム世界の政治的指導者と宗教的指導者はイスラーム世界の統一を求めるべく、世界イスラーム会議を度々開催したが、目立った成果をあげることはなかった。第二次世界大戦後も、独立したイスラーム諸国の中からイスラームの団結が叫ばれたが、その主導的役割を果たしたのがサウディアラビアのファイサル国王（1975年没）であった。

1950年から60年代にかけて、アラブ世界ではエジプトのナセル大統領や、シリア、イラクのバアス党などがアラブ社会主義による共和体制の確立を目指していた。1964年に王位を継承したファイサル国王はこのアラブ社会主義国家体制に対抗する過程で、湾岸の王制諸国を糾合し、イスラームをアイデンティティーとする共同体意識によるイスラーム諸国の団結を訴えた。一方、1967年の第三次中東戦争でのアラブの大敗を機に、アラブ社会主義は次第に壊滅し、イスラーム世界には徐々にイスラームによる団結の気運が盛り上がっていた。

1969年8月21日のエルサレムのアル＝アクサー・モスク炎上事件を契機に、2日後ファイサル国王はイスラーム諸国にエルサレム解放を訴えた。1969年9月22日から25日にモロッコの首都ラバトにて最初のイスラーム諸国首脳会議が開催され、24ヵ国が参加し、イスラーム諸国会議機構（OIC）が創設された。同会議ではアル＝アクサー・モスク炎上事件に関して討議が集中したが、エルサレム及びパレスチナの解放、イスラーム諸国間の相互支援などの決議を採択した。1970年3月23日から25日にジェッダで第1回外相会議が開催された。同外相会議では、事務所をジェッダに置くことを定め、外相会議を毎年開催することを決定し、エルサレム解放を掲げ、イスラーム的連帯を目指してOIC活動の組織化を行った。以後、本機構の活動としては、定期的な外相会議及び首脳会議において世界各地のムスリムの諸問題に関して討議を行い、採択した決議にそって政治的調停や要求、支援協力などを行っている。

◆ 第12章　国際社会におけるイスラーム機関の役割及び予防外交の可能性

（2）　OIC 憲章

　第2回外相会議が1970年12月26日から28日カラチで開催され、OIC憲章のドラフトが作成され、1972年2月29日から3月4日ジェッダで開催された第3回外相会議でOIC憲章が採択された。OIC憲章の構成は序文と14ヵ条からなっている。国際機関の憲章としては非常に短い憲章といえる。序文にてOICの理念が述べられ、第1条でOICの設置を宣言し、第2条で目的および原則を明言し、第3条以下はOICの機構の説明となっている。

　イスラーム共同体という国家間を越えた結束を訴えてのOIC創設であったが、現行の国家間の枠組みを前提としてイスラーム諸国間の相互協力を目指し、世界平和・人類平和を強調し、国連憲章を容認する姿勢を示している。

　憲章本文に掲げてあるOICの目的は、エルサレムの解放・パレスチナの独立はもとより、イスラーム諸国の独立と連帯が掲げられ、実際活動として経済、社会、文化、科学等の分野での加盟国間の協力強化があげられている。1974年の第2回首脳会議からOICのシステム形成が着実に行われていき、年ごとに新たな下部組織ができ上がり、現在は20をこえる関連組織を有している。これらの下部組織の活動により、OICの目的実現を目指している。OICは、加盟国からの拠出金によって運営されているが、産油国が中心となって拠出している状態であり、サウディアラビアの拠出分は現在でも10％と加盟国中最大である。

　このようなイスラーム諸国間の支援活動や社会・文化活動は、イスラーム諸国の結束を促進するばかりではなく、現体制国家が国内外にイスラーム的雰囲気を持っていることをアピールすることになり、国家のイスラーム的正統性の主張にも繋がっている。

　憲章の中では、イスラームの憲法ともいうべき聖クルアーンや預言者言行録の言葉を用いず、イスラーム法の実施などについては言明をさけている。イスラーム共同体の基本は諸国間の統一、協議、連帯、イスラーム法実施などがあげられるが、OICは現代におけるイスラーム法実施の困難な状況を鑑み、イスラーム法実施を掲げることなくイスラーム諸国の団結を図ろうとしている。

　OICは、極端なイスラーム法的政治色を抑えながらも、イスラーム諸国の現政権がイスラーム的正統性を相互に認識する場とし、西側諸国をも含めた国際社会にも受け入れられる国際機関を目指したと言える。それにより、現体制派は正統イスラームを自負し、イスラーム法厳守のイスラーム社会復興を主張するイスラーム主義者に対抗することになる。

設立から38年を経て、OIC加盟国も原加盟国25ヵ国から、現在は57ヵ国となり、国際状況も変化した現状を踏まえて、2008年3月13、14日にダカールにて開催されたOIC首脳会議にて新憲章が採択された。新憲章は条項が大幅に追加され、18章39ヵ条から成っている。新憲章におけるOICの性格は先の憲章と変わるところはないが、38年の間にOICが体験したテロや加盟国間の紛争などによって、追加条項中で、特に第1条では「テロ対策」に関する条項、第2条では「内政の在り方」に関する条項、第14条では国際イスラーム裁判所の項目、第27条、28条においては「紛争の平和的解決」に関する条項などをあげることができる。

（3）　20世紀後半におけるOICの政治的活動

　OICは設立当時から政治的あるいは経済的要因により、加盟国は常に統一見解で団結するということでもなかった。イスラーム世界の大義よりも加盟国の利益が先行し、OICの政治的団結が完全に乱れるときがあった。例えば、エジプトのイスラエルとの単独和平実行であり、エジプトは1979年にOICから加盟停止処分を受けた。しかし、5年後、OICはエジプトの政治的役割の重要性により復帰を認めている。また、冷戦構造の中での対立がOIC加盟国間にも大きく影響したことがある。例えば、1979年12月のソ連のアフガニスタン侵攻でのソ連寄りの加盟国の対応などがあげられる。1980年1月、OICはイスラマバードで臨時外相会議を開催し、決議でアフガニスタン民衆の支持を表明し、ソ連軍の無条件即時撤退を要求した。しかし、アフガニスタン民衆への支持を表明したOIC決議は、決して全OICメンバーの同意を取り付けたわけではなかった。ソ連から経済的、軍事的援助を受けていたOICメンバーは、ソ連との関係を保つ上でも明確な態度表明を避けていた。さらに、OIC自らの力不足により不協和的状態をより増幅する結果にもなった。イスラーム世界の調停役を演ずるOICは中立的な立場をとるべきであるが、スポンサー（拠出金の多い加盟国）の意向に傾きがちであり、1980年9月勃発のイラン・イラク戦争では湾岸諸国に肩入れするイラク寄りのOICの態度が目立った。1990年8月に勃発した湾岸戦争においては、イスラーム世界分裂の危機に直面したOICはその役割を回避して、活動を停止してしまった。湾岸戦争後、OICが失墜した信頼を取り戻すべく開催した第6回首脳会議では、親イラク諸国と反イラク諸国間の軋轢が表面化し、OICは分裂状態の様相を呈した。

　しかし、ソ連崩壊後、中央アジアのイスラーム系共和国が相次いでOICに加盟してきたこともあり、OICは政治的活動の復活をめざし、ボスニア紛争では力及

ばずながらも、積極的な対応をしている。1993年7月、イスラマバードの臨時外相会議にて、OICは国連の平和維持軍派遣に併せてOIC諸国から1万7,000人の平和維持軍を派遣することを表明したが、国連はOICの申し入れを受け入れることはなく、OICからの派兵は実現しなかった。最終的にOICは武器供与、派兵の代わりに、資金援助を行うことになった。

一方、パレスチナ問題に関しては、1997年3月23日、OICはイスラマバードで臨時総会を開き、東エルサレムの入植地問題でイスラエルの強硬な態度により崩壊寸前の危機に直面している中東和平の状況を受けて、イスラエルに対してパレスチナ解放機構（PLO）との和平合意遵守を強く要求することなどを盛り込んだ宣言を採択した。エルサレム解放・パレスチナ解放闘争支持は、OICの主要な存在理由であり、国家間の政治的対立を超えた崇高な使命であるゆえに、常に議題のトップに取り上げられている。それはムスリムを多く抱える諸国家の政権の正統性をイスラームの観点から確立させるための重要な案件である。しかし、OICはイスラエル政府の和平合意を無視した強硬な態度に上記の様な非難声明を出すが、それ以上の積極的な声明や行動を示す力を有していない。

その事実はOICも認めているところであり、1997年1月19日付ラービタ発行週刊紙にて、当時の事務局長ララキ氏は中東和平の行きづまりに対するOICの役割について尋ねられ、国連でさえてこずっていることにOICに何ができようかと消極的な発言をしている。

（4） 21世紀のOICの活動
（a） 21世紀のイスラーム共同体（ウンマ）の問題に対する10年行動計画

21世紀に入り、イスラーム世界は政治的問題をはじめ、社会的、経済的、文化的、科学的な諸問題に直面しており、OICはそれに対応するため、2005年12月7日、8日に第三回臨時首脳会議をマッカで開催した。

同会議開催に先立って、11月9日から11日マッカに、イスラーム諸国のウラマー、知識人が召集され、イスラーム世界が思想的分野、文化、政治、情報、経済、発展など直面する諸問題に関する協議が行われた。その協議の結果、「21世紀のイスラーム共同体（ウンマ）の問題に対する10年行動計画」と題された提言書が作成され、臨時首脳会議に提出された。提言には思想、政治、経済、科学、教育、文化などに関する様々な分野についてそれぞれ提言が行われている。その要旨は以下の通りである。

①思想、政治の分野において、重要な課題は中庸、調和、寛大さ、過激主義拒否、暴力拒否、テロとの闘いなど、共通の価値観の強化である。イスラームフォビア現象への対応、イスラーム諸国の連帯意識や協力の実現、イスラーム法学間の対話、諸国間の紛争予防、パレスチナ問題、イスラーム社会や組織の権利、一方的な制裁の拒否、これらすべてはその改善を目指して、新たに取り組まなければならない問題である。

②経済、科学の分野において、重要な課題はイスラーム共同体の発展と繁栄において高度なレベルで実現をめざすことである。イスラーム世界は膨大な経済的資源を持っているゆえに、OIC加盟国間で経済的協力強化、二ヵ国間貿易の強化、貧困対策、特に紛争地域への支援などを優先的に行う。そして、グローバル化、経済の自由化、環境、科学、技術などに関する問題の改善のために、支援を行うことも検討する。

③教育、文化の分野では、緊急を要する課題があり、それは低い識字率状況や低い教育レベルの改善である。また、思想的な混乱の修正である。社会的分野では、女性、子供、家族の権利に関する課題などがある。

この「10年行動計画」で問われていることは、OICの諸決議の実行であり、OICの諸機関と加盟国の責任ある行動である。そこで、OICは臨時首脳会議にて、イスラーム世界の目的や理念を遂行するために、中心的な役割を果たすべきであり、21世紀に向けて、共同体の願望にこたえることができるように、諸問題の改善に努めるべくOIC加盟国に訴えた。

(b) 第36回OIC外相会議に見る政治的成果

2009年5月23日から25日に第36回OIC外相会議が55ヵ国（欠席2ヵ国）の加盟国の外相や代表、また5ヵ国の非イスラーム国のオブザーバーの参加を得て、シリアの首都ダマスカスにて開催された。

主催国シリアのアサド大統領は外相会議の開会挨拶にて、イスラーム世界が直面する諸問題の中で、イスラームとテロを結びつけ、占領に対する抵抗運動さえもテロとみなす言説が流布している状況が最も危険な現象であると主張した。その対応には、イスラームの教義、文化などをもとに政治的、経済的団結をもって対応すべきであり、イスラーム世界はそれができる資源と人材を擁している、とイスラーム世界の力に期待を示した。そして、イスラエルの60年に及ぶ占領に対する非難、および17年前のマドリード和平交渉の頓挫状態の原因はイスラエルの占領政策に

◆ 第12章　国際社会におけるイスラーム機関の役割及び予防外交の可能性

あることを強調した。さらに抵抗運動と区別されるべきテロは思想問題による政治的現象であるゆえに、思想的逸脱から若者を救うために正しいイスラームによる教育政策を行うことが必要である、と過激派に対するイスラーム的基本姿勢を示した。

次いで、エクマルッディーン・イフサノールOIC事務局長が開会式にてOICの活動報告を行った。その要旨は以下の通りである。

①イスラーム世界の最大問題はイスラエルによる占領である。OICは最近のガザ攻撃による戦犯行為に関して、国際司法裁判所に訴えた。OICはパレスチナ問題において、パレスチナ内部分裂の修復やパレスチナ諸派の統一に大きな貢献をしたエジプト政府を称賛する。

②イラクに関して、イラク状況は好転して、主権の完全復活が行われた。OICはイラクとの交流を継続し続け、イラクに大使を任命した最初の国際機関である。さらに、宗派抗争の停止に大きな貢献をしてきた。またイラクに様々な支援を行うために、復興事業計画調査のためイスラーム開発銀行の調査使節団などを派遣した。

③ソマリア問題に関して、内紛が続いたソマリアは2008年になり、暫定連邦政府とソマリア再解放連盟の穏健派グループとの間で、和平の機運が高まり、同年8月、両者は、「ジブチ合意」により、武力行使の停止等に合意した。その合意には、OICは監視メンバーとして参加した。しかし、2009年に入り、合意は破棄され、内紛が再発し、戦闘停止のために国内外の介入が必要となっている。

④スーダンのダールフール紛争は現在も進行中であり、紛争解決のために国際的努力が継続されている。2009年6月初旬にOIC事務局長はスーダンを訪問し、バシール大統領ら要人と会談し、国際刑事裁判所によるバシール大統領に対する逮捕状（過去5年にわたりダールフール地域において行われた集団殺害、人道に対する罪、及び戦争犯罪について）に関して拒否するOICの態度を伝えた。一方で、ダールフールでの犯罪行為について公正な裁判が行われることを求めた。また、ダールフールの状況改善のためにスーダン政府のさらなる努力を要請した。OICは、ダールフール全域に120のモデル的村落を建設する計画を提供した。その予算は4億8,500万ドルである。

⑤アフガニスタンは平和と安全と安定の課題に直面し、決定的な岐路に立っている。OICはモスクワで開催されたアフガニスタン特別会議、さらにオランダのハーグで開催されたアフガニスタン国際会議に出席した。そこで、OICは、世界

Ⅱ　イスラーム諸国会議機構(OIC)の活動と政治的役割

が継続的に注視することにより、アフガニスタンにおける開発や復興の問題は決して見失われることはないと主張した。

⑥ジャンムーとカシュミールの問題について、国連安保理決議が実行されないままで、緊張した状態が続いている。OICの特使はジャンムーとカシュミールの事態の進展を議論するために、ムザッファラバードとイスラマバードを訪問した。

⑦イスラームおよびムスリムに対するイスラームフォビア現象が現在もなお広がっている。OICは国際的な会議やセミナーを継続して行い、この現象に対応している。例えば、国連60周年記念集会に参加し、人権問題に関する特別会議を開催した。また、国連総会からの提言書にイスラームとテロの関係を否定する内容を盛り込んだ。

同様の分野におけるイスラーム教育科学文化機関（ISESCO）、イスラーム歴史芸術文化研究センター（IRCICA）の活動を称賛する。

10年行動計画と新憲章に記されている内容を実践するために、OICは人権のための独立機構の設立を目指している。

⑧OIC加盟国以外の地域におけるムスリム少数派社会のムスリム人口は5億人である。OICはフィリピン、ミャンマー、タイ、西トラキア、コーカサス地域やその他の地域における問題を解決するため多くの提案を出して取り組んでいる。例えば、ここ数年、ムスリムの様々な状況を把握するためにムスリム少数地域の国々へ使節団を派遣している。その成果の一つとして、フィリピンにてOICの努力が成功し、ムスリム反政府組織・モロ民族解放戦線（MNLF）とフィリピン政府との和平合意が1996年に締結され、実施された。

⑨今後の展望として、イスラーム世界は重要な経済資源、特にエネルギー、農業、鉱物資源、人的資源が豊富であるゆえ、OICは国際社会に対して効果的な戦略を立てることができる立場にある。食糧問題で苦しんでいるOIC加盟国を支援するためにも、飢えと貧困を克服する戦略開発を目指してハルトゥームで開催される農業と食料安全保障に関する会議の成功を望む。同様に、OIC事務局の人道問題局は加盟国のシエラレオネ、アフガニスタン、インドネシア、スーダン、ソマリア、コモロ等に対し救援分野で多くの努力を行っている。現在の世界的な金融危機は、すべての加盟国の組織や機関に多大な不安を与えている。そこで、事務局は商業経済協力常任委員会（COMCEC）の協力によって、国際フォーラムを開催する予定である。加盟国は国内的、国際的政策を見直すべきであり、世界的金融危機による新しい状況に対応するために、経済的組織を強化し、経済的、社会的協力を確

◆第12章　国際社会におけるイスラーム機関の役割及び予防外交の可能性

立する必要がある。また、加盟国間の貿易額は、2005年には14.5%であったが、2008年には17%に上昇した。この分野において、COMCEC、イスラーム開発銀行、イスラーム開発貿易センター、イスラーム商工会議所が加盟国の開発と発展に取り組んだ活動を称賛する。その一方で、OICの綿産業育成プログラムはトルコ共和国の指導のもと、実施段階に入ることができた。また、事務局はイスラーム開発銀行との協力によって、ダカール・ポートスーダン間の鉄道計画委員会の第1回会議を開催した。OICは50年目に入り、その存在も国際的に重要になってきており、影響力のある国際会議においても発言が求められている。OICが中心となってイスラーム的共同行動を統一することができると確信している。これこそが現在の国際的変動の中で、イスラーム世界が国際社会で名誉ある地位を保つための効果的な武器であると考えている。

　以上が外相会議における事務局長の報告である。

　この報告を見る限り、OICには地域紛争解決に積極的に介入をしたくても、介入出来るだけの能力を有していないことが理解される。パレスチナ問題、イラク問題、ソマリア問題などすべてが傍観者の域を出ていないのが実情である。10年行動計画にてイスラーム諸国が直面する諸問題を理解していながらも、それを解決する方策を見だせないままに4年間が過ぎている状況と言える。その結果は第36回OIC外相会議の政治問題に関する決議事項にも表れており、批難声明か問題提議ばかりである。OICはイスラームの名の下での統一を目指した国際組織であるはずだが、実際にはイスラーム的共同行動によるイスラーム世界の統一を実現することのできない諸加盟国の事情が存在する。OICの現実は統一的な姿勢で政治的に機能する組織ではないということである。例えば、2008年末から2009年初頭に起こったガザ問題においても、エジプトの働きに対して一応の評価を表しているが、ファタハとハマースのパレスチナ内部対立を解決できないでいる。また、OICは1987年に国際問題を解決するための機関として国際イスラーム司法裁判所を設置することを決定しているが、決定を始動させるために必要な加盟国3分の2の署名が得られず、未だ実現しておらず、ペーパープロジェクトのままである。さらに、国際機関と同様の働きをするためにもイスラーム平和維持軍創設が求められているが、経費や軍の指揮権など多くの難問を抱えており、実現には程遠い状況である。

（5）最後に

　OICは事務局長の報告にあるように、経済活動を活発に展開する計画を持って

いる。そこには、イスラーム諸国の問題を解決するためには、各国が経済的に発展することが基本であり、近代的な世界に対応していくために、イスラーム諸国間の経済協力体制を整えていくことが先決であるとの考えがうかがえる。

　OICの政治的活動は設立以来あまり目立った成果をあげることはなく、21世紀になって行動計画を立てても、やはりその効果はあまりなかった。このように政治的成果は経済・文化分野に比べてかなり弱い面が見られるがそのような状況の中でも、政治的役割として以下の二点を考えることができる。

　第一に、OICはイスラーム世界におけるフォーラム的性格を有し加盟国間の意見交換の場と機会を与えており、イスラーム世界の総意として、首脳会議や外相会議の決議事項を世界にアピールするイスラーム世界の政治広報的な役割を果たしていると言える。さらに、OICのフォーラム的性格は各会議参加者に自由なイスラーム的発言の場を与えることにもなり、一国もしくは、一組織ではなかなか表明しにくいことでも、OICの場をかりて表明することが可能となりうる。だが、国際機関としてのOICはイスラーム諸国間の意見の調整を行う場でもあり、いかに過激な意見や答弁が出てきても、それを抑え込むことになる。そこには、あまり極端なイスラーム色を出すことなく、諸国家の現政権のイスラーム的正統性の確立を望みつつ、イスラーム世界全体の利益擁護を目指している設立当時の姿勢は現在でも変わりなく続いていることがうかがわれる。

　第二に、定期的な外相会議や首脳会議は、OIC諸国間の関係改善の契機を与えることにもなる。これもOICの重要な政治的役割と言える。その代表的な例が、イスラーマバード・OIC臨時総会で行われたサウディアラビアとイランとの関係修復である。サウディアラビアはイラン革命以後、シーア派のイスラーム原理主義波及を恐れ、反イラン政策を取ってきていた。OIC内でのサウディアラビアの政治的影響力は、同国がOICの財政の最大の負担者であることから強いものがあり、サウディアラビアはイランとの関係改善により、その後イスラーム諸国に呼びかけスンナ派とシーア派の対話を実現することになった。

　OICはイスラーム共和国、君主国家、社会主義共和国、軍事政権国家など様々な政治形態の集合体であり、経済的にも、一人当たりGNP最下位の国から上位を占める国まで多様である。OICはその多様性がイスラームの名のもとで団結することにより、共同体の強さとなると希望的観測を持っている。しかし、現実問題として非イスラーム圏の紛争ばかりではなく加盟国の対立や国内紛争をも解決できずにいる状況を見るにつけ、まずはこのようなOICの内部矛盾を解決してしかるべ

きであろう。そのためにも、ペーパープロジェクトとみられている国際イスラーム裁判所の実質的な開設を行うことが必要とされている。

　このような現実を抱えながらも、民族、国境を超えたイスラーム共同体を理想とする連帯意識が常に躍動しているイスラーム社会の中で、OICは国家レベルでのイスラーム連帯意識の確認の場として機能していることで、十分な政治的役割を果たしているとも言える。国際社会はOICのその役割を認識して、穏健派または中道派なイスラーム社会形成を目指すOICの活動を支持、支援していくことが重要である。

◆ 結　語

　イスラームの統治体制の基本理念は預言者ムハンマドがマディーナで築いたウンマの統治理念である。ウンマは宗教と政治が区分されることなく扱われる政教一元を特徴とした共同体である。ムハンマドはマディーナに移住したときに住民と交わした契約の中で、共同体の統一と保全、信徒間の平等と相互扶助、共存の原則、クルアーンとスンナ（預言者の教え）による公正な裁きなど、統治の基本理念を示した。ムハンマド没後は、クルアーンとスンナから導き出されたイスラーム法が社会の規範であり、統治理念となった。ゆえに、イスラーム政権の統治者はイスラーム法の観点から統治者の資質が問われ、その政権の正当性が問われることになる。つまり、イスラーム法は神意そのものであり、いかなる統治者であろうともイスラーム法に従わざるを得ないのであり、イスラーム法が完全に施行されることにより、預言者時代と同じように理想的な社会を築くことができる、とムスリムは考えている。

　イスラーム世界の近代は西洋による植民地化とイスラーム体制の崩壊で始まった。スルタン体制の正当性はイスラーム領土を軍事力で防衛することにあったが、それが西洋の軍事力に屈して、崩れたのである。つまり、実権者が統治の目的を達成できなくなり、イスラーム統治体制が完全に崩壊したのであった。その当時、西欧の衝撃によってイスラーム世界では二通りの考え方が生まれてきていた。一つは、イスラーム世界が西洋列強に敗北したのは、イスラームが現代に対応できる内容を持っていないからだとする考えである。そこで、政治、経済分野など国家運営に関する法規は西洋から学ぶべきであり、宗教は礼拝など信仰行為だけに分離していくとする世俗主義の方向である。もう一つが、イスラームの教えは十分であるが、ムスリムの方に問題があったとする考えである。ムスリムがイスラームの教え

を十分に理解していなかったか、それとも理解していたが実践していなかったとする自己反省意識である。その意識はイスラーム法の革新やイスラーム法を実践する社会を目指すイスラーム主義の流れを形成してきた。

このような思想的背景を抱えながら、植民地支配から独立したアラブ諸国は宗主国の意向に沿う形で世俗的な国家建設をめざしてきた。他方、それに対抗し、イスラーム的覚醒を目指して、イスラーム主義者の活動は活発になり、民衆の支持も得てきた。イスラーム国家が崩壊しても、民衆には生来のイスラーム意識が根付いており、それを消し去ることはできないからである。ゆえに、エジプトに限らずアラブ諸国は、現実的には世俗政権であったとしても、イスラームを標榜する必要性に迫られるのである。

ラービタの活動は設立委員会とモスク世界委員会が定期的な会議を開催して、OIC同様に世界各国のイスラーム問題に関して討議を行い、声明を出して、イスラーム的見解のアピールを国際的に行っている。また、ラービタの委員会はイスラーム法学者集団であるので、ムスリムの現実的な問題に対するイスラーム法的見解を必要に応じて提供している。その見解は、イスラーム主義者の求めるイスラーム法の完全な施行を主張することもなく、完全な政教分離を求めるものでもない、中道的な見解である。経済的支援面においては、各支部との連携によって、イスラーム地域への支援が行われている。最近のラービタの取り組みは世界宗教間の対話であり、民間団体であるだけに、OICよりもかなり自由な活動ができる。結果的に、イスラーム世界がイスラームの理念から離れていく現状の中で、OICはイスラーム諸国の統治におけるイスラーム的正当性の証明的機関となり、ラービタはイスラーム諸国の宗教機関における中庸的なイスラームの指導的立場を保とうとしている。

予防外交との関連は、両組織が現実と理念の乖離を埋める役目をしていることから、イスラーム社会に現状をイスラーム的理解で受け入れさせ、また非イスラーム世界との共存の在り方を提示することにより、過激な思想をイスラーム社会から排除し、穏健な方向性を与えることができるところにあると考える。さらに、新OIC憲章では、第2条7項に「加盟国は国内レベルおよび国際レベルにおいて、良き統治、民主主義、人権、基本的自由、法の支配を支持し促進するものとする」を掲げて、加盟国に内政の改善を訴えている。国際社会はイスラーム地域内外の紛争を未然に回避するための一助として、この条項を現実すべく、OICを支援、協力することが求められる。そして、イスラーム諸国にしても、イスラーム法を現実

◆ 第12章　国際社会におけるイスラーム機関の役割及び予防外交の可能性

に適合させていく必要から、ラービタをはじめとするウラマー集団によるイスラーム法の革新に努力することが求められている。

◆ 引用文献

［参考資料］
1．ラービタ公式サイト
　〈http://www.themwl.org/Profile/default.aspx?l = AR〉（2009年8月1日アクセス）
2．OIC公式サイト〈http://www.oic-oci.org/oicnew/〉（2009年8月1日アクセス）
3．ラービタ発行月刊誌"al-Rābiṭa" no.486（2006 Nov.）〜no.505（2008 July）
4．森伸生．1998．「イスラーム諸国会議機構（OIC）と地域紛争──イスラーム世界におけるOICの政治的役割」『イスラーム世界の相互依存と対立・対抗に関する研究』総合研究開発機構。

◆ 第13章

NATOの対中東アウトリーチ
―― 中東における予防外交レジーム構築に関する一考察

小 林 正 英

◆ は じ め に

　本論の主題は、欧州・大西洋地域に確立された一種の安全保障共同体であるNATOの経験が、中東地域においてどのように活用できるか検討することである。本論では、それは究極的には中東地域に安全保障共同体あるいは予防外交レジームが確立されることであるととらえ、その際、手段としてNATOのパートナーシップに注目する。

　本論に入る前に、中東地域にNATOのような構造を「移植」する可能性についてもふれておきたい。これについてはパトリック・モーガン（Patrik M. Morgan）が説得力のある、しかしながら否定的な見解を表明している［Morgan, 2004: 49-74］。モーガンは、特に冷戦後、地域的安全保障機構へと変容を遂げつつあるNATOに着目し、このような機構・構造が中東地域にも「移植」可能であるかについて論じている。それによれば、まず、欧州・大西洋的な安全保障構造は、重層的な構築物である。基盤に参加国間の基本的な問題に関する広範な政治的コンセンサスがあり、第二に参加国間における政治的・軍事的透明性の確保があり、第三に先進的な多国間主義の台頭といった要素の積み重なった上に、欧州・大西洋的な安全保障構造は構築されているとする。これらの要点からは、民主制という要素への言及は慎重に排除されているが、少なくとも政治的透明性については、「大半の加盟国の民主的性格が大いに貢献した」とされている。最終的に、NATOを中核とする欧州・大西洋型安全保障構造の中東地域への「移植」を検討することについて、モーガンは、「あまり有用と言えない（not very helpful）」と結論づけている。

　したがって、欧州・大西洋地域に構築されている成熟した安全保障機構の中東地域への貢献の可能性として残された最後のあり方が、当該構造のパートナーシップ等を通じての中東地域への関与、あるいは「拡張」であり、本論はこれについて中心的に論じていく。以下、NATOの変容とそれに伴うNATOパートナーシップの

変容およびその全体像を俯瞰しつつ、NATO の対中東地域関係について考察する。

I NATO とそのパートナーシップの変容

（1） 冷戦後 NATO の変容

　NATO が、当初冷戦期において集団防衛のための軍事同盟として創設されたことは論を待たないが、冷戦後、地域的な安全保障主体化を経て、特に 2001 年の 9.11 アメリカ同時多発テロ発生後、グローバルな安全保障主体へと変貌を遂げつつある［吉崎, 2008］。

　NATO は、その設立条約である北大西洋条約第五条にいわゆる集団防衛条項を持ち、さらに同条約第六条にて第五条が適用される地理的範囲を基本的に加盟国領土と定めている。冷戦期の NATO はこの規定に忠実で、また実際に欧州・大西洋地域で冷戦が「熱戦」に転化することはなかったことから、NATO は "No Action, Talks Only" の略であると揶揄されることすらあった。

　しかしながら、冷戦が終焉すると、その後の地域紛争や民族紛争が勃発する不安定な地域情勢の中で、NATO は地域的安全保障主体としての性格を獲得していった［小林, 2001］。最大の転機となったのは一連の旧ユーゴ紛争、なかでも 1992 年から顕在化したボスニア紛争と 1999 年に NATO が直接軍事介入したコソヴォ紛争であった。このような NATO の変貌が明確に読み取れるのは、1991 年に策定されたローマ新戦略概念と 1999 年に策定されたワシントン戦略概念における危機管理任務の位置づけの比較においてである。ローマ新戦略概念では、第 42 項において、加盟国の安全を脅かす軍事的脅威につながりうる危機の際には、NATO の軍事力は危機管理と紛争の平和的解決に貢献するとされているのに対し、ワシントン戦略概念では、第 49 項にて、NATO 軍事力の貢献対象として、集団防衛任務と並列的に「欧州・大西洋の安全に影響を及ぼすような危機」を掲げており、ここに至って NATO が地域的集団安全保障機構となったことが読み取れるのである。

　旧ユーゴ紛争以後の NATO の変容の契機となったのは、2001 年の 9.11 アメリカ同時多発テロであり、それによって NATO はグローバルな安全保障主体へと変貌を遂げつつある。1999 年のワシントン戦略概念策定以後の動きとしては、まず、2006 年リガ NATO 首脳会議で発出された包括的政治指針（CPG:Comprehensive Political Guidance）をあげることができる。CPG では、テロ等の脅威を念頭に置きつつ、第 7 項にて、対応すべき脅威について、「それがどこからもたらされるもので

あろうとも（wherever they may come）」としている。これは、既に 2002 年のプラハ NATO 首脳会議での首脳宣言で用いられていた表現であり、NATO が「どこでも同盟」へと変貌したものを物語る明快な表現である。ただし、これは NATO が全世界のあらゆる紛争に対応するという意味合いではなく、「どこでも」にかかる脅威については、明確に、北大西洋条約における第五条的なものが想定されていることも同時に読み取れる[1]。その意味で、テロ後の NATO は、冷戦直後の NATO が、域内における五条任務の延長として域外での五条的任務を担うようになったのち、加盟国の安全には必ずしも直接的にリンクしない危機に対応すべく地域的安全保障機構化したのとは別系統で、さらなる域外、すなわち「域外・外（Out-of-Out-of-Area）」における五条任務を担う「どこでも同盟」化したととらえるのが論理的であろう。換言すれば、地域的安全保障機構化は「なんでも」ではあるが「どこでも」でなく、グローバル化した NATO は「どこでも」ではあるが「なんでも」ではないのである。

　2010 年 11 月 19-20 日にポルトガルのリスボンで開催された NATO 首脳会議において、約 10 年ぶりに戦略概念が改訂された。採択された新たな戦略概念「北大西洋条約機構加盟国の防衛と安全保障のための戦略概念：アクティブな関与、近代的な防衛」には、前段で述べたような経緯を含む、2000 年代の最初の 10 年間の NATO のあり方についての議論が反映されている。すなわち、同盟の主要な課題について列挙した第四項にて、集団防衛、危機管理、協調的安全保障を順次掲げ、五条任務である集団防衛に関しては「個々の加盟国もしくは同盟全体の基本的な安全保障を脅かす」脅威を対象とし、危機管理においては「欧州・大西洋地域の安全保障に貢献しうる」危機管理任務への対応を掲げている。

（2）　NATO パートナーシップの変容

　冷戦後、NATO は重層的なパートナーシップを構築している。これは、当初は NATO 東方拡大の一環であったり、広義の欧州・大西洋地域における安全保障共同体構築につながるという色彩の強かったりしたものであるが、特に 9.11 アメリカ同時多発テロ以降は、次第にグローバル・アクターとしての NATO の活動を支えるものであったり、欧州・大西洋地域域外に安全を投影する「乗り物」という色彩も持つようになってきていると考えられる。

---

[1] プラハ NATO 首脳会議宣言での該当の文言は以下の通りである。"......the challenges to the security of our forces, populations and territory, from wherever they may come."

◆第13章　NATOの対中東アウトリーチ

　冷戦終焉直後のNATOのパートナーシップは、1991年12月のブリュッセルNATO外相理にて、旧ワルシャワ条約諸国との対話のフォーラムとして北大西洋協力理事会（NACC:North Atlantic Cooperation Council）を構築したことからはじまる。これは、1990年のロンドンNATO首脳会議で発出されたロンドン宣言で提案され、1991年11月のローマNATO首脳会議で決定されたものである。ロンドン宣言は特に北大西洋条約二条に言及しているが、同条項は平和的・友好的国際関係の発展と加盟国間の経済協力について規定するものであった。NACCは定期的な閣僚会合および様々な下部会合を有していたが、基本的には「トーク・ショップ」であり、NATO自体の拡大論議が活発化するにつれて活動は不活性化していったとされている。

　1993年頃から中・東欧諸国のNATO加盟希望が熱を帯びはじめると、アメリカ国内での議論を経て、NATO拡大が政治日程に上りはじめた。1993年春のホロコースト博物館（ワシントンD.C.）開館セレモニーにおけるクリントン米大統領とチェコのハベル大統領、それにポーランドのワレサ大統領の会談、同年夏のロシアのエリツィン大統領の中・東欧諸国のNATO加盟を黙認するともとれる発言などを経て、NATO拡大は次第に現実味を帯びつつあった。しかし、1994年初頭の段階では、まだ具体的な政治日程に上るまでは至らず、むしろNATO拡大の可能性をテコに中・東欧諸国の変革や能力構築を促すという状況にあった。この文脈で、1994年1月のブリュッセルNATO首脳会議で2つのできごとが発生する。すなわち、クリントン米大統領の「……もはや問題は、NATOは新規加盟国を迎えるべきかどうかではなく、いつ、どのようにである（……now the question is no longer whether NATO will take on new members but when and how.）」という発言であり、「平和のためのパートナーシップ（PFP:Partnership for Peace）」創設である。

　PFPは、当初"Partnership for Peacekeeping"と呼ばれるはずであった［Wallander, 2000:721］ことからも明らかなように、特にPKO任務をNATOと共同で実施できる能力を構築することを目標にしたものであった。そしてそのような能力構築の実際的な支援のしくみが、PFPを設立した「枠組文書（PFP Framework Document）」第七項に規定されていた計画・再検討過程（PARP:Planning and Review Process）であった。これは北大西洋条約三条に定められているNATO自体の能力構築プログラムに類似したしくみで、パートナー諸国の能力構築を2年サイクルで支援するものであった。また、「枠組文書」の末尾の第八項には、北大西洋条約四条に類似した安全保障協議を定めており、北大西洋条約五条の集団防衛に至らない

I　NATOとそのパートナーシップの変容

緩やかなコミットメントを提供する機能も有していた。これは、最も緩やかな安全の保証である。そして、冷戦後の、北大西洋条約第五条で想定されている集団防衛機能発動の可能性が遠のいたと考えられていた状況において、最も実際的な安全保障機能でもあった。いみじくも、ジョージ・ジュールワン（George A. Joulwan）NATO欧州連合軍最高司令官（SACEUR）は「1994年以後のNATOは四条機関となっている」と述べている［Wallander, 2000:730］。

　PFPは、明示的にNATO加盟につながるものではなかった。このことは、NATO拡大を警戒していたロシアが、PFPに好意的反応を示したことからも明らかである［Solomon, 1998:47］。しかし、PFPによって構築されるのはNATOとの相互運用性に他ならず、それは間接的、そして中・長期的なNATO加盟準備でもあった。「パートナーシップはNATO加盟のための待合室ではないが、その機会を否定するものでもない」［Mölder, 2006:23］のである。すなわち、PFPは、長期的には究極的なNATO加盟、そして短期的には北大西洋条約第四条的なコミットメントの提示という二段構えの「磁力」により、パートナー諸国のNATOとの（主にPKOにおける）共同行動能力の構築を促すという性格を有していたのである。PARPを含むPFPの構築は、NATOのパートナーシップ政策に協働性という新たな性格をもたらしたのである。

　1994年末の「NATO拡大研究（Study on NATO Enlargement）」発出以後、NATO拡大は具体的な政治日程に組み込まれていくことになるが、この過程で、1997年7月のマドリッドNATO首脳会議にて、冷戦後NATOの第一次拡大としてチェコ、ハンガリーおよびポーランドの三ヵ国を加盟交渉に招請したのと同時に創設されたのが欧州・大西洋パートナーシップ理事会（EAPC:Euro-Atlantic Partnership Council）である。EAPCはNACCを発展させたものであるが、参加国を旧ワルシャワ条約機構加盟国からOSCE参加国に拡大した点で、NATOの地域的安全保障機構化と軌を一にした質的な発展であることが読み取れる。また、拡大の文脈では、マドリッドNATO首脳会議終了後のソラナNATO事務総長の記者会見での発言によれば、「マドリッド首脳会議でNATO加盟に招請されなかったパートナーに、NATO諸国との緊密化を図ることによって再保障を与えるもの」とされた［小林, 1998:40］。

　1999年のワシントンNATO50周年首脳会議では、EAPC/PFPの地域的安全保障枠組とNATO加盟準備枠組両面における強化が見られた。この際、NATO加盟準備のための仕組みとして創設されたのが加盟行動計画（MAP:Membership Action

◆第13章　NATOの対中東アウトリーチ

Plan）である。MAPの最大の特色は、なによりもNATO加盟準備のためのしくみであることを明示的に打ち出した点にあるが、実際面では、上述の観点からテーラーメイド的な協力のしくみを創設した点にある。従来のPFPにおけるパートナー国支援が、NATO側が用意した協力のメニューの中からパートナー諸国が選択的に参加するという、いわばアラカルト方式であったのに対し、MAPでは、北大西洋条約へのコミットメント、より具体的には「NATO拡大研究」で示された要件やNATOアキ（改訂を重ねた戦略概念等のこれまでのNATOの蓄積）を履行できるように加盟希望諸国自体が能力構築や国内改革等のプログラムを策定し、NATO側がフィードバックや助言を与えるという方式であった。同時に、ワシントン首脳会議では、地域的安全保障枠組としてのEAPC/PFP強化の観点から、「政治・軍事枠組み（PMF:Politico-Military Framework）」や「作戦能力概念（OCC: Operational Capability Concept）」といったしくみが導入された。これらは、NATOとパートナー諸国が共同で作戦を実施するに際し、パートナー諸国の意思決定過程へのアクセスや、平時における実際的な能力整備を支援するものである。

　2001年の9.11同時多発テロ発生後、2002年のプラハNATO首脳会議では、個別パートナーシップ行動計画（IPAP:Individual Partnership Action Plan）および対テロパートナーシップ行動計画（Partnership Action Plan against Terrorism）が打ち出された。これらは、対象国としてコーカサスと中央アジアの諸国が特に言及されていたことからも、明らかにこれまでのNATO加盟招請を視野に入れていたNATOのパートナーシップ構造の変質を予感させるものであった。その後、この変質の予感は、NATOが2004年のイスタンブール首脳会議でイスタンブール協力イニシアチブ（ICI:Istanbul Cooperation Initiative）、そして2006年のリガNATO首脳会議では日韓豪およびニュー・ジーランドなどの「コンタクト諸国」との関係強化を打ち出したことにより、確固たるものとなりつつある。

　このようなNATOパートナーシップの変質は、2001年の9.11同時多発テロ発生と、NATO拡大が次第に飽和しつつあることによってもたらされていると考えられる。NATOは、2009年までに中・東欧12ヵ国を新規加盟国に迎え、28ヵ国からなる軍事同盟に成長した。現時点で新規加盟招請に向けた道を歩んでいるのは、MAPに参加している唯一の国であるマケドニアと、NATOとの間で個別集中対話を実施しているウクライナ、グルジア、ボスニアおよびモンテネグロであるが、「飛び地」になっているセルビア（と独立問題が解決した場合にはコソヴォ）もいずれ加盟を果たすものと考えられている。従って、残されているEAPC加盟国は、上

310

Ⅰ　NATOとそのパートナーシップの変容

記以外の中央アジア・コーカサス諸国と欧州の中立諸国である。

　このように整理すると、2002年のプラハNATO首脳会議にて創設されたIPAPが、コーカサスおよび中央アジア諸国を対象としていることの意味が見えてくる。同首脳会議宣言では、第八項にて、「戦略的に重要なコーカサスおよび中央アジア諸国」に言及しつつ、IPAPの創設を謳っている。IPAPは、対象国ごとに個別に策定され、従来PFP枠内のIPPやPARPで実施されていた協力プログラムよりも幅広いものであり、基本的には、政治・安全保障問題、防衛・安全保障および軍事問題、広報、科学・環境問題、行政・防護および資源問題等の分野をカバーするとされている。本章執筆時点でIPAPに参加しているのは、NATO加盟に向かっているID参加国を除けば、コーカサスのアゼルバイジャンとアルメニア両国とモルドバ、それにカザフスタンである。

　このうち、カザフスタンはOSCE議長国選出を目指す中での西側への接近の一環という色彩が濃く［Boonstra, 2007:6-7;Vinnikov, 2009:79-81］、モルドバは「中立」ゆえにNATO加盟という選択肢を封じた上での西側接近がIPAP参加の動機であると考えられる［Munteanu, 2006:129-140］。グルジアを除くコーカサス両国について、そのIPAP参加の動機を見ると、まずアゼルバイジャンについては、最終的には"security guarantees for Partners"があげられており［Ministry of Foreign Affairs, Republic of Azerbaijan, 2008］、将来的なNATO加盟に関しても時折議論がある。他方、アルメニアに関しては事情がやや複雑である。同国は、国内に大規模なロシアの軍事基地を抱え、さらにロシア主導の集団安全保障機構（CSTO:Collective Security Treaty Organization）加盟国であることもあって、現時点でNATO加盟が議論になることはない。NATO加盟国のトルコとの間のアルメニア人虐殺問題、そして親NATO政策を展開するアゼルバイジャンとの間のナゴルノ・カラバフ問題は、アルメニアのNATO関係の障害となっている。しかしながら、2003年の対イラク武力行使の際にトルコが必ずしも全面的な協力を打ち出せなかった「機会の窓」を捉え、「アルメニアでのカラー革命の脅威やコーカサスでのロシアの無力（lack of effectiveness）」［Priego, 2007:4］や「近年のロシアとトルコの接近がアルメニアのモスクワへの信頼を失わせた」［Priego, 2007:13］ことなどによって、親トルコ一辺倒政策を転換してロシアやイランとの関係改善を図ったアゼルバイジャンのアリエフ大統領の例に倣い［Priego, 2007:14］、「全方位外交（multi-vector foreign policy）」［Priego, 2008:55］を打ち出したとされている。同国政府は、IPAP参加が必ずしもNATO加盟の議論につながらないことを確認した上で、米露のゼロ・サム・ゲー

ムを回避できる枠組みとして、対NATO関係の構築を図っているとされる［Priego, 2007:14］。アルメニアの対NATO関係は、NATOパートナーシップの非排他的な性格を最も典型的に活用したものであり、非常に興味深い。ただし、上記の文脈による対NATO接近は、やはりNATOおよびNATO各国による何らかの安全の保証を視野に入れたものであり、従って、IPAPは、その実態として、結局「西側」の「磁力」によってその活動が支えられていると言わざるを得ない。

　PAPは具体的な行動目標を掲げたテーラーメード型の協力プログラムの総称であり、設定される目標ごとに様々なPAPが構築されうるが、2004年のイスタンブールNATO首脳会議で構築されたPAPがPAP-DIB（Defence Institution Building）である。これは、その名称からはSSR支援のように聞こえるが、「この名称もまた誤解を招きがちである。NATOが防衛関係の機関のみ対象としているようであるが、実際には議会や司法機関、それに市民社会を対象としたものである」［Boonstra, 2007:9］。すなわち、PAP-DIBは体制転換・定着支援である。また、PAP-DIBはすべてのEAPC参加国に開放されてはいるが、IPAP同様にコーカサスと中央アジア、それにモルドヴァを特に視野に入れたものであるとされているとともに、その実施形態としてIPAPとPARPを活用するとされていることからも、PAP-DIBはIPAPの補足物と見なしうるだろう。

　対テロPAP（PAP-T:Partnership Action Plan against Terrorism）は、2002年にプラハでIPAPとともにうちだされたものであるが、EAPC/PFPの恊働的側面を強化するものであり、IPAPやMAPとは趣を異にしている。従来、NATOパートナーシップ枠内でパートナー諸国の能力を構築するプログラムとしてはMAPやPARPがあったが、これらはMAPがNATO加盟を視野に入れている、換言すれば五条任務の共同遂行能力を目標にし、PARPが具体的なNATO加盟準備の前段階として、暗黙に非五条任務一般の共同遂行能力を視野に入れていたのに対し、PAP-TはNATO加盟問題とはまったく別個に対テロ作戦の行動能力の構築を打ち出したものである。また、従来のEAPC/PFPでもPARPはテーラーメード型の協力であったが、参加国が結果的にNATO加盟という「磁力」が及ぶ範囲に限定されていたのに対し、PAP-Tは全EAPC/PFP参加国を対象とするものである。テーラーメード型を実践する方式としては、NATO装備局長会議（CNAD:Conference of National Armaments Directors）の関与や、メンター・システムの導入［EAPC, 2002:16.5.3］があげられる。また、PAP-T参加の「磁力」としては、テロの脅威とともに、PFP信託基金（PFP Trust Funds）の設立による資金援助がある。

I NATOとそのパートナーシップの変容

　PAP-Tに関する研究は未だ少なく、その検討の蓄積は十分ではないが、本章におけるNATOパートナーシップの「太陽系」の中にこれを位置づけると、NATO加盟という「磁力」の及ばない、辺縁とも言える中央アジア諸国についてPAP-Tの果たす役割を検討することが必要になる。PAP-Tには、インテリジェンスの共有、対テロ能力および国境管理能力増強のための訓練や演習などが含まれるとされているが、PFPなどのように枠組みとして確立されたものではないため、実際にどの国が参加しているのかは定かでない。NATO関係者が執筆した論文およびNATO広報資料によれば、「中央アジアのいくつかの国（"Some of the Central Asian Partners"）」がPAP-Tを通じてテロとの戦いに貢献しているとされているが［Vinnikov, 2009:75;NATO, 2007］[2]、他のNATO広報資料ではカザフスタン以外にPAP-Tへの具体的な参加が確認できない［NATO, 2009a;NATO, 2009b;NATO, 2009c;NATO, 2009d;NATO, 2009e］。しかしながら、PAP-Tが対テロ作戦という行動志向のしくみであることに着目すれば、現在NATO主導で実施されているアフガニスタンでのISAF作戦への協力や参加をベンチマークとすることができるだろう。ISAFへの協力という観点では、カザフスタンがISAF本体への参加を検討している他、永世中立政策をとるトルクメニスタン以外のすべての中央アジアのパートナー諸国がNATO部隊やNATO加盟国にISAFオペレーションに関連した国内軍事基地の使用を認めている。トルクメニスタンも領空の通過を認めている。以上から、対テロ作戦のための協働の枠組みとしてのパートナーシップという性格は、結果的に確保されていると言えるが、あくまでもアフガンISAFという具体的なミッションのためのものであり、制度的に定着したものとなるかどうかは不透明である。

　EAPC/PFPの中央アジア5ヵ国のうち、永世中立政策をとるトルクメニスタンを除く4ヵ国は、そのいずれもがロシア主導のCSTO加盟国であり、さらに同時に中露主導の上海協力機構加盟国でもあるため、NATO加盟という「磁力」は今後とも及びにくいと思われる。しかし、アフガンISAFに関する協力に見られるような実務的な関係は、ある程度、機能していると見られる。すなわち、欧州・大西洋災害対策調整センター（EADRCC:Euro-Atlantic Disaster Coordination Center）や、「平和と安全保障のための科学（SPS:Science for Peace and Security）」および広報活動である。EADRCCは1998年にロシアの提案によってEAPC枠内に創設された

---

(2)　前者の著者はNATO事務総長コーカサス・中央アジア特別代表顧問であり、両資料における文言は同一である。

◆第13章　NATOの対中東アウトリーチ

もので、基本的にEAPC諸国における災害への対応に際して協力するものである［Hunter & Rogov, 2004:12-13］。また、中央アジア諸国に関して最も顕著なSPSのプログラムは、バーチャル・シルク・ハイウェイ（Virtual Silk Highway）と呼ばれる衛星回線を活用した高速ネットワークの構築であり、2003年に完成したとされているが、中央アジアのEAPCパートナーのすべてがこれに参加している。また、NATO・ロシア理事会のイニシアチブで2005年に開始された対麻薬訓練のパイロットプロジェクトにも、中央アジアEAPC諸国のすべてが参加している。これに関連して、アフガニスタンと長い国境を有するタジキスタンはNATO・ロシア主導の下、既に200名の人員が国境管理に関する訓練を受けている［Vinnikov, 2007:74］[3]。また、中央アジアのEAPC諸国の中では最もNATOとの関係構築が進んでいるカザフスタンにおいてでさえ、冷戦期のNATOのイメージが払拭されておらず、NATO広報部とカザフスタン政府は、様々な広報活動を共同で実施している［Vinnikov, 2007:78］。付言すれば、上述のSPSはNATO広報部予算である［Boonstra, 2007:13］。

　また、2001年の9.11同時多発テロ後のNATOパートナーシップ政策には、従来のEAPC/PFPの枠組みとは全く別個の新たな側面がある。すなわち、いわゆる「グローバル・パートナーシップ」である。これは、2004年頃から検討が開始され、最終的に2006年のリガNATO首脳会議にて「コンタクト諸国」との関係強化として打ち出されたもので、主に日韓豪およびニュー・ジーランドを対象国とし、基本的にはNATOがパートナーシップの枠内で提供している活動、いわゆる「パートナーシップ・ツールズ」［Pond, 2004］のすべてにアクセス可能であるとされている。「グローバル・パートナーシップ」は主にアメリカ主導で構想されてきたものであるが、アメリカのNATO内における影響力のさらなる拡大、NATOのアメリカの活動のためのツール・ボックス化、（イスラム諸国を念頭に置いた）価値を共有しない国々との闘いの開始という「悪しき政治的メッセージ」を発出してしまう危険等を指摘するフランスとの対立により、機構化はもとより、「パートナーシップ」の用語を公式に用いることも合意できなかったとされている［福田, 2007: 110-111］。

　「グローバル・パートナーシップ」は、少なくとも現時点において、明らかにNATO拡大の文脈では捉えられないパートナーシップであり、従来型の

---

(3) 対麻薬プロジェクトは、国連薬物犯罪事務所（UNODC: United Nations Office on Drugs and Crime）との共同プロジェクトである。

314

EAPC/PFPとは一線を画すものである。NATOが「域外・外活動（Out-of-Out-of-Area Operations）」たるアフガニスタンでのISAFに乗り出したことを契機に構築されたもので、「NATOの軍事作戦に対する貢献の新たな供給源」［福田 2007:108］であり、「軍事能力を有する国々を対象に、……民主主義の輸出ではなく、NATOへの支援を輸入」［Kamp, 2006］するものである。

　以上のように、冷戦後の主に旧東側諸国を対象とするNATOパートナーシップ政策は、冷戦直後期の暫定的なフォーラム的なものとして始まりつつ、かつ対象国の体制転換・定着と能力構築を通奏低音のように含みながら、NATOの域外活動の変遷やNATO拡大（もしくは旧西側諸国との関係強化）の「磁力」を主たる変数として拡充されてきた。特にNATO自体が欧州・大西洋地域における「なんでも」同盟たる地域的安全保障機構化を経て、9.11同時多発テロを契機にグローバルな「どこでも」同盟に舵を切ったことは、前者がNATO拡大の「磁力」を最大限に活用できるものであったのに対しての後者の将来像の不確定性を際立たせるものとなっている。特に、欧州・大西洋地域に重層的に構築されている安全保障諸機構の「太陽系」において「冥王星」にも例えられるタジキスタンをはじめとする中央アジア諸国［Talbott, 2002:51］へのNATOの「引力」は限界的であるだけでなく、CSTOやSCOといった別の「太陽系」の「引力」も働いており、同時に冷戦期のイメージの残滓も払拭されていないため、NATOパートナーシップは、NATO拡大を視野に入れたいわば新機能主義的なものではなく、実務的な機能主義的なものにとどまっているのが現状である。

II　NATO・中東関係

　NATO・中東関係は、現在、地中海対話（MD:Mediterranean Dialogue）とイスタンブール協力イニシアチブ（Istanbul Cooperation Initiative）の二層構造となっている。MDは、1994年12月のブリュッセルNATO外相理事会で打ち出され、現在ではアルジェリア、エジプト、イスラエル、ヨルダン、モーリタニア、モロッコおよびチュニジアの7ヵ国が参加している対話枠組みである。他方、ICIは2004年のイスタンブールNATO首脳会議でMD創設10周年とあわせて基本的に湾岸協力会議（GCC:Gulf Cooperation Council）諸国を対象として打ち出されたものであり、現在の参加国はバハレーン、カタル、クウェートおよびアラブ首長国連邦（UAE: United Arab Emirates）のGCC4ヵ国である。

◆第 13 章　NATO の対中東アウトリーチ

　MD は、創設以来、緩やかな対話枠組みにとどまっていたが、2001 年の 9.11 アメリカ同時多発テロを契機に拡充が図られている。この「ルネサンス」の端緒は 2002 年 4 月のロバートソン NATO 事務総長演説であり［佐瀬, 2005:56-59］、2002 年 11 月のプラハ NATO 首脳会議宣言での地中海地域への言及を経て、2004 年 6 月のイスタンブール NATO 首脳会議にて MD のパートナーシップ化が決定された。その具体像は同時に発出された政策文書「『地中海対話』のための、より野心的かつ拡大された枠組み（A More Ambitious and Expanded Framework for the Mediterranean Dialogue）」に詳述されている。さらに、イスタンブール協力イニシアチブ（ICI:Istanbul Cooperation Initiative）が発出されたのもこのときである。

　MD と ICI が理論的には同一の地域を対象としながら、二本立てとなっていることに関しては、その背景に米欧間の相違があったことが指摘されている。中東への関与に関しては、2001 年の 9.11 同時多発テロと 2003 年 3 月のイラク軍事介入を経て、2004 年初頭より関係者による言及が活発化し、最終的には 2004 年 6 月 8-10 日のアメリカにおけるシー・アイランド G8 首脳会合にて「拡大中東及び北アフリカとの前進と共通の未来に向けたパートナーシップ（Partnership for Progress and a Common Future with the Region of the Broader Middle East and North Africa）」として結実したものである。その過程では、アメリカ政府当局側では 2004 年 1 月 20 日の年頭教書以来言及が活発化し、欧州側では同年 2 月 7 日のミュンヘン安全保障会議でのドイツのヨシュカ・フィッシャー（Joshka Fischer）外相の演説が最初の反応であったとされる［Hauser, 2005:48; Fischer, 2004］。詳細な日付は不明であるが、2 月末から 3 月初頭にかけて、仏独両国は共同提案として「中東との共通の未来のための戦略的パートナーシップ（Partnariat stratégique pour un avenir commun avec le Moyen-Orient: A Strategic Partnership for a Common Future with the Middle East）」というノートを発出し［Le Monde, 2004］、ほぼ同時期、米英共同提案として ICI が発出されている［Frattini, 2004］。前者は同年 6 月 19 日の欧州理事会にて採択された「地中海及び中東との EU 戦略的パートナーシップ（EU Strategic Partnership with the Mediterranean and the Middle East）」につながっていき、後者は同年 6 月 28 日から 29 日の NATO イスタンブール首脳会議での採択へとつながっていった。この過程で、仏独両国はアメリカ提案が対象国に「レシピ」を示す傾向があることに懸念を示し［Le Monde, 2004］、フィッシャー独外相は NATO の地中海対話と EU のバルセロナ・プロセスとの連携を訴えた［Fischer, 2004］。また、フラッティーニ伊外相はフィッシャー演説に賛意を示しつつ、NATO・EU 間の連携について公式な

Ⅱ　NATO・中東関係

ものとしないことを訴えた［Frattini, 2004］。NATOとEUの提供する枠組みを分離しておくことに関しては、仏独共同提案の中でも主張されていたとされる［Le Monde, 2004］。また、フランスもMDの自律性の維持とアメリカの影響力の限定にこだわり、MD対象国の側も既に獲得済であるMD参加国という地位を失うことを恐れたとされる［Papenroth, 2005;佐瀬, 2005b:77］。これらの指摘は、すべてがMDとICIが二本立てになったこと、あるいはMDをICIに包含しなかったことを、明快に説明しうると考えられる。

　MDとICIについて、その内容的な相違についてみると、MDの方がICIよりも古典的なPFPに類似していることがわかる。まず、共通点についてみると、防衛改革支援、軍軍協力と「適切な場合には（as appropriate）」PFPツールズの活用などといった両枠組みの主たる内容は、ほぼ同一である。しかしながら、MDでは「パートナーシップ」の用語が明確に用いられているとともに、EADRCCやモンスのパートナーシップ調整班（PCC:Partnership Coordination Cell）への人員配置が言及されている等、より古典的なPFPのあり方への準拠が見られる。また、自己差別化（self-differentiation）による参加が規定されている点も、PFPにおけるIPPを想起させる。グローバル・パートナーシップ問題についてふれたように、NATOにおいては「パートナーシップ」の用語の使用は一定の関与の度合いを意味するものとも考えられる。付言すれば、上述のようにパートナーシップ・ツールズの活用について「適切な場合には」という但し書きは共通であるが、ICIの場合には、それにさらに「ケース・バイ・ケースで」との記述が重ねられており、関与の度合いの差異が読み取れるものとなっている。さらに、ICIでは、第三項eにて、ICIへの参加がNATO/EAPC/PFPへの参加や、安全の保証（security guarantees）につながるものではないとクギがさされているが、これもMDにはない表現である。

　ICIについて、MDにない特徴的な表現としては、「グローバル」な問題関心と、「テーラーメード」型協力への言及がある。MDは、その目的として、第四項に「総体としての目的は地域的な安全と安定への貢献にある（overall aim will be to contribute towards regional security and stability）」とあるのに対し、ICIでは第一項にて「長期的なグローバルおよび地域的な安全と安定への貢献（contribute to long-term global and regional security and stability）」が謳われているのである。また、ICIでは第七項aにて、防衛改革等へのNATOの貢献について、「テーラーメード」型への言及が見られるが、これはMAP以降、PAP-Tなどに見られる特徴的な表現であり、自己差別型とは明確に一線を画すものである。ICIは、NATO/EAPC/PFP

◆ 第13章　NATOの対中東アウトリーチ

との峻別に見られるように、明らかにNATO加盟の「磁力」を排除したものであるので、その点ではMAPではなくPAP-T以降のパートナーシップの文脈に準拠したものであると言える。

　以上にように詳細に観察すると、MDとICIは、ともにEAPC/PFPの枠外に置かれながら、MDが古典的なEAPC/PFPに準拠し、ICIがPAP-T以降のグローバル行動志向型のパートナーシップに準拠していることがわかる。ICIは、いわば加盟なき、協力輸入型の辺縁パートナーシップである。EAPC/PFP枠内での中央アジア諸国が類推される関係のあり方であるが、それでも中央アジア諸国がNATOとの関係の実績を積み上げているのはアフガンISAFでの協力があるとすると、MD/ICIは何を協力の推進力とすべきなのであろうか。

　NATOがMD諸国の参加を視野に入れている活動としては、地中海での"Operation Active Endeavour"（OAE）がある。OAEは、2001年の9.11アメリカ同時多発テロ直後に実施されたNATOの8つの対応のうちのひとつであったNATO常設地中海艦隊（STANAVFORMED:Standing Naval Force Mediterranean）による東地中海海域の警戒行動を起源とし、同年10月から公式にOAEとして展開が開始された北大西洋条約第五条に基づくテロ対策である。また、2004年3月からはNACの決定に基づき、対象海域が地中海全域に拡大されている。2004年のイスタンブールNATO首脳会議ではOAEの強化が打ち出され、2006年以降はロシアやウクライナの艦船の参加が実施されている。MD参加国としては、イスラエルとモロッコがOAE参加に向けて交渉中であり、イスラエルは2008年1月から既にナポリの海軍コマンド・コンポーネント（CC-Mar Naples）に連絡将校を派遣済みである。また、MDおよびPFP参加国との「緊密な協力と情報共有（closer cooperation and information sharing）」［NATO Allied Maritime Component Command, 2009］が謳われている。その他、グルジアも参加に向けて交渉中であるとされる。

　他方、ICI参加国に関しては、その参加を視野に入れている活動の存在は不明である。ただし、NATOのソマリア沖海賊対策作戦に関しては、その可能性が指摘できる。NATO加盟国でもあるフランス、デンマーク、オランダおよびカナダは、ソマリアへのWFP食糧支援のエスコートとして2007年11月より同海域への展開を開始し、2008年9月25日の国連事務総長からNATO事務総長への支援要請の書簡を受け、同年10月9日のNATO国防相会合での合意を経て、EU部隊が展開開始するまでの「繋ぎ」として、NATOの第二NRF常設艦隊（SNMG-2:Standing NRF Maritime Group 2）が中心となって"Operation Allied Provider"を展開開始した

318

[NATO Allied Maritime Component Command, 2008]。EUが"EU NAVFOR Somalia"の枠内で"Operation Atalanta"の展開を開始したのは同年12月8日であり[4]、これに伴って"Operation Allied Provider"は同年12月12日に任務を完了している [NATO Supreme Headquarters Allied Power Europe, 2008][5]。しかしながら、海賊行為の激化に伴い、2009年3月13日から第一NRF常設艦隊（SNMG-1）[6]が"Operation Allied Protector"を展開開始した [NATO Supreme Headquarters Allied Power Europe , 2008]。同年6月29日からは、任務はSNMG-2に引き継がれている。"Operation Allied Protector"は急遽決定されたもので、本来は"Operation Pearl"としてSNMG-1がインド洋沿岸諸国を経由してシンガポールおよびオーストラリア（パース）を歴訪する予定であったとされる [NATO Standing NRF Maritime Group 1]。"Operation Allied Protector"に変更されてからも"Operation Pearl"の内容は一部引き継がれ、SNMG-1はジブチを経由してパキスタンのカラチまでは訪問したが、最終的にSNMG-1はそこからソマリア沖海域に引き返している。また、2008年11月には最初のICI演習が海賊対策をテーマにGCC諸国との間で実施される予定である旨報じられた [NATO Allied Maritime Component Command, 2008b] [European Diplomacy and Defence, 2008]。以上のように、"Operation Allied Protector"はICI参加国に近い海域で実施されており、また同作戦とは別個ではあるが、NATOとして海軍部隊を媒介としてのインド洋海域における非NATO加盟国との協力関

---

[4] "Acts adopted under Title V of the EU Treaty, Council Decision 2008/918/CFSP of. December 8, 2008 on the launch of a European Union military operation to contribute to the deterrence, prevention and repression of acts of piracy and armed robbery off the Somali coast (Atalanta)", *Official Journal of the European Union*, December 9, 2008. および"Acts adopted under Title V of the EU Treaty, Council Decision 2008/851/CFSP of November 10, 2008 on a European Union military operation to contribute to the deterrence, prevention and repression of acts of piracy and armed robbery off the Somali coast", *Official Journal of the European Union*, November 12, 2008.

[5] "Successful completion of NATO mission Operation Allied Provider", Supreme Headquarters Allied Power Europe (NATO), December 12, 2008. 〈http://www.nato.int/shape/news/2008/12/081212a.html〉（2009年8月6日アクセス）

[6] 2005年1月より、従来のNATO常設艦隊は名称を変更されてNATO即応部隊（NRF: NATO Response Force）の一部とされた。NATO常設大西洋艦隊（STANAVFORLANT: Standing Naval Force Atlantic）およびNATO常設地中海艦隊（STANAVFORMED）はそれぞれ第一NRF常設艦隊（SNMG-1:Standing NRF Maritime Group 1）および第二NRF常設艦隊（SNMG-2）とされた。"Renaming of NATO Standing Naval Forces", Supreme Headquarter Allied Power Europe, January 5, 2005. 〈http://www.nato.int/shape/news/2005/i050105a.htm〉（2009年8月6日アクセス）

係の構築を視野に入れていると考えられることから、地中海における OAE のように、将来的な ICI 諸国の参加も考えられるだろう。

　以上の他、MD/ICI が実績をあげている分野として、教育訓練がある。具体的には、2006 年のリガ NATO 首脳会議で米伊およびノルウェーの提案によって [Smith, et al. 2006:22-23][7] NATO 訓練協力イニシアチブ (TCI:NATO Training Cooperation Initiative) として打ち出されたもので、第一段階として PFP の訓練に関わる部分の MD/ICI 諸国への開放や、ローマの NATO 防衛大学 (NATO Defense College) への中東学科 (Middle East Faculty) の設置、第二段階として MD/ICI 諸国による安全保障協力センター (Security Cooperation Centre) の設置等がふれられている。関連して、ドイツのオーバーアマガウ (Oberammergau) の NATO 学校 (NATO School) の活用や、作戦能力概念 (OCC) への MD/ICI 諸国の参加等も言及されている [Rademacher, 2007]。さらに訓練・教育強化計画 (TEEP:Training and Education Enhancement Programme) の活用も言及されているが、これは OCC と並ぶ行動志向性の高いプログラムである。TEEP は、当初 1999 年のワシントン NATO50 周年記念首脳会議で創設されたものであり、当初より、PFP を「よりオペレーショナルに」するために設置したとされていたが [NATO, 1999:para. 25]、特に 2002 年のプラハ NATO 首脳会議にて、NATO 変革の一環として CJTF 型オペレーションへの PFP 諸国の対応や、中央アジアおよびコーカサス諸国との協力体制の構築を視野に入れたものとなったとされている。また、参加国は「自己差別化」によって参加するとされている [d'Andurain, 2009]。本稿執筆時点では、協力の「第二段階」たる現地安全保障協力センターもしくはそれに類する施設の設置はまだ見られないが、NDC には 2007 年からパイロットコースとして、そして 2009 年 3 月からは本格的に、NATO 地域協力課程 (NRCC:NATO Regional Cooperation Course) が設置されており、12ヵ国から 19 名の参加があるとされている [NATO Defence College, 2009]。

　以上のように、MD および ICI への NATO の関与に関して、民主化という側面が排除され、結果的に機能主義的とも言うべき実際的な協力関係に特化しているのは、対象諸国の民主化ないし米欧諸国の関与への根強い警戒感や反感があるためと

---

(7) TCI 創設に関しては、これを NATO のミッションとして打ち出すべきか否かについて、TCI 主導国の米伊およびノルウェーと、NATO の任務を集団防衛を中心とするものに限定したいフランスなどとの間に議論があったとされている。また、後述の安全保障協力センター設立に関しては、同時点で既に利用されていなかった米中央軍の施設が想定されていたとされる。

考えられている。そもそも、MD/ICI が PFP から明確に峻別されている背景には、NATO の関与の拡大への警戒とともに、PFP が強力かつ明確な民主原則を謳っているためでもある。特に GCC 諸国においては、治安部門は主権の非常に重要な要素を構成しており、同諸国がこれまで 70 年もの間、イスラーム革命から無縁でいられたのは同部門を慎重に管理してきたためであるとも指摘されている。同諸国の治安部門改革は国内的な勢力バランスを崩す恐れがあり、非効率的で透明性に欠ける防衛予算にも同諸国の権威の源泉となっているという現実があるとされる [Echagüe, 2007:16]。同時に、同諸国においては NATO に代表される「西側」との政治的協力は「世論との衝突をもたらし、権威の失墜をもたらす」[Aliboni, 2005: 8] 恐れがあるとされる。

◆ 結 論

NATO は、そのパートナーシップ構築の出発点とも言える PFP 枠組文書第二項にて、「欧州・大西洋地域の安定と安全は、協力と共同行動 (common action) を通じてのみ達成される」としていた。設立当初の PFP が視野に入れていたのは、基本的に欧州・大西洋地域のパートナー諸国を、NATO 加盟という「磁力」によって地域的安全保障構築のパートナーとすることであった。しかし、2001 年の 9.11 アメリカ同時多発テロ発生後の NATO のグローバル化の文脈の中で、「磁力」の及ばない中央アジア諸国に対しても PFP 枠内で、共同行動を通じての関係構築を進めている。GCC 諸国を中心とする中東諸国との関係構築においても、同様に「磁力」は働かず、あるいは働かせておらず、実際にその結果として実際的・協働的な関係構築が進められている。

NATO 拡大の「磁力」を伴った PFP による安全保障共同体創設（あるいは拡大）の効果は好意的に評価されている。NATO 加盟の要件として、近隣諸国との紛争の平和的解決や軍事部門の透明性の確保が求められ、さらに PARP を踏み台とした NATO の多国間能力構築サイクルへの参加は関係諸国の軍事部門の「再国家化」への懸念を払拭した。しかしながら、NATO 拡大の「磁力」が及ばない辺縁的 PFP 参加国である中央アジア諸国や MD/ICI 参加国にはこのような効果は及んでいない。それでも、NATO との関係構築を肯定的に評価することが出来るだろうか？

本論は、中央アジア諸国や MD/ICI 諸国に対しては、NATO のパートナーシップの一環としての「協働的安全保障 (collaborative security)」とも呼ぶべき枠組み

◆ 第13章　NATOの対中東アウトリーチ

が構築されていると考える。これは、欧州・大西洋におけるNATOを中核とした安全保障共同体を中央アジア諸国やMD/ICI諸国に「移植」するものではないが、NATOの安全保障機能をある意味で「拡張」するものとなっている。「協働的安全保障」から、安全保障共同体もしくは予防外交レジーム形成に至る道程は、いまだ遠いものではあるだろう。しかしながら、現状で、グローバル化した「どこでも」同盟たるNATO側のニーズにも対応しつつ、NATOと中央アジアPFP参加国およびMD/ICI参加国を結びつける、一種の地域的安全保障複合体が構築されつつあるように思われる。さらに、そのような地域的安全保障複合体内において構築されつつある関係は、アド・ホックなものではなく、継続的な、しかし民主化等の価値の次元をバイパスして実務協力に特化した、「非対称型レジーム」とでも言えるものとなっている。

　以上、本論では、中東の隣接地域である欧州・大西洋地域において、予防外交レジームを含む安全保障共同体の中核となっていると考えられるNATOの検討を軸足にして、中東地域の予防外交レジームを検討する場合にどのような示唆が得られるかを考察してきた。その際、これまでの、あくまでも当該地域の枠組みが主眼となっていた視座に対してまったく別のアプローチをすることが求められ、結果的に「移植」と「拡張」という概念にたどり着いた後、中でも「拡張」という観点から考察を行って来た。

　NATOはあくまでも中東における予防外交レジーム構築における主役ではない。しかしながら、「拡張」という概念を通じて得られた理解は、中東予防外交レジーム構築の触媒として、十分なポテンシャルを有しているものと考えられる。

◆ 引用文献

〈欧文文献〉

Aliboni, Roberto. 2005. "Europe's Role in the Gulf: A Transatlantic Perspective（paper presented at the seminar on 'EU-Gulf Relations: Enhancing Economic, Political and Security Cooperation' in cooperation with the Gulf Research Center, Rome, 26 November 2005）." *Documenti IAI*, Rome: Instituto Affari Internazionali. 〈http://www.iai.it/pdf/DocIAI/iai0532.pdf〉（2009年8月7日アクセス）

Boonstra, Jos. 2007. "NATO's Role in Democratic Reform." *Working Paper*, vol. 38. Madrid: Fundación para las Relaciones Internacionales y el Diálogo Exterior.

D'Andurain, Jean. 2003. *Training & Education Enhancement Programme（TEEP）: Current Status and Way Ahead of Advanced Distributed Learning（ADL）& Simulation Portion（Paper presented at the*

MSG-022/SY-003 Conference on "C3I and M&S Interoperability", held in Antalya, Turkey, 9-10 October 2003, and published in RTO-MP-MSG-022〉〈ftp://ftp.rta.nato.int/PubFullText/RTO/.../MP-MSG-022-04.pdf〉（2009 年 8 月 6 日アクセス）

EAPC. 2002. "Partnership Action Plan against Terrorism."

Echagüe, Ana. 2007. "The European Union and the Gulf Cooperation Council." *Working Paper 39*, Madrid: Fundación para las Relaciones Internacionales y el Diálogo Exterior.

European Diplomacy and Defence. 2008. no. 173.

Fischer, Joschka. 2004. "Speech on 40th Munich Conference on Security Policy."

Frattini, H. E. Franco. 2004. "Address by the Italian Minister of Foreign Affairs H. E. Franco Frattini." NATO North Atlantic Council.

Hauser, Gunther. 2005. "The Mediterranean Dialogue – A Transatlantic Approach." *Arbeitpapiere zur Internationalen Politik und Außenpolitik*, no.2.

Hunter, Robert E. and Rogov, Sergey M. 2004. *Engaging Russia as Partner and Participant, The Next Stage of NATO-Russia Relations,* New York and Moscow: The RAND Cooperation and the Foundation for East-West Bridges.

Kamp, Heinz. 2006. "'Global Partnership': New Conflict Within NATO?" *Analysis and Arguments*, no. 29, Konrad-Adenauer Stifung.

Le Monde. 2004. "Paris et Berlin se mettent d'accord sur une réponse au plan américaine de 《Grand Moyen-Orient》." 4 Mars.

Ministry of Foreign Affairs, Republic of Azerbaijan. 2008. "Information on Azerbaijan-NATO cooperation."〈http://www.mfa.gov.az/eng/index.php?option = com_content&task = view&id = 263&Itemid = 1〉（2009 年 7 月 18 日アクセス）

Morgan, Patrik M. 2004. "NATO and European Security: The Creative Use of an International Organization." in Zeev Maoz, Emily B. Landau, and Tamar Malz eds., *Building Regional Security in the Middle East: International, Regional and Domestic Influences*. London: Frank Cass Publishers.

Munteanu, Igor. 2006. "Privileged by EU/NATO Neighbourhoods: Moldova's Commitments Towards Integration." *South-East Europe Review*, no.2.

Mölder, Holger. 2006. "NATO's Role in the Post-Modern European Security Environment, Cooperative Security and the Experience of the Baltic Region." *Baltic Security and Defence Review*, vol. 8.

NATO Allied Maritime Component Command Naples. 2008. "Operation Allied Provider."〈http://www.afsouth.nato.int/organization/CC_MAR_Naples/operations/allied_provider/background.html#FACTS〉（2009 年 8 月 9 日アクセス）

NATO Allied Maritime Component Command Naples. 2008. "Standing NATO Maritime Group visits Kuwait." *CC-Mar News Release October 29, 30, 2008.*〈http://www.afsouth.nato.int/organization/CC_MAR_Naples/PressReleases/CC-MAR/pressreleases08/NR_30_08.html〉（2009 年 8 月 7 日アクセス）

NATO Allied Maritime Component Command Naples. 2009. "Operation Active Endeavour."〈http://www.afsouth.nato.int/JFCN_Operations/ActiveEndeavour/Endeavour.htm〉（2009 年 8 月 6 日アクセス）

◆ 第13章　NATOの対中東アウトリーチ

NATO Defence College. 2009. NATO Regional Cooperation Course 〈http://www.ndc.nato.int/education/courses.php?icode＝10〉（2009年8月7日アクセス）

NATO Standing NRF Maritime Group 1, "Operation Pearl." 〈http://www.snmg1.nato.int/SNMG1_ficheiros/Page2450.htm〉（2009年8月6日アクセス）

NATO Supreme Headquarters Allied Power Europe. 2008. "NATO resumes anti-piracy operations." 〈http://www.manw.nato.int/pdf/news_release_op_allied_protector.pdf〉（2009年8月6日アクセス）

NATO Supreme Headquarters Allied Power Europe. 2008. "Successful completion of NATO mission Operation Allied Provider."〈http://www.nato.int/shape/news/2008/12/081212a.html〉（2011年10月26日アクセス）

NATO. 1999. "Alliance for the 21st Century, Washington Summit Communiqué Issued by the Heads of State and Government participating in the meeting of the North Atlantic Council in Washington D.C.."

NATO. 2007. "Partners in Central Asia（NATO Backgrounder)."〈http://www.nato.int/ebookshop/backgrounder/partners_central_asia/partners_central_asia-e.pdf〉（2009年8月8日アクセス）

NATO. 2009a. "NATO's Relations with Kazakhstan." 〈http://www.nato.int/issues/nato-kazakhstan/〉（2009年7月31日アクセス）

NATO. 2009b. "NATO's Relations with Uzbekistan." 〈http://www.nato.int/issues/nato-uzbekistanstan/〉（2009年7月31日アクセス）

NATO. 2009c. "NATO's Relations with Tajikistan." 〈http://www.nato.int/issues/nato-tajikistan/〉（2009年7月31日アクセス）

NATO. 2009d. "NATO's Relations with Turkmenistan." 〈http://www.nato.int/issues/nato-turkmenistan/〉（2009年7月31日アクセス）

NATO. 2009e. "NATO's Relations with Kyrgyz Republic." 〈http://www.nato.int/issues/nato-kyrgyzstan/〉（2009年7月31日アクセス）

Papenroth, Thomas. 2005. "Eine neue Rolle der NATO in der Mittermerregion? – Diskussionspapier." *FG3-DP02*.

Pond, Susan. 2004. "Understanding the PfP Tool Kit." *NATO Review*, no.1.

Priego, Alberto. 2007. "The Emergence of Southern Caucasus as the Cornerstone in the Greater Middle East." *Revista Electronica de Estudios Internacionales*, no. 13. 〈http://www.reei.org/reei%2013/A.Priego（reei13).pdf〉（2009年8月8日アクセス）

Priego, Alberto. 2008. "NATO cooperation towards South Caucasus." *Caucasian Review of International Affairs*, vol.2, no. 1.

Rademacher, Fritz. 2007. "The NATO Training Initiative." *NATO Review*, Spring.

Smith, Julianne, et al. 2006. *Transforming NATO（…again）, A Primer for NATO Summit in Riga 2006*, Washington D.C.: Center for Strategic Studies and International Studies. 〈http://www.csis.org/media/csip/pubs/061114_nato_primer.pdf〉（2009年8月6日アクセス）

Solomon, Gerald B. 1998. *The NATO Enlargement Debate, 1990-1997*, Washington D.C.: The Center for Strategic and International Studies.

Talbott, Strobe. 2002. "From Prague to Baghdad: NATO at Risk." *Foreign Affairs*, vol. 81, no. 6.

Vinnikov, Alexander. 2009. "NATO and Central Asia: Security, Interests and Values in a Strategic region." *Security and Human Rights*, no.1.

Wallander, Celeste. 2000. "Institutional Assets and Capability: NATO after the Cold War." *International Organization*, vol.54, no.4.

〈和文文献〉

小林正英. 1998.「NATOの東方拡大　新しい、ダイナミックな『可変翼』NATOへ」『外交時報』1998年3月号.

小林正英. 2001.「NATO『非五条』任務確立の道程とその意味」『法学政治学論究』48号.

佐瀬昌盛. 2005a.「NATOと中東（上）」『海外事情』平成17年7／8月号.

佐瀬昌盛. 2005b.「NATOと中東（下）」『海外事情』平成17年9月号.

福田毅. 2007.「冷戦後のNATOのパートナーシップ政策の発展 ── 日本とNATOの協力拡大を見据えて」『レファレンス』平成19年6月号.

吉崎知典. 2008.「『同盟の終焉』論をめぐって ── NATOの事例を中心に」『防衛研究所紀要』10巻3号.

第4部
日本による対中東・予防外交への示唆

第14章

アフガニスタン——"Reconciliation & Reintegration"（和解と社会再統合）の行方

伊勢崎　賢治

◆はじめに

　麻生首相（当時）が初めてオバマ氏を訪問した2009年2月24日、その一週間前に、筆者はホワイトハウスにいた。その時はまだポストの政治的指名が急速に進行中だったアフガニスタン担当チームの面々と意見交換のためである。

　2008年当時、まだ野党であった民主党、政府の「自衛隊がテロ対策海上阻止活動に係る任務に従事する艦船に対して実施する給油又は給水に係る活動（新テロ特措法）」に対する対案として「国際テロリズムの防止と根絶のためのアフガニスタン復興支援特措法案」を参議院に提出した。これに関わった経緯で、筆者は、政権交代を視野に入れた日本の政局で、対テロ戦への日本の貢献に新しいビジョンを提示するべくロビー活動を、当時「次の内閣」副外相の犬塚直史参議に依頼され、このDC訪問となった。

I　セカンド・トラックに向けたロビー活動

　DCに入る直前は、ブリュッセルでNATO本部軍事委員会副議長アイケンベリー米中将とも久々に会談した。2003年当時、筆者はアフガニスタンで北部同盟の軍閥たちの武装解除の責任者であったが、アイケンベリー中将は、その武装解除事業（日本政府主導）が大きな柱として支えたSSR（アフガニスタン政府治安分野改革：新国軍建設＝米主導、警察改革＝独、司法改革＝伊、麻薬対策＝英）の米最高責任者であった。その後、OEF（不朽の自由作戦）の司令官を歴任。オバマ新戦略の一環として駐アフガニスタン米大使の指名を受け、既にカーブルでその任に就いている。

　更に遡ると、このDC、ブリュッセル訪問の前、2009年1月に筆者は、アフガニスタン、パキスタン、サウディアラビアを公式訪問している。

◆ 第14章　アフガニスタン

　アフガニスタンでは、国防、内務大臣等、当時のSSR関係首脳。更にNATO軍の便宜供与でISAF東部軍管区司令官との現地会談。パキスタンでは、パキスタン軍の便宜供与で、ネオ（パキスタン）・ターリバーンの台頭でまさにオバマ新戦略の焦点となるNWFP北西部辺境州の州知事との現地会談。更に、ターリバーン政権の樹立で暗躍し、現在でもその関与が疑われているISIパキスタン三軍統合情報部の新任の長官、パシャ中将とも意見交換した。パシャ中将とは、過去、国連シエラレオネ派遣団においてPKF旅団長と武装解除部長という関係で、最も戦闘の激しかった前線に赴き武装勢力から最初の武装解除の合意を引き出した時からの仲である。

　サウディアラビアは、王室によるカルザイ政権とターリバーンの間の"和解"の秘密工作が西側メディアにスクープされて以来、「対話」の仲介の役割を期待されている。しかし、いまでも反王室派にはウサーマ・ビン・ラーディンに共感する人びとが多く、「テロリストとの和解」は、国内の統制にかかわる問題である。国内の反王室の過激分子を刺激しかねない。「仲介者のリスク」を負いすぎていると、筆者は考える。

　その渦中のサウディ訪問では、最高諮問評議会議長との会談も実現した。その中で、「消極的仲介者」サウディアラビアから、ひとつ重要な示唆を得た。

　それは、日本が「セカンド・トラック」を主催してみないか、という示唆だ。

　そして、世界宗教者平和会議（WCRP）という枠組みを紹介された。帰国後、その日本委員会に接触を試みた。そして、東京でセカンド・トラック会議を開催する支援を得ることになった。

　2009年11月23日から25日まで開かれたこの会議の正式名称は、「アフガニスタンの和解と平和に関する円卓会議」（以下、「11.23東京会議」、主催・世界宗教者平和会議、協力・外務省）である。

　会議の議長は、筆者が武装解除の時から良く知る二人にお願いした。一人は、アフガニスタンのカルザイ大統領の顧問であるマスーム・スタネクザイ氏。もう一人は、国連アフガニスタン特別代表、そしてEUアフガニスタン代表をつとめたフランシス・ベンドレル氏（スペイン人）。

　参加者は、アフガニスタン政府国家安全保障委員会の面々。

　そして、同じターリバーンという問題を国内に抱えながら隣国アフガニスタンとは全く信頼醸成のできていないパキスタン。

　そして、ターリバーンとは敵対関係にあるが、米という存在において「敵の敵は

友」かもしれないもう一つの隣国イラン。そして、前述の「消極的仲介者」サウディアラビアからの政府関係者。

更に、「敵」と戦う本体のNATOからも、それぞれ閣僚・司令官クラスの実務者たちを一同に集めた。すべて、2008年から始めたロビー活動で知古を得た政府関係実務者である。そして、メディアをシャットアウトし、参加国、団体名は表に出すが参加者の実名は出さないという約束で、完全に非公式会議にした。どこまで本音のブレーンストーミングができるか、の試みである。

参加者はそれぞれ国、組織の威信を背負っているから考え方が全然違うわけで、例えば、アフガニスタンの参加者は、ターリバーン・アル=カーイダの幹部たちはパキスタン側にいて「保護状態」にあると。これは、パキスタンの参加者から言わせると、「とんでもない濡れ衣」ということに。「クエッタ・シューラー」の存在も、パキスタン政府は承認していない。

会議中は多くの意見が衝突したが、最終日、会議参加者は、コンセンサスの得られた項目のみを書き出し、「コミュニケ」というかたちで調整がなされた。同日中に、この文書は、鳩山首相と岡田克也外相との会談の席で日本政府に手渡された。

以下がその内容である。

アフガニスタンの和解と平和に関する円卓会議

コミュニケ

会議では、参加者から様々な問題点や課題が挙げられ、これらが幾つかの主要素に集約された。我々参加者はその総意として、これらの主要素について最も効果的な取り組みを行うことが今後のアフガニスタン情勢を進展させるものであることを確信し、以下提言する。

1　アフガニスタン主導のプロセス
　アフガニスタン政府の優先事項を支援する必要性を強調する。
　同時に、アフガニスタンにおける平和と安定を推進するにあたっては、同国政府主導で行われる取り組みについて国際社会の一致した支持が必要であることを再確認する。さらに、コミュニティ・ベースの地方組織を含むロヤ・ジルガ（Loya Jirga）やアフガニスタン政府が提案するピース・ジルガ（Peace Jirga）等、同国における伝統的な和解と平和

の仕組みの役割が重要であることを認識する。

アフガニスタンにおける民主化プロセスは、一部の反政府勢力に対する社会復帰の機会を増進させるものであるとともに、次期総選挙を含む憲法に従って行われる政治参画プロセスにも寄与するものである。

同国政府機関・機構を強化することにより長期的な平和と安定が担保されるのである。

最後に、女性や市民社会の参画を推進することも重要であることを確認する。

2　日本の役割

アフガニスタン及びその近隣国において日本が高い評価を得ているという現実を踏まえ、日本が他の主要ドナー国とともに、アフガニスタン政府が主導する平和と和解に関するプログラムを支援する中心的役割を果たすことを強く期待する。

我々は、日本政府が今後もアフガニスタンの復興に貢献できるよう、支援の透明性、アカウンタビリティー（説明責任）、そして実のある結果を確保するため、支援の効果的な実施を可能にするような仕組みを導入する提案を歓迎する。

3　地域間協力

テロは地球規模的な問題であり、テロに悩む国家は他ともにこの問題に取り組むべきである。地域安全保障、及びテロ、麻薬、組織的犯罪、及び武器密輸などの共通の脅威に対する地域間協力は、地域の「支え合う安全保障」を推進するにあたり重要である。

我々は、アフガニスタン平和構築プロセスにおけるパキスタンの協力の重要性を強調する。

地域におけるコンセンサスの醸成は、地域の安定と平和に寄与する。脅威や経済的関心が共有される中では、このようなコンセンサス維持推進されるべきものである。

我々は、アフガニスタン、周辺地域及び国際社会において、協力と連携の仕組みを確立することの重要性を再確認する。

4　イスラーム諸国の役割

　我々は、過激派組織による暴力の拡大を防ぐため、イスラーム諸国間のいっそうの協力推進の必要性を唱え、個人あるいは集団が暴力の連鎖を断ち切れるよう、マドラサ（神学校）改革等の脱過激化政策（de-radicalization）、すなわち自爆テロや麻薬密売等の非イスラーム的な活動の否定のいっそうの推進を訴える。

　アフガニスタンにおける平和と和解を推し進めるため、世界宗教者平和会議（WCRP）を推進役に、著名なイスラーム法学者を召集して正しきイスラームのあり方について教えを広めることを提案する。

　我々は、アフガニスタン政府の要請に応じて政治・宗教指導者に対して二聖モスクの守護者アブドゥッラー・ビン・アブドゥルアジーズ・アール=サウード国王がその影響力を発揮して調停を行なわれることが、アフガニスタンにおける平和構築の力添えとなることの重要性を再確認した。

5　包括的アプローチ

　我々は、和解プロセスにおいては政治的および戦略的レベルでのトップダウンのアプローチを実施し、社会復帰プロセスにおいては戦術的および運用レベルでのボトムアップのアプローチを実施することが包括的アプローチの成功の鍵であると確認する。

　我々は平和と社会復帰の取り組みはより幅広く包括的な戦略の一環として、アフガニスタン並びに関係各国の全幅の支持を得て効果的に行われるべきものであることを提案する。

6　復興支援への取組み

　軍事力のみでは反政府勢力に打ち勝つことはできない。アフガニスタン政府は、過去のベストプラクティスに学び、恒久的で持続可能な社会復帰と和解を可能にする長期的な開発プログラムを実施する必要がある。

　反政府勢力の人間を和解可能な者（reconcilable）と和解不可能な者（irreconcilable）とに区別する方法が確立されれば、軍事と文民の双方に多大な相乗作用（synergy）をもたらす戦略を策定することが可能とな

る。
　　復興支援策の成功、すなわち貧困削減や社会・経済開発、麻薬対策、腐敗対策及び支援効率の向上等の成功は、アフガニスタンの安定に確実に寄与するであろう。

7　国連の役割
　　我々は、平和と和解プロセスにおける、国連安全保障理事会決議に基づく国連の活動とその役割の重要性をあらためて表明する。
　　国連決議1267号に基づいて施行された資産凍結措置対象リストについては、対象者の追加や削除を可能にするといった、いっそうの柔軟性が必要であると提唱する。とくに、暴力を放棄しかつ平和と和解に貢献できる人物については、これらの人物を除外する明確なプロセスが必要であるとした。

8　NATO／ISAFの役割
　　我々は、とくに平和と社会復帰のプロセスを支援するNATO北大西洋条約機構並びにISAF国際治安支援部隊の新たな取り組みに謝意を表し、アフガニスタンの関係諸機関とのより親密な協調を求める。
　　　　　　　　　　　　　　　　　　　　　　　　　　　以　上

Ⅱ　11.23東京会議での合意の意味は何か

　以下、11.23東京会議のコミュニケの「行間」をこの章で説明する。
　繰り返すが、このコミュニケは、それぞれ国家と組織を背負った当事者たちが、共通の目的「和解」に向かって、三日間、密室で本音トークした議事の中で、現在の段階で表に出せると判断した項目のみで構成されている。

（1）　アフガニスタンが「主導」
　コミュニケは、冒頭に、「アフガニスタン主導のプロセス」の項をおいている。「当事者のオーナーシップ」は美しい言葉である。
　ターリバーン政権崩壊後のアフガン復興は、一貫して、「アフガニスタン・オー

ナーシップ」で行われてきた。東チモールのように国連が暫定政府をやったケースなどと対照的に、アフガニスタン復興は、その第一日目（2001年11月のボン合意）からアフガニスタン人による暫定政府の組閣、国連を含めて国際社会は「脇役」という構図で動いてきた。

ターリバーンとの「政治的和解」についても、そのようにするのか。

はたして、2009年8月の第二回目のアフガニスタン大統領選を契機に、これだけ米・NATO諸国を中心に「反カルザイ」キャンペーンが張られた状況。そして、現政権の深刻極まる腐敗・汚職体質が誰の目で見ても明らかな状況で、はたして、この「アフガニスタン主導」がどれだけ意味を持つのか。

会議の中では、アフガニスタン代表団を前に、この問題に対して、忌憚ないやり取りがあった。

しかし、この会議に集まった実務家たちは、現在のアフガニスタン政権の体質が、人類がまだ経験のしたことのない類いの「破綻」体質であることを、深く認識する。これだけ国際協力が、軍事力も含めて浸透している、その意味で「開かれている」非援助国であるアフガニスタン政府の汚職がコントロールできず、「人類史上最強の麻薬国家」になってしまっている現実を真摯に憂慮する。

一方で、清廉潔白なリーダーが、あのアフガニスタンを治められるのか、という実務レベルの認識も存在し、「汚職」も利権の再分配の一つの手段として、まだ軍閥体質が根強く残るアフガニスタンの、国としての「まとまり」をかろうじて保っている、という一つの現実も深く認識する。

会議では、"それでも"アフガニスタン主導でやらなければならない、と合意した。

2006年に、アフガニスタンの上院・下院とも満場一致で、すべての戦争犯罪者を許す「恩赦法」が成立した。ターリバーンを含めてすべての戦争犯罪者を許してしまったのである。このことは欧米諸国を震撼させた。

一般に「恩赦」（amnesty）は部分的に行なわれる。例えば、戦争犯罪に関して一般兵は軍令を受けてやったことなので彼らは恩赦の対象になる。しかし戦争犯罪の首謀者まで許した場合は、司法の公平性が崩れ、国際通念としての人権という概念をも脅かす問題となる。

これと前後して、対テロ戦の戦局が見えなくなっていく。ブッシュ政権末期になると、現場のNATO軍の地方司令官が「軍事的解決だけではこの戦争は終わらない」というような意見がメディアに現れるようになった。最初は匿名で。だんだん

◆第14章　アフガニスタン

実名をもって。NATO軍関係者が「政治的解決＝政治的和解」の必要性を訴え始めた。

カルザイ政権は、この「恩赦法」を始め、2004年のターリバーン政権崩壊後最初の総選挙では、元ターリバーンの幹部を出馬させている。

そして、独自の「国家和解プログラム（通称 PTS：現地語の頭文字）」として、「元ターリバーン下級兵士」の職業訓練など社会復帰を実施してきた。公称 8,000 人近くのターリバーン兵を再統合したと言っているが、プログラム受入れの条件が「現行のアフガニスタン憲法の受諾」、つまり西側の価値観でターリバーン政権崩壊後つくられた憲法の受諾であるため、本当に末端のどうでもいい民兵しか乗ってこないという指摘がなされている。現在は、西側社会によるカルザイ政権の不正と汚職への糾弾から、財政支援を維持できず、ほとんど頓挫している。

国際社会はというと、フランシス・バンドレル氏を現地特別代表に擁するEUが、2009年初頭、その現地代表事務所のスタッフ（アイルランド国籍）が、対テロ戦の大激戦区ヘルマンド州で、「ターリバーンとの接触」を進めるも、どうしたことかカルザイ政権の逆鱗に触れ、国外退去を命じられる顛末となった。カルザイ政権は、この行為を「内政干渉」ととったのだ。

この辺に、外国勢力、諜報機関に歴史を翻弄されてきたアフガニスタンの内政を第三者として扱う「際どさ」がある。

このように、あらゆる仲介作業（特に西側のそれ）をも「内政干渉」と翻訳するアフガニスタン「愛国主義」が、依然続く二次被害による米・NATOに対する憎悪の中で、容易に政治的に創出されやすい状況のなかで、「アフガニスタン主導」は、建前としてだけでではなく、現実的な唯一の手順であることが確認された。

また、コミュニケでは、「アフガニスタンの民主化は、反政府勢力の社会復帰を含むもの」だと明確にしている。

会議では、「ボン合意」の時点で、「ターリバーン」を暫定政府づくりに参加させなかったのは、失敗であったとの共通認識が確認された。

あの時に、投降したターリバーン幹部でもいいから形だけでも入れておけば、合意は「全てのアフガニスタン人」を含む包括的な体裁を保てたはず。そして、あの時は、「負けたのはターリバーン側だった」のだから、弱い立場の彼らを交渉の場に呼ぶのは、今と比べたら、ずっと簡単だったはず。今では、単なる後悔に過ぎないが、ボン合意の欠陥を明確に認識した上で、これからの政治的決着に向けた戦略づくりをしなければならないということは、共通認識となった。

Ⅱ 11.23 東京会議での合意の意味は何か

　コミュニケの二項目目が「日本の役割」になっている。コミュニケ作成の進行を担った筆者は、この項はいらないと言ったのだが、他の参加者の本音であるようだ。

　会議全体を通じて、アフガニスタンと周辺国（イランも含む）にとって、外交儀礼というのではなく、日本に対する正直な期待が存在しているのは事実である。その期待に日本がどう沿えるのかは、また別の話だが。

（2）「脱"過激化"政策」という新しい提起

　「地域間協力」が三項目目にある。

　たとえば麻薬問題。これ一つとってみても、アフガニスタンだけでは解決できない。麻薬の「需要」と「供給」。「供給」側のアフガンスタンも問題ばかりがクローズアップされるが、そもそも「需要」があるから麻薬が栽培されるのであり、そのトラフィッキング（中継）で儲けているといわれる近隣諸国の問題も含めて、麻薬のユーザー側の問題が、「供給」の問題と同時に、またはそれ以上にフォーカスされなければならない。

　その中でも、四項目目の「イスラーム諸国の役割」。

　「脱"過激化"政策」にとって宗教的なアプローチは不可欠だ。

　つまり、「自爆テロ」や「麻薬」は、「反イスラーム的な行為」であるということを、教条的な潜在的なテロリスト層にどう周知させるか。

　この項目は、NATOの代表が、最初に言い出したのだ。現場で、「敵」と対峙している軍人の本音である。

　年端も行かない少年が爆弾を体に巻いて突っ込んでくる。これは、それに対峙する軍事組織の悲鳴に近い本音である。「過激化」の問題の根本に対処できないと、「対テロ戦」は終わらない。

　どうしたら過激化しないのか。過激化したものを、どう元に戻すのか。そのための具体的な作業は、軍事組織にはできない。聖職者の役割に期待するしかない。会議主催者である世界宗教者平和会議の今後の役割に期待することとなった。

　更に、サウディアラビア国王の役割が、宗教的側面を扱う上で一番重要であることは間違いなのだが、国内問題も絡み「テロリスト」対策では消極的な態度を取り続けてきた。それが、サウディアラビア代表の同意で、サウディアラビア国王の役割の重要性をコミュニケで明記できたことは、画期的であった。

　世界宗教者平和会議は、このコミュニケを受けて、「脱"過激化"政策」をどう進

337

めるか、すでに具体的な動きに入りつつある。

（3） ターリバーン上層部との政治合意がなければ血税が無駄に使われる

「包括的アプローチ」が五項目目にある。

ここに、和解プロセスのためには、「政治的および戦略的レベルでのトップダウンのアプローチ」が「成功の鍵」という表現がある。この項目は、日本政府にとって耳の痛いものになるだろう。

鳩山政権は、オバマ政権に対して5年間50億ドルという莫大な額をプレッジして、その使い道の一つとして、元ターリバーンの職業訓練をやるとしている。直接、末端の兵士を対象にするようなニュアンスで。敵の「上層部」に対する対処は何も言及せずに。

これは、戦略として完全に崩壊している。

上層部との何らかの政治合意がなければ、いくら底辺でいろいろやっても無駄になるどころか逆効果になる。なぜなら、司令官が、兵士に対して、「辞めた振りをして恩恵をもらってから帰ってこい」ということになるからだ。結果として、末端の兵士への社会復帰恩恵が、テロリスト側の財政強化につながってしまう。「末端をコツコツ懐柔していけば、やがて、問題が解決する」という考えは、アフガニスタンに限らず国連がやる武装解除事業でも、とらない。

「政治的および戦略的レベルでのトップダウンのアプローチ」とは、ほとんどがアフガニスタン国外にいると言われるターリバーン運動の上層部を、不可避的にターゲットにしなければならないが、この会議後の具体的な動きについては、今の段階では、言えない。

（4） 「和解可能な者」と「和解不可能な者」

六項目目。「復興支援の取り組み」である。

冒頭に「軍事力のみでは反政府勢力に打ち勝つことはできない」と明記している。これがNATOを含む関係者一同、これから物事を進める前提として表明された意味は大きい。この時は、ちょうど、オバマ政権が第二回目の増派を発表する直前だったから、なおさらだ。

その次に、反政府勢力を区別することに言及している。「和解可能な者」と「和解不可能な者」に。

会議では、この議論に時間を費やした。けれども、区別することには決定的に重

要でも、どのような基準を設けて区別するのかは、センシティブである。
　我々の側が「敵」に提示する「和解」もしくは「投降」の条件に、全てがかかっているからだ。「無条件」であれば、和解可能な者はグンと増えるだろうし、逆に条件を高めに設定したら、応じる者は減る。
　アフガニスタン政府は、現行憲法を受け入れるなら、という立場だ。しかしそれでは、どうでもいい"Foot Soldier"（足軽兵）しか応じて来ない。実際、これまでアフガニスタン政府がその立場でやってきたPTSプログラムは既に破綻している。
　会議では、ターリバーンが受け入れられるよう、憲法を改正したらどうかという意見まで出て、アフガニスタン政府に迫った。
　今後、会議参加者が持ち帰って、それぞれ、この具体的な「条件」について検討することになる。

（5）　ターリバーン制裁リストの見直し

　「国連の役割」が7項目目にある。ここでは、安保理決議1267号にふれているところが大事である。
　この決議は、1999年に採択されたものである。世界各地で発生していたテロ事件の首謀者をターリバーンが匿っているとして、アフガニスタンに対する経済制裁が実施されることになったのだが、その一環としての決議である。国連の制裁委員会は、ターリバーンら500名程度の制裁リスト、いわゆる「テロリスト・リスト」をつくり、いまも有効性を保っている。
　コミュニケでは、この制裁リストについて、「追加や削除」を含む「柔軟性」が必要だと強調している。国連安保理決議を修正しようというものだ。
　やはり、上層部との「政治的和解」をするには、こちら側からの和解へのコミットメントを目に見える形で示さなければならない。これをやらないと、「政治的和解」は具体的な一歩を踏み出せない、というのが会議の合意であった。
　同時に、過度の恩赦は、国際モラルの低下（モラル・ハザード）を引き起こす恐れがある。だから、「削除」と同時に制裁リストへの「追加」も併記しなければならない。たいへんセンシティブな問題だ。
　コミュニケの最後。NATOの役割だ。ちょっと舌足らずだ。
　会議は、ちょうどオバマが米軍増派するかどうかの決断をする直前だったため、この項目はかなり議論になった。
　増派と和解プロセスは矛盾する。同時に、勝機はターリバーンにある状況で、

◆第14章　アフガニスタン

「敵」に押されたままでは、対話の呼びかけにさえ相手は応じない。だから、ある程度強硬な立場を見せないと、こちら側が無条件降伏した形になってしまう。

こんな議論の背景で、この程度の書き方にしかならなかった。

III　ポスト11.23東京会議

以上がコミュニケの「行間」である。

問題は、今後である。

この会議は、関係国政府、そしてNATO軍など組織の代表が参加はしたが、完全非公開の会議であった。セカンド・トラックの会議であり、議長を除いて参加者名も公表しない、メディアもシャットアウトする、コミュニケ以外の議事録は公表しないということで、安心感を持ってもらい、議論を深めることができた。

この会議で議論された内容を受けて、「和解」に向けてのそれぞれのポイントが、公式な政府間の議論であるファースト・トラックに発展していくことを期待した。

会議後早速、2010年1月26日に、国連安全保障委員会下の制裁委員会が、筆者がコンタクトをとってきたターリバーン政権元外相のムタワツキル師を含む元ターリバーン幹部5人を制裁対象リストから外す決定がなされた。そして、同月28日からロンドンで開かれた閣僚級国際会議で、カルザイ大統領は、ターリバーン武装勢力の社会再統合にむけた「アフガニスタン主導」の政策を発表した。

一見、セカンド・トラックが功を奏したように見えるが、憂慮する点が多々ある。

制裁リストの緩和は「交渉」の再前提であるにしても、今回の決定は少し急ぎすぎる感がある。我々は、現時点では「見えない敵」と「交渉」をしていることを深く認識するべきである。すべては、戦争の勝機が相手にある状況で、その相手をどうやって「見える」交渉の席に着かせるかが、最大の課題なのだ。そのためには、呼び水としてのこちら側のカードは多く温存するに越したことはない。今回は、カードを早く切りすぎた感がある。

さらに、現在進行する米の増派にともない強化された軍事作戦と、「交渉」との兼ね合いである。通常の「交渉」は、暫定的なものであれ「停戦」下の状況で行われるのが常である。停戦とは、脆弱な「交渉」を実現させる最低限の信頼醸成の表示である。軍事作戦強化の中での「交渉」は、もはや「政治解決」ではなく、「敵の仲間割れ」を促進する軍事作戦であるという、もう最初から既に相手に見透かされている、こちら側の意図を更に暴露するものなる。

相手も一枚岩ではない。「仲間割れ」作戦は、相手の中の強硬論者を更に強硬にする。つまり、過激化を更に促進させる。軍事作戦と「交渉」は完全に一体として望まない限り、相手は金のかからないテロ活動を、より一層非人道的な手段で、強化してくるだろう。

コミュニケには、和解のためには、「政治的および戦略的レベルでのトップダウンのアプローチ」が「成功の鍵」とあっても、相手の上層部が依然「見えない敵」である現在、"取りあえず"Foot Soldier 達への社会再統合を"事業化"せざるを得ないのは、"国際援助"という枠組みでこの和解が位置づけされる以上、やむを得ないのかも知れない。しかし、末端だけを扱う危険性は既に述べた通りである。

だから、これからの社会再統合の実現に向けては、これも一つの重要な「交渉」のカードであるという認識の下、その詳細はできるだけ隠密に、そして、あたかもその詳細は「交渉」のテーブルで全てが決まるという演出をして、「見えない敵」への「呼び水」になるように、注意深く扱わなければならない。

その意味で、筆者が一番憂慮するのは日本政府の対応である。

2010年に政府によって公表された、外務省所管第二次補正予算における総額499億円のアフガニスタン支援経費である。そのうち、「元ターリバーン末端兵士の社会への再統合支援」と銘打って103億円が計上されている。これは、デリカシーが完全に欠如した表明である。

2009年11月にオバマ大統領が初来日した際に、鳩山政権が、インド洋の給油活動の継続をしない対価として米に提示したのが、5年間に50億ドルのアフガニスタン支援だった。この数字は事業を積み上げた結果でない。数字が先にありきの支援表明であった。日本国内で「事業仕分け」が流行する中、この支援金額の具体的な使い道を野党と国民に示す必要性に迫られていたことは理解できる。しかし、アフガニスタンの政治的和解を扱うセンシティビティより、国内の説明責任を優先させた影響が、今後どう出るか。

コミュニケにおいて、「日本の役割」として参加者が期待したのは、財政面よりも、むしろアフガニスタンのこの周辺地域において、依然日本が発揮する中立的なイメージを活かし、和解のソフトな面での能力発揮であることを、日本政府にもう一度肝に命じてもらいたい。

◆ 終　章

ノルウェーの中東関与

高　橋　和　夫

◆ はじめに ── 「ノルウェーの森」

　ビートルズが1965年にリリースした『ラバーズ・ソウル』というアルバムの中に「ノーウェイジャン・ウード」という曲がある。ジョン・レノンとポール・マッカートニーによる作品である。日本語では『ノルウェーの森』と訳されている。この曲をテーマに絡めた『ノルウェイの森』という小説を村上春樹が発表している。ビートルズの曲の歌詞の意味に関しては、議論があるようだが、表面的にはノルウェーの森で素敵な女性にあった男性が小屋の中で眠り込んでしまう。目が覚めると、女性は小鳥になって飛び去ってしまっていた。そんな内容だろうか。

　夢を見たのだが、目が覚めてみると冷たい現実のみが残っていたという歌詞の内容は、1993年に締結されたイスラエルとPLO（パレスチナ解放機構）との間のオスロ合意にも当てはまる。ノルウェーの調停によって成立した合意は、当時パレスチナ問題の解決への道を開いたとして高い評価を受けた。合意の内容は、イスラエルとPLO（パレスチナ解放機構）の相互承認、占領地のガザ地区とエリコでのパレスチナ人による自治の開始であった。その他の問題は、将来の交渉に委ねられていた。さらに1995年にヨルダン川西岸地区のパレスチナ人の人口密集地域からのイスラエル軍の撤退が行われた。もっとも西岸の最大都市であるエルサレムは例外であったのだが。

　しかし、その後の和平プロセスの停滞は、この合意の評価を変えた。そもそも合意の内容は、公正かつ永続する和平を実現するには十分ではなかった、との認識も広がっている。たとえば、やがて誕生するであろうと想定されていたパレスチナ国家とイスラエルの間の最終的な国境線の画定などの困難な問題に関しては、全てが将来の交渉に委ねられている。しかもイスラエル側は交渉を約束しただけで、その結果に関しては何の保証も与えていない。

　その上、合意はイスラエルの占領地への入植活動に関しては何らの規制も行っていない。これでは、占領地の将来についてイスラエルとパレスチナ側が交渉をしようとしているのに、交渉の対象を一方的にイスラエルが侵食しているようなもので

ある。次のようなたとえが状況を良く現している。ピザをどう分けるか二人で話し合おうとしているのに、その内の一人がピザを食べ続けているような状況である。もちろん食べているのはイスラエルである。このような状況の継続を許したオスロ合意は、本質的に和平達成へのふさわしい交渉の枠組みではなかった、との理解が広がっている。合意の署名当時にパレスチナ側のアラファートに対する批判者たちが指摘していたようにである[1]。

　ここで問題にしたいのは、何ゆえ、これほどまでに不利な合意をパレスチナ解放機構は、実質的には指導者のヤーセル・アラファートは、受け入れたのであろうか。また、なぜ合意の成立過程においてノルウェーが大きな役割をはたしたのだろうか。この二つに関して論じたい。第三に、ノルウェーの中東に関する関与は、この合意の仲介に止まらない。オスロ合意以外のノルウェーの中東との関係に言及したい。

I　バグダード経由オスロ着

　アラファートをパレスチナ解放運動の顔にしたのは、1968年のカラーマの戦いであった。アラファートの率いる組織ファタハのゲリラは、ヨルダンの村カラーマに拠点を置いて、ヨルダン川西岸地区に出撃していた。同地区は、1967年の戦争以来イスラエルの占領下に置かれていた。イスラエル軍は、この拠点を叩くためにヨルダン川を渡り東岸のカラーマに侵攻した。ゲリラ側は沈黙を守った。戦車を先頭にイスラエル軍部隊が村に入った。村に入り動きの取れなくなった部隊にゲリラが接近戦を挑んだ。不意を突かれたイスラエル軍は混乱し、撤退した。これは、パレスチナ・ゲリラの局地戦における小さな勝利に過ぎなかった。

　しかし前年の1967年の戦争では六日間でエジプト、シリア、ヨルダンの三ヵ国の軍を一蹴したイスラエル軍に、パレスチナ・ゲリラが一矢を報いた政治的な意味は大きかった。パレスチナ人がアラブの名誉（カラーマ）をまさに回復した。アラファートはパレスチナ解放運動の星となった。この勢いを背景に翌年の1969年にアラファートはPLOの議長に就任した。どちらかといえばエジプトのナセル大統領がパレスチナ人を管理し利用するための組織であったPLOは、これによってエジプトから独立した。

---

[1]　たとえば［アシュラウィ, 2000:405-6］。

PLOでのアラファートの指導的な地位を保証したものは、ファタハという組織であった。イスラエル建国時にパレスチナ人は難民としてレバノン、シリア、ヨルダンなどに散らばったため、各地で多くの組織が生まれた。難民を受け入れた政府が、シリアのように自分のパレスチナ解放組織を作ったのも、この傾向に拍車をかけた。PLOというのは、こうした多様な組織の連合体である。PLOには、幾つもの派閥から構成されており、かつての日本の自由民主党を想起させる面がある。

　アラファートは1969年の議長就任から2005年の死まで一貫してPLOの指導者として君臨した。なぜか？　それは、こうした諸組織の中でファタハが最大であったからだ。最大派閥が政権を握るという自民党と同じ論理が働いてきた。それでは、なぜファタハが最大派閥であり続けたのだろうか。それは、アラファートの集金能力であった。

　多くのパレスチナ解放組織の思想は、パレスチナ喪失の理由とその回復への道を以下のように説明していた。アラブ諸国がイスラエルに敗れ、パレスチナを失った理由は、その分裂と政治的な後進性にある。パレスチナを解放する前に、アラブ世界を後進性から解放し、アラブの統一を成し遂げねばならない。そして、その統一されたアラブ世界の力を結集してシオニストを打ち破り、イスラエルを解体し、パレスチナを解放すべきである。

　立派な議論ではあるが、アラブ統一運動の主体はエジプトのナセル大統領であり、シリアやイラクのバース党である。統一される対象はサウディアラビアやクウェートのような後進的な君主制国家である。これでは、アラビア半島の豊かな国々は、こうした解放運動には付き合えない。支援できない。ところがアラファートのファタハは、イスラエルの解体とパレスチナの解放は主張するものの、アラブ世界の統一には言及しなかった。したがってアラビア半島の豊かな産油諸国はアラファートにのみ支援を与えた。

　具体的にはアラファートへ直接に資金援助を与えた。そして間接的には、アラビア半島の産油国で働くパレスチナ人に対するアラファートのファタハによる徴税を認めた。パレスチナの喪失と、ほぼ時期を同じくしてクウェートで石油ブームが始まった。そしてサウディアラビアも石油収入の激増を経験する。これには1951年のイランでの石油産業の国有化が影響していた。イランのモサッデク政権は、イギリス資本であるアングロ・イラニアン石油会社（現在のBP社）の在イラン資産を国有化した。これに対して当時の世界の石油産業を牛耳っていたセブン・シスターズと呼ばれていた七つの国際石油資本は、イラン石油のボイコットで応じた。イラ

ンを経済的に窒息させ、国有化の動きが他の諸国に広がらないようにするためであった。イラン石油のボイコットは、1953年にCIAなどによるクーデターでモサッデク政権が転覆されるまで続いた。この間に市場から締め出されたイランの石油を埋め合わせるための原油が必要であった。国際石油資本はクウェートとサウディアラビアでの石油生産を急増させた。アラブ諸国での石油ブームの背景であった。

　石油ブームは労働力の需要を急増させた。石油生産においても、あるいは急増した石油収入によるインフラの建設においても労働力が必要であった。この時期、故郷を追われたパレスチナ人が存在した。しかもアラブ人の間ではパレスチナ人は比較的に高い教育を受けていた。クウェートは石油と砂以外は全てを輸入して近代国家を建設した。その過程でパレスチナ人が決定的とも言えるほど大きな役割を果たした。クウェート人は、教師であり、エンジニアであり、官僚であり、ジャーナリストであった。肉体労働者でもあった。あらゆる分野でパレスチナ人がクウェートを動かした。クウェートを世界各地で代表した外交官さえ、その多くがパレスチナ人であった。クウェートで働き生活するパレスチナ人の数は1990年代までには40万人に達していた。クウェートでは税金が存在しない。ところがパレスチナ人だけは「解放税」と呼ばれる5％の所得税を支払っていた。集めていたのはクウェート政府ではなく、アラファートであった。クウェートのPLO事務所が集金をしていた。同じようにサウディアラビアなどの他のアラビア半島の産油国でも40万人のパレスチナ人が生活していた。合計で80万のパレスチナ人からアラファートは税金を集めていた。アラファートの金脈は太く豊かであり、ファタハは他の組織を資金力で圧倒していた。これがアラファートの長期指導体制を支えていた。

　ところが1990年から1991年にかけて、この金脈が突然に枯渇した。理由は湾岸危機と湾岸戦争であった。1990年8月にイラク軍がクウェートに侵攻して湾岸危機が始まった。そして1991年に入ると、これが湾岸戦争に転化した。その4ヵ月ほどの期間、国際社会では、アメリカに主導された軍事力を行使してでもイラク軍をクウェートから排除しようとのグループと、アラブ内部で問題の解決を図ろうとするグループが対立した。アラファートは後者に属していた。イラクのクウェート侵攻の直後アラファートはバグダッドを訪問した。そのアラファートとフセインが抱擁しあう映像が世界に流れた。クウェート人は激怒した。またクウェートの亡命政府を支持するアラビア半島諸国も、クウェートと歩調を合わせてアラファートへの援助を打ち切った。アラファートの判断の理由は想像するしかない。それまでに

フセインがパレスチナ解放運動を抱き込もうと多額の援助を与えていたという事実がアラファートの決断の背景にあったであろう。またパレスチナ人の間でフセインの人気が高かった。さらには、一番重要な点は、恐らく湾岸戦争があのような形で始まり、フセインがあのような形で敗れるとはアラファートは予想しなかったであろう。

　いずれにしろアラファートは、フセインという負け馬に賭けてかけてしまった。国連の経済制裁を受けて疲弊したイラクには、アラファートへの多額の援助を行う財政力はなかった。しかも、怒ったアラビア半島の君主たちはアラファートへの援助を打ち切った。その上、クウェートに生活していたパレスチナ人たちが追放された。解放税の払い手をアラファートは失った。アラファートは、鵜の群れの全滅した鵜飼であった。その権力基盤を支えた豊かな金脈が切断された。アラファートは資金面から追い詰められた。PLOの関連組織の職員への給与の支払などが滞った。たとえば東京に開かれていたPLO事務所は資金面から閉鎖に追い込まれた。将来のパレスチナ国家の大使館となると期待されていた事務所であったのにである。当時、在京のイスラエル大使館員が「イスラエル大使館に下宿すれば」との冗談を筆者に語ったのを思い出す。さらに重大にはイスラエルとの戦闘で死亡したゲリラの家族への遺族年金をアラファートは支払えなくなった［コービン, 1994:201］。

　アラファートは新たな資金源を必要とした。アラファートが求めたのは国際社会からの大規模は援助であった。湾岸戦争の圧勝の余勢を駆ってブッシュ（父親）政権は、1991年秋にスペインのマドリードで中東和平国際会議を招集した。しかし問題が残った。それはPLOが招待されなかったからだ。PLOに近いパレスチナ人がアラファートの意向を受けて出席した。もっと重大な問題は、イスラエルのシャミール政権には、和平を進める意思がなかった点である。シャミール首相がイスラエル代表団に与えた指示は、なるべく時間をかけて交渉を失敗させるであった。

　和平の目が出てきたのは、1992年6月のイスラエルの総選挙でラビン将軍の率いる労働党が勝利を収めてからである。ラビンは、1967年戦争の際イスラエル軍の参謀総長として歴史的な勝利を演出した。国民的な英雄であった。退役後に駐米大使となり、そして1974年に首相となった。大使時代にアメリカで開いた銀行口座を閉じておらず、これが違法行為であると批判されると、1977年に首相の座を潔（いさぎよ）く辞任した。当時はイスラエルの公務員が外国に銀行口座を持つことは違法であった[2]。その後、国防大臣を務めるなどして政界に復帰したラビンは、和平に前向きであった。1992年秋にはノルウェー経由でのPLOとの接触の案

◆ 終　章　ノルウェーの中東関与

が浮上し、1993年には同国での研究会という形でPLOとイスラエルの接触が開始された。ラビンは、この接触に関して事後報告を受けた。

ノルウェー側で、この回路の開設と維持に尽力したのはテリエ・ラーセンであった。ラーセンはノルウェーのシンクタンク、応用社会科学研究所の所長であり、妻はノルウェー外務省で中東を専門とするモナ・ユールであった。妻を通して中東に興味を深めたラーセンは、パレスチナ占領地の実情の調査を行い、その惨状をつぶさに目にし、状況の打開策を求めるようになった。ノルウェーがパレスチナ人とイスラエル人の「学問的」な接触の場を設定するというアリバイには、うってつけの存在であった［コービン, 1994:23］。

ノルウェーを舞台に始まったPLOとイスラエルの非公式な接触が交渉に、交渉が合意へと転化した。当初ラビンの提示した案は、ガザ地区の返還のみであった。しかし、アラファートはヨルダン川西岸地区に固執した。ラビンは、エリコでの自治の開始まで譲歩した。これによって、既に冒頭で触れたオスロ合意が成立し、ホワイト・ハウスで調印式が執り行われ、アラファートとラビンが歴史的な握手を行った。ちなみに、この調印式や握手の演出を取り仕切ったのは、クリントンの有力な顧問の一人のラーム・エマニュエルというユダヤ系の若者だった。この15年後の2008年に大統領選挙で当選したバラク・オバマが、主席補佐官に抜擢する人物である[3]。この和平を資金面から支えるために日米欧を中心とする国際社会が大規模な経済援助を開始した。こうしてアラファートは、パレスチナのほんの一部での自治の開始に成功した。そして自らを資金難から解放した。強者イスラエルと資金面で追い詰められていた弱者PLOの合意であった。ある意味では、ラビンはアラファートの足元を見て強硬な交渉姿勢を貫き、アラファートは譲歩に譲歩を重ねた。

実はラビンはアラファートの足元を見ていたばかりでなく、その手の内も見ていた。PLOの治安担当の幹部がイスラエルの諜報機関によって買収されており、チュニスのPLO本部には盗聴装置が仕掛けられていた。ラビンは、アラファートの日常の会話の内容を知っていたようだ。このスパイ事件が発覚したのは1993年11月つまりオスロ合意のホワイト・ハウスでの調印式の2ヵ月後であった[4]。近

---

(2) *Time*, April 18, 1977 〈http: www. time. com/time/magazine/article/0, 9171, 914891, 00. html〉（2009年8月29日アクセス）

(3) *Haaretz. com*, November 7, 2008. 〈http://www.haaretz.com/hasen/spages/1035192.html〉（2009年8月26日アクセス）

(4) *The Independent*, November 4, 1993.

348

代国家とゲリラ組織の交渉力の違いの見えた場面であった。かくしてオスロ合意は成立した。しかし、やはり既に冒頭で言及したように、その合意に基づく和平プロセスは、やがて挫折する。

II 親イスラエル国家ノルウェー

　ここで問題にしたいのは、なぜノルウェーが仲介の労を取ったかである。なぜ人口が500万にも満たない小国が、錯綜する中東情勢において、これほど大きな役割を果たしたのだろうか。なぜノルウェーなのだろうか。ノルウェーとは、いかなる国なのだろうか。

　1905年にスウェーデンから分離独立したノルウェー王国は、イギリスとの友好を国是としてきた。既に触れたように第二次世界大戦中にはノルウェーはドイツの占領下に置かれた。そして第二次世界大戦後はアメリカとの友好を外交の柱としNATOにも加盟した。またノルウェーは伝統的に国際舞台に人材を提供してきた。第一次世界大戦後は、極地探検で知られるノルウェーのフリチョフ・ナンセンが国際連盟の難民高等弁務官を務めたし、第二次世界大戦後は国際連合の初代の事務総長をやはりノルウェーのトリグヴェ・リーが務めている。

　ノルウェーの面積は、38.6万平方キロメートルである。これは日本の37.8万平方キロメートルをやや上回る。その国土にわずか480万の人々が生活している。これは神奈川県の横浜市と川崎市の人口の合計500万より、やや少ない程度である。横浜と川崎の人たちだけが日本列島に散らばって生活していると想像すると、ノルウェーという国の雰囲気がわかるだろうか[5]。

　さて、本論に戻ろう。なぜノルウェーなのだろうか。ノルウェーの研究者ヒルゲ・ヘンリクセン・ワーゲが、この問いに対する答えを提出している。それはノルウェーが親イスラエル的であったからだ。それゆえにイスラエルと接触を図る回路としてアラファート自身がノルウェーに注目していた。ワーゲの一連の研究に依拠しながら、その背景を探ってみよう [Waage, 2000; Waage, 2002; Waage, 2005; Waage, 2007]。この部分の記述は他に脚注が示されていない場合は、全てワーゲに基づいている。

　1948年のイスラエルの成立をノルウェーは賞賛の念を持って迎えた。これを、

---

[5] ノルウェーに関する統計は外務省のウェブ・サイトに拠った。〈http://www.mofa.go.jp/mofaj/〉（2009年8月24日アクセス）

◆ 終　章　ノルウェーの中東関与

キリスト教会は聖書による予言の成就と解釈したし、労働運動は左翼思想の成功した実践例と見た。こうした左右を問わないイスラエル支持の背景にあったのが、ホロコーストに対する罪悪感であった。第二次世界大戦中にはナチス・ドイツ占領下のノルウェーでも 2,000 名のユダヤ人口の内の 700 名のユダヤ人が拘束され強制収容所に送られた。その内で生き延びた者は 25 名に過ぎなかった。またノルウェーではキリスト教会の影響力が比較的に強いという事実も、国民に聖書に対する親しみ、そして聖地に対する関心を強めていた。

そしてエリート層に関していえば、第二次世界大戦後にノルウェーで指導的な立場に就いた人々の間には、同大戦中にナチスの強制収容所での生活を経験した者も少なくなかった。首相も外相もそうであった。ノルウェーのイスラエルに対する親近感の背景であった。事実、ある時期にはノルウェーの国会議員の 3 分の 2 が親イスラエルのロビー・グループに参加していたほど、エリート層の間ではイスラエル支持の感情が強かった［コービン, 1994:30］。

この親密感を裏書するのが、1950 年代にイギリス経由で行われたイスラエルへのノルウェーによる重水の輸出である。重水は核開発において重要な物質である。1967 年の第三次中東戦争の際には既にイスラエルは核兵器を実戦配備していたと見られているが、イスラエルの核兵器開発にノルウェーは間接的な形で関与していた[6]。

ノルウェーの左右に共通した親イスラエル感情が、ノルウェーの PLO と距離を置く政策の遠景を成していた。ノルウェーは、他のヨーロッパ諸国から遅れて 1980 年代になって、やっと PLO との接触を開始した。これが、イスラエルがノルウェーを信頼した理由であり、それゆえにアラファートがノルウェーに注目した。オスロ合意への伏線であった。

ノルウェーの親イスラエル的な姿勢が、1979 年に意味を持った。この年、イランで王制が倒れた。イランのシャーは、イスラエルの実質上の同盟者であった。イスラエルは軍事・治安面で様々な形でイラン王制に協力していたし、イランはイスラエルに石油を輸出していた。イランの革命政府は、イスラエルと断交し、テヘランのイスラエル大使館を PLO に与えた。イランの「喪失」はイスラエルにとっては石油供給源の喪失を意味した。アメリカはノルウェーにイスラエルへの石油輸出を要請した。この際にノルウェー外務省は PLO の反応を探った。アラファート

---

(6)　"UK helped Israel Get Nuclear Bomb." *BBC News*, August 4, 2005.〈news.bbc.co.uk/2/hi/uk_news/4743987.stm〉（2009 年 8 月 7 日アクセス）

は、案に反対はしなかったが、代わりに将来PLOとイスラエルの秘密の交渉の回路が必要な場合には、その役割をノルウェーに期待すると伝えた。アラファートはノルウェーの労働党のイスラエルの労働党への働きかけにも期待していた。ノルウェーは同意を表明した。しかし当時のイスラエルのリクード政権の強硬な姿勢があったので、接触も交渉も始まらなかった。

　ノルウェー労働党を通じてイスラエルの労働党との接触をアラファートは求め続けた。1983年にはアラファートの腹心のイサム・サトラウィが社会主義インターナショナルの大会に出席のため、ポルトガルを訪問した。この大会にはイスラエルの労働党を含む世界各国の社会主義政党が代表者を送る。したがってPLOがイスラエルと接触を試みる機会となりうる。しかしながら、パレスチナ人のテロリストであるアブ・ニダールによってサトラウィが暗殺された。これは、パレスチナ人の間の路線をめぐる対立を反映した事件だったのだろうか［コービン，1994:31］。それともシリアのハーフェズ・アサド大統領の伝記作家として知られるイギリスのパトリック・シールが主張するように、アブ・ニダールはイスラエルの諜報機関に雇われており、この暗殺はイスラエルの差し金によるものだったのだろうか。イスラエル人を暗殺した過去にもかかわらず、アブ・ニダールは、イスラエルによる報復テロの対象になっていなかった。これがアブ・ニダールがイスラエルの手先であったとの間接的な証拠として、指摘される事実である［シール，1993］。いずれにしろ、サトラウィの暗殺がPLOとイスラエルの接触の糸を断ち切った。

　しかしノルウェーの努力は続いた。1989年には外相がチュニスに亡命中のアラファートを訪れた。アラファートは、ノルウェーの仲介を要請した。そして、イスラエルとの交渉の用意があるとのメッセージを託した。親イスラエルで、親米で親EUのノルウェーに期待していた。また接触を始める方法として、ノルウェーの研究機関が国際セミナーを主催し隠れ蓑とするなどの工夫をアラファート自身が提案した。ノルウェーの外相はイスラエルに、このメッセージを伝達した。しかし、当時のイスラエルのリクードを主体とするシャミール政権は冷淡であった。試みは、失敗に終わったものの、この時のノルウェーが研究会などの形で非公式なレベルでの接触のアリバイを用意するというアラファートの提案に、1993年のオスロでの秘密交渉の原形があった。

　1992年6月にラビンの労働党が総選挙で勝利を収めてから3ヵ月後、9月にノルウェーの副外務大臣のヤン・イーグランドがイスラエルを訪問し、イスラエルの副外務大臣のヨシ・ベイリンと会談した。ノルウェーがPLOとイスラエルの交渉

◆ 終　章　ノルウェーの中東関与

を秘密裏に仲介する案について打診するためであった。しかし、この案も、やはり実現しなかった。この時は、ラビン首相の賛成が得られなかったからである。

　このノルウェーによる回路が開通するのは1993年1月である。パレスチナとイスラエルの双方がノルウェーでの研究会に参加者を派遣するという形式で始められた。イスラエルの外務副大臣のヨシ・ベイリンが関与していたが、この接触が暴露された場合には、関与を否定するという前提で始められた。もちろんベイリンの背後にはシモン・ペレス外相がいた。ペレスは、この回路に期待していた。前年の9月、つまり4ヵ月前には承認を与えなかった首相のラビンには、最初のPLOとの接触の後に報告が行われた。既に言及したようにである。この時点でラビンは依然として懐疑的であった。しかし接触に反対はしなかった。期待と懐疑がイスラエルの指導層の間で錯綜する中、オスロ合意への歩みが始まった

　この歩みを可能にしたのは、イスラエルのノルウェーに対する信頼感であった。これは既に述べてきたように1948年以来のノルウェーのイスラエルに対する親近感の反映である。さらにはノルウェーがEU加盟国でない点もイスラエルにノルウェーを好ましく見せた。なぜならばEUは、イスラエルに批判的な姿勢を示してきたからだ。ワーゲは、またアメリカとの強い関係にも言及している。いずれは和平の過程で超大国が大きな役割を果たす以上、ノルウェーとアメリカの強い関係が意味を持つ。オスロ合意の調印式がホワイト・ハウスで行われたのは、そうした意味で象徴的であった。ワーゲによれば、国際紛争の仲介者としての最大の条件は、紛争当事者双方との信頼関係ではない。それは強者との信頼関係である。

　この合意の調停者となったことでノルウェーの国際的な評価が高まった。以降ノルウェーは、スーダン、グアテマラ、コロンビア、スリランカ、キプロス、旧ユーゴスラビアなどでの紛争の調停に関与した。これほどの国際的な評価を得、期待を受けた小国は例がない。

　さて1993年のオスロ合意から19年の時が流れた。そしてオスロ合意に始まった和平プロセスは頓挫してしまった。合意を推進したラビンは凶弾に倒れ、アラファートも世を去った。残されたのは占領地の厳しい現実と停滞した交渉プロセスのみである。振り返った際にオスロ合意とは一体何だったのだろうか。ノルウェーの仲介外交とは何だったのだろうか。イスラエルという強者がパレスチナという弱者に不当な収拾案を押し付ける道具だったのだろうか。アメリカが直接仲介したのでは、あるいはイスラエルとの直接交渉では、とてもアラファートが受け入れる事のできない枠組みを、ノルウェーという小国が表に出て、心理的にパレスチナ側に

352

受け入れやすくするオブラートのような役割を果たしただけなのではないか。つまり超大国と強国が弱者に不当な和平を押し付ける道具となった、との批判もある。オスロ合意とノルウェーの仲介努力に歴史の評価が定まる前に、まだまだ多くの時間が流れる必要がある。しかし、次の点だけは指摘しておきたい。強者との関係が最大の資格である仲介者の和平の結末は、占領地の厳しい風景である。

III　「北の道」の教訓

　ノルウェーの中東関与はオスロ合意の仲介に止まらない。ノルウェーが中東において戦争の予防に寄与しようとした例としてレバノンの UNIFIL（a United Nations Interim Force for Southern-Lebanon 国連レバノン暫定軍）へのノルウェー軍の派遣がある。UNIFIL は、1978 年 3 月 19 日に採択された国連安保理決議第 425 号に基づいて組織された。この決議は、レバノン南部に侵入したイスラエル軍の撤退と、その後の国境地帯の安全を保障するための国連軍の派遣を求めている。UNIFIL は現在も存続している。

　その後、1982 年そして 2006 年とイスラエル軍によるレバノンへの大規模な侵攻が起こった。UNIFIL の存在自体は、戦争の阻止に明らかに失敗した。しかし、その存在は、イスラエルとパレスチナ・ゲリラやヒズブッラーとの衝突を管理する一定の役割を果たしてきた。当事者間に紛争を一定レベル以下に抑えようとの意志が共有された場合には UNIFIL の存在が意味を持った。

　なお、この UNIFIL でのレバノン駐留を経験したノルウェーの将兵は、のべで 2 万 2 千名になる。人口が 470 万人の小国にすると、かなりの割合の若者が現地を体験した。これは、ざっと国民の 0.44％の計算に当たる。日本の人口比に換算すると 50 万人になる。UNIFIL への参加は中東に興味を抱く人口をこれだけ増やした。ノルウェーの中東関与の人的な結果である。これがノルウェーの中東関与を支える世論形成に寄与している[7]。

　次に政府ではなく、ノルウェーの NGO による中東関与の例を挙げよう。レバノンに関しては、たとえば NPA（Norwegian People's Aid）の活動がある。この NPA は労働組合が基盤となって 1939 年に設立されている。現在の会員総数は約 10 万という。NPA 自身の定義によれば「人道連帯組織」である。設立以来、アジア、ア

---

[7]　2000 年 12 月 20 日に都内で行われた Norwegian Aid Committee のダグフィン・ビョルクリド氏の講演による。

◆終　章　ノルウェーの中東関与

フリカ、東欧、ラテン・アメリカの 30 ヵ国での活動の実績をもっている。中東ではイラク、ヨルダン、レバノン、パレスチナで活動を展開してきた。

レバノンでは 1982 年のイスラエルによる侵攻の後に活動を始め、現在はレバノンのパレスチナ人難民キャンプの全て、そしてシーア派の多いベカー高原、南部レバノンなどで活動している団体である。1982 年と 2006 年のイスラエル軍の侵攻の際には緊急支援を実施している。また人権（女性の権利の擁護、難民の人権擁護、子供の権利）、地雷除去、現地 NGO の育成、保健環境、障害者支援、青少年教育などに従事している。年間の予算規模は、地雷関連を除くと 3 億円程度である[8]。

この例のように労働組合が NGO を立ち上げ、国際問題に関与しようとの姿勢も興味深い。オスロ合意の成立までに裏方として大きな役割を果たした応用社会科学研究所の所長のテリエ・ラーセンには既に言及した。この応用社会科学研究所というのは 1981 年にラーセン自身が立ち上げた研究所であるが、資金面でバックアップしたのは労働組合であった［コービン, 1994:25］。

NGO の活動の例を、もう一つ挙げよう。2008 年 12 月 26 日に始まったイスラエル軍のガザ攻撃のさなか、ガザのシファ病院ではノルウェーの NGO である NOR-WAC（ノルウェー救援委員会）の医療チームが、食料不足に耐え栄養ビスケットをかじりながら活動を続けた。医療の提供以外にも、欧米人のジャーナリストが不在だったガザにおいては、貴重な情報源となった。パレスチナ人の発言は、ハマースの宣伝ではないか、ハマースの意向を受けた発言ではないかとの疑いを受ける。しかし、ノルウェー人の発言は欧米のメディアに対しては説得力を持った[9]。

その存在は、もちろん戦闘自体の発生を阻止できなかった。しかしながら、医療を提供するという人道的な行為以外に、ガザの惨状を世界に伝える役割を果たした。これが、イスラエルの行動に限定的とはいえ、一定の抑制要因として働いた。

さらにノルウェーはクラスター爆弾の禁止条約の成立に向けてイニシアティブを取ってきた。クラスター爆弾は数百の小さな爆弾を内蔵しており、爆発と同時に広い範囲に散乱して殺傷する。不発弾が多いため、この爆弾が使われると戦闘終了後にも死傷者が発生する。2006 年にはレバノンでイスラエルが使用して国際的な批判を受けた[10]。クラスター爆弾禁止のためのノルウェーの外交は、紛争の被害の

---

(8) Norwegian People's Aid のレバノン事務所代表のワファ・エル・ナセル女史とのインタビュー（2008 年 3 月 4 日実施）と同事務所の配布資料による。

(9) 〈http://www.youtube.com/watch?v=HDu3ZWEofOQ〉（2009 年 8 月 17 日アクセス）

(10) 『毎日新聞』2006 年 12 月 18 日（インターネット版）。

Ⅲ 「北の道」の教訓

拡大の阻止のための努力と見ることができるだろう。クラスター爆弾が禁止されれば、紛争の多い中東での戦闘終了後の死傷者は減少するだろう。この条約の成立に関しては、各国の NGO が連結して政府に働きかけた。ノルウェーの場合は政府と NGO の共同作業であった。

UNIFIL の例は、そして医師団の例は、さらにクラスター爆弾禁止のためのノルウェーの努力は、戦争そのものは防げずとも、状況のさらなる悪化に対して抑制的な役割を果たし得る事実を示している。ノルウェーの中東への関与の成果である。世界がノルウェーから学ぶとすれば、現地に自国民を駐在させ続けるという政策であろうか。その特徴は、軍や官僚などの公務員ばかりでなく、NGO 職員などの民間人が大きな役割を果たしている点である。

それでは、ノルウェーは、いかにして NGO の活動を担保してきたのだろうか。これにはノルウェーの援助政策が大きく関係している。ノルウェーの海外援助の流れは三分割されている。まず 2 国間援助である。つまり対象国へのノルウェー政府からの直接の援助である。第 2 が多国間援助である。これは国際機関への資金提供を通じて行われる。第 3 が NGO を通じての援助である。この第 3 がノルウェーの援助政策の特徴であり、しかも NGO 経由の援助の額が大きい。援助総予算の何割にも達する。

その援助総額は、たとえば 2005 年の数値で 28 億ドルである。総額自体も大きいが、GDP に占める比率は 1 ％に近い。この比率は世界一である［小林, 2006:5］。ノルウェー人一人当たり 6 万円くらいの援助額を負担している計算である。

こうした気前の良い援助が可能なのは、ノルウェーのエネルギー資源のおかげである。ノルウェーは産油・産ガス国として豊かである。石油だけで見ると、サウディアラビア、そしてロシアに次ぐ世界第三位の石油輸出国である。そのため一人当たりの年間所得は 9 万 5 千ドルという高い水準にある。また余剰の石油収入を累積した 20 兆円規模の基金を誇っている[11]。さらに自国の石油開発で培った技術をテコに海外での石油開発にも積極的に進出している。ノルウェー最大の石油企業であるスタトオイルは、メキシコ湾やアゼルバイジャンで石油開発に従事しているし[12]、中東ではオスロに本社のある DNO 社がイラク北部のクルディスターン自治地域で石油生産を開始している[13]。

所得ばかりでなく、識字率、平均寿命などを含めて各国の「開発」の度合いを評

---

[11] 『産経新聞』2005 年 9 月 15 日（インターネット版）。
[12] *Financial Times*, May 9, 2009.

◆ 終　章　ノルウェーの中東関与

価する国連開発計画（UNDP）の「人間開発報告書」によれば、ノルウェーは 2001 年から 2006 年まで 6 年連続で世界一を誇っている。そして 2007 年にはアイスランドに一位の座を譲って二位に後退した[14]。しかし 2008 年秋に始まった世界的不況でアイスランド経済が大打撃を受けたこともあり 2009 年の同報告書では、ノルウェーが、世界一の座に戻っている[15]。要するにノルウェーは豊かな国なのである。

ノルウェーの社会主義の伝統から生まれてくる国際的な連帯の精神を、石油収入が支えてきた。そして NGO の力が強いので、その支持者たちが政府に対する有効なロビー活動を行い、NGO への支援を担保してきた[16]。

豊かな国の豊かな政府からの補助金に支えられているので、通常 NGO の活動の大きな部分を占める資金調達に関しては、ノルウェーの NGO は、エネルギーを割く必要がない。これが活動を後押ししている。たとえば先に紹介した NPA の場合レバノンでの活動資金の全額をノルウェー外務省が負担している[17]。

政府との緊密な関係がノルウェーの NGO の機動性につながっている。前述のように 2006 年のイスラエル軍のレバノン攻撃の際には、攻撃開始直後に NGO が人道援助のための資金と物資の確保をノルウェー政府に要請するなどの動きがあった。

ノルウェーの紛争地への関与の特徴は、当事者との交渉である。たとえばスリランカでは独立運動の主体であるタミール・タイガーと、パレスチナにおいてはハマースと接触してきた。ハマースを承認しないとしてきた先進工業諸国の大半とは異なる姿勢である。

本プロジェクトのテーマである予防外交という概念に関してノルウェーの経験から何をすくい取ることが可能だろうか。予防外交の定義を戦争の阻止から、既に起こってしまった戦争の被害の拡大の阻止にまで拡大すれば、ノルウェーの活動は貴重な示唆を与えてくれる。

(13)　「最近の中東・エネルギー情勢から」（国際開発センターのサイト）（2007 年 9 月 21 日）。〈http://www.energyjl.com/new_folder/September/07new0921_16.html〉（2009 年 8 月 28 日アクセス）

(14)　『産経新聞』2007 年 11 月 27 日（インターネット版）。

(15)　www.undp.or.jp/hdr/global/2009/indexshhtml（2012 年 6 月 14 日アクセス）

(16)　Martin Samuelsen とのインタビュー（於　ノルウェーの NGO である Norwegian Refugee Council のレバノンのトリポリ事務所）（2008 年 3 月 5 日）。

(17)　Norwegian People's Aid のレバノン事務所でのインタビュー（2008 年 3 月 4 日）。

Ⅲ 「北の道」の教訓

　日本に引き付けて考えると、中東に積極的に関与するという姿勢があれば、与党にしろ野党にしろ、もっと大きな役割を果たすことも可能である。ノルウェーの労働党が社会主義インターナショナルという場面を通じてイスラエルの労働党との関係を持ち、その関係をPLOが利用しようとした例に本章では言及した。各国の社会主義政党は、相互に様々な接触の機会を持っている。日本の社会主義政党に関しても条件は同じである。しかし、こうした外交努力の痕跡は見られない。関与しようとの姿勢がなければ、機会はただ過ぎ去って行く。基本にあるのは、認識であり、姿勢である。日本の社会主義政党は、野党に徹し、中東で意味のある外交に取り組もうとはしなかった。機会があったにもかかわらずである。平和主義を唱えるならば、平和主義を支える活動が望まれる。ノルウェー労働党との姿勢の差は昼と夜のように鮮明である。

　NGO職員を中心とする多数の人員が、緊急な人道援助の展開に寄与する。また、ノルウェー人の存在が紛争に関する現地からの貴重な情報源となり、紛争当事者による軍事力の行使に間接的な形ながら一定の抑制要因として働く。こうしたノルウェーの経験が、人員を現地に常駐させる重要さを教えてくれる。これが予防外交の一翼をになうべきである。

　NGOに援助の執行を任せるという政策は、程度の差はあるが、日本でも既に実行されている。これは「お団子主義」として知られる。ODAとNGOをつないだODANGOをローマ字読みすれば「お団子」になるからである。現地の情勢に詳しいNGOを通じて政府資金を流している。ただ、政府資金であるので、当然ながら非常に詳細な会計報告が求められる。これはNGO側に大きな負担を強いている。より重大には、政府資金への依存が深まれば、NGOが政府の下請けになってしまい、政府とは独立した組織としての存在感を失うのではないかとの懸念である。具体的には政府資金を受け入れているNGOが政府の政策を批判できるだろうか。ODANGOのOが取れて行政とNGOのDANGO「談合」になってしまわないだろうか。政府とNGOの関係は難しい。ノルウェー型の政府とNGOの関係を他国に応用する際の問題点である。

　ノルウェーの活動を眺めてきた。それではノルウェー自身は、いかなる自己認識なのだろうか。ノルウェー政府のホーム・ページが「紛争地域におけるノルウェーの和平・調停活動」との文章で、紛争地域での活動を総括している。パレスチナのみならず、南スーダン、スリランカ、グアテマラなどでの仲介の努力に言及しながら、ノルウェーの和平・調停活動における共通点を抽出している。以下の5点であ

◆ 終　章　ノルウェーの中東関与

る。

1）小国であるノルウェーは、当事者に特定の解決策を強制することはできません。ノルウェーの公正な推進役としての役割の中で、当事者がノルウェーを完全に受け入れるのかどうか、また、彼らが真剣に平和を望んでいるかどうかにすべてかかっています。
2）ノルウェーがさまざまな和平プロセスで推進役としての役割を果たすことができるのは、小国であるため、平和的解決に貢献する以外に紛争の利害関係を持たないからです。
3）ノルウェーの和平・調停プロセスにおける努力は、多くの場合、紛争地域におけるノルウェーのNGOの活動に根ざしています。教会のネットワーク、人道的組織、研究機関、労働組合が関連地域の状況に精通し、連絡手段を持っています。こうしてノルウェー当局はNGOが築きあげた知識とネットワークを基盤として活動することができるのです。ノルウェーのNGOは、当事者間に信頼関係を構築しなければならない状況で特に重要な役割を果たし、交渉の土台を築く支援をしてきました。
4）広範囲にわたる開発援助やその他の協力活動を通じて、ノルウェーが世界各地で発生している紛争に関わるケースがますます増えています。つまり、ノルウェーは和平や調停プロセスを積極的に支援する立場に立つことが多いということです。一般的にノルウェーは、その貢献によって公平で効果的な役割を果たすことができる国と見られています。
5）どのような紛争でも、深い知識と分析が必要です。当事者双方と良い関係を築きあげることは絶対に必要であり、また辛抱強さや長期的な見通しも欠かせません。ノルウェーは紛争を解決に導くためには、長期的な見通しと状況についての詳細な知識、継続的かつ調和のとれた取り組みが必要であることを認識しています。

この文章は、最後にノルウェーの調停活動を支える理念を掲げている。その部分も引用しておこう。

　　国際社会の平和と安全を目指す活動は、誰にとっても無関係な問題ではありません。いずれの国も現実に起きている武力紛争を、自分たちとは直接関係が

ないとして、その解決を国連だけに任せておくことは出来ません。すべての国が協力して国際社会の平和と安全を目指して努力しなければなりません。特に、国連と安全保障理事会が問題を解決することができない場合には、各国の努力が必要です。同時に、自国から遠く離れた国々で起きている紛争でも、それによる難民の流入や、組織犯罪やテロの増加などによって、自国の安全保障への直接的な影響が増大しつつあると認識することが重要なのです[18]。

　NGOの重視、知識の蓄積、長期的な関与、国際平和が自己の利益につながるという認識の官民での共有など、多くの示唆に富む一文である。ノルウェーというのは「北の道」を意味する。日本にとって、世界にとって、この「ノルウェー」(北の道) から学ぶべき教訓が多いようだ。

◆ 引用文献
〈欧文文献〉

Waage, Hilde Henriksen. 2000. "How Norway Became One of Israel's Best Friends." *Journal of Peace Research* vol.37, no.2.

Waage, Hilde Henriksen. 2002. "Explaining the Oslo Backchannel: Norway's Political Past in the Middle East." *The Middle East Journal* vol.56, no.4.

Waage, Hilde Henriksen. 2005. "Norway's Role in the Middle East Peace Talks: Between a Strong State and a Weak Belligerent." *Journal of Palestinian Studies* vol.34, no.4.

Waage, Hilde Henriksen, 2007. "The 'Minnow' and the 'Whale': Norway and the United States in the Peace Process in the Middle East." *British Journal of Mjddle Eastern Studies* vol.34, no.2.

〈和文文献〉

アシュラウィ，ハナン．2000．(猪股直子訳)『パレスチナ報道官わが大地への愛』朝日新聞社。

コービン，ジェイン．1994．(仙名紀訳)『ノルウェー秘密工作』新潮社。

小林誉明．2006．「北欧援助政策の動向 —— 資金配分の観点からみた変容と分岐」『国際金融研究新報』。〈http://www.jbic.go.jp/ja/investment/research/report/archive/pdf/31_02.pdf〉(2012年3月29日アクセス)

シール，パトリック．1993．(石山鈴子訳)『砂漠の殺し屋アブ・ニダル』文藝春秋。

---

[18] ノルウェー外務省サイト〈http://www.norway.or.jp/policy/peace/peace/peace.htm〉=Service for Peace．「ムスリムとクリスチャンのコンフリクトについて③」(2009年7月2日).〈http://www.sfpjapan.org/blog/servicelearning/20080702_418.html〉(いずれも2009年8月8日アクセス)

あとがき

　本書は、科学研究費補助金（基盤研究 A：課題番号 119203009）の交付を受けて行った「湾岸産油国を中心とした中東諸国における予防外交の可能性に関する研究」（平成 19 年度〜21 年度：代表　中村覚）」の成果の一部が反映されている。3 年間の活動では、多くの方々から有形無形のご支援を賜ったことにより、有意義な研究活動を遂行することができたことに関し、研究会一同を代表して御礼申し上げたい。

　本書では、中東の安全保障という研究分野に安全保障学と中東地域研究を融合する試論を展開してきたが、本書のように、学際的試みが組み合わされた研究成果はまだ新鮮な段階である。

　これまで中東の紛争に関して、国際社会は危機管理の考え方によって対応する発想を主流としてきた。だが、編者には一人の中東地域研究者として、危機管理の考え方には全面的に与することはできないと考えられた。というのは、中東の現場に足を運ぶたびに、中東の人々は、武力紛争や弾圧の予防にも解決にも乗り出すことのない国際社会に不信感を抱いていることを痛切に感じるからである。また紛争終結後の平和構築活動の意義は高いとしても、そもそもなぜ戦争が予防されないのかという素朴な疑問を棄却することはできないと感じられた。そこで紛争を予防して欲しいという現地の声を国際安全保障学に接続したいと考えてきた。するとある日、中東に平和や安全保障を実現するためには、予防外交の強化が必要なのだと思いあたった。

　本書の出版にいたる科研費「中東の予防外交」プロジェクトが開始されたときには、まだ 9.11 事件以後の対テロ戦争や 2003 年の連合軍によるイラク攻撃の余韻が残っている時代であり、先制攻撃論への批判はまだ明白ではなかった。2011 年以降、アラブでの民主化運動の広がりに関して注目が集まってきたが、中東域内の安全保障問題に関する視座を構築する試みは、ますます重要になってきている。中東の激動期を経て練り上げられてきた本書が、今後の中東安全保障研究に有効な視座を提供できること期待している。

　本書による中東の安全保障に関する予防外交の観点からの著作は、世界で初めての試論である。中東の予防外交という観点は、中長期的な検討課題となることは必須であると考えている。本書では、中東の予防外交の見込みに関する各執筆者の主

あとがき

　張や見解は異なっている。各執筆者の専門の立場から現在見えている考察結果を提示することが最も重要であると考えたので、見解の相違を統一しなかった。

　予防外交論は、国際機構論、地域政治論、国際関係論、比較政治論、国際法などに隣接分野が広がる実に包括的な概念であるが、本書は、中東地域研究の視点を加えることとなった。実に多くの論点を包摂する予防外交論は、本格的に研究に取り組むと実に難解な概念であると感じられた。包括的アプローチである予防外交に関わる概念の全ての側面を本書がカバーしたとは言えないが、中東の安全保障における予防外交の到達度に関する諸見解を提示し、今後の有用性を考察するための視座を提供できたことを願っている。

　最後になってしまったが、本書作成までの研究過程でお世話になった方々への謝辞を申し上げたい。

　ポーランド、オーストリア、マケドニア、パレスチナ、アラブ首長国連邦への研究出張の際には、多くの方々のお世話になった。OSCE（欧州安全協力機構）視察（2007年10月29日〜11月7日）では、マドミニスカ梅田芳穂氏、ポーランド国際問題研究所の Agnieszka Bienczykz Missala 博士や John Bury 博士ほかのスタッフの皆様、ワルシャワでは OSCE の OHDIR 広報部 Urdur Gunarsdottir 氏、ワルシャワ大学アラブ研究科の皆様、ワルシャワ大学国際問題研究所の Roman Kuzniar 教授、ウィーンでは広報担当官の Sonya Yee 氏、紛争予防センターの国境管理のアドバイザー Johann Wagner 氏、早期警戒である専門家 Alice Ackermann 上級調整官、マケドニアではクマノボ（Kumanovo）フィールド駐在所の小泉敬氏、Kazu Lesnikovski 氏、St Cyril & Methodius University の Sasho Gjorgievski 教授、OSCE スコピエ監視ミッション警察訓練センター所長 R.A.Hiron 氏他のスタッフの皆様などのご協力を頂いた。また、湾岸協力センター（Gulf Research Center: GRC、当時の本部はドバイ）には多くのご支援を頂いたが、中でも国際部長 C. Koch 博士は本プロジェクトの趣旨を深くご理解頂き、講演会や研究会のために日本までお越し下さった。また国際ワークショップ「中東の安全保障」（2009年6月29日〜30日於：湾岸研究センター（GRC）、当時の本部はドバイ）の開催では、同本部長のほかの研究員の皆様のご尽力を頂いたこと、御礼申し上げる。さらに、パレスチナ・イスラエル視察（2008年11月）では、小田切拓氏、樋口義彦氏、小林勤氏、小林和香子氏、早尾貴紀氏、Fathy Khadirat 氏、クドゥス大学学長 Sari Nusseibeh 教授などにお世話になった。プロジェクトの最終成果報告会を開催するにあたっては、上智大学のご協力を頂いた。以上の各調査においてお世話になったにも関わらず、諸

あとがき

事情によりお名前を列挙することが憚れる多くの方々には、お詫びと心からの御礼を申し上げたい。

　また本書の執筆者たちは、各人の調査・研究において、多くの方々にお世話になってきたが、それらの方々に関しても、あまりに多数に及ぶことから、ここで御礼を表することが難しいことをお詫び申し上げなくてはならない。にも関わらず、編者の立場としてではあるが、個人的な謝辞を以下のように表明することをお許し頂けるであろうか。

　本書の出版にいたる科研費「中東の予防外交」プロジェクトは、私が尊敬する諸先生と共に研究活動を遂行できる素晴らしい機会であった。専門性と個性を発揮しながら互いに研究協力を深め合って下さったプロジェクトメンバーの皆様には感謝の気持ちが尽きることがない。本書は、プロジェクトの中でメンバーの一人一人が出し合って下さった意見が結実したものである。中でも、吉川元先生にはとりわけ多くを負っている。先生は、2007年の夏、私が持ち込んだ「中東の予防外交」という研究会の立ち上げに関する計画案に、即座に全面的なご協力を快諾して下さり、研究計画に国際安全保障の視座を加味して推敲する労をとってくださった。以後、本プロジェクトの申請が日本学術振興会によって採用された後では、吉川先生は、実務運営に関わるアドバイス、欧州出張や国内での研究討論で、多くのお力を貸して下さった。本プロジェクトは、吉川先生の人徳や実績により、力強く推進されたのであると私は感じている。吉川先生は「予防外交研究の巨人」である。先生には、専門分野の異なる研究者を寛大に処して下さった点でも感謝の念が絶えない。

　また研究会の運営では、立山良司先生、中西久枝先生、坂井一成先生、小塚郁也先生がお力をお借しくださった。編者は、共同研究の生産性の高さと運営上の難しさを痛感したが、メンバー各位のおかげでここまで到達することができた。また予防外交研究の先輩と言える平井照美先生には、暖かい励ましのお言葉を頂いた。本書の序章は、プロジェクトメンバー全員のアイディアの集積である。さらに研究プロジェクトの運営で研究アシスタントを務めてくれた院生各位にも御礼申し上げる。

　また、本書出版の機会を見出して下さり、出版までの紆余曲折の中、辛抱強く対応を下さった信山社のみなさま、中でも今井守氏の辛抱強い編集者としての姿勢と作業に心より御礼申し上げる。

　以上のように大変に多くの方々のご支援により、本書は世に問われることになっ

あとがき

たが、本書の編者の責任は、全て中村覚に帰することは言うまでもない。
　締めくくりとして、本書をこの世に生を受けた全ての方々に捧げることをお許し願いたい。

　　　　　　　　　　　　　　　　　　　　　　　　　　　中　村　　覚

〈初出・原題一覧〉

〈第5章〉 「イスラエル・パレスチナ和平プロセスの蹉跌 —— 非対称な関係におけるSSRとスポイラーの問題」『国際安全保障』37巻2号（2009年9月）、1～22頁に加筆・修正。　　　　　　　　　　　　〔立山良司〕
〈第6章〉 「リビアの大量破壊兵器完全廃棄とその背景」『国際安全保障』37巻2号（2009年9月）、69～94頁に加筆・修正。　　　　　　〔木村修三〕
〈第7章〉 「9.11後のイランの安全保障政策」『国際安全保障』37巻2号（2009年9月）、23～46頁に加筆・修正。　　　　　　　　　〔中西久枝〕
〈第8章〉 「テロ対策に有効なイスラーム的概念の社会化に関する一考察 —— サウディアラビアを事例に」『国際安全保障』37巻2号（2009年9月）、95～114頁に加筆・修正。　　　　　　　　　　　　　〔中村　覚〕
〈第13章〉 「NATOパートナーシップにおける対中東アウトリーチ —— 協働的安全保障への道？」『国際安全保障』37巻2号（2009年9月）、115-138頁に加筆・修正。　　　　　　　　　　　　　　　　　〔小林正英〕

365

〈編者〉

吉川　元（きっかわ・げん）
　　上智大学外国語学部教授

中村　覚（なかむら・さとる）
　　神戸大学大学院国際文化学研究科准教授

総合叢書
12

中東の予防外交

2012（平成24）年7月30日　第1版第1刷発行

編者　吉川　元
　　　中村　覚
発行者　今井　貴
発行所　株式会社　信山社

〒113-0033 東京都文京区本郷6-2-9-102
Tel 03-3818-1019　Fax 03-3818-0344
info@shinzansha.co.jp

笠間才木支店編集部　〒309-1611 茨城県笠間市笠間515-3
Tel0296-71-9081　Fax0296-71-9082
出版契約№ 2012-5463-1-01011　Printed in Japan

ⓒ編著者,2012　印刷・製本／亜細亜印刷・牧製本
ISBN978-4-7972-5463-1 C3332 ¥8800E 分類329.401-b018
5463-01011：p384 012-060-005〈禁無断複写〉

核軍縮入門

黒澤 満 著

定価：本体1,800円＋税
四六変・並製・152頁 ISBN978-4-7972-3286-8 C3332

核兵器のない世界へ，私たちが知っておくべきこと

核兵器の無い世界をいかに実現していくか，それを考える上で，主要な考えを網羅した最先端の解説。オバマ大統領は，歴史的なプラハ演説において，「米国は，核兵器国として，また核兵器を使用した唯一の国として行動する道義的責任がある」と述べたが，他方，北朝鮮等の核問題は収束の兆しさえ見せていない。そのような状況をいかに打破すべきか。軍縮論の第一人者による，正確な情報を集約し，図表も多数組み入れた一般の方々にも分かり易い入門書。

核軍縮と世界平和

黒澤 満 著

定価：本体8,800円＋税
A5変・上製・328頁 ISBN978-4-7972-5868-4 C3332

軍縮問題の最先端の現状と課題

北朝鮮やイランの核問題など，ますます混迷を深めている情勢下，新戦略兵器削減条約など，核軍縮へ向けた進展がいくらかみられた。そのような中で，アメリカの核軍縮への諸問題やNPT再検討プロセスの分析・検討にとどまらず，軍縮一般にまで議論を広げ，軍縮と国際法の関係，軍縮交渉の特徴などを考察。軍縮論の第一人者による待望の書。

◆**新しい国際秩序を求めて** 川島慶雄先生還暦記念論文集
黒澤 満 編　　定価：本体6,311円＋税　A5変・上製・256頁 ISBN978-4-88261-436-4 C3332

◆**核軍縮不拡散の法と政治** 黒澤満先生退職記念
浅田正彦・戸﨑洋史 編　定価：本体12,000円＋税　A5変・上製・592頁 ISBN978-4-7972-9176-6 C3332

◆**コンパクト学習条約集**
芹田健太郎 編集代表　　定価：本体1,450円＋税　四六・並製・584頁 ISBN978-4-7972-5911-7 C0632

信山社

変革期の国際法委員会
―山田中正大使傘寿記念―

村瀬信也・鶴岡公二 編

定価：本体 12,000 円＋税
A5変・上製・592頁 ISBN978-4-7972-8569-7 C3332

国際法の法典化に関する最先端の総合研究

1992年から2009年まで17年間の長きにわたって、国際法委員会の委員を務められ、同委員長にも就任、2001年から2008年まで越境帯水層に関する特別報告者として条文草案をまとめ、また、国連代表部でも精力的に活動してきた、山田中正大使の傘寿を記念し、第一線の執筆陣が一同に集った、国際法理論の到達点を示す待望の書。

実践国際法

小松一郎 著

定価：本体 5,000 円＋税
A5変・上製・560頁 ISBN978-4-7972-8051-7 C3332

国際法を「味方につけ」「使う」実務を支える国際法基本書

外務省国際法局長を経て、駐スイス大使の後駐フランス大使に就任した著者による実務に使う国際法の概説書。『実践国際法』の名にふさわし 、実務者の立場から戦略的・戦術的かつ機能的に国際法の基本的論点を解説。40年にわたる外務省での実務体験をもとに豊富な具体的事例を交えつつ論ずる。

武器輸出三原則

森本正崇 著

定価：本体 9,800 円＋税
A5変・上製・432頁 ISBN978-4-7972-5885-3 C3032

武器輸出管理に関する国会での議論を網羅的に紹介

国会での議論の整理、位置付けを行った、今後の議論の土台となる重要文献。閣僚や政府当局者、国会議員をはじめとする、個々の見解を総合的に捉え直し、法的、政治的にどのような意義を持つのか改めて検証。今後の武器輸出管理に関する実務、研究に必読の書。

武器輸出三原則入門

森本正崇 著

定価：本体 1,800 円（税別）
四六変・並製・176頁 ISBN978-4-7972-3289-2 C3332

安全保障政策・武器輸出管理に必読

1967年の佐藤栄作内閣に始まり、半世紀もの間日本の外交・輸出政策の要石であった武器輸出三原則の実体は、虚像に彩られてきた。国是でも、憲法原理でも、法制度ですらない状況を説明、その「神話」を明らかにし、安全保障政策や企業等の武器輸出管理に有益な示唆を与える。一般の方々から、実務に携わる方々まで、分かり易く書かれた入門書。

―― 信山社 ――

講座　国際人権法1　国際人権法学会15周年記念
◆**国際人権法と憲法**
　編集代表　芹田健太郎・棟居快行・薬師寺公夫・坂元茂樹

講座　国際人権法2　国際人権法学会15周年記念
◆**国際人権規範の形成と展開**
　編集代表　芹田健太郎・棟居快行・薬師寺公夫・坂元茂樹

講座　国際人権法3　国際人権法学会20周年記念
◆**国際人権法の国内的実施**
　編集代表　芹田健太郎・戸波江二・棟居快行・薬師寺公夫・坂元茂樹

講座　国際人権法4　国際人権法学会20周年記念
◆**国際人権法の国際的実施**
　編集代表　芹田健太郎・戸波江二・棟居快行・薬師寺公夫・坂元茂樹

信山社

市民社会向けハンドブック
国連人権プログラムを活用する
国連人権高等弁務官事務所 著
特定非営利活動法人 ヒューマンライツ・ナウ 編訳
阿部浩己 監訳

A5変・並製・216頁 2,800円（税別） ISBN978-4-7972-5586-7 C3332

女性に対する暴力に関する立法ハンドブック
国連 経済社会局 女性の地位向上部 著
特定非営利活動法人 ヒューマンライツ・ナウ 編訳

A5変・並製・132頁 2,000円（税別） ISBN978-4-7972-5587-4 C3332

女性差別撤廃条約と私たち
林 陽子 編著
弁護士（アテナ法律事務所）・女子差別撤廃委員会（国連条約機関）委員

四六変・並製・200頁 1,800円（税別） ISBN978-4-7972-3285-1 C3332

―― 信山社 ――

森井裕一 編
地域統合とグローバル秩序
―ヨーロッパと日本・アジア―

植田隆子・中村民雄・東野篤子・大隈宏・渡邊頼純・森井裕一・木部尚志・菊池努

森井裕一 編
国際関係の中の拡大EU

森井祐一・中村民雄・廣田功・鈴木一人・植田隆子・戸澤英典・上原良子・木畑洋一・羽場久美子・小森田秋夫・大島美穂

八谷まち子 編
ＥＵ拡大のフロンティア
―トルコとの対話―

八谷まち子・間寧・森井裕一

柳原正治・森川幸一・兼原敦子 編　◆プラクティス国際法講義

◆ヨーロッパ「憲法」の形成と各国憲法の変化

中村民雄＝山元一 編　　中村民雄・小畑郁・菅原真・江原勝行・小森田秋夫・林知更・齊藤正彰・山元一 執筆

信山社